dtv

Porzellan – das weiße Gold – ist Edmund de Waals Berufung und Leidenschaft. Seitdem er als Siebzehnjähriger in Japan zum ersten Mal Porzellanerde in die Hand bekam, arbeitet er mit diesem Material, und er hat wunderbare Kunstwerke daraus geschaffen, die weltweit ausgestellt werden. Aber was genau fasziniert die Menschen seit tausend Jahren am Porzellan? Eine spannende Spurensuche führt de Waal nach Deutschland, Frankreich und Amerika, ins heimatliche England und schließlich nach China: Von dort soll Marco Polo das erste Porzellanobjekt nach Europa gebracht haben.
Elegant und mit geradezu filmischer Präzision vermittelt Edmund de Waal die Schönheit des Handwerks und erzählt mitreißend von seiner eigenen Suche nach dem Weiß, das ihn so fesselt wie den Künstler eine leere Leinwand.

Edmund de Waal wurde 1964 in Nottingham/England geboren und studierte in Cambridge. Er war Professor für Keramik an der University of Westminster und stellte u.a. im Victoria and Albert Museum und in der Tate Britain aus. Einem breiten Publikum bekannt wurde er mit seinem internationalen Bestseller ›Der Hase mit den Bernsteinaugen‹. Edmund de Waal lebt in London.

Edmund de Waal

Die weiße Straße

Auf den Spuren meiner Leidenschaft

Aus dem Englischen
von Brigitte Hilzensauer

Bei dtv ist von Edmund de Waal außerdem lieferbar:
Der Hase mit den Bernsteinaugen (14212, 14365)

Ausführliche Informationen über unsere Autoren und Bücher
www.dtv.de

2018 dtv Verlagsgesellschaft mbH & Co. KG, München
Lizenzausgabe mit Genehmigung des Paul Zsolnay Verlags, Wien

Umschlaggestaltung: dtv nach einem Entwurf von Rodrigo Corral
Satz: C.H.Beck.Media.Solutions, Nördlingen
(Satz nach einer Vorlage des Paul Zsolnay Verlags)
Druck und Bindung: Druckerei C.H.Beck, Nördlingen
Gedruckt auf säurefreiem, chlorfrei gebleichtem Papier
Printed in Germany · ISBN 978-3-423-14669-2

Für Sue, immer

What is this thing of whiteness?

Hermann Melville, »Moby-Dick«

Inhalt

Teil Zwei
Versailles – Dresden

Teil Drei
Plymouth

Prolog

Jingdezhen – Venedig – Dublin

1

Ich bin in China. Versuche, in Jingdezhen, Provinz Jiangxi, eine Straße zu überqueren, in der Stadt des Porzellans, dem sagenhaften Ur, wo alles beginnt; wo die ganze Nacht hindurch die Schornsteine der Brennöfen lodern, die Stadt »wie ein Hochofen mit vielen Entlüftungslöchern voller Flammen«, mit den Manufakturen für den kaiserlichen Hofstaat, der Ort im Schoß der Berge, auf den mein Kompass zeigt. Das ist der Ort, wohin die Kaiser Boten sandten mit Aufträgen für undenkbar tiefe Karpfenbassins für einen Palast, Ritualgefäße, Zehntausende Schüsseln für ihre Haushaltung. Es ist der Ort der Kaufleute, wo man Servierplatten für die Feste der Timuridenprinzen bestellt, Becken für die Waschungen der Scheichs, Speisegeschirr für Königinnen. Es ist die Stadt der Geheimnisse, eines Jahrtausends der Handwerkskünste, fünfzig Generationen Ausgraben und Schlämmen und Mischen der weißen Erde, Porzellan herstellen und verstehen, eine Stadt voller Werkstätten, Töpfer, Glasierer und Dekorateure, Kaufleute, Gauner und Spione.

Es ist elf Uhr nachts und schwül, die Stadt ganz Neon und Verkehr wie Manhattan, es fällt ein leichter Sommerregen, und ich bin mir nicht ganz sicher, in welcher Richtung meine Unterkunft liegt.

Ich habe mir die Adresse als *Neben der Porzellanfabrik Nr. 2* notiert und gedacht, das auf Mandarin aussprechen zu können, aber man begegnet mir mit beflissenem Unverständnis, und ein Mann versucht mir Schildkröten zu verkaufen, die Kiefer mit Bindfaden umwunden. Ich will seine Schildkröten nicht, aber er ist überzeugt, dass das nicht stimmt.

Es fühlt sich absurd an, so weit entfernt von zuhause zu sein. Aus den Wohnzimmern mit ihren Glitzerbällen wie in einer Siebziger-

Table des matieres contenües dans l'escrit de la porcelaine. les chifres precedés de la lettre .S. indiquent les pages du supplement au 1er escrit.

Seiten aus Père d'Entrecolles' Briefen über chinesisches Porzellan, 1722

jahre-Disco dröhnt im Fernsehen übertragenes Mahjongg. Die Nudelshops sind noch rappelvoll. Ein Kind weint, hält sich im Vorbeigehen am Finger seines Vaters fest. Alle tragen Schirme, außer mir. Ein Schubkarren mit Modeln für Porzellankatzen, überdeckt von einer Plastikplane, wird vorübergeschoben, Motorräder schlängeln sich vorbei. Absurderweise spielt jemand in voller Lautstärke »Tosca«. In der ganzen Stadt kenne ich einen einzigen Menschen.

Stadtplan habe ich keinen, aber meine zusammengehefteten Fotokopien der Briefe des Père d'Entrecolles, eines französischen Jesuiten, der vor dreihundert Jahren hier lebte und anschauliche Beschreibungen über die Porzellanherstellung lieferte. Ich habe sie mitgebracht, da ich dachte, er könne mir als Reiseführer dienen. Im Moment scheint das ein wenig affektiert und beileibe nicht klug.

Wenn ich diese Straße überquere, komme ich um, da bin ich sicher.

Aber ich weiß, weshalb ich hier bin, also werde ich zuversichtlich drauflos marschieren, auch wenn ich nicht genau weiß, wohin. Es ist eigentlich ganz einfach, eine Art Wallfahrt zu den Anfängen, eine Chance, den Berg zu besteigen, von dem die weiße Erde kommt. In ein paar Jahren werde ich fünfzig. Seit gut vierzig Jahren fertige ich weiße Keramik, Porzellan seit fünfundzwanzig. Ich habe vor, drei Orte aufzusuchen, wo das Porzellan erfunden oder wiedererfunden wurde, drei weiße Berge in China und Deutschland und England. Jeder von ihnen ist mir wichtig. Seit Jahrzehnten kenne ich sie durch ihre Keramik, durch Bücher und Geschichten, aber ich war nie dort. Ich muss an diese Orte fahren, muss sehen, wie Porzellan unter anderen Himmeln aussieht, wie Weiß sich mit dem Wetter verändert. Weiß sind auch andere Dinge auf dieser Welt, aber für mich kommt Porzellan an erster Stelle.

Diese Reise ist eine Schuldabstattung an diejenigen, die früher waren.

2

Schuld abstatten klingt schrecklich pietätvoll, aber das ist es nicht.

Es ist gelebte Wahrheit, ein wenig pathetisch, aber trotzdem eine Wahrheit. Wenn man aus Ton etwas herstellt, existiert man im Augenblick. Meine Porzellanmasse kommt aus Limoges im Limousin, auf der Landkarte Frankreichs auf halber Höhe im Westen. Sie wird in Zwanzig-Kilo-Plastiksäcken geliefert, jeder Sack mit zwei zehn Kilo schweren Würsten aus perfekt versetzter Masse in der Farbe fetter Vollmilch, grünlich angehaucht wie von Schimmel. Ich nehme eine aus ihrer Hülle und werfe sie auf meine Knetbank, ziehe den verdrillten Draht hindurch, ein Drittel der Länge vom Rand entfernt, nehme den Klumpen und klatsche ihn auf die Bank, hebe ihn mit einer drehenden Bewegung hoch und drücke ihn nieder, als würde ich Brotteig kneten. Er wird weicher dabei. Ich werde langsamer, und die Porzellanmasse wird zur Kugel.

Meine Drehscheibe ist amerikanisch, niedrig und fast geräuschlos, mitten im leicht chaotischen Studio an die Wand gerückt. Ich blicke auf die weiße Ziegelmauer. Es sind zu viele Leute in dem kleinen Raum, zwei Vollzeit- und zwei Halbzeit-Assistenten und -Assistentinnen, die beim Glasieren und Brennen und bei der Logistik helfen, dazu die Flut an Zuschriften wegen des letzten Buches bewältigen. Die Nachbarn machen zu viel Lärm. Ich brauche ein anderes Atelier. Alles läuft gut. Eben bin ich eingeladen worden, eine Ausstellung in New York abzuhalten, und stelle mir vor, durch eine weitläufige, lichtdurchflutete Galerie zu schlendern, in einige Entfernung von einer meiner Arbeiten, mich umzudrehen und sie mit neuen Augen zu sehen, allein, sie zu betrachten, als wäre es das erste Mal. Hier strecke ich meine langen Arme aus und stoße an Verpackungskisten. Fünf Meter weit kann ich davon weg. An einem guten Tag.

Alle sind so leise wie nur möglich, aber, verdammt noch mal, der Betonboden ist laut. Draußen wird gestritten. Ich muss mir Zeit rausschlagen, wieder Immobilienmakler bezirzen; in London ist es schwer, ein Atelier aufzutreiben. Die brauchbaren Räume in den Hinterhöfen, wo die Leute früher Sachen herstellten oder reparierten, werden alle zu Wohnungen umgemodelt. Ich muss mit dem Steuerberater reden.

Ich sitze an meiner Drehscheibe.

Werfe die Kugel in die Mitte, befeuchte meine Hände, und jetzt mache ich einen Krug, ziehe den Ton hoch, die Knöchel meiner rechten Hand an der Außenseite, drei Finger meiner linken innen gespreizt, um Halt zu geben, während die Wandung höher wird und der Umfang sich ändert wie ein Ausatmen, wenn etwas gesagt ist. Ich bin in diesem Augenblick und anderswo. Ganz und gar anderswo. Denn die Porzellanmasse ist zugleich Gegenwart und historisches Präsens.

Ich befinde mich hier in Tulse Hill, ganz nahe der South Circular Road in Süd-London, in meinem Studio hinter einer Reihe Hühnchen-Imbissbuden und einem Wettbüro, eingezwängt zwischen ein paar Tapezierern und einer Tischlerei für Küchenmöbel, und während ich den Krug anfertige, bin ich in China. Porzellan ist China. Porzellan ist die Reise nach China.

Es ist dasselbe, wenn ich diese chinesische Porzellanschale aus dem 12. Jahrhundert in die Hand nehme. Die Schale wurde in Jingdezhen hergestellt, auf der Töpferscheibe gedreht und dann modelliert, abgesetzter Spiegel mit einer Blume, unglasierter Rand, grüngrau mit einer leicht verlaufenen Glasur, *kleine Problemchen*, wie die Händler sagen würden, Absplitterungen, Flecken, abgestoßene Stellen. Sie ereignet sich in der Gegenwartsform und ist, in sich selbst, eine fortwährende Präsenz aktiver, dynamischer Bewegungen und Entscheidungen. Sie wirkt nicht vergangen, und es fühlt sich falsch an, sie in eine solche Kategorie zu zwängen, bloß um einer kritischen Orthodoxie zu genügen. Diese Schale wurde von jemandem geschaffen, den ich nicht kenne, unter Bedingungen, die ich mir nur vorstellen kann, für Zwecke, die ich vielleicht missverstanden habe.

Aber der Akt der Reimagination beim In-die-Hand-Nehmen ist eine Neuerschaffung.

Dies ist möglich, weil Porzellanmasse so plastisch ist. Presse ein walnussgroßes Stück zwischen Daumen und Zeigefinger, bis es so dünn ist wie Papier, bis die Wirbel deiner Fingerabdrücke sich abzeichnen. Presse weiter. Es fühlt sich endlos an. Du hast das Gefühl, es werde dünner und dünner werden, bis es so dünn ist wie Blattgold und in die Luft emporflattert. Und es fühlt sich sauber an. Deine Hände fühlen sich sauberer an, nachdem du es angefasst hast. Es fühlt sich weiß an. Damit meine ich, es ist voller Antizipation, voller Möglichkeit. Es ist ein Material, das jede Denkbewegung, jeden Wechsel der Gedanken aufzeichnet.

Was definiert dich?

Du stehst bei Tidenwechsel am Meer. Der Sand ist saubergewaschen. Du setzt das erste Zeichen in den weißen Sand, jenen ersten Kontakt des Fußes auf der Kruste, weißt nicht, wie tief, wie scharf umrissen der Eindruck werden wird. Du zögerst über dem weißen Papier wie Bellinis Schreiber mit seinem Pinsel. Achtzig Haare aus dem Schwanz eines Otters enden in einem Atemzug, ein einziges Haar still in der reglosen Luft. Du bist bereit zu beginnen. Das Zögern eines Kusses auf eine Nackenbeuge, wie ein Liebender.

Ich ziehe den verdrillten Draht unter meinem fertigen Krug durch, wische meine Finger an der Schürze ab und nehme ihn von der Scheibe, stelle ihn, kurz befriedigt, auf das Bord zu meiner Rechten. Lange nach einer weiteren Kugel aus Porzellanmasse und beginne von neuem.

Es ist Weiß, das zu Weiß zurückkehrt.

3

Dieser Moment, dieses Innehalten birgt eine Art Erhabenheit.

Porzellan wird seit tausend Jahren hergestellt, seit tausend Jahren treibt man damit Handel. Und von diesen tausend Jahren ist es seit achthundert in Europa. Ein paar Scherben kann man auf frühere Zeiten zurückverfolgen. Diese Bruchstücke chinesischer Gefäße schimmern provokant neben den schweren Steingutkrügen, mit denen zusammen sie gefunden wurden, und niemand kann sich erklären, wie sie auf diesen Friedhof in Kent, jenen Hügel bei Urbino gekommen sind. Es gibt verstreute Hinweise auf Porzellan quer durch das mittelalterliche Europa, in Inventaren von Jean, Duc de Berry, einigen Päpsten, im Testament des Piero de' Medici: *una coppa di porcellana*, ein Kelch aus Porzellan.

Man erhascht einen Blick auf Weißes in einer Liste von Geschenken, die bei einer Gesandtschaft ein Duodezfürst dem anderen überreicht: ein Hengst, ein Porzellankrug, ein golddurchwirkter Wandteppich. Es sei so kostbar, heißt es im mittelalterlichen Florenz, dass ein Porzellanbecher dem Gift seine Wirkung nehme. Eine schöne seladongrüne Schale ist dick mit Silber ummantelt und verschwindet in einem Kelch. Ein Weinbecher wird gefasst und zum Wasserkrug für ein Bankett. Sogar auf einem florentinischen Altarbild ist etwas zu erspähen: Einer der Könige, die steif vor dem Jesuskind knien, scheint ihm Myrrhe in einem chinesischen Porzellankrug darzubringen, und diese Hommage wirkt einer so seltenen und arkanen Substanz angemessen, einem Objekt, das von so weit her aus dem Osten kam.

Porzellan ist ein Synonym für das Ferne. 1291 kehrte Marco Polo aus Cathay mit Seiden und Brokaten zurück, dem getrockneten Kopf und den Füßen eines Moschustiers und mit seinen Geschichten, dem *Divisament dou monde*, seiner Beschreibung der Welt.

Die Geschichten Marco Polos sind schillernd. Jedes Element schimmert und glitzert so eigenartig wie Lapislazuli, wirft Schatten und Reflexionen. Sie schweifen ab, wiederholen sich, sind hastig, eingeübt. »Diese Stadt hat Kubilai Khan, der heute regierende Großkhan, erbauen lassen. Hier errichtete er einen Prachtbau aus Marmor und Stein. Säle und Zimmer sind vergoldet. Das Gebäude ist wundervoll geschmückt.« Alles ist anders, herrlich, üppig anders. Zelte sind mit Hermelin und Zobel gefüttert.

Die Ziffern in Marco Polos Bericht sind entweder gigantisch – fünftausend Gerfalken, zweitausend Doggen, fünftausend Astrologen und Wahrsager in der Stadt Khan-balik. Oder singulär. Ein großer Löwe, der sich mit allen Anzeichen tiefer Demut vor dem Khan niederwirft. Eine riesige Birne, die zehn Pfund wiegt.

Und die Farben reines Drama. Paläste sind mit Drachen und Vögeln, Reitern, verschiedenen Tierarten und Schlachtenszenen geschmückt. Das Dach lodert von Scharlach und Grün und Blau und Gelb und all den Farben, die so leuchtend aufgetragen wurden. Im Februar, berichtet Marco Polo atemlos, findet ein Neujahrsfest statt:

> Der Großkhan und alle seine Untertanen feiern Neujahr auf folgende Weise. Es ist Sitte, dass sich der Kaiser und seine Untertanen weiß kleiden; Männer und Frauen, sofern sie die Mittel dazu haben, tragen Weiß. Weiße Kleidung gilt ihnen als Zeichen von Glück und Wohlstand, darum ziehen sie sich am ersten Tage des Jahres weiß an, auf dass es ihnen fortan gut gehe. An diesem Tage schicken alle Völkerstämme, alle Provinzen und Königreiche, alle Untertanengebiete kostbare Geschenke an Gold, Silber, Perlen und Edelsteinen und eine Menge prächtiger weißer Stoffe. … Die Fürsten und Ritter und auch die Völker unter sich tauschen weiße Geschenke aus … Doch jetzt vernehmt noch etwas Außerordentliches: an diesem Tag werden dem Khan mehr als hunderttausend wundervolle Schimmel und reiches Pferdegeschirr gebracht.

Marco Polo kommt in »eine der Provinzstädte mit Namen Tiungiu«:

> (Hier) werden wunderbare große und kleine Porzellanschalen hergestellt. Nur in dieser einzigen Stadt gibt es die prächtige Ware; von hier wird sie in die ganze Welt ausgeführt. In Tiungiu sind die Schalen nicht teuer, für einen venezianischen Groschen erhält man ohne weiteres drei Stück von unbeschreiblicher Schönheit. Und so wird das Porzellan hergestellt: Handwerker aus der Stadt schichten aus Schlamm und lockerer Erde recht hohe Hügel auf und lassen diese dreißig oder vierzig Jahre ruhen. In der langen Zeitspanne, während der die Hügel von den Menschen nicht angerührt werden, entsteht der feine, geschmeidige Grundstoff. Die daraus gebildeten Gefäße sind von blauer Farbe und über alle Maßen schön. Ihr müsst euch jetzt vorstellen: der Mann, der den Hügel errichtet, tut dies für seine Kinder; denn die Schichten müssen so lange in Ruhe gelassen werden, dass er selbst weder die Gefäße formen noch einen Gewinn aus ihnen

ziehen kann. Der Sohn erst wird die Früchte der väterlichen Vorarbeit ernten.

Dies ist die erste Erwähnung von Porzellan im Westen.

Sie beschreibt Porzellan als unvergleichlich schönes Material, kompliziert zu erzeugen, und daraus gebe es Gefäße sonder Zahl. Porzellan verlangt Aufmerksamkeit und Hingabe. Und Marco Polo zuckt die Achseln: »Doch das gäbe ein gar zu weitschweifiges Buch.«

Und: »Wir brechen daher ab.«

Er kehrte heim mit einem kleinen graugrünen Krug, gefertigt aus diesem harten weißen Ton, wie man ihn noch nie gesehen hatte. Und in Venedig geschieht es, dass Objekt und Namen zusammenfinden und die lange Geschichte des Verlangens nach Porzellan beginnt. Der Name dieses großartigsten aller Handelsgüter, dieses weißen Goldes, das Fürsten in den Ruin trieb, Auslöser der *Porzellankrankheit*, kommt aus dem augenzwinkernden venezianischen Slang, von den vulgären Worten, die man hübschen Mädchen nachruft. *Porcellani*, kleine Schweinchen, ist der Spitzname der Kaurimuscheln, die sich so glatt anfühlen wie Porzellan. Kaurimuscheln führen uns offenkundig zu den venezianischen Burschen, zu einer Vulva. Daher der nachhallende Ruf.

4

Marco Polo kann das Thema wechseln, ich aber nicht. Ich weiß, dass sich diese Vase irgendwo im Markusdom in Venedig befindet, und deshalb ist es unbedingt nötig, dass ich hinfahre, um sie zu sehen.

Ich beginne ganz direkt: »Ich bin englischer Autor und Töpfer und möchte gerne …«, aber Briefe und Mails verschwinden im Nirgendwo. Ich lege eins drauf: »Der päpstliche Nuntius hat mir empfohlen, mich an Sie zu wenden …« Immer noch nichts. Ein Telefon läutet auf einem Mahagoni-Schreibtisch. Ewige Mittagspause, vermute ich verdrossen. Oder eine zweite Flasche Wein oder ein Feiertag zu Ehren irgendeines Märtyrers der Republik.

Ich borge mir Matthew, mein mittleres Kind, und entscheide, es darauf ankommen zu lassen.

Wir gehen in den hintersten linken Winkel des Markusdoms, zu den Touristenklumpen und -wirbeln, den Handtaschenverkäufern, die nach der Polizei Ausschau halten, und durch die Glastüren des Patriarchats, wo ich auf einen Monsignore zusteuere; er ist bezaubert und entzückt und schlägt den Abend vor, wenn alles geschlossen hat. Im Markusdom seien, er dehnt sich und seufzt, eine Pantomime der Erschöpfung, heute viel zu viele Ausländer.

Falls möglich, sollte man immer ein Kind nach Italien mitnehmen.

Nachdem dann abgeschlossen wurde, führt uns der Mann mit dem Schlüssel durch einen marmornen Korridor im Patriarchat vorbei an unzähligen Kardinalsporträts und in den Schatten, in das anschwellende Crescendo des schwach schimmernden Marmorpflasters im Dom, durch das rote Aufleuchten der Altarlampen in die Schatzkammer.

Sie ist klein und hochgewölbt. Bergkristall und Chalzedon, Achate, eine ägyptische Porphyrurne, eine golden gefasste persische Türkisschale; Materialien, die das Licht auffangen. Kelche. Eine Reliquie des wahren Kreuzes mit Juwelen, so emphatisch hingepflanzt wie die Küsse eines Kindes. Das ist Byzanz, diese Schatzkammer, der in den Himmel auffahrende Christus, der Weltenherrscher, ein Objekt nach dem anderen aus weiter Ferne, transfiguriert durch venezianische Kunstfertigkeit.

Und da ist meine Vase, hinten in einer Vitrine neben zwei Weihrauchgefäßen und einer Mosaikikone von Christus. Sie ist etwa zwölf Zentimeter hoch, schätze ich, weit weniger als eine Spanne, mit einem Fries aus Blättern, vier kleinen Öffnungen unter dem Hals für einen

Deckel, fünf Vertiefungen für Daumen und Finger. Ein Objekt für das Gedächtnis einer Hand. Ich kann es nicht anfassen. Der Ton sieht grau aus, rau und ein wenig schartig, wo er grob abgeschabt wurde. Sie ist von weit, weit her gekommen.

Wir betrachten sie etwa zehn Minuten lang, bis der Mann mit dem Schlüssel mit den Füßen zu scharren beginnt. Die Schatzkammer wird abgeschlossen. Der Dom ist leer.

Es ist ein Anfang. Matthew freut sich, dass ich mich freue, und so gehen wir feiern ins Café Florian auf dem Markusplatz, mit heißer Schokolade und Makronen.

5

Jede Obsession von Porzellan hinterlässt ein hallendes Echo, wie eine venezianische Gasse.

Was ist es? Es ist »aus einem gewissen Saft gemacht, der unter der Erde aushärtet, und wird aus dem Osten herbeigeschafft«, schrieb ein italienischer Astrologe Mitte des 16. Jahrhunderts. Ein anderer Autor behauptete: »Eierschalen und die Schalen von Porzellanschnecken werden zu Pulver zermahlen, mit Wasser vermengt und zu Vasen gebildet. Diese werden sodann unter der Erde verborgen. Hundert Jahre später gräbt man sie aus, da sie nun für vollendet gelten, und bietet sie feil.«

Man ist sich einig, wie fremdartig das Porzellan sei, dass es einer alchimistischen Wandlung unterworfen sei, einer Wiedergeburt. In seiner »Elegy on the Lady Markham« schreibt John Donne bewegend von ihrer Transformation in der Erde, dass, wenn man etwas Kostbares aus dem Blick verliert, Selteneres und Schöneres geschaffen werden kann: »Wie man in China nach so manchem Jahr / hebt Porzellan, wo Ton vergraben war.«

Wie also stellt man es her? Wie stellt man es her, bevor es jemand anderer tut? Wie kann man ein einzelnes Stück besitzen? Wie kann man alles besitzen, sich damit umgeben? Kann man jemals dorthin gelangen, woher es kommt, an die Quelle dieses Flusses aus Weiß?

Porzellan ist das Arkanum. Es ist ein Geheimnis. Fünfhundert Jahre lang wusste im Westen niemand, wie Porzellan gemacht wird. Das Wort Arkanum, ein Mischmasch aus griechischen Konsonanten, ist dem Wort Arkadien angenehm nahe. Es muss, das fühle ich, irgendeine Verwandtschaft geben zwischen dem Urgeheimnis des weißen Porzellans und dem Versprechen in Erfüllung gegangener Sehnsucht, einer Art Arkadien.

6

Weiß ist auch meine Geschichte. Von meiner allerersten Töpferei an.

Ich war fünf. Mein Vater besuchte jeden Donnerstag einen Keramik-Abendkurs an der Kunstschule am Ort und nahm meine zwei älteren Brüder mit. Man konnte dort T-Shirts in Siebdrucktechnik verzieren oder Kunstharzbilder malen. Oben konnte man nach der Natur zeichnen, eine Dame vor einem drapierten roten Samtvorhang und einer Pflanze im Messingtopf, oder man ging in den Keller hinunter, um zu töpfern. Und ich wollte die Treppe hinuntergehen. Nach einer Stunde gab es eine Pause, ein Glas Fruchtsaft und ein Schokoladekeks.

Es war staubig. Wo Ton ist, lässt sich Staub nieder. Eine Frau drückte eine sehr kleine Schale aus weißem Ton, barg sie in ihrer Hand und drehte sie rhythmisch rundherum.

Ich saß mit einem großen Klumpen braunem Ton an der elektrischen Drehscheibe. Ich trug eine rote Plastikschürze. Die Scheibe war sehr groß. Sie hatte einen Schalter zum An- und Abdrehen und ein Fußpedal für die Geschwindigkeit, man musste es niederdrücken, das war schwer.

Nächste Woche ist mein Topf dann da, hart und grau und stumpffarbiger, kleiner. Du kannst ihn, sagt meine Lehrerin, in einen der zwölf Glasureimer tauchen, dann singt er in verschiedenen Farben, und du kannst in allen Farben darauf malen. Womit wirst du ihn verzieren? Sie lächelt. Was braucht dieser Topf? Ich stecke ihn in die weiße Glasur, dick wie Frittierteig.

Und in der Woche darauf nehme ich meine weiße Schale mit nachhause, drei fingerdicke Wülste aus Ton, innen ausgehöhlt, mit einem Wirbel an Abdrücken und schwer, aber eine Schale und weiß und mein: mein Versuch, mich auf etwas zu konzentrieren. Die ersten Gefäße von Zehntausenden, vierzig und mehr Jahre leicht gebücktes Sitzen mit einer Scheibe, die sich dreht, und einem Stück Ton, das sich bewegt, ein Versuch, einen kleinen Teil der Welt zur Ruhe kommen zu lassen, einen Innenraum zu schaffen.

Ich war siebzehn, als ich zum ersten Mal Porzellanerde in die Hände bekam. Während meiner gesamten Schulzeit hatte ich jeden Nachmittag bei einem Töpfer gearbeitet, dessen Werkstatt zur Schule gehörte. Geoffrey war in den Sechzigern, hatte im Krieg gekämpft, war mitgenommen von seiner Vergangenheit. Er rauchte filterlose Capstans, zitierte Gedichte von Auden. Sein Tee war dunkelbraun wie der Ton, den wir verwendeten. Er machte Gebrauchskeramik. Die Gefäße müssten billig genug sein, pflegte er zu sagen, um sie fallen lassen zu können, schön genug, um sie ewig aufzubewahren. Ich hatte die Schule vorzeitig verlassen, um zwei Jahre bei ihm in die Lehre zu gehen, und verbrachte einen Sommer in Japan bei verschiedenen Töpfern, suchte die berühmten Brennöfen auf, wo Volkskunst hergestellt wurde, die alten Dörfer, wo man immer noch im Holzofen gebrannte Teeschalen und Krüge herstellte. Solche Gefäße wollte ich anfertigen – sich ihrer Beschaffenheit und ihrer Möglichkeiten bewusst, gut in der Hand liegend, robust und auf den Gebrauch hin fokussiert. Und an einem schwülen Nachmittag in Arita, einer Porzellanstadt weit unten am südlichen Ende Japans, saß ich da und sah zu, wie ein »Lebender Nationalschatz« ein paar Quadratzentimeter einer Vase mit einem Brokatmuster in Rot und Gold bemalte. Es wirkte kompakt, atemlos vor aufwändiger Akkuratesse.

Sein Atelier war still. Sein Gehilfe war still. Seine Frau zog den papierenen Wandschirm auseinander, ein Geräusch wie ein Seufzen, brachte Tee in Porzellanschalen und weiße Tofu-Küchlein.

Ich aber bekam ein kleines Stückchen Porzellanerde und knetete es in der Hand, bis alle Feuchtigkeit verschwunden war und es zerbröckelte.

7

Ich bin Töpfer, sage ich, wenn man mich fragt, was ich mache. Ich schreibe auch Bücher, aber es ist Porzellan – weiße Gefäße –, die ich als mein Eigenes reklamiere, als mir die syrische Dramatikerin, die bei einem Mittagessen rechts neben mir sitzt, Fragen stellt.

Wissen Sie, meint sie sofort, als ich Anfang der Siebzigerjahre in Damaskus geheiratet habe, bekam ich einen Porzellanteller geschenkt, so groß – sie breitet die Hände weit auseinander –, den meine Mutter von ihrer Mutter hatte. Rosa Porzellan. Und zwei Gazellen. Auf dem Sofa falteten sie die Beine unter den Bauch, wie Jagdhunde. In Damaskus lieben wir alle Porzellan. Die Politikergattin auf meiner linken Seite würde sich gerne in Sachen Damaskus einmischen – es gibt deprimierende Nachrichten –, aber ich möchte mehr über das Rosa erfahren. Von rosa Porzellan habe ich noch nie gehört. Es klingt unwahrscheinlich.

Aber das Hochzeitsgeschenk klingt echt, zeremoniell, speziell, gewichtig. Porzellan wurde immer verschenkt. Oder aufbewahrt und zu besonderen Gelegenheiten hervorgeholt, um mit jener leicht zittrigen Sorgsamkeit behandelt zu werden, die der Angst nahekommt.

Und Damaskus ist faszinierend, denn es liegt auf dem Weg vom

Jemen nach Istanbul, oder könnte zumindest, wenn man es so wollte, und irgendwie fällt mir ein, dass ein jemenitischer Scheich im 12. Jahrhundert chinesisches Porzellan sammelte. Die größte Sammlung aller Zeiten, zusammengetragen, um die Beschneidung seines Sohnes zu feiern. Angeblich sind in den Dünen bei Sana'a Porzellanscherben zu finden. Wir unterhalten uns darüber, wie man in den Jemen kommt, über die Porzellanteller ihrer Großmutter und woher sie stammten. Und reden immer noch über Porzellan, als das Geschirr abgeräumt wird.

Als ich nach diesem Mittagessen wieder im Atelier bin, notiere ich mir die Unterhaltung. Und setze einen weiteren Ort, Damaskus, auf die Liste der Orte, die ich aufsuchen muss. Ich habe meine drei weißen Berge in China, Deutschland und England, und wenn ich nicht schlafen kann, gehe ich meine Liste durch und versuche aus den Namen Muster zu bilden, verschiebe sie zu Ansammlungen von Plätzen, wo weiße Erde gefunden, wo Porzellan erzeugt oder wiedererfunden wurde, wo die großen Sammlungen aufgebaut oder verloren wurden, wo die Schiffe anlegten und ausluden, die Karawansereien. Ich verbinde Jingdezhen mit Dublin, St. Petersburg mit Carolina, Plymouth und den Wäldern Sachsens.

Gehe vom reinsten Weiß in Dresden zum cremigsten Weiß in Stoke-on-Trent. Folge einer Linie. Folge einer Idee. Folge einer Geschichte. Folge einem Rhythmus: Angeblich stehen in einem Museum in Shanghai ungeöffnete Kisten mit Porzellan vom Kaiserhof, am Kai zurückgelassen, als Chiang Kai-shek 1947 nach Taiwan ablegte. Und nach fünfhundert Jahren immer noch unausgepackte Kisten mit chinesischem Porzellan in einem Keller des Topkapi-Palastes in Istanbul. Ich könnte hinfahren und hinüber nach Iznik, wo man als Imitation des unerreichbaren Porzellans weiße Keramik schuf, zarte Vasen mit Tulpen, Nelken und Rosen, leicht vom Wind gebeugt.

Heute mache ich kleine Porzellanteller, wenige Zentimeter im Durchmesser, die ich in rhythmischen Gruppen übereinanderstaple.

Ich könnte diesem schlichten Wiederholungsmuster folgen. Als ich mit meiner Freundin Sue vor über fünfundzwanzig Jahren, bevor wir heirateten, durch Tibet reiste, kamen wir in ein Kloster, wo in einem langen Saal in niedrigen Schränken hinter Maschendraht Stapel von Porzellanschüsseln aus der Sung-Dynastie standen. Ich erinnere mich an die Geräusche – ein Hund, Gelächter – und sehe die Weihrauchfahnen, die in die unendliche Klarheit der Luft hochwehten. Ich erinnere mich an diese Anhäufung von Porzellan, das Gefühl von beiläufiger, ungeordneter Fülle.

Es könnte auch eine Reise durch einzigartige, spektakuläre Schönheit sein. Angeblich soll es in Venedig in irgendeinem Herzogspalast noch ein Stück von Marco Polos Porzellan geben, falls ich das schaffe.

Oder ich könnte eine Reise anhand von Scherben unternehmen.

Porzellan verdient eine Reise, denke ich. Ein arabischer Reisender, der im 9. Jahrhundert in China war, schrieb: »Es gibt in China einen sehr feinen Ton, woraus sie Vasen herstellen, die durchsichtig sind wie Glas; man sieht das Wasser darin. Diese Vasen sind aus Tonerde gemacht.« Es ist leicht, wo die meisten Dinge schwer sind. Es klingt hell, wenn man daran klopft. Man kann das Sonnenlicht durchscheinen sehen. Es gehört zur Kategorie jener Materialien, die Objekte in etwas anderes verwandeln. Es ist Alchimie.

Porzellan beginnt anderswo, führt einen anderswohin. Wer wäre da nicht besessen?

8

Die Obsession wird immer stärker. Als ich meine Reise antrete, stellen diese ersten Porzellangegenstände, die aus China nach Europa kamen, Ansprüche an mich. Schließlich sind auch sie Anfänge. Ich kehre aus Venedig und von Marco Polo zurück und merke, dass ich die Fonthill-Vase sehen muss. Es ist das untadeligste, aristokratischste dop-

Aquarell der Gaignières-Fonthill-Vase, 1713

pelnamige Porzellanobjekt in Europa; sein eigentlicher Name lautet schließlich Gaignières-Fonthill-Vase.

Die Provenienz? Hier ist sie: eine chinesische Vase aus dem 14. Jahrhundert, angereichert mit mittelalterlichen heraldischen Silberbeschlägen; sie befand sich in den Sammlungen Ludwigs des Großen von Ungarn, des Königs von Neapel, des Herzogs von Berry und schließlich bis zur Revolution in der des französischen Dauphin; dann kaufte sie William Beckford, der sie in seinem sonderbaren Kuriositätenkabinett in seinem neogotischen Schloss in Fonthill aufbewahrte. Und dann ging er bankrott, und sie wurde verkauft, noch einmal verkauft und verschwand aus dem Blickfeld.

Jetzt steht sie in einer Kaserne in Dublin, viertausend Quadratmeter grauer Asphalt und klippenartige graue Steinmauern. Hier hatten die Briten hundert Jahre lang ihre Garnison, drillten Regimenter, Tausende Füße, deren Stampfen von den ragenden Fassaden der Gebäude widerhallte. Heute befindet sich hier das Irische Nationalmuseum, Dekorative Kunst und Geschichte.

Ich komme im November, das Museum ist spektakulär leer. Man führt mich zum Büro der Kustodin für Dekorative Kunst – ordentliche Bücherstapel auf dem Boden –, wo die Vase, eingepackt in Luftblasenfolie, in einer orangen Kiste liegt. Wir streifen weiße Handschuhe über und heben sie heraus.

Sie ist ein Mischmasch an Einfällen. Sie ist verziert mit Blumen und Blattwerk unter einer blass graugrünen Glasur, das Auge könnte darüber wandern und *Alt* und *Chinesisch* und *Vase* sehen. Das alles ist sie, aber sie ist auch *Neu*, ein Ausprobieren, eine Unterhaltung in einer Werkstatt, ein Versuch, einem Porzellangefäß zusätzliche Tiefe zu verleihen.

Und sie hat zudem eine komplizierte neue Form. Um sie zu beherrschen, müsste man eine Schicht abtragen – ein paar Millimeter –, um eine kleine Vertiefung zu schaffen, müsste die Masse anfeuchten und dann liebevoll die verstreuten Blätter und die Gänseblümchen anpressen und die kleinen Abschabungen und Dellen versäubern, ohne das Ganze zu zerbrechen, ohne dass alles zusammensackt, in der Hand zerdrückt wird: Das ist sehr schwierig.

Ich halte sie. Und es wird deutlich, dass die Spuren winziger Porzellankügelchen, die auf der Vase herumtänzeln, einfach falsch sind. Sie sollten den Proportionen Textur verleihen, den Übergang zwischen Hals und Schulter verdeutlichen und definieren, aber sie vollführen bloß den geschmacklosen Trick, die Aufmerksamkeit auf einen unerwarteten Teil zu lenken, sodass diese übermäßige Bauchung mehr wie eine Beule wirkt. Eine Spur ist aus der Form geraten, ist wie ein loser Saum heruntergeglitten. Und die Vase wurde zu heiß aus der Brennkapsel gehoben – dem Behälter aus rauem Ton, der das Porzellan beim Brennen vor dem Rauch und den Flammen im Brennofen schützt –, während der Brennofen ausgeräumt wurde, deshalb ist die Basis gesprungen. Es gibt viele Schwierigkeiten, wenn man mit Porzellan arbeitet. Jede Unregelmäßigkeit in der Wandstärke kann zu Sprüngen führen, während es von 1300 Grad Celsius – die weiße Glut beim Brennen – auf 300 Grad abkühlt; erst dann kann es unbedenklich gehandhabt werden. Bei anderen Tonarten kann man Unregelmäßigkeiten verzeihen, bei Porzellan aber ist es heikel. Fehler, überhastetes Vorgehen kommen ans Licht.

Wo man die Finger über den Fußring gleiten lässt, ist die Wandstärke ungleichmäßig. Aber für den, der sie schuf, wer immer es sein mochte, war das gut genug.

Ich liebe diese Augenblicke, wenn man die Entscheidung spürt. Sie lautete, ein Stück feuchten Ton über einen beginnenden Sprung zu streichen, anzudrücken und weiterzumachen. *Gut genug* ist kein kunsthistorischer Terminus, denke ich, während ich die Vase langsam in den Händen drehe, von Gänseblümchen zu Kamelien zu Gänseblümchen, aber *gut genug* sollte es geben. Ich halte die Gaignières-Fonthill-Vase und denke an die Seidenstraße aus China, an das Königreich Neapel und den Herzog von Berry – den armen jungen

Dauphin, der seinen ungerührten Vater zu beeindrucken versucht –, dann an Beckford, der sich an einem feuchten Abhang in Wiltshire wie ein Medici in den Bankrott stürzt. Die silbernen Beschläge sind verschwunden, geblieben sind sehr kleine Bohrlöcher, an denen man sieht, wo sie vor sechshundert Jahren befestigt waren.

Ich habe die weißen Michael-Jackson-Handschuhe ausgezogen und sitze da, halte die Vase in der Hand. Der Augenblick birgt ein gewisses Risiko. *Dem* könnte ich nachgehen, denke ich.

Es ist eine Verlockung.

Dem nachzugehen bedeutet eine Reise in die Kennerschaft, zur Provenienz, einer Geschichte der Sammlungen, und das, du lieber Himmel, mache ich nicht noch einmal. Mein letztes Buch heftete sich auf die Spuren einer geerbten Netsuke-Sammlung, kleiner japanischer Schnitzereien, über fünf Generationen meiner Familie; ich weiß, was Sammeln und Erben mit sich bringt. Bevor ich hierher nach Dublin kam, um meine Hommage abzustatten, las ich die kuriosen Schauerromane von William Beckford und sah im Auktionskatalog nach, wo dieses schöne Objekt seinen Platz unter seinen Schätzen hatte, und ich merke, wie ich mich in seinen Phantastereien verlieren könnte, bei Sultanen und Konkubinen und Jagdfalken und all diesem gestickten und vergoldeten Zeug. Ich kann sehen, wie mir die Zeit in Archiven vergeht, wie ich über Besitz nachdenke. Es würde eine Geschichte von reichen Leuten werden und ihrem Porzellan.

Diese Vase bietet etwas anderes.

Ich verspäte mich zum Flughafentaxi, habe nicht zu Mittag gegessen, bin aufgeregt und laufe mit der liebenswürdigen Kustodin für altes Kunsthandwerk durch das Museum. Bevor ich gehe, muss sie mir noch einen letzten Gegenstand zeigen.

Es ist Buddha. Er liegt da, auf einen Ellbogen gestützt, lange Finger, nackte Füße, goldenes Gewand wie wirbelndes Wasser. Warmer weißer Marmor. Gestohlen von Hauptmann Sir Charles Fitzgerald auf einer Strafexpedition nach Birma und 1891 an das Museum in

Dublin geschickt, wo er sich der Fonthill-Vase zugesellte, dicht neben ihr aufgestellt in der Abteilung Asien, Altertümer.

Er »nimmts leicht, die Hand unter der Wange«, sagt Bloom in »Ulysses«. Molly erinnert sich, »wie er atmet so mit der Hand auf der Nase wie dieser indische Gott den er mich mal mitgenommen hat mir zu zeigen an einem nassen Sonntag im Museum Kildare Street ganz gelb in so einem Kinderschürzchen lag der da auf der Seite auf der Hand alle zehn Zehen ausgestreckt«.

Ich zähle Buddhas Zehen, dann Taxi, Flughafen, heim, frage mich, ob Bloom oder Molly an einem regnerischen Nachmittag in dem hallenden, mahagonigetäfelten, mit imperialem Raubgut angefüllten Museum in der Kildare Street die weiße Vase in der Vitrine gegenüber bemerkt haben.

»Wer wäre nicht besessen von Porzellan?«, schreibe ich in mein Notizbuch.

Und nach dieser albernen rhetorischen Frage: »Die meisten.« Und füge hinzu: »James Joyce.«

9

Nicht, dass mir jedes Porzellan gefallen würde.

Sieht man sich in irgendeinem beliebigen Museum die Vitrinen mit Porzellan des 18. Jahrhunderts an, ein Regal mit blässlich herumlungerndem Vincennes, zwei mit Sèvres, ein wenig Bow, dann scheint es hoffnungslos preziös. Nicht nur hat man keine Ahnung, wozu das meiste von diesem Zeug gut war – eine Trembleuse, ein Chocolatier, eine Girandole –, es herrscht auch ein Missverhältnis zwischen dem Arbeitsaufwand, der dazu nötig war, und dem Resultat. Die fingerhutkleine Tasse mit Unterteller und einer Ansicht von Potsdam, Höflingen, vergoldet, war damals schon sinnlos und sieht so aus, als hätte man sie einfach gemacht, weil man es konnte.

Und weil sie es können, machen sie es. Tafelservice für Könige und Königinnen sind nicht per se interessant. Es gibt schrecklich viele, und ich möchte mich nicht in der Wissenschaft über kleine Brennöfen des 18. Jahrhunderts verlieren.

Ich besitze eine Schale, achteckig, gelappt, mit Fuß, fünfundzwanzig Zentimeter im Durchmesser und zehn Zentimeter hoch, mit einer Art plastischem Flechtmuster und einem flachen goldenen Rand. Sie stammt aus Meißen, aus den 1780er Jahren, und sitzt sittsam auf ihrem hohen Fuß, als erwarte sie, mitten auf einer Tafel und also im Zentrum der Aufmerksamkeit zu stehen. An der Außenseite sind Felder mit Birnen, Äpfeln, Pflaumen und Kirschen, innen ein Bukett aus Früchten, roten Johannisbeeren und Erdbeeren, Stachelbeeren und einer Birne.

Sie ist wertvoll. Und absolut geschmacklos.

Ich bin mir nicht sicher, ob ihre Scheußlichkeit darauf beruht, dass alles so rundlich und zuckrig und hochsommerlich ist. Man schmeckt nichts, keinen Biss, keine Schärfe, nur Süßlichkeit, die auf den Klatsch Schlagsahne wartet. Man fühlt die Langeweile des Früchtemalers: Beeren, Beeren und nochmal Beeren.

Wenn ich mich zwinge, sie anzusehen, dann ist es tatsächlich genau dieses Wiederauferstehen eines Spätsommers in den 1970er Jahren – Urlaub als Teenager, Langeweile, kleines Häuschen, Brüder, dauernd Pflaumen, Heidelbeeren, zwanghaftes Lesen und Wiederlesen schlechter Romane –, das mich erkennen lässt, dies sei passiv-aggressives Porzellan.

Eine neue Kategorie Porzellan, da bin ich mir sicher. Ich lege eine Liste an.

10

Eine gute Liste ist hilfreich. Und ordentliches Notieren detto, mit ausführlichen Anmerkungen, wo ich Hinweise oder Zitate gefunden, ein Stück Porzellan gesehen habe, das einen Anhaltspunkt für meine Reise liefern könnte. Aus der Recherche für mein letztes Buch habe ich gelernt, und diesmal weiß ich, wie man es macht. Ich habe nicht mehr diese dumme Ach-das-knall-ich-in-sechs-Wochen-hin-Bravour. Ich werde nicht abschweifen. Diese Pilgerfahrt werde ich planen.

Pilgerfahrt ist ein komplexes Wort für mich. Ich bin in der Nähe von Kathedralen aufgewachsen, und meine Kindheit war voller Pilger. Wir wohnten im Dekanat, einem geräumigen Gebäude neben einer Kathedrale. Es war ein durch sechshundert Jahre immer wieder umgebautes Haus, prächtige Zimmer mit Holzvertäfelung und Porträts von Dekanen. Ich hatte ein Zimmer im obersten Flur, neben meinen drei Brüdern. Hier hatte das Haus kapituliert, mit einem Zimmer voller Brennholz, der Inschrift *Kein Krieg außer Klassenkrieg* auf unserer Badezimmertür, einem Tischtennistisch, Stufen hinauf zu einem weiteren Turm, wo wir mit Schulfreunden rauchten und Pläne für unser Leben schmiedeten.

Meine Eltern waren stolz auf ihre offenen Türen. Der Papst kam. Und Prinzessin Diana. Leute kamen zum Essen, wochenlang, monatelang. Ein amerikanischer Mönch unterbrach für einen Sommer sein Wanderleben und blieb einige Jahre als Einsiedler in einem Zimmer oben am Ende der Wendeltreppe im Turm, putzte früh am Morgen das Haus als Gegenleistung für Kost und Logis und betete in unserem Oratorium.

Ich glaube, ich hatte eine ziemlich eigenartige Kindheit, es wimmelte von Priestern, Gestalttherapeuten, Schauspielern, Töpfern, Äbtissinnen, Schriftstellern, Obdachlosen und Familienhungrigen, von Gott Versehrten, Pilgern.

Pilger wissen nicht, was sie tun sollen, wenn sie endlich das Ziel erreicht haben. Wir waren das Ziel. Endlos bequatschen sie ihre *Reise*. Sie sind mitteilsam. Noch ein Risiko, das ich meiner Liste hinzufüge, einer weiteren Liste.

Ich habe »Moby-Dick« gelesen. Also weiß ich um das Risiko des Weiß. Ich glaube, ich kenne die Gefahren einer Obsession vom Weiß, den Zug hin zu etwas so Reinem, so Totalem in seiner Möglichkeit, unterzutauchen, verwandelt zu werden, verändert, sodass man fühlt, man könne neu beginnen.

Und dann ist da auch noch die Sache mit der Zeit. Ich habe eine Familie. Ich führe ein normales Leben, ich mache Porzellan. Der Terminkalender ist schon voll, aber ich kann immer noch nachts schreiben.

Ich habe meine Grundregeln für diese Reise zu meinen drei weißen Bergen. Jetzt brauche ich bloß noch meine Unterkunft neben der Porzellanfabrik Nummer 2 zu finden. Ich weiche den Mopeds und Taxis aus und mache mich auf in Richtung Süden.

Um sechs muss ich bei meinem ersten Abhang sein.

Teil Eins

Jingdezhen

Signet von
Kangxi-Porzellan

Eins

Über Scherben

1

Es wirkt, als hätte hier seit Stunden geschäftiges Leben geherrscht. Es ist sechs Uhr früh, die Marktstände sind aufgebaut, Wassermelonen zu Pyramiden getürmt, der Fahrradmechaniker sitzt neben seinem Werkzeug. Die Straßen sind ein Strudel von Fahrrädern und Menschentrauben. Der Karpfenverkäufer mit einer Plastikkiste hinten auf seinem Moped schneidet uns, dreht sich um und flucht wie ein Rohrspatz. Wir fahren Richtung Norden, hinaus aus der staubigen Stadt in Richtung der Berge, vorbei an zwischen hohe Ziegelmauern gezwängten Durchgängen, Fabriken mit offenen Fenstern, Müll. Der Tag ist grau und verspricht schwere, graue Hitze.

Das Auto biegt von der neuen Schnellstraße in die alte Straße und von der alten Straße in den alten Feldweg zwischen zwei Bauernhäusern. Jedes ist drei Stockwerke hoch, hat einen Giebel. Das linke hat einen von vergoldeten korinthischen Säulen gehaltenen Portikus.

Seit wann werden Bauern in China reich?

In den Reisfeldern stehen junge Pflanzen. Wir holpern heran und bleiben vor einem weiteren Bauernhof stehen, einem modernen Haus, halb gemauert, halb Stuck über dünnen chinesischen Ziegeln, alte Scheunen zwischen die Bäume gepflanzt. Ein Autowrack ist auf Hohlziegeln aufgebockt. Wir sind wenige Dutzend Meter vor der windabgewandten Seite einer Anhöhe, bis zum Kamm hinauf zieht sich Bambus, dahinter ein Berg, unter uns Felder, halbherzig kultiviert. Ein kleiner See ist da, eine schlammige Vertiefung, von Schilf gesäumt.

Brennkapsel mit einer Porzellanscherbe,
Jingdezhen 2012

Eine Frau kommt an die Tür und keift uns an, und schreiend erklärt mein Führer, dass ich Archäologe sei, ein Gelehrter, von Rechts wegen hier.

Unter den Reifen unseres Autos, zwischen dem Unkraut, liegen zerbrochene Brennkapseln, braun und schwarz, roh geformte Tonbehälter mit erhabenen Stegen, etwa zehn, zwölf Zentimeter im Durchmesser. Und Scherben, blasse Sicheln aus Porzellan in der roten Erde. Ich hebe die erste auf, die Basis eines Weinbechers aus dem 12. Jahrhundert, ein zarter, schmal zulaufender Stiel hält eine gezackte Schale, eine Daumenlänge im Durchmesser. Er ist unwahrscheinlich dünn. Und überhaupt nicht weiß, sondern ein sehr helles, ausgewaschenes Seladonblau mit einem Netz aus braunen Sprüngen, wo Hunderte von Jahren in dieser Erde ihn beschmutzt haben.

Dies ist mein Gralsmoment, ich wahre ihn ehrfürchtig, und sie lachen mich aus mit meiner lächerlichen Epiphanie, denn dort oben ist ein ganzer Abhang voller Scherben, ein abrutschendes Gelände aus Bruchstücken, ein Lexikon all dessen, was Gefäßen zustoßen kann. Es ist kein Aushubhügel, achtlos, aber diskret, es ist eine ganze Landschaft aus Porzellan.

Ich bücke mich und hebe eine Scherbe auf, sie ist zu dünn an der Basis, zusammengesunken und gedreht wie ein Jugendstilmädchen. Und diese Scherbe mit ihrem schönen Strohgelb ist durch eine Luftblase zerborsten, die beim Befeuern geplatzt ist. Und diese Anhäufung von Ton bedeutet, dass drei Brennkapseln drei weiße Schalen zusammengedrückt haben, ein Brennvorgang, der zu heiß, zu schnell, zu lange war und dieses Stück wüster Geologie hinterlassen hat.

Gott weiß, was hier geschehen ist. Es gibt eine Stelle mit zerbrochenen Schalen in der Farbe grüner Oliven zwischen hohen Nesseln, eine Art Tatort.

Der Sommerregen hat die Erde so mürbe gemacht, dass jeder Schritt den Rand eines Kruges, einen Fußring, das Mittelstück einer tiefen Seladonschale mit einem umlaufenden Kammmuster, die Skizze einer Pfingstrose in Wirbeln aus Glasur zutage bringt.

Ich halte diese Scherbe, fahre mit dem Zeigefinger über das Muster; um so etwas herzustellen, muss man fühlen, wann die Porzellanerde so weich ist wie Leder, damit es zwischen Kammmuster und Schale ein wenig »Widerstand« gibt. Zu weich, und es hakt und franst aus. Zu hart, und es rutscht weg. Oder die Schale bricht. Es sind diese Genauigkeit, dieser Exzess an einem einzigen Stück, die die Zeit für mich in sich zusammensinken lassen. Ich kenne diese Schale, denke ich, sie benötigte eine Minute auf der Drehscheibe, vielleicht weniger, war an einem Morgen wie diesem innerhalb weniger Stunden trocken genug, um abgedreht werden zu können. Sie muss eine von Dutzenden auf einem Brett gewesen, dann in die Hände des Dekorateurs übergegangen und zu Mittag fertig gewesen sein.

Raschelnd bahnen wir uns mit Stangen unseren Weg durch das Gestrüpp, wegen der Schlangen, und ich werfe in einem Moment entzückter Verbundenheit die Scherben zurück auf den Abhang, muss dann aber zehn Minuten später versuchen, mein Stückchen Weinkrug aus dem 12. Jahrhundert wiederzufinden, um sein Gewicht nachzuprüfen. Aber das geht über Nachprüfen hinaus. Das Ausmaß von all dem setzt mir zu.

Dieser Ort ist einer von Hunderten in diesen Hügeln, hier gab es keinen bedeutenden Brennofen, er ist unwichtig für die Kunstgeschichte, undokumentiert; die Bauern kennen ihn, sie mussten mit dem Abfall fertigwerden, den Scherben, die sie wegschaufelten, um das Feld für Bohnen frei zu bekommen, und in jüngerer Zeit die gelegentlichen Glücksritter, die es mit der alten Frau im Bauernhaus aufnehmen und nach Schätzen graben und sieben, um sie beim Montagsmarkt in der fünfzehn Kilometer entfernten Stadt zu verscherbeln.

ser und Brennöfen und Flüsse zeigen. Es gibt die Karten der Jesuiten, ein Jahrhundert jünger, die ersten beharrlichen Versuche, das Land dem Westen zu erklären, und dann die seltsam anämischen Karten in den Büchern über die Archäologie der Region – unterschiedliche Namen, die man hoffnungsvoll den Bergen und Flüssen anheftete.

Eine meiner liebsten Karten stammt aus dem Jahr 1937, als Mr. A. D. Brankston, ein junger Engländer, diese Hügel erklomm und eine Landkarte im Maßstab von »etwa drei Meilen auf ein Zoll« zeichnete; wackelige Schüsselchen bezeichnen die Stätten der Brennöfen. Es gibt große Lücken auf seinen Karten, für die Gegenden, wo sich den Gerüchten nach Banditen herumtreiben sollten. Brankston lässt diese Gegend wie Hampshire aussehen.

Doch nichts hat mich auf das hier vorbereitet. Es ist ein wunderschönes Puzzle von einer Landschaft. Vor mir erstrecken sich Erde und Wälder und Wasser und Dörfer. Und irgendwie fanden sich hier Menschen und günstiger Zufall und Handel und Geschmack zusammen, um daraus das Weltzentrum des Porzellans zu erschaffen.

Ich habe einen Plan. Ich möchte hinauf auf den Berg und dem alten Weg folgen, auf dem die Rohmaterialien für das Porzellan in die Stadt kamen.

Zwei

Sorry

1

Als Junge grub ich roten Lehm aus dem Bachbett, entfernte die Wurzel- und Zweigreste, klatschte die klebrige Erde zu einer groben Kugel zusammen, steckte meinen Daumen in die Mitte und drückte einen derben roten Topf heraus, wobei ich mir die Hände färbte. Ich brannte ihn in einem Lagerfeuer, die Temperatur war nicht hoch genug, um ihn irgendwie brauchbar zu machen, aber sie genügte, um eine Art Gefäß herzustellen. Es zerbrach mir in den Händen. Es war porös. Mit mehr Geschick und einem einfachen Brennofen, um Temperaturen über 1000 Grad Celsius zu erzeugen, hätte ich aus diesem roten Lehm Irdenware machen können, die erste Art Töpferware. Und mit einer Glasur hätte ich geschafft, dass sie Flüssigkeiten hielt.

Der zweite Ton, den ich als Schuljunge verwendete, war grau und feiner. Ich fertigte Steinzeug, eine Töpferware, die bei höheren Temperaturen gebrannt wird als die groben Irdenware-Tone, um die 1200 Grad Celsius. Dieses Steinzeug besaß eine schiefergraue Farbe, wenn es aus dem Brennofen kam, ein ruhiger, leicht stumpfer Farbton, der zu den Moostönen der Glasuren passte, mit denen ich arbeitete. Diese Becher und Schalen tönten, wenn man daran klopfte. Sie waren nicht durchscheinend. Es waren einprägsame Gefäße.

Die dritte Art Tonware ist Porzellan. Es ist viel feiner als die beiden anderen. Und es muss bei unwahrscheinlich hohen Temperaturen gebrannt werden, über 1300 Grad Celsius, um das Weiß, die Härte und das Durchscheinende, die schöne Resonanz beim sachten Klopfen an den Rand einer Schüssel zu erzielen, die das wahre Porzellan ausmachen. Und hier wird es spannend. Man kann nicht einfach einen Spaten in die Erde stechen und weiße Porzellanerde ausgraben, weich und sauber und bereit zur Verarbeitung, wie wunderbar diese Vorstellung auch sein mag.

2

Porzellan wird aus zwei verschiedenen Mineralien gemacht.

Das erste Element ist Petuntse, der chinesische Ausdruck für Porzellanstein, eine Art Feldspat. In der anschaulichen Bildhaftigkeit, die hier in Jingdezhen üblich ist, stellt er das Fleisch des Porzellans dar. Er liefert Durchsichtigkeit und die Härte der Masse. Das zweite Element ist Kaolin oder Porzellanerde (Porzellanton), es ist der Knochen. Es verleiht Plastizität. Petuntse und Kaolin verbinden sich bei großer Hitze, um eine Art Glas zu bilden, das versintert: Auf der molekularen Ebene werden die Zwischenräume mit Glas gefüllt, sodass das Gefäß undurchlässig wird.

»Alles, was zur Chinaware gehört«, schrieb Père d'Entrecolles mit Kennerschaft, »ist auf das beschränkt, was in die Zusammensetzung eingeht und was dafür zur Vorbereitung gehört.« Er erzählt eine gleichnishafte Geschichte:

> Es ist von dem Kaolin, dass das Porzellan seine Stärke ziehet, ebenso wie die Sehnen im Körper. So ist es also, dass eine weiche Erde dem Petuntse, welches der härtere Stein ist, Stärke verleihet. Ein reicher Kaufmann erzählte mir, dass vor etlichen Jahren einige Europäer einiges Petuntse erwarben, das sie in ihr eigenes Land mitnahmen, um etwas Porzellan zu fertigen, da sie aber kein Kaolin hatten, waren ihre Bemühungen vergebens. ... Worauf der chinesische Kaufmann mir lachend sagte: »Sie wollten einen Körper, in dem das Fleisch ohne Knochen gehalten würde.«

Diese Geschichte ist ein großartiger Wegweiser für die Reise: Es gilt, die Doppelnatur dieser Verbindung zu verstehen, die notwendig ist, um eine glatte, geschmeidige Tonmasse zu erzielen, die der Hitze im Brennofen standhalten kann. Beide Mineralien müssen gereinigt und dann im richtigen Maßverhältnis vermischt werden, um die Formbarkeit zu erzielen, die es erlaubt, damit zu arbeiten, und die Festigkeit, die ein Brennen ermöglicht. Mehr von dem einen Element, und die Masse wird schwer zu drehen oder zu formen, mehr von dem anderen, und der Scherben wird sich bei den hohen Temperaturen, die beim Brennen von Porzellan nötig sind, verformen. Wenn man aber die Mengen ganz leicht verändert, kann man verschiedene Massen erzeugen, die in den unterschiedlichen Abteilungen des Brennofens verwendet werden. So können zum Beispiel Gefäße, die aus Petuntse und Kaolin zu gleichen Teilen gebildet wurden, im heißesten Bereich platziert werden, solche mit weniger Kaolingehalt im kühleren. Diese Anpassungen werden nicht von Mineralogen oder Chemikern ausgearbeitet, sondern von Töpfern, die eine Charge Porzellanmasse variieren, um eine spezielle Serie von Objekten zu schaffen; dabei können sie herausfinden, warum sich diese Stielbecher verzogen haben, oder reagieren, wenn der Verkäufer die Porzellanmasse verteuert.

Ändert man die Qualität der verwendeten Materialien, kann man alles herstellen, vom Porzellan für den Kaiser bis zu dem Teebecher, den man vielleicht beim Stand am Straßenrand verwendet.

Und obwohl es möglich ist, Porzellan aus Petuntse mit nur geringen Beifügungen anderer Materialien zu erzeugen, kommt die große Tradition der durchscheinenden weißen Ware aus dieser Verschmelzung, geschaffen hier in Jingdezhen vor tausend Jahren von Töpfern, die sich ihre Kunst selbst erarbeiteten.

3

Hier in der Gegend ist Petuntse nicht schwer zu finden; in der Nähe der Stadt wurden alte Bergwerksanlagen aus der Sung-Zeit freigelegt. Es braucht keine besondere Expertise, um den Stein abzubauen. Er ist manchmal hart, manchmal von der Beschaffenheit altbackenen Brotes und kommt in zahllosen Feinheitsgraden vor, aber der allerbeste war »weiß und sonderte ein wenig Nässe ab und brachte denen, die Porzellan daraus machten, keine Enttäuschung«.

Alle scheinen sich darüber einig zu sein, dass die Petuntse höchster Qualität beim Spalten eine schwarze Zeichnung aufweist, ähnlich dem *lu-chiao tshai*, dem Geweihfarn, der hier am Abhang unter meinen Füßen wächst. Sie hat kleine Glimmereinsprengsel.

Kaolin ist weiß und ebenfalls mit glitzendem Glimmer gesprenkelt. Es ist schwerer zu finden. Das allerbeste war für den Gebrauch am Kaiserhof bestimmt und galt als »offiziell«; Übeltäter, die es zu verwenden versuchten, wurden schwer bestraft. Es zeigt »schwarzblaue Adern und Pünktchen wie Zuckerkristalle, ist so durchscheinend wie weiße Jade und hat goldene Flecken wie Sterne«, schrieb ein Beamter der Ming-Dynastie, berauscht von dessen lyrischen Eigenschaften, über die schwachen Spuren von Quarz und Glimmer, die ausgewaschen werden mussten.

Wenn sie erschöpft waren, wurden diese besonderen Lagerstätten versiegelt, um zu verhindern, dass irgendein gewöhnlicher Bürger die Reste verwenden konnte. Im Laufe der Zeit waren die Minen unergiebig geworden, oder man kam den alten Begräbnisstätten der Ahnen zu nahe und musste die Produktion einstellen; diese Orte wurden dann als besonders, speziell und verloren elegisch beklagt.

Kaolin hat seinen Namen von dem Berg, den ich jetzt zu erreichen versuche – Kao-ling oder Hohe Bergkette.

Mutmaßungen und Gerüchte über diesen Berg finden sich in einem Kompendium aus dem 18. Jahrhundert, dem »Tao Shuo«, Geschichte neben Hörensagen und Anekdoten. Es berichtet von den Familien, die den Berg abbauten, vom Sortieren des Tons je nach Feinheitsgrad und den fragwürdigen Neubenennungen des Materials, die rund um diese Werke vor sich gingen. Es sieht so aus, als hätte es endlose Streitereien und Beschwerden gegeben. »Wir können sicher sein«, meint der Chronist, »dass sie die vier Schriftzeichen fälschen, die auf die Kaolinziegel gestempelt werden.«

Père d'Entrecolles meint dazu etwas verdrossen, dass es »nichts mehr hinzuzufügen gäbe, wären es die Chinesen nicht gewohnt, ihre Waren zu verfälschen«.

> Aber bei einem Volk, das kleine Kleisterkügelchen in gemahlenem Pfeffer rollt, um sie zu umhüllen, und sie dann zusammen mit echten Pfefferkörnern verkauft, gibt es keinen Schutz vor dem Verkauf der Petuntse, ohne dass sie mit etwelchem Abfallmaterial verunreinigt würde. Aus diesem Grunde muss sie neuerlich gereinigt werden … bevor man sie dem Porzellan beifügt.

Ich merke, wie amateurhaft westliche Obsessionen sind, verglichen mit der Energie, die hier auf diesem Berg, in dieser Stadt auf Klassifizierung verwendet wird. Es gibt Hunderte Listen, welche die Qualität von Petuntse und Kaolin aufzählen – *förmlich alt, erlesen alt, mittelalt, Ausschuss*. Da sind die poetischen Namen bestimmter Flöze oder spezieller Bergwerke. Es gibt jahrhundertealte Aufzeichnungen, wie man diese Materialien findet, sie aufbereitet, verschifft, kauft und verkauft. Und dann, wie man sie vermengt, um das Porzellan zu erzeugen.

Doch als ich die Chroniken lese, die mich vor »Fehlern und Verwirrung« warnen, merke ich, dass alle Aussagen über Porzellan Streit und gehässigen Widerlegungen unterworfen sind. Seit der Sung-Dynastie hadern Gelehrte über die Identität, den Wert und Bedeutung dieser Waren, tausend Jahre Literatur über Behauptungen und

Gegenbehauptungen, die bis zum heutigen Tag fortgeführt wird und um die Vorstellung der Reinheit kreist.

4

Wir sind endlich auf der Straße zum Berg, die einen Fluss entlang in Serpentinen ein enges Tal hinaufführt, als wir das Auto anhalten. Das Geräusch ist ungewöhnlich, ein rhythmisches Klopfen, etwas vom Regelmäßigen abweichend, laut genug, um es von der Dorfstraße aus zu hören.

Ich klettere hinunter in seine Richtung. Die Schuppen sind niedrig und offen, das Giebeldach ruht auf hölzernen Stützbalken, gegabelte Stämme in verdrehten Winkeln. Ich bücke mich unter das zerschlissene Strohdach und laufe stracks in einen Balken, Sterne tanzen mir vor den Augen. Ich plumpse nieder. Niemand ist da. Rote Libellen kommen dicht über dem Wasser herbeigeflogen, zeichnen Muster, und weg sind sie.

5

Der Schuppen mag etwa sechzehn Meter lang sein, acht Meter breit, der Boden ist gestampfte Erde mit den drei Löchern, wo die Hämmer niederfahren, wieder in die Luft schnellen und neuerlich nach unten. Es ist hypnotisch.

Wasser wird aus dem Sturzbach abgeleitet, rauscht in eine Schleuse und dann auf ein Wasserrad, das dieses Hammerwerk antreibt. Es ist eine Technologie, die sich in Hunderten Jahren nicht verändert hat, pragmatisch und leicht zu reparieren. Aus dem »Jingdezhen Tao Lu« erfahre ich, dass sie saisonabhängig ist, dass im Frühling, wenn viel Wasser strömte, mehr Hämmer in solchen Schuppen waren und die Petuntse feiner zerstampften; wenn im Hochsommer dann weniger Energie zur Verfügung stand, war der Stein körniger. Also sind wir heute in einer langsamen Zeit des Jahres.

Man hat etliche Brocken Porzellanstein, braucht aber feines, reines Pulver in einer Form, die leicht gewogen und ebenso leicht transportiert werden kann. Um die Petuntse aufzubereiten, muss man den abgebauten Stein in kleinere Stücke zerteilen, bis sie nicht größer als Wachteleier sind. Links von mir ist ein über einen Meter hoher Haufen mit Steinbrocken. Diese Fragmente kann man dann in einen Mörser legen – bloß ein etwa sechzig Zentimeter tiefes Loch –, in das der Schwanzhammer niederfährt.

Draußen sind Gruben, in die der Brei aus zermahlenem weißem Stein und Wasser geschüttet und mit Paddeln kräftig durchgerührt wird. Das ist der Punkt, an dem sich, wie es in meinen zweihundert Jahre alten Beschreibungen heißt, »nachdem es einige Augenblicke stehen gelassen wurde, an der Oberfläche eine bis zu vier oder fünf Finger dicke rahmähnliche Schicht bildet«. Man öffne eine kleine Schleusentür und lasse sie in den nächsten Behälter fließen, wobei der grobe Bodensatz zurückbleibt, und wiederhole das, bis sich ein dicker weißer Schlick bildet. Der trocknet dann draußen in flachen Gruben, bis der Schimmer auf der Oberfläche sich trübt und Haarrisse entstehen; dann wird die Masse ausgegraben und auf ein Backsteinbett aufgebracht, um noch weiter zu trocknen, bis sie mit einer Art feinschneidiger Axt in Ziegel zerteilt wird, die mit einem Namen gestempelt und aufgeschichtet werden.

Rechts von mir trocknen auf Regalen Stapel der vorbereiteten Ziegel, daneben ein Haufen an einer Wand. Ich hebe einen auf, er sieht aus wie mit Staubzucker bestreut, wie ein Lebkuchen, das Innere ist silber-, gelb- und grüngefleckt, etwas Festes, Süßes.

Petuntse bedeutet auf Chinesisch kleiner weißer Ziegel. Sie sind kürzer und dicker als europäische Hausziegel. Sie wiegen etwas mehr als zwei Kilogramm.

Ich stemme einen hoch, lege ihn zurück, nehme ihn dann wieder in die Hand. Kritzle eine Entschuldigung – *Tut mir Leid, ich habe Ihren Ziegel genommen* –, lege fünf Yuan dazu und mühe mich wieder hinauf zur Straße.

Drei

Der Berg Kao-ling

1

Die Straße führt immer weiter bergan. Unerwartet stehen da ein paar baufällige Häuser, neben ein paar am Abhang angelegten Reisfeldern, Reifenstapel neben der Tür. Eine ärmliche Gegend. Noch mehr Bäume, dann zwischen den Fichten und dem Bambus der erste Amberbaum. Rasch dahinströmende, kalte Bäche, die aussehen, als wären sie direkt einer Tuschezeichnung entsprungen. Wir halten bei einer Brücke über einen Wasserfall und klettern einen Pfad zu einer Abbaustelle hinunter. Er ist überwachsen und liegt im tiefen Schatten der hohen Bäume.

Um die Ecke ist eine Spalte im Felshang. Darunter liegt ein wenig Aushub, ein verwitterter Steinhaufen, wie ein halbherziger Dachsbau, zusammengestückelt aus Farnen und Moos. Die Luft, die aus dem Bergwerk kommt, ist sehr, sehr kalt.

Die Öffnung ist gerade breit genug, um hineinzuklettern, und keine eineinhalb Meter hoch. Ich schlüpfe hinein, halte inne, damit meine Augen sich anpassen können. Die Mine führt etwa sieben Meter nach hinten und verläuft sich dann in einem Felssturz. Ich fahre mit der Hand über die Oberflächen. Sie schimmern feucht. Die Wände sind große weiße, grün gestreifte Schnittwunden. Unlängst müssen Steine abgebröckelt sein, denn unten liegt saubereres, weißes Geröll. Ich hebe ein Stück auf, es zerbröckelt in meinen Fingern. Silbersprenkel blitzen auf.

Das ist es, Kaolin, mein Ursprung. Mein Führer ruft, fragt, ob bei mir drinnen alles okay sei.

Diese Abbaustätten sind heute verlassen. Einst waren hier wohl Stollen, kreuz und quer durch den Berg, Arbeiter, die sich in diese weichen weißen Adern hineinhackten, Körbe voller Kaolin, die hinauf und hinaus zu den Abhängen gereicht wurden, um dann nach unten geschleppt zu werden. Jeder Bergbau hat etwas Schauriges, aber ich frage mich, wie es sein müsste, weiter unten in der Tiefe diese Weichheit zu fühlen, dieses Nachgeben des Porzellantons in der Hand.

1583, im elften Jahr der Regierung des Kaisers Wanli, berichtete der Leiter der Kaiserlichen Fabrik, Chang Huai-mei, die Abhänge seien so durchwühlt, dass es beinahe *unmöglich* sei, Kaolin zu gewinnen, man benötige teure zusätzliche Arbeitskräfte; das ganze Geschäft sei *unmöglich*. Man kann seine Erbitterung heraushören.

Aber in diesem Moment schere ich mich einen Dreck um Kaiser. Das ist der Berg Kao-ling, mein erster weißer Berg. Meine Hände sind blass, beinahe weiß vom Staub.

2

Der Weg vom Berg hinunter ist zehn Kilometer lang, noch länger über den Waldweg, der dem Bach folgt. Beim Hinunterfahren kommen wir zum Fluss und einer kleinen Stadt. Hier ist das Wasser seicht und trügerisch. Es wechselt seinen Lauf, Tag für Tag tauchen kleine Sandbänke auf und verschwinden wieder.

Drei Wasserbüffel liegen reglos in der Nachmittagshitze auf einer Sandbank. Schwalben sind da, dazu das selbstgefällige Geschnatter der Enten, die sich in das wirbelnde Wasser stürzen, als wir vorbeifahren. Zwei ältere Frauen knien auf der Steinplatte am Ufer und klopfen die Wäsche. Ein Mann rollt schwarze Melonenkerne zwischen Finger und Daumen, hinauf zum Mund, Knacken, Spucken. Ein Junge nimmt einen Fisch aus. Abgesehen vom Knacken der Zähne auf den Kernen und dem Gurgeln des Baches ist es vollkommen still; das erste Mal, dass ich in China Stille erlebe.

Hier war das Dock, wo die Kaolinerde vom Berg auf lange Bambusflöße verladen und den Fluss hinunter gesteuert wurde. Das Dorf wirkt heruntergekommen. Die Gassen sind schlammig, und der Schlamm bildet Mosaikmuster auf manchen Fußböden in den offenen Häusern, wo die Familien unter zerschlissenen Mao-Postern Reis essen. Vor kurzem ist der Fluss wieder über die Ufer getreten, Feuchtigkeit hängt in der Luft. Ich frage, wann das Dock zum letzten Mal benutzt wurde. Vor hundert Jahren wurden die Minen stillgelegt, seit damals ist nicht mehr viel los. Diese Gasse war die Hauptstraße mit Ladenfronten, die in eineinhalb Meter Höhe begannen, um die vielen Reiter zu bedienen, die hier durchkamen. Es gab Gast- und Teehäuser, wo die Händler ihre Geschäfte abwickelten, aber sie sind alle verschwunden.

Geblieben ist eine Reihe von Schuppen, wo das Kaolin gereinigt wurde. Man braucht keine Mörser, um den Ton zu stampfen. Er benötigt weit weniger Arbeit als die Petuntse, da »die Natur bereits den größten Teil der Arbeit erledigt« hat. Aber auch die Porzellanerde muss in Wasser zerkrümelt und zu einem dünnen weißen Schlicker gemischt werden. Dadurch können alle Sedimente entfernt werden; in einem Vorgang, der dem bei der Petuntse ähnelt, wird das flüssige Kaolin immer sauberer und kann dann getrocknet und zu weißen Ziegeln geformt werden. Das muss hier geschehen sein.

Von diesem Landesteg sind es etwa fünfzig Kilometer flussabwärts zur Stadt. Nach dem Frühjahrsregen braucht es eineinhalb Tage, doppelt so lange, wenn man im Sommer die Arbeit selbst erledigen muss. Am Fluss herrschte früher rege Betriebsamkeit, er war die Schlagader, durch die Menschen und Material strömten. An den Ufern wurden die Ziegel für die Brennöfen gefertigt und gebrannt und dann auf Flößen abwärts gestakt, eine »niemals endende Reihe« von mit Petuntse und Kaolin beladenen Booten kam von den Bergen. Père d'Entrecolles

Porzellanscherben am Ufer,
Jingdezhen, 1920

schrieb von dem Schwall von »bis zu drei Reihen von Booten, eine hinter der anderen«, in Jingdezhen.

Auf der anderen Flussseite, gegenüber der Stadt, lagen die Gräber. Und hier, wo die Boote anlegten, befand sich ein Weiler mit noch mehr Töpfereien und Brennöfen. »Das gesamte Flussufer bei der Floßanlegestelle ist voller Töpfereiwaren – Männer entladen die Kähne mit rohem Ton und beladen die Kähne mit fertigem Porzellan«, beschrieb der Chronist des »Tao Lu« den Lärm und Trubel.

Wo die Petuntse oder das Kaolin entladen wurden, bestand das Flussufer aus Abraum. Sah man hinunter, hätte man erkennen können, dass die Böschung aus in Jahrhunderten angesammelten zerbrochenen Brennkapseln bestand, aus Bruchstücken von Hunderten Brennöfen, die unter den Füßen knirschten. Wenn diese Böschungen in regelmäßigen Abständen von den winterlichen Überschwemmungen weggespült wurden, wurden sie durch neue Scherben ersetzt.

Blickte man auf die Wände der Häuser, die sich am Ufer drängten, dann sah man, dass auch sie aus ausrangiertem Porzellan erbaut waren, aus Brennkapseln, Brennofenziegeln und Kacheln.

Sah man in den Fluss, so bekam man sieben Meter weiter unten zerbrochenes Porzellan zu Gesicht.

3

Hier in dieser Stadt werden die lautersten Objekte der Welt hergestellt. Es ist eine Stadt der Fertigkeiten und des Wissens, eine Stadt der industriellen Verfeinerung weit über das hinaus, was anderswo jemals unternommen wurde.

In den Aufzeichnungen werden dreiundzwanzig unterschiedliche Berufskategorien in der Porzellanherstellung aufgelistet: sechs von Dekorateuren, drei von Spezialisten für das Einsetzen des Brenngutes, drei für das Feuern, Formenmacher, Tischler für die Kisten,

Korbflechter, Aschenmänner, die nach dem Brennen die Rückstände wegräumen, Mischer für den Ton und Zermahler für Oxide, Experten dafür, wie die Gefäße in den Brennkapseln verstaut werden, andere, wie man sie im Brennofen platziert, Männer, die auf jeder Schulter ein Brett mit gestapelten Bechern balancieren und sich im Regen durch eine belebte Straße schlängeln können. Und dann gibt es noch die Händler und Kaufleute und Gelehrten, die Beamten und Buchhalter, die Beschrifter, die Türhüter, die Wachen der kaiserlichen Porzellanmanufaktur.

Dies ist der sichtbare Teil der Stadt, geprägt von den Beamten. Es gibt »Unmengen armer Familien … viele junge Arbeiter und hinfälligere Leute … die Blinden und Verkrüppelten, die ihr Leben mit dem Zerstampfen von Farbpigmenten zubringen«, schreibt Père d'Entrecolles. An den Rändern befinden sich all jene, die von einer Stadt angezogen werden, wo die Arbeit aus den Werkstätten auf die Straße schwappt, wo es nach einem Tag voller Fegen oder Schleppen oder Ziegelabkratzen, bis die Hände aufgeschürft sind, eine Chance auf ein wenig Reis gibt. Hier leben jene, die sich an den Brennöfen Verbrennungen geholt haben, die von den Jahren im weißen Kaolinstaub kurzatmigen Männer, die Kinder, die hoffen, als Lehrlinge aufgenommen zu werden.

1712, mein Jesuitenpater schätzte eine Bevölkerung von 18 000 Familien, möglicherweise 100 000 Menschen, die vom Porzellan ihren Lebensunterhalt bezogen, schreibt er: »Es heißt, dass hier mehr als eine Million Seelen leben, die Tag für Tag mehr als 10 000 Ladungen Reis und mehr als tausend Schweine verzehren.« Durch diese dichtbevölkerte Stadt mit ihren schmalen Straßen zu wandern sei wie mitten im Karneval, meinte er in seinen Briefen; er muss das als ein Bild gewählt haben, das die Jesuitenpatres verstehen würden. Karneval bedeutet Lärm und Chaos, zudem ist er ein wenig gruselig.

Und das Bild passt, denn Jingdezhen ist auch eine Stadt der Glücksritter.

Mitten im Fluss gibt es eine kleine Insel namens Huang; dort errichteten Hausierer ihre Buden, »eigentlich ein weiter, offener Platz und ein Markt dicht am Wasser ... ganz von Buden besetzt, wo Porzellan verkauft wird. Hier können alle Landbewohner frei kommen und gehen, um allerlei Kleinigkeiten zu kaufen, gleichgültig ob Garnituren oder Einzelstücke.«

Hier sind Wanderhändler mit Körben, die verschiedene Gefäße zusammenkaufen und auf die Insel eilen, »man nennt sie Inselkorbträger«. Und dann gibt es noch

> gewisse Leute in der Stadt, tatkräftige Helfer beim Polieren oder Flicken von Porzellangefäßen. Sie gehen von Betrieb zu Betrieb ... Machen Angebote für übrig gebliebene Stücke und sammeln sie. Jene mit *mao-ts'ao* – Auswüchsen – schmirgeln sie ab, jene mit Mängeln flicken sie. Der volkstümliche Name für sie ist »das Geschäft, wo man die Kanten abschleift« ... Außerordentlich glänzendes Porzellan hat immer einen verborgenen Mangel, der noch nicht zum Zerbrechen geführt hat. Es wird billig gekauft und mit Gipsputz verstärkt. Taucht man es in heißes Wasser, so bricht es: Es kann nur Trockenes und Kaltes aufbewahren. Der volkstümliche Name dafür lautet »Ware, die den Fluss überquert hat«.

Im Sommer ist es zu heiß und im Winter so kalt, dass die Porzellanerde friert und nicht zu gebrauchen ist. Jäh brechen furchtbare Brände aus, wenn bei den Brennöfen etwas schiefgeht, und zerstören die überfüllten Häuser in den zu engen Straßen; »erst vor kurzer Zeit wütete ein Feuer, bei dem achthundert Wohnhäuser abbrannten«. Und »von allen Seiten hört man das Geschrei der Träger, die sich ihren Weg zu bahnen versuchen«. Es ist kompliziert, sich in dieser Stadt zurechtzufinden.

4

Es ist acht Uhr am Abend, als wir von den Bergen zurückkehren, den jetzt in einem Betonbett eingeschlossenen Fluss überqueren, bei einem überfüllten Restaurant haltmachen und Bier bestellen. Ich habe meinen weißen Ziegel und meinen Kaolinbrocken vom Berg dabei, lege sie beide auf den Tisch und fühle mich wie ein Drogendealer.

Ich bin lächerlich glücklich, innen in meinem weißen Berg gewesen zu sein.

Ich ziehe mein Notizbuch heraus, um die nächsten zehn Tage zu planen. Und gehe die Möglichkeiten durch, wie man ein paar jener Leute finden kann, durch deren Geschick Porzellan entsteht. Meine Kompassnadel schlägt aus. *Endlich* bin ich an dem Ort, wo ich sehen kann, wie man hier Kobalt verwendet. Ich möchte sehen, wie ein Brennofen ausgebaut, also ausgeräumt wird. Und da ich mich seit fünfundzwanzig Jahren abmühe, riesige Porzellangefäße herzustellen, wäre es schön zu sehen, wie das gemacht wird. Außerdem möchte ich ein paar wirklich weiße Gefäße finden und mit heimnehmen. Zehn Tage fühlen sich wenig an.

Mein Chauffeur und der Führer sind sich nicht einig, wo ich hinfahren und wen ich sehen sollte, die Kellnerin und der Mann an der Bar mischen sich lautstark und vergnügt ein, der Besitzer erzählt mir von seinem Bruder, der Buddhafiguren aus Porzellan herstellt, und ein Nachbar wird herbeigeholt, er hat eine Ming-Schale mit einer schönen Pfingstrose in transparentem Blau, äußerst glänzend und zu verkaufen. Und noch mehr Bier.

Vier

Formen und Verzieren und Glasieren und Brennen

1

Man stelle sich vor, man wäre aus den Bergen herunter nach Jingdezhen gekommen, in eine auf einem Raster von Straßen an einer Flusskrümmung angelegte Stadt. Man hätte Rauch und Flammen gesehen. 1576 beschrieb ein Schriftsteller seine Ankunft: »Ich reiste einst als Vertreter des Verwaltungsbevollmächtigten, und der Lärm Zehntausender Stößel, die in den Boden krachten, und der vom Lodern der Feuer glosende Himmel hielten mich die ganze Nacht über wach.«

»Die Stadt, wo jahraus, jahrein Donner und Blitz herrschen«, wurde Jingdezhen genannt.

Es gibt in der chinesischen Literatur die Tradition, ein Gedicht zu schreiben, wenn man eine Stellung antritt oder beendet: Zahllose melancholische Verse erzählen vom Abschied von der Familie, und fast immer geht es darum, wie einer den Mantel enger um sich zieht, während er über das neue Leben nachdenkt. »Ich komme, um den kaiserlichen Befehl zu erfüllen und die Aufsicht über die Töpfereien zu übernehmen«, schrieb Chu Yüan-cho, Oberaufseher der Töpfereien Ende des 15. Jahrhunderts, in seinen »Zeilen über das Besteigen des zum Himmel ragenden Pavillons und das Betrachten der Flammen der Töpfereien aus dem eisumschlossenen Saal«:

> Die roten Tore nahebei verbinden Tausende Gipfel. In der Ferne
> erheben sich aus zehntausend Straßen purpurne Wachtürme.
> Die Morgendämmerung breitet heiteres Brokat über die rosen-

> farbene Stadt. Die erwachende Sonne steigt auf in verheißungsvollem Glanz über ein Meer aus Purpur. Innerhalb der vier Gemarkungen lodert von Morgen bis Abend das reiche Leben. Wer weiß, dass der Beamte des Kaisers hier allein in der Kälte steht?

Ich nippe langsam an einem scheußlichen Kaffee. Heute Morgen habe ich Kopfschmerzen. Die Planungsbesprechung gestern Abend im Restaurant dauerte endlos. Ich habe die Schale nicht gekauft. Und obwohl ich das Kaolin noch habe, muss ich den Petuntseziegel in der Bar liegengelassen haben.

Hier gibt es keinen Rauch, die holzbefeuerten Brennöfen wurden zuerst durch solche mit Kohle ersetzt, und heute verwendet man größtenteils Gas- oder elektrische Brennöfen. Die Stadt ist grau und feucht. Die Begeisterung von gestern in den Hügeln ist auch verdrängt worden. Ich habe keine Ahnung, wie ich das finden soll, was ich suche. Meine Liste mit Fragen und Möglichkeiten schwankt zwischen Profanem und Metaphysischem. Bis zum Unlesbaren.

Wen soll ich fragen? Oder, wie ein früher Beamter wehmütig schrieb: »O weh, drei Jahre muss ich hier verweilen. Wie kommt es, dass ich kein Herz aus Eisen habe? Allein wenn ich hierbleibe, wird mein Haar vorzeitig ergrauen.«

2

Ich wohne in der Nähe der Skulpturenfabrik, in einer Art Jugendherberge, sauber und spartanisch, mit einer Gemeinschaftsküche, wo in den meisten Sprachen beschriftete Zettel mit der Abwaschordnung hängen, und es gibt Workshops, die ausländische Künstler besuchen können. Es geht heiter und laut zu, die Leute zeigen einem beim Kaffee Bilder ihrer Keramik und erzählen von ihren Plänen und Entdeckungen. Ein Australier hat vor fünfzehn Jahren eine meiner

Vorlesungen besucht und berichtet mir das Neueste aus der Szene in Perth. Es ist sehr studentisch, was zunächst anstrengend ist. Ich glaube, ich bin ein bisschen zu alt für Studentenleben oder aus der Übung, oder vielleicht brauche ich bloß ordentlichen Kaffee.

Die Skulpturenfabrik ist verschwunden, geschlossen, sie wurde 1986 unter Deng Xiaoping privatisiert und hat ihren Namen einem weitläufigen, 81 000 Quadratmeter großen innerstädtischen Gelände mit Toren an der Ost- und Westseite hinterlassen. Es ist ein Kaninchenbau aus Werkstätten der Formenmacher, Töpfer, Bildhauer, Vergolder, Dekorateure und Brennofenarbeiter, durchzogen von schmalen Gassen, die unter Abfall ersticken.

Es gibt ein paar vierstöckige Fabrikgebäude aus den Sechzigerjahren, aber die meisten Gebäude sind ebenerdige Backsteinbauten mit kleinen, zwecks besserer Luftzufuhr unverglasten Fenstern. Ich kann keine offensichtliche Logik erkennen, was sich wo befindet. Die Manufakturen, wo die Guanyins – die Gottheit der Barmherzigkeit – und kleine Buddhafiguren erzeugt werden, die paar Frauen, die Weinbecher anfertigen, und die Familie, die sich auf Porzellankatzen spezialisiert hat, sind alle kunterbunt durcheinandergewürfelt. Und dann gibt es einen Hof der Teekannenmacher.

Ein Mann ist zu Geld gekommen, sein Atelier ist frisch ausgemalt und leer. Andere Räumlichkeiten sehen heruntergekommen aus, aber dort wird fleißig gearbeitet. Wie soll man wissen, was da los ist?

Auf dem Gelände sind private Brennöfen verstreut, die städtischen Brennöfen aber sind weiter weg, hinter den Werkstätten. Sie sind gut organisiert, denn es gibt einen komplizierten Werksverkehr hinein und hinaus; in der Nähe des Eingangs sind Namen auf eine Tafel geschrieben, um den Überblick zu behalten. Man mietet für einen bestimmten Tag einen Brennofen oder ein paar Regale und muss dann pünktlich da sein, oder man verliert seinen Termin.

Um sieben Uhr am Morgen saß heute eine junge Frau auf einem Schemel vor einem schrankgroßen Raum und rollte sehr dünne Por-

Holzschnitt aus dem »Tao Lu«:
Vorbereitung der Porzellanformen, 1815

zellanschnüre aus. Eine andere daneben fertigte Blütenblätter in der Größe von Baby-Daumennägeln und legte sie auf Brettern aus. Die Töpfer um die Ecke befeuchten sie leicht und pressen sie in barocken, exaltierten Ranken auf Vasen. Irgendjemand macht daraus Wasserlilien, reiht sie an kleinen Schüsseln aneinander und glasiert sie in sehr, sehr bunten Farben. Sie sehen wirklich billig aus.

Ich wende mich um. Die Blumen sind die gleichen wie auf der Gaignières-Fonthill-Vase. Die Frau lächelt und nickt, und ich nehme eine der Schalen; sie könnte die Gänseblümchen auf dieser preziösen, überladenen Vase in weiter Ferne geschaffen haben, die in ihrer Vitrine in einem Dubliner Museum in ihrer Gelehrtheit eingeschlossen steht.

Und wenn ich mir die Blumen, die sie heute gemacht hat, genauer ansehe, dann gefallen mir tatsächlich ihre besser.

Die Verpacker haben ebenfalls einen kleinen Hof für sich, dort sind Stroh und Holz für Verpackungskisten aufgehäuft. Träger schlängeln sich hindurch, sie schieben ihre zweirädrigen Schubkarren mit unglasierten Buddhas, schwanenhalsigen Vasen und gestapelten Schüsseln von einer Werkstatt zur nächsten. Es ist ein Beruf, ein guter Beruf, eine Ladung über die Pflastersteine zu schieben und um die Ecken zu manövrieren. Formen, Verzieren, Glasieren und Brennen gehen alle gesondert vor sich, und so braucht man diesen sorgsamen Übergang von Ort zu Ort. Jeder Zustand, in dem die Waren transportiert werden, hat eine unterschiedliche Verletzbarkeit, ein unterschiedliches Potenzial für Beschädigung.

Ich möchte jemanden finden, der mir Porzellantafeln anfertigt. Ich habe eine Idee für eine Ausstellung im Fitzwilliam Museum in Cambridge, die ich kuratiere. Ich möchte alte Gefäße aus Jingdezhen auf neuen, einen bis nicht ganz eineinhalb Meter langen Tafeln positionieren. Es könnte schön aussehen – eine Art Fluss aus Weiß durch die leeren Galerieräume – und auf subtile Weise interrogativ sein, in Frage stellen, was alt und was neu ist: So lautet meine Vorgabe vom Museum. Ich habe Porzellantafeln dieser Größe gesehen, mit verwaschenen Landschaften bemalt, mit Gedichten, die auf einer Seite nach unten verliefen, aber ich möchte meine ganz schlicht haben. Ich frage und frage und komme nicht weiter.

3

Jingdezhen ist riesig, und ich bin in der falschen Gegend.

Schließlich finde ich eine Spur. Die Fabrik, die ich brauche, ist in einem weit entfernten Stadtteil. Sie liegt jenseits der Eisenbahngleise, wird von zwei riesigen, drei Meter breiten schützenden Haufen aus zerbrochenen Gipsformen bewacht; auf der anderen Seite geht es einen Abhang hinauf. Die Bahnlinie ist eine Art öffentlicher Raum, ein Weg und eine Abkürzung, ein Ort zum Ballspielen. Hier kann man auch sehr gut seine Gipsmodel trocknen. Drei Dampfzüge pro Tag, vierzig, fünzig Waggons lang, langsam und ohrenbetäubend laut. Laut genug, um rechtzeitig den Kindern zuzurufen, sie sollen aus dem Weg gehen, und die Wäsche oder die Formen von den Gleisen zu holen. Neben der Bahnlinie liegt eine Reihe einstöckiger Gebäude, wo mit Winkelschleifern stählerne Werkzeuge für die Dreher hergestellt werden. Auch die von feinem weißem Gipsstaub bedeckten Formenmacher sind hier. Und die Leute, die den Beguss herstellen, bepudert von weißem Tonstaub.

Eine Schar Kinder spielt am Straßenrand ein Hüpfspiel. Man macht die Augen zu und muss auf einem Bein hüpfend die anderen erwischen.

Ein Junge, fünf Körbe auf dem Rücken, verkauft Singvögel. Sie sehen aus wie Drosseln.

Eine offene Tür, ein Zimmer mit einem Tisch und fünf Stühlen. Porzellantafeln lehnen an der Wand, manche verziert, andere schlicht, bereit zum Verkauf. Hinten hinaus steht ein überdachter Schuppen, er öffnet sich auf einen Hof mit zwei Meter hohen Bretterstapeln, Fässern mit Porzellan und Säcken mit Kaolin. Drei Brüder sind da, einer an jedem Ende einer Gerüststange und einer in der Mitte, er rollt eine große Porzellantafel aus. Das ist schwere, anstrengende Arbeit, da man einen gleichmäßigen Druck zwischen dem Stahl und der Porzellanmasse benötigt, wenn man das Gewicht hin und her bewegt. Und es ist Mittag und sehr heiß. An den Wänden rundum sind Regale mit trocknenden Tafeln aufgestellt. Die Männer arbeiten sich rund um den Raum, machen die Tafeln Stunde um Stunde dünner, drehen sie um, damit sie nicht springen.

Zeiteinteilungen und Anmerkungen zu jeder Tafel sind mit Kreide an die Wände geschrieben. Und der Boden ist dick mit weißem

Staub bedeckt, zentimeterdick, eine Landkarte aus Fußabdrücken und Spuren von Fahrradreifen. Der Staub wirbelt unter die Werkbänke, er heftet sich einem an die Füße und legt sich in die Kehle. Ihre T-Shirts schimmern vor Staub.

Ich erkläre, was ich gerne hätte, und die Finger der jungen Frau, die hier zuständig ist, fliegen über den Abakus, während sie die Dicke jeder Tafel, ihre Länge – *ein Meter ist kein Problem, ob ich sie gerne länger hätte?* – und den Termin notiert. Ich ziehe ein Bündel Banknoten hervor. Und sie lächelt. Ich mache mir Gedanken, wie viele Tafeln es sein sollen. Wie sollen sie sie heil nach England bekommen? Dies ist meine einzige Chance, dass sie jemand produziert, und so setze ich mich hin und verdopple den Auftrag, für alle Fälle. Und dann noch einmal.

Ich gehe hinaus, es regnet in Strömen. Ich habe erfahren, dass weiter oben an der Straße eine Familie wohnt, die Eierschalenporzellan herstellt. Das ist eine so komplizierte Kunst wie nur irgendeine in der Stadt. Ähnlich schwierig herzustellen sind besonders schweres Porzellan oder Porzellan, durch das man, hält man es gegen das Licht, seine Finger sieht. Eierschalenporzellan ist berüchtigt. Es springt, wo eigentlich nichts springen sollte. Man dreht eine Schale und dreht sie dünnwandig. Alles unter Kontrolle. Dann trimmt man sie dünn. Hier verliert man. Man nehme einen substanziellen Prozentsatz der Gefäße, die man hergestellt hat. Beim Trocknen heißt es, sie vor Hitze aus allen möglichen Richtungen zu schützen, vor Zugluft, vor Feuchtigkeit. Wenn das Gefäß zum Trocknen bereit ist, lege man es mit dem Rand auf eine speziell gebrannte Platte und diese in den Brennofen. Dann das Brennen.

Nimm deine Schalen heraus. Staple alle gesprungenen Schalen ordentlich neben dem Brennofenverschlag und trage die übrigen über den Hof voller Hunde, Hühner, Ton, Motorroller und Kinder, am Brunnen vorbei zu den Vorratsregalen im Haus, wo dann noch einige springen werden, ganz ohne Grund.

Ich finde Familie Xu. Man reicht mir eine Tasse mit schwach strohfarbigem Tee, dann sitze ich da, sehe zu und versuche die Arbeitsteilung in der Familie zu enträtseln. Ein drei-, vierjähriges Mädchen plappert mit einem Hündchen, dann sind noch drei Söhne da, sie formen mit Modeln und schneiden zurecht; die ältere Tochter entfernt die überschüssige Glasur von sehr kleinen Stielbechern. Ein Angestellter, ein Porzellanmaler, hockt da und zieht mit der Spitze eines Pinsels eine Kobaltumrandung um die auf einem Bord stehenden Tassen. Er schafft acht pro Minute. Und die Mutter erledigt die Wäsche und das Kochen, und über das Radio hinweg fliegen Rufe hin und her, tönt das Geräusch der Ventilatoren und der Männer.

Die Großmutter führt mich zum Schuppen, zehn Meter lang mit einem Brennofen und Regalen hoch oben an der Wand, nimmt eine Schale und klopft daran. Der Klang der Schale ist wie das Bild von Schallwellen in der Luft, es zeichnet einen Umriss in den grauen Morgen. Wir lauschen auf eine Schale, dann noch eine.

Sie lächelt. Perfekt.

Mein Chauffeur draußen auf der Straße drückt auf die Hupe. In dieser Stadt wird gearbeitet. Man kann nichts machen, sagt er, außer spielen. Ob Mahjongg, Karten oder Porzellan, verlieren tut man. Er hat spektakulär schlechte Laune, schlimmer als gestern. Verlieren tut man ohnehin, wiederholt er und räuspert sich.

Fünf

Wie man große Gefäße macht

1

Früh am Morgen besuche ich die Fabrik für große Gefäße.

Der Besitzer der flussaufwärts von der Stadt gelegenen Fabrik für große Gefäße sieht aus wie ein Brecht'scher Kapitalist, von einem Künstler der Weimarer Republik gemalt. Zudem ist er fett und wippt bei der Begrüßung mit den Füßen, abschätzig, und man weiß, dass er weiß, dass man das weiß. Er trägt Cargo-Shorts und raucht dünne Zigarren.

Der Innenhof seiner Manufaktur ist voller zweieinhalb bis fast drei Meter hoher blau-weißer Porzellanvasen. Sie haben einen schmalen Hals, und weil er mir unsympathisch ist, sehe ich, wenn ich sie betrachte, Beschränkung, Atemlosigkeit, Anspannung in der Verzierung, Aufdringlichkeit in der Perfektion. Ich sehe sie paarweise in Hotels in Shanghai stehen, Spiegel dahinter, Marmorfußboden darunter. Oder in Casinos. Möglicherweise Bordellen.

Ich verbringe den Tag hier, gehe ihm aus dem Weg. Es ist so feucht, dass die Fliegen durch die dicke Luft von der Latrine in dem stinkenden Gässchen herbeischwärmen.

Am frühen Nachmittag macht sich Trägheit breit. Die Hunde hören auf, sich zu balgen. Der Mann am Brennofen schläft, hat sich vor der Tür des abkühlenden Brennofens auf dem Boden zusammengerollt, die Mütze über das Gesicht gezogen, rund um sich einen Bogen aus Zigarettenstummeln. In der Dekorationswerkstatt sind das Dutzend Kinder, die Verzierungen malen, einritzen, einschneiden, mit ihrem Tagespensum im Rückstand, können das aber nicht aufholen. Jemand kommt rein, brüllt etwas, geht wieder. Das unzusammenhängende Geplauder wird fortgesetzt. Sie bekomme neunhundert Yuan im Monat, erklärt ein Mädchen, und beinahe alles gibt sie ihrer Mutter. Sie behält Geld für Zigaretten. Ein Päckchen kostet zwanzig, aber man kann sie zusammen mit den anderen Mädchen kartonweise um fünfzehn kaufen. Wirklich teuer ist das Handy.

Mit einem gebogenen Stäbchen und roter Tusche ritzt sie eine Landschaft ein, mit kühlen Bergen und nebelumsponnenen Gipfeln und einer ominösen Gestalt, die sehr langsam auf einem Pfad dahinwandelt.

Der Mann, der die Bestandteile der großen Krüge zusammenfügt, wird per Stück bezahlt, nicht mit einem fixen Gehalt. Er wird für die fertigen Krüge entlohnt, an denen er gearbeitet hat. Wenn sie beim Trocknen springen, ist es seine Schuld, und er bekommt nichts. Wenn sie beim Brennen springen oder zu viel Hitze abbekommen, sodass die Verzierung in Kobalttropfen wegrinnt und Dutzende Arbeitsstunden in die Abstraktion wäscht, oder wenn jemand auf dem Hof ein Gefäß umwirft, während er für den Transport Bambus darum befestigt, ist es das Problem von jemand anderem. Da er den ganzen Nachmittag durcharbeitet, müssen drei weitere Männer in der Nähe bleiben, um den nächsten gedrehten Teil hochzuheben. Ein hagerer Mann ohne Hemd sitzt beim Tor. Sein Job besteht darin, zu rauchen und den anderen Arbeitern zuzubrüllen, dass sie das, was sie gerade tun, stehen lassen und heben helfen sollen.

Jeder Abschnitt muss leicht angefeuchtet werden; ein dicker Pinsel wird in Wasser getaucht, an die Flanke des Gefäßes gehalten, dann wird mit einer gebogenen Stahlklinge abgeschabt. Er hält sie in einem Winkel zur sich drehenden Tonmasse, trockener Tonstaub gischtet hoch und über seine Arme. Er ist überschattet von Staub.

Mein Vater und Großvater haben das gemacht, erzählt er mir, aber ich möchte nicht, dass mein Sohn mir nachfolgt.

Der nächste Teil wird unter einem Hagel an Schimpfworten hochgehoben – *richte das gerade, Scheiße nochmal*. Er arbeitet daran, die Nahtstellen unsichtbar zu machen, die Krümmung von der Basis zum übermäßig eingeschnürten Hals, ohne Übergang. Das macht er sehr gut. Der Boden rund um seine Drehscheibe ist gelb vom Porzellanstaub, knöcheltief.

2

Eigentlich sollte es unmöglich sein, aus Porzellan große Gefäße herzustellen. Es ist ein Material, das sich leicht verzieht, und wenn man verschiedene Teile zusammenfügen muss, erschwert das noch die Sache, da jede Nahtstelle an sich schon ein Schwachpunkt ist. Wenn man zwei Teile schlecht zusammenfügt, wölbt sich der eine leicht wie der Bauch über dem Gürtel. Das sieht nicht gut aus. Gibt es weiter unten eine strukturelle Schwäche, wird das ganze Gefäß im Brennofen eventuell einsacken oder umfallen und die übrigen Gefäße umwerfen. Oder es bricht, sodass die Feuerungsöffnung blockiert ist und der ganze Brand ein Desaster wird, weil die Flammen in alle möglichen Richtungen lodern und die Hitze intensivieren.

Das weiß jeder Töpfer, aber der Anreiz, aus Porzellan etwas Riesiges zu schaffen, scheint unendlich groß. Es ist Hybris. Das »Tao Shuo« berichtet:

> Der Vater des regierenden Kaisers bestellte einige Behälter, dreieinhalb Fuß lang und zweieinhalb Fuß hoch, der Boden sollte einen halben Fuß dick sein und die Seiten das Drittel eines Fußes. An diesen Stücken arbeiteten sie drei Jahre in Folge, und sie fertigten beinahe zweihundert davon, aber nicht eines geriet zur Zufriedenheit ... Das alles, sagten die alten Leute von Jingdezhen, kann nicht gemacht werden, und die Mandarine der Provinz

reichten beim Kaiser ein Gesuch ein, worin sie ihn anflehten, die Arbeit beenden zu lassen.

Die Kosten, immer wieder diese gigantischen Gefäße anzufertigen, vervielfachen sich.

Man stelle sich die Mengen von Kaolin und Petuntse vor, die Anstrengung, eine solche Menge von roher Porzellanmasse zu vermischen, sie für die Dreher zu kneten. Das Drehen solch großer Gefäße erfordert nicht nur große Kraft, sondern auch erhebliches Geschick; ein Wackeln beim Drehen eines Weinbechers kann ohne viel Nachdenken ausgeglichen werden, aber bei solchen Dimensionen kann man nichts ändern, bis der Ton wieder zu den Fingern zurückkehrt. Und das fühlt sich endlos an, wenn man sieht, wie die kleine Rille, wo man sich zu rasch bewegt hat, zunehmend an Geschwindigkeit gewinnt und der Fehler, immer größer werdend, zu einem zurückkehrt.

3

In meinen Dreißigern war ich ein paar Jahre lang besessen davon, sehr große Porzellanteller und sehr hohe Porzellankrüge zu drehen. Aus den wenigsten wurde etwas. Ich schaffte es, einen fallen zu lassen, als ich ihn aus dem Brennofen holte. Ich erinnere mich an *angehaltenen Atem*.

Solange der Ton noch plastisch ist, kann man die Form ändern, umdenken. Und so findet man, manchmal auf sehr angenehme Weise, den Moment, in dem der Pragmatismus eingreift. »In der Regierungszeit des Shên Miao wurde Jingdezhen aufgefordert, einen Wandschirm herzustellen. Das gelang nicht, und so wurde daraus ein sechs Fuß langes und ein Fuß hohes Bett. Und dies wiederum wandelte sich zu einem drei Fuß langen Schiff mit Takelung.« In dieser

Aufzeichnung aus dem 16. Jahrhundert heißt es dann: »Die Beamten des Bezirks und der Präfektur sahen es, brachen es jedoch in Stücke, da sie nicht wagten, es an den Palast zu schicken.«

Wandschirm zu Bett zu Schiff zu Scherben, und dann zu einer Geschichte.

So etwas machen Künstler. Aus William Turners Gemälde von der Ankunft König Louis-Philippes im Hafen von Portsmouth wurden seine »Walfänger (Walfischspeck kochend), die im Treibeis steckengeblieben sind, beim Versuch sich zu befreien«. Man übermalt den Märtyrer, malt einen Liebhaber hinein und erfindet einen neuen Titel. Die Ode an die Trauer wird ein Liedchen an den Frühling. Du lässt den Deckel des riesigen Krugs fallen, den du endlich geschaffen hast, und er wird zur »Vase für einen Zweig«. Und du machst weiter.

Wenn du also die Schüssel, den Krug fertig hast, musst du sie sehr, sehr langsam trocknen lassen. Jede tief in der Wand verborgene Feuchtigkeit wird beim Brennen das ganze Gefäß springen lassen. Es gibt Berichte von Stücken, die man ein Jahr lang trocknen ließ, was in diesem Tal großer Hitze und großer Kälte an und für sich schon eine Leistung ist. Dann kommt die Verzierung und das alles noch vor dem Brennen selbst; an diesem Punkt sind die ganze Arbeit, die Hunderte und Aberhunderte Stunden wie Spreu im Wind. Du siehst, wie das Stück in die Brennkammer auf feinen Sand gebettet und die Brennöffnung zugemauert wird. Und das beste Reisig in die Feuerung gelegt und angezündet, das leise Knistern, während die Befeuerer den Brennofen so sachte wie möglich aufheizen. Beim Brennen von Gefäßen wie diesen muss man gemessen vorgehen, so langsam wie möglich, damit die großen Töpfe sich an die zunehmende Hitze gewöhnen, an das Aufbauen der Geschwindigkeit über die paar Tage, bis da nichts mehr ist als Feuer.

Wenn der letzte Messring entfernt und festgestellt wurde, dass die Glasur den entscheidenden Moment erreicht hat, wird jede Öffnung in der Ziegelwand des Feuerlochs mit feuchtem Ton abgedichtet, damit durch keine Spalte auch nur ein Hauch kalter Luft eindringen kann. Der Brennofen benötigt eventuell eine Woche oder zehn Tage, um abzukühlen.

Und dann werden die Ziegel vom Brennofen entfernt. Du baust den Ofen aus. Und beginnst von neuem.

Wenig überraschend, dass es so viele eindringliche Geschichten über die wahren Kosten beim Fertigen großer Gefäße gibt. Die berühmteste handelt von einem jungen Mann, der sich, nachdem er gesehen hatte, dass aus diesen großen Porzellangefäßen nichts wurde, in den Brennofen stürzte; darauf »war das Porzellan vollkommen und schön«. Dieser junge Selbstaufopferer hieß Pousa. Er erntete großen postumen Ruhm für seine Taten und ist »überall in der Stadt bekannt ... in vielen Werkstätten hängt sein Bild und blickt von den Regalen herab«.

Pousa ist »das Idol, das über die Porzellanarbeiter wacht«, notierte Père d'Entrecolles nachsichtig, während er sich durch seine Stadt potenzieller Konvertiten bewegte.

Meine Fotokopie seiner Briefe ähnelt inzwischen einem Palimpsest. Ich habe beinahe alles unterstrichen und schräg darüber Notizen geschrieben, im Taxi, auf einem Knie auf der Straße oder an einem Baum lehnend. Flecken sind darauf. Möglicherweise Nudeln. Ich hoffe, er versteht das, aber was Jesuiten und Schlamperei betrifft, bin ich nicht sehr zuversichtlich.

Sechs

Verpflichtungen

Pousa ist ein besonders deprimierender Schutzpatron für uns Töpfer. Aber ein passender, weil er uns Geld und Versagen ganz nahe bringt und persönlich macht.

Ich bin in einer halboffiziellen Rolle hier. Meine Kuration der Ausstellung wurde fehlinterpretiert als: Kurator eines westlichen Museums bereitet Ausstellung von Porzellan aus Jingdezhen vor. Irgendwie bin ich zu einer Chance geworden, die man ergreifen muss.

Sobald das einmal bekannt ist, werde ich höhergestuft. Ich bekomme einen Chauffeur mit einem goldenen Mao auf dem Armaturenbrett, einen Chauffeur, der nicht ausspuckt. Heute Morgen habe ich einen Dolmetscher, einen Beschatter des Dolmetschers, einen Mann, der ein Video dreht, den Chef des Kulturamtes, jemanden von der Universität. Ich ertappe mich dabei, wie ich frage, ob sie von weit her kommen, wie die Parodie eines Diplomaten. »Porzellan«, gebe ich beim Anstoßen mit Maotai, dem scharfen und starken chinesischen Wodka, zum Besten, »ist kultureller Klebstoff.« Ich habe keine Ahnung, warum ich das sage, und bin mir nicht sicher, wie das übersetzt wird, und die Verwirrung dauert eine weitere Runde mit Anstoßen, bis wir uns darauf einigen, wenn alle hierher kämen, in diese Stadt, und das alles sähen, würden wir Verständnis füreinander haben, denn Porzellan ist *der Weg des Friedens*.

Unsere kleine Autokolonne fährt langsam durch den Campus des Keramikinstituts von Jingdezhen. Es ist der größte Porzellancampus der Welt, vertrauen sie mir an. Er ist vollkommen leer, denn es sind Sommerferien, und so wirkt das alles wie der Schauplatz eines dystopischen Films. Oder eines Horrorfilms. Es war ein langer Tag.

Bei einem weiteren Essen, kurz nach dem ersten, zeigt man mir Das Geschenk. Es ist der Entwurf für die meterhohe Porzellanvase, die der Königin von England zu ihrem diamantenen Kronjubiläum überreicht werden soll. Sie soll gelb sein, in der Form einer enganliegenden Robe mit sechs darüber verstreuten roten Rosen auf einem Fries mit alten chinesischen Schriftzeichen, die irgendetwas Symbolisches über Langlebigkeit aussagen.

Aus Takt oder Höflichkeit fange ich an zu sagen, dass ich die Kunstfertigkeit bewundere, aber dann geht mir mitten im Satz die Luft aus. Und der wichtigste Mann, ein Mann mit einer Visitenkarte, die tatsächlich ausfaltbar ist, um in winzigen Buchstaben seine Leistungen für die Öffentlichkeit aufzulisten, weiß, dass ich lüge.

Ich lüge, weil Kunstfertigkeit so wichtig ist, weil sie zu jemandem gehört, und dieser Mann in seiner Lederjacke wird das Können so vieler Menschen bescheißen, um Das Geschenk angefertigt zu bekommen, und dann den Dank in das glänzende violette Futter seiner glänzenden schwarzen Jacke stecken. Genau so, wie er das Hongkong-Geschenk herstellen ließ. Es war zur Feier der Rückkehr des britischen Territoriums zu China 1997. Eine dünne, ungefähr zwei Quadratmeter große Porzellantafel musste hergestellt, glasiert und »von mir« bemalt werden. Beinahe ein Ding der Unmöglichkeit. Der Schwund konnte exakt berechnet und der Ton perfekt ausgerollt werden – ich habe gesehen, wie drei Männer es mit einer Gerüststange in einer Hinterhofwerkstatt in der Stadt taten –, doch wenn sie flach auf einer riesigen Einbauplatte im Brennofen gebrannt hätte werden sollen, wäre sie gesprungen. Also wurden erhebliche Ressourcen »zur Verfügung gestellt« und eine Möglichkeit gefunden, die Platte hochkant zu brennen.

So wird das hier immer gemacht. So wurde es hier immer gemacht.

In diesem neuen China gibt es Geld, eine geldführende Schicht dicht unter der Oberfläche der Stadt. Man gräbt ein Bohrloch, es ist trocken, man probiert es noch einmal, und es sprudelt und sprudelt.

Es könnten große Gefäße sein. Oder eine Ausstellung in einem ausländischen Museum oder eine neue Rolle in einem Start-up-Unternehmen. Es könnte sein, dass man Präsident der lokalen Kammer der Porzellanproduzenten wird, ein Oberaufseher der Präfektur, aber was es bedeutet, ist, dass einem nun jemand verpflichtet ist und dass man es sich leisten kann, ein Haus mit einem Atrium zu bauen, wie ein Museum im Mittelwesten, und die Fassade lässt man mit Scherben verkleiden.

Irgendwann an diesem langen Tag voller Treffen und Trinksprüche und Präsentationen habe ich das Gefühl, etwas getan oder gesagt zu haben, und jetzt bin ich ihnen etwas schuldig und werde gründlich in Verpflichtungen eingeschnürt.

Sieben

Fabrik Nr. 72

1

Die Stadt wird mit jedem Tag komplizierter.

Eigentlich von Stunde zu Stunde.

Eben hat man mir von einem Mann erzählt, der blau-weißes Porzellan anfertigt, weil *er es möchte*. Mein Freund betont das. Ich muss diesen Mann treffen, der sich in einer Stadt voller Leute, die keine Wahl haben, die nie eine Wahl hatten, aussucht, was er machen will. Ich denke immer noch über die brutale Ökonomie nach, die jemanden vom eigenen kargen Lohn für zerbrochene Werkstücke bezahlen lässt, wenn all diese Werkstücke so fragil sind.

Seine Werkstatt befindet sich auf dem Gelände von Fabrik Nr. 72. Hinter riesigen verrosteten Toren mit einem alten, verfallenen Wächterhäuschen links, wenn man hineingeht. Man holpert vorwärts und hält bei einer Reihe heruntergekommener Werkstätten, neben einem Müllabladeplatz, Haufen stinkenden Abfalls neben dem Eingang.

Ein Junge mit Kopfhörern, den aufgeklappten Laptop vor sich, während leise eine Seifenoper läuft, malt eine T'ang-Landschaft, in der drei weise bärtige Männer unter Felsen sitzen und sich über Liebe oder Verlust unterhalten. Ich sehe ihm eine halbe Stunde lang zu. Sein Pinsel strichelt zwei der drei Bärte.

Es ist Sonntagnachmittag, in dem staubigen Raum ist kaum ein Geräusch zu hören. Eine Frau bläst sachte in jede glasierte Schale, bevor diese auf ihren Platz im Brennofen kommt. Leises Klirren, während die Trägerin das Porzellan in ihrem Schubkarren mit den Fahrradrädern die Gasse hinunter zum Brennofen schiebt. Ein älterer Mann schleift den Fußteil fertiger Krüge ab, um jegliche Spur von Rauheit zu entfernen, nimmt jeden Krug von einem Regal zu seiner Linken, hält ihn gegen eine Karborund-Schleifscheibe, wischt ihn ab, stellt ihn zu seiner Rechten ab.

2

Gelächter aus dem Büro, wo der Besitzer, ein schmächtiger Mann in den Sechzigern, sitzt und in einer komplizierten Zeremonie – Vorwärmen, Einschenken, Wegschütten und wieder Einschenken – roten Tee zubereitet. Hinter ihm sind Regale mit Büchern über Porzellan. Er ist ein Töpfer der ersten Generation, erzählt er mir, und hat es also richtig gelernt, hat sich ausgesucht, was er tun will. Er ist besessen von Kobalt und lästert über das Zeug, das man von den Dummschwätzern in der Stadt kaufen kann. Er liebt »Heaped-and-piled«, die blaue Verzierung der Yuan-Dynastie, bei der sich das Blau in Richtung Schwarz verdunkelt, wo der Maler den Pinsel eine Sekunde zu lang ruhen gelassen hat, ein Karpfen, der zwischen Seegrasranken oben an der Schale Richtung Luft aufsteigt. Das Wort Karpfen, *li*, erklärt er mir, ist gleichlautend mit dem Wort *li* für Profit, und das erklärt plötzlich die Allgegenwart dieser Schalen mit ihren unermüdlichen Fischen, nicht aufzuhalten in ihrem Drang nach oben.

Er sieht ganz entzückt aus, dass ich das nicht wusste.

Er nimmt einen Folioband vom Regal und schlägt ihn bei der Fotografie von zwei Tempelvasen auf, die Art Porzellangefäße, die ich immer gehasst habe – zwecklos, steifnackig, zwei Henkel hoch oben –, und sagt mir, dies sei sein nächstes Projekt.

Es sind die David-Vasen, und ich kenne sie seit fünfunddreißig Jahren. Zum ersten Mal sah ich sie in der Sammlung Percival David, einem muffigen Stadthaus an einem Platz in Bloomsbury, wo man anläuten und sich unter finsteren Blicken in die Besucherliste eintragen musste. Ich hatte das Gefühl, zwischen den Schätzen nur geduldet zu sein. Mir gefielen die frühen Sung-Töpfereien sehr gut, und so verweilte ich etwas länger; diese Vasen hatten ihre eigenen Vitrinen, sie strahlten allein schon wegen ihrer Größe und Beschriftung Bedeutung aus, und wegen des Datums, 1351, auf dem die Wissenschaftler, bebend vor Andeutungen und Spekulationen, ihre Reputation errichteten.

Diese Vasen sind Vasen mit allem Drum und Dran. Sie wollen Drachen, die durch Wolken hindurch einer Perle nachjagen? Meereswogen? Pfingstrosen? Wegerich? Henkel in Elefantenform? Vielleicht wollen Sie am oberen Rand sechzig Zentimeter hoch ihren Namen eingeschrieben haben? Die Inschrift lautet:

> Chang Wen-chin aus der Te-hsiao-Gasse im Dorf Hsin-chou ist erfreut, eine Altargarnitur, bestehend aus einem Räuchergefäß und Vasen, als eine Gabe der Bitte um den Schutz der ganzen Familie und um den Frieden und Wohlstand seiner Nachkommen darzubringen. Aufgezeichnet an einem verheißungsvollen Tag im vierten Monat des elften Jahres der Zhizheng-Herrschaft …

Sie sind schwerfällig, überfrachtet. *Ich habe sie dargebracht*, so unterwürfig wie die Namen der Stifter in Gold über einem Museumsportal.

Der Besitzer der Fabrik erklärt, sein Absatzmarkt seien früher japanische Edelkaufhäuser gewesen, es gebe aber jetzt rasch wachsendes Interesse reicher chinesischer Käufer. Die Kunst besteht darin, Repliken ikonischer Gegenstände herzustellen, mit Namen versehene Stücke, Schalen und Vasen aus den großen Sammlungen, und sie wirklich gut zu machen; daher die David-Vasen, die bald zu Dutzenden neugeschaffen und möglicherweise als Trios oder Quartette verkauft werden. Und das bedeutet, das Kobaltblau für jedes Gefäß richtig hinzukriegen – bei diesen Vasen ist die Farbe leuchtend, aber es gibt Stellen, wo sich Probleme abzeichnen. Die Elefantenköpfe sind verwaschen, sehr schwierig nachzubilden, da das Kobalt leicht wie eine schlecht gestrichene Wand aussehen kann. Es gibt kein bestimmtes Blau, das überall in seiner Fabrik verwendet werden kann. Er ist ein Lexikon in Sachen Blau.

Seine Gefäße kommen aus über sechshundert Jahren Geschichte, vom Beginn der Yuan-Dynastie Mitte des 13. Jahrhunderts bis zum Ende der Qing-Dynastie 1911. Er führt mich in seinen Mahlraum. Er ist winzig und ungelüftet, ausgestattet mit einem Tisch und drei Stühlen; so ungefähr stelle ich mir den Tresorraum einer Schweizer Bank vor.

3

Kobalt ist ein erhabenes Material.

Es wurde erstmals zu Beginn des 14. Jahrhunderts als Farbpigment verwendet und aus den Bergwerken bei Kasan in Persien importiert, über den Persischen Golf in den Hafen Aceh auf Sumatra und dann in den Hafen Quanzhou. Es kam entweder als reines Kobaltoxid – schwer zu transportieren – oder als Kobaltglas (Smalte), eine Verbindung von Kobalt mit Glas, die zermahlen werden kann, was das Risiko verringert, dass die Farbe unter der Glasur zerrinnt. Dieses Kobalt war die Quelle von Geschichten über gewonnenen und verlorenen Reichtum:

> Es heißt, dass ein Porzellanhändler, der an einer wüsten Küste Schiffbruch erlitt, dort mehr Reichtümer fand, als er verloren hatte. Während er am Ufer entlangstreifte und seine Diener aus den Wrackteilen des Schiffes ein kleines Boot zimmerten, entdeckte er, dass hier überall Steine herumlagen, aus denen das wunderbarste Blau zu machen war. Er nahm eine große Ladung

mit sich, und man sagt, dass ein so schönes Blau in Jingdezhen noch nie gesehen ward. Später versuchte der chinesische Kaufmann vergeblich, die Küste wiederzufinden, wohin das Schicksal ihn verschlagen hatte.

Das fühlt sich passend an für die Erfahrung, mit Kobalt zu arbeiten. Man hat es richtig hingekriegt, ein Blau so rein und strahlend wie der Mittag, dann versucht man es noch einmal, und es ist trübe wie ein Spätnachmittag vor Regen.

Man versuchte es bei lokalen Kobalt-Lagerstätten in der Nähe von Jingdezhen, mit enttäuschenden Ergebnissen. »Die Sammler machen sich auf und sammeln es und waschen die Erde weg, die ihm anhaftet. Es ist dunkelgelb von Farbe.« Ist es gereinigt, hat es »immer noch eine blasse Farbe und lässt sich nicht gut brennen, also verwendet man es nur für Ware minderer Güte«. Kobalt gab es in allen Güteklassen, Händler brachten es in die Stadt, »um es als Spekulationsware zu verkaufen«; manches hatte mehr Eisenanteil, anderes mehr Mangan, und es benötigte endlose Mühen, um es verwendbar zu machen und die Verunreinigungen auszuschlämmen.

Kobalt war die Quelle endlosen Ärgers.

Zunächst einmal war es lächerlich wertvoll. Ist es noch immer. Mein Marmeladenglas mit Kobaltoxid hat mich mein ganzes Arbeitsleben hindurch begleitet, zwei Kilogramm, die ich vor dreißig Jahren gekauft habe und seither eifersüchtig hüte. Ich habe damit versucht, blaue Linien in Porzellan zu zeichnen, eine Schale mit einem blauen Rand zu versehen, eine Glasur zu färben: Es ist kaum weniger geworden. In Jingdezhen unterzog man die Dekorateure einer Prüfung, wie sparsam sie sein konnten. Ein Verwalter versuchte seine Arbeiter mit den Händen in einer Art Schandstock arbeiten zu lassen, um sie am Stehlen zu hindern. Père d'Entrecolles bemerkte zweihundert Jahre später: »Damit sie aber nichts davon verlieren, setzen sie das Geschirr unter dauernder Anblasung auf ein Fuß-Gesims, unter welchem ein großer Bogen Papier liegt, der die abfallende Farbe auffängt«; die übriggebliebenen Krümel wurden am Ende des Tages vom Papier geklopft wie das Gold an der Werkbank eines Goldschmieds.

Zweitens ist es ein Material, das kalziniert werden muss, rotglühend erhitzt, entweder in einem Schmelztiegel im Brennofen oder auf dem Ofen, und dann in einem großen Porzellanmörser sorgfältig zerstoßen. Hier in diesem Raum geht die Vorbereitung nicht anders vor sich als vor dreihundert Jahren.

»Wer bis Mitternacht arbeitet, erhält den doppelten Lohn. Die Alten und die sehr Jungen, die Lahmen und Kranken erzielen durch diese Arbeit einen Unterhalt.« Das reicht tief hinein in die Ökonomie der Stadt.

Und drittens ist Kobalt giftig. Ist man ihm als Staub ausgesetzt, wenn man es zu einer Paste zerreibt, leckt man die Spitze des Pinsels ab, um ihn wieder in Form zu bringen, bevor man ihn neuerlich in die blauschwarze Flüssigkeit taucht, um noch einen Weidenzweig zu malen, nimmt man ein wenig davon auf. Man könnte Übelkeit verspüren. Sich atemlos fühlen. Es reichert sich an, reicht tief hinein in den Körper.

An diesem Nachmittag in der Fabrik, während wir uns über Kobalt unterhalten, sprechen wir über all die Kompliziertheiten, die Schwierigkeiten und Kosten, die damit verbunden sind. Davon aber nicht.

4

Kobalt erlaubt es, die Welt in Geschichten zu verwandeln.

Es gibt eine Liste der Namen von Mustern aus dem achten Jahr des Kaisers Jiajing, Anno Domini 1529 – ein besonders unangenehmer Kaiser –, die man den Dekorateuren in Jingdezhen vorlegte. Unter diesen Mustern sind:

> Drachen auf der Jagd nach Perlen, Goldwaagen, spielende Knaben, verspielte, auf- und absteigende Drachen, durch Blumen fliegende Phönixe, Blumenbänder, die den Boden bedecken, Vögel im Himmel, die acht Unsterblichen auf dem Weg über das Meer, Löwen, mit gestickten Bällen spielend, die vier Fische *ch'ing*, *p'o*, *li* und *kuei* mit Wasserpflanzen, Wasserfälle in den Pa-Shan-Bergen, fliegende Löwen, Wellen und Flammen, die die acht mystischen Diagramme tragen, durch Wolken flatternde Störche, spielende Kinder, Phönixe, die sich in glückverheißende Wolken erheben.

Die Liste wird immer barocker, jede Möglichkeit innen und außen wird angedeutet, bevor man endlich entnervt aufgibt: »In einer kurzen Zusammenfassung wie dieser ist es unmöglich, eine vollständige Aufzählung all der verschiedenen Muster zu geben.«

Alles ist in Bewegung; Aktivität wird durch Kobalt quer über und rund um das und unter dem Porzellan festgehalten, mit Bändern und Wolken und Wellen, stürzendem Wasser oder einem Windstoß, der die Geschichten vorantreibt.

Und es scheint natürlich, dass die Welt in Blau und Weiß aufgespalten ist. Das Weiß der Flächen auf Porzellan kann alles werden, was man möchte, Wasser oder Himmel, die Gewichtigkeit eines Berges oder das Gesicht eines Kindes.

Geschichten könnten in China beginnen, mit den Bildern und Namen anfangen, die das ausmachen, was man ist, aber während die Bestellungen in Jingdezhen einlangen, aus Ulan Bator, Isfahan, Konstantinopel, Madrid, Amsterdam, Bristol, beginnt man Schriftzeichen und Szenen zu malen, die einem als Skizzen und Vorstellungen in den Sinn kommen.

Und so malt man Pagoden und Phönixe, aber auch englische Landhäuser und Kirchen und Wappen, die Kreuzigung, Hochzeiten und Ritter in Rüstung und Andromeda.

Kobaltmahlen, Jingdezhen 1938

5

Ein Porzellanmaler sitzt nicht da und saugt an seiner Pinselspitze, lehnt sich zurück und sinniert vor dem leeren Gefäß, fragt sich, wo der Bach fließen, wo die Wolken landen, die Fische schwimmen sollen. Blau-weißes Porzellan ist und war immer ein durch viele Hände gehender Prozess. Das bedeutet Geschick vieler Hände. Und das wiederum bedeutet Verwaltung, Entscheidungen, Planen.

Wenn man ein Objekt mit einer gewissen Exaktheit wiederholen kann, dann kann man eines als Probeexemplar schicken und Aufträge für das nächste entgegennehmen. Wenn man ausrechnen kann, wie viel es an Porzellan, Kobalt, Brennen und Lohn benötigt, eine Schale zu produzieren, wie groß der Schwund und wie der Transport aus der Stadt zu bewerkstelligen ist, dann ist man auf dem Weg zur Standardisierung. Standardisierung hilft bei allem. Sie hilft dem Mann an der Töpferscheibe, dem Mann, der die Gefäße abdreht, dem Mann, der die Planken zu den Trockengestellen trägt, diese Stielbecher in die Glasur taucht, mit dem Daumen über den Verlauf der Glasur fährt. Sie hilft, wenn man Gefäße in die Brennkapseln legt, die Brennkapseln in den Brennofen. Und so weiter und so weiter. Jedes Stadium ist einfacher. Jede Bewegung fließender.

»Ein Stück geht durch siebzig Hände«, heißt es beim scharfsichtigen Père d'Entrecolles, »es darf bei diesem Werk keine Unterbrechung geben.«

Das »Tao Shuo« ist brutaler:

> … die verschiedenen Arten blau bemalter runder Ware zählen jede für sich nach Hunderten und Tausenden, und wenn die aufgemalte Verzierung nicht exakt gleich ist … wird die Garnitur weder regelmäßig noch einheitlich sein. Aus diesem Grund werden die Figuren um den Rand der Stücke und die blauen Bordüren den Arbeitern anvertraut, die die Umrisse zeichnen,

lernen, wie man zeichnen muss, nicht wie man in Farben malt, während diejenigen, die die Farben ausfüllen, das Kolorieren gelehrt werden, nicht das Zeichnen, durch welche Mittel die Hand geschickt in einer Art Kunstwerk und der Geist nicht abgelenkt wird.

Wiederholung erfordert es, dass man nicht denkt, nicht abschweift, während man diese Linie zieht und den Pinsel im genau richtigen Moment hochhebt, das flache Ende des Pinsels dreht, um die scharfe Kante des Grasstängels zu zeichnen, ihn dann wieder in das Kobalt taucht und das Ganze wiederholt.

Und wenn man einen Mann Gräser malen lässt, nur Gräser, sinkt die Anzahl der Fehler. Man kann auch ermitteln, wo etwas schiefgeht und wer dafür zu bestrafen ist.

Es ist schwer zu glauben, dass diese Gefäße auf solche Art geschaffen wurden. Ich betrachte ein Fläschchen, das ich gerne mag, ein blauweißes Fläschchen aus dem frühen 15. Jahrhundert mit einem Vogel auf einem Ast. Es ist ein dickes kleines Fläschchen, der Vogel singt, und es gibt so viel Raum für den Ast und die Blätter und den Gesang, dass ich nicht sehe, wie es das Ergebnis von mehr als einer Hand sein könnte, die die Pausen bemisst, die den Pinsel am Ende des Zweiges ganz sachte in die Höhe hebt, über den Schwanzfedern zurückkehrt, sodass das Kobalt leicht tüpfelt, zerfranst.

Am anderen Ende des Ateliers ist dieser Junge, der die Bärte macht. Er hat ein halbes Dutzend gesichtsloser Weiser auf dem Berg. Jemand anderer hat die Umrandungen gefertigt, die Struktur der Linien entworfen, welche die Flächen bilden, und ein weiterer die Berge. Es ist praktisch niemand hier an diesem Nachmittag, also kann ich die Dame mit der Lotos-Schriftrolle nicht kennenlernen und auch nicht den Maler der fünfzehigen Drachen. Ich werde den Moment nicht sehen, wenn all ihre sorgfältige Arbeit unter einem Leichentuch aus weißer Glasur verschwindet, bereit für den Brennofen.

6

Ich muss fort. Ich habe eine Verabredung zum Abendessen mit einem Archivar und darf nicht zu spät kommen, aber es fällt mir schwer zu gehen. Ich wandere an den Gestellen mit den glasierten Töpfen vorbei, die früh am Montagmorgen in die Brennöfen eingebaut werden sollen.

Es ist etwas Mirakulöses an dem Vorgang. Da stimme ich mit meinem Jesuiten überein. Er hält fest, dass Kobaltstriche beim ersten Auftragen auf das Gefäß von blassem Schwarz sind, dann verschwinden sie unter der Glasur, »aber das Feuer macht sie in all ihrer Schönheit erscheinen, fast auf dieselbe Weise, wie die natürliche Hitze der Sonne die wunderschönsten Schmetterlinge mit all ihren Tönungen aus ihren Eiern schlüpfen lässt ...«

Er hat die Arbeit gesehen, die dafür nötig war, hat gesehen, wie eine Schale vom einen zum Nächsten weitergereicht wurde und welche Einschränkung das bedeutet, aber er will etwas anderes – eine Geschichte von Schöpfung, Freiheit, von Selbstwerdung.

Damit ist er nicht allein. Das Feuer transformiert auf Arten, die nicht vollständig erklärbar sind. Eine Stele ist dem Gott der Brennöfen geweiht: »Blickt man in die Brennöfen mit ihrem starken Feuer, sieht man oft Insekten, die verkleidete Götter sein müssen, welche sich in schimmerndem klarem Wasser bewegen.« Es gibt Berichte von Porzellan, das »aus dem Brennofen kam, mit im Brennofen auf der richtigen Glasur geschaffenen Zeichnungen in der Form von Schmetterlingen, Vögeln oder Fischen, Einhörnern oder Leoparden, oder die Farbe der Glasur veränderte sich zu Gelb, Rot oder Braun, und so waren die neuen Formen und Farben manchmal höchst bezaubernde, unwillkürliche Schöpfungen des Feuers.«

Acht

Nachahmung. Fälschung. Schwindel.

1

Sechs Uhr morgens, und mein Führer meint, ich sei zu spät dran. Das muss eine universale Binsenweisheit für alle sein, die auf einen x-beliebigen Markt gehen, und es ist immer ärgerlich. Die beste Zeit des Tages, meinte meine Mutter, sei kurz vor dem Aufstehen, und das macht mir immer noch zu schaffen.

Am vergangenen Abend gab es noch mehr Maotai. Ich hatte vergessen, was es bedeutet, in China bei jemandem auf der Spesenrechnung aufzuscheinen.

Es ist der montägliche Antiquitätenmarkt. Mehr als zweihundert Leute sitzen oder kauern auf dem Boden, ihre Waren vor sich, einige auf Stoff, andere auf rotem Stoff, wieder andere auf rotem Stoff mit Brokat und noch andere direkt auf dem Beton. Es ist rappelvoll. Hinter den Händlern stehen ihre Fahrräder, Motorroller und Karren, dazwischen feilschende Käufer, die sich die Töpfe herausgreifen und, die Finger in der Luft, streiten, rechnen und Prozente abziehen. Auch der Mann mit den gedämpften Reisküchlein schreit, und nur weil Markttag ist, hält das die Roller nicht davon ab, sich hupend durchzuschlängeln. Ein unternehmender Geist hat ein Mikrophon und eine einzige Schriftrolle mit Tigern und ist schwer in Fahrt. Eine Menge umringt ihn, angezogen von der Elektrizität seiner Energie, unbeeindruckt.

Ein älterer Mann sitzt da, Stapel von Teeschalen aus der Sung-Dynastie wie die Ziffern einer Uhr rund um sich. Hier auf dem Markt sind sie alle, die sagenumwobenen Schalen, in Gedichten erwähnt, nachgeahmt und begehrt. Da ist ein Stoß wie Hasenfell gestreifter Schalen, da sind die eigenartigen Ölfleckglasuren, bei denen silbrige Bleitröpfchen auf der Oberfläche von schimmerndem Schwarz zu schweben scheinen. Und meine Lieblingsschalen mit dem Rebhuhnfedermuster. Dieser Mann in seinem Atlanta-Braves-Trainingsanzug hat sechs davon.

Und es gibt Dutzende Mönchskappen-Krüge aus weißem Porzellan, die Krüge aus der Sung-Zeit mit dem gelappten Rand, die bei den Auktionen in Hongkong um Millionen verkauft werden. Eine pfiffige junge Frau, die Mao-Plaketten und Tabletts mit Motiven vom Langen Marsch verhökert, versucht meine Aufmerksamkeit zu erregen. Westler sind ganz begeistert von einem Hauch Kulturrevolution.

Und da ist ein Kind mit Steinen. Nicht die Steine der Gelehrten, die schartigen, gezackten, gefurchten Steine, die zum Zweck der Kontemplation auf den Schreibpulten der gebildeten Autoren lagen, sondern zwanzig gerundete Flusskiesel. Er muss acht Jahre alt sein. Hockt neben seinen Steinen und wartet.

Letztes Jahr, sagt mein Führer, konnte man auf diesem Markt für zweihundert Yuan pro Kilo den Ausschuss von Ai Weiweis Sonnenblumenkernen kaufen, konische Häufchen grauer Samen, die er bei den kleinen Werkstätten in Jingdezhen für seine riesige Installation in der Tate Modern in London in Auftrag gegeben hatte. Sie wurden zu Millionen in Formen gepresst, man konnte hingehen und sich von einem Depot einen Sack davon holen, auf jede Seite einen eisengrauen Streifen malen und wurde nach Gewicht bezahlt. Hundert Millionen wurden angefertigt, 150 Tonnen Samen, und sie boten den Werkstätten zwei Jahre lang Beschäftigung.

In diesem Jahr findet man keine von Ai Weiweis Samen mehr.

2

An diesem Morgen haben sich Dutzende und Aberdutzende Leute mit Haufen von Scherben eingefunden, jede Art eigens und getrennt nach Größe, Dynastie, Farbe. Seladon von Feinkeramik, tiefschwarze Glasur von den selteneren Glasuren mit Oberflächenstruktur, Tüllen von Fußringen der noch in den Brennkapseln steckenden Gefäße. Es gibt Tausende und Abertausende blau-weiße Musterfragmente mit den kalligraphischen Regierungsbezeichnungen an der Basis. Fische, Pfingstrosen, Figuren. Die vorgeneigte Gestalt, die eine Brücke überquert. Der Knabe im Boot, der sich im Wind über den Fluss beugt. Ein Bogen aus drei Gänsen neben einer Regenwolke. Gräser im Wind. Rasch wiederholte Pinseltupfer und Kobalt, wieder und wieder.

Und weil Scherben von Gefäßen stammen und deswegen alle leicht gebaucht sind, wogen diese Flächen von Zerbrochenem auf dem Asphalt wie ein im Wind sich blähendes Stück Stoff.

Du kaufst zu Recherchezwecken. Du feilschst um dieses Fragment, denn es zeigt dir, wie tief dieser gekämmte Schwung des Weidenzweiges einzukerben ist und wie flach der Fuß an einer Schale sein müsste. Du kaufst diese blau-weißen Scherben, da die Gruppe Schriftzeichen in der Kuhle am Fuß dir sagt, wann das Gefäß gemacht wurde: Sie benennen die Regierungszeit eines Kaisers. Sie sind von Wert, denn du kannst eine neue Vase oder Schale anfertigen und diese Schriftzeichen in dein Werk einfügen und es sehr langsam brennen, und dann hast du eine Hommage geschaffen, eine Neuschöpfung, einen Kontext, der fünfzig Mal so viel wert ist wie das, was einer deiner gewöhnlichen Töpfe einbringen würde.

Mein Führer geht mit mir Nudeln essen und führt mich dann in die Straße der Reproduktionen. Die Läden öffnen bereits. Die Straße ist zweieinhalb Meter breit, Werkstätten und Läden dicht an dicht, eine Frau mit einem Karren voller Chilis kämpft sich durch. Es beginnt mit einem Knalleffekt, mit einem Geschäft, das nichts anderes verkauft als kaiserlich-gelbes Porzellan mit fünfzehigen Drachen, eine fröhliche junge Frau stillt ihr Baby, während der Laden vor den begehrten Stielbechern, Vasen und Tellern schimmert, die bis zu acht Stück hintereinander auf den Regalen stehen. Nach ein paar Hundert Metern makellosen Qing-Porzellans taumle ich ein wenig, als mir eine Reihe Geschäfte unterkommt, die Porzellan des 12. Jahrhunderts feilbieten, jeder der berühmten Glasureffekte massenhaft vorhanden. Was wollen Sie also? Und wie viel? Sie wollen dieses rauchige Blau-Weiß, wo die Glasur zerronnen ist und aussieht wie eine Landschaft im Regen?

Ich kaufe sieben T'ang-Schalen um je fünf Dollar. Sie sind gekonnt auf alt getrimmt worden.

Das ist Können, eine andere Art von Können. Ich sehe zu, während ein Mann einen dicken alten Pinsel in roten Tonbeguss taucht und ihn über die Basis seiner olivgrünen Krüge führt, bis der Beguss verrinnt und in der heißen Luft auf diese krümelig-eben-ausgegrabene Art stockt. Ein paar Läden weiter ist ein unordentlicher Stapel mit Tassen und Krügen – Porzellan des 16. Jahrhunderts von letzter Woche –, über den ein Mann eine Säurelösung sprüht. Sie ätzt sich in die Glasur und schabt sie auf gekonnt zufällige Weise ab.

Dieser Grad an Authentizität – die an der Innenseite meiner Schalen klebenden Gräser, der Kloakenschmutz an den Rändern dieser prachtvollen Seladonwaren, die ich unbedingt haben muss, wobei ich mich frage, wie ich sie heim bekomme – ist eine märchenhafte Blüte davon, wie dieser Markt funktioniert.

Wir liefern Authentizität, falls es Authentizität ist, was Sie wollen.

Irgendjemand hat Vasen in Brennkapseln gebrannt, für diejenigen, die an ihrem Porzellan ein wenig Rauheit mögen. Ich betrachte sie anerkennend. Es gibt Geschäfte, die so voll sind wie die Gräben mit den Terrakotta-Kriegern.

3

Niemand ist wegen der Ästhetik hier. Sie sind hier, um ihren Lebensunterhalt zu verdienen, und sie bewegen sich geschickt auf einem schmalen Pfad zwischen Reproduktion und – wie lautet der korrekte Ausdruck? Schwindel? Fälschung?

Na ja, keines von beiden. In einem Land, wo das Kopieren ein anerkannter Weg ist, sich Respekt zu verschaffen, eine Art, Fertigkeiten zu erlernen, könnte es komplizierter nicht sein. Die Wiederholung der Leistungen eines vergangenen Reiches ist an sich etwas Edles.

Und, füge ich insgeheim hinzu, auch ich habe seit Jahrzehnten versucht, diese Art Gefäße herzustellen. Diese Craquelé-Glasur habe ich nie richtig hingekriegt. Ich hätte alles dafür gegeben, eine Schale wie diese da zu schaffen, ganz zu schweigen vom Reproduzieren.

Ich sehe auf meine Notizen; da sind Listen, durchgestrichene, wiederholte, fehlgeschlagene Versuche, alle diese Nachbildungen genau zu klassifizieren. Objekte, die X ähneln / Reproduktionen von Y / Hommagen an Z. Jedes eine Art Geschichte.

Falsifikat. Schwindel. Ersatz. Betrug. Replik. Scheinbild. Nachahmung. Fälschung. Täuschung. Wie kann man überhaupt etwas machen, das Verlangen planen, eine schöne Porzellanschale herzustellen, wenn es von etwas übertroffen wird, das letztes Jahr, vor hundert oder tausend Jahren geschaffen wurde?

An diesem feuchtheißen Julinachmittag wimmelt die Straße von Geschichten. Bleib irgendwo stehen, lass deine Augen zur Ruhe kommen, und du wirst festgehalten, bekommst eine Idee, eine Gelegenheit, eine Diskussion angeboten. Und nach einer Woche hier in Jingdezhen wird mir klar, dass es das ist, was ich allmählich am »Tao Shuo« liebe, der zweihundert Jahre alten Anthologie von Schriften über Porzellan. Alles ist in diesem Sammelalbum über Porzellan enthalten: sich abspulende Listen über die großen Gefäße vergangener Dynastien, geheime Glasuren, Geschichten darüber, wer was hatte und wie es weitergegeben wurde, schwindelhafte Anekdoten, Gemecker über frühere Gelehrte. In seiner Zufälligkeit finde ich mehr und mehr Bestätigung, in der Art, wie einer Aufzählung von Objekten oder Attributen absolute Autorität zugeschrieben wird, nur um in der nächsten zornigen Widerspruch zu ernten.

Nichts berührt diese kraftvolle Erzählung chinesischer Gelehrter über ihre Töpfereien.

Geschichten über das seltsame Leben des Porzellans durchziehen die Literatur.

An einem kalten Morgen kam ein Mann nach unten und entdeckte, dass das restliche Wasser am Boden des Porzellanbeckens gefroren war, und er sah einen Zweig mit Pfirsichblüten. Am nächsten Morgen erschien der Zweig einer Pfingstrose mit zwei Blüten. »Am nächsten Tag bildete sich eine Winterlandschaft, das Becken füllte sich mit Wasser und Dörfern aus Bambushäusern, fliegenden Wildgänsen, Reihern, die auf einem Bein standen, alles so vollkommen wie ein vollendetes Bild ... Nie waren die Bilder zweimal dieselben.«

Ein Mann schickte eine Teeschale »als Geschenk an einen armen Freund; der bereitete nach seiner Heimkehr Tee zu und goss ihn in die Schale, worauf sofort zwei Kraniche erschienen, die aus der Schale flogen, sie umrundeten und erst verschwanden, als der Tee getrunken war«.

Ich kenne alle diese Geschichten inwendig, mir war diese emotionale Anpassung zu eigen, als ich lernte, etwas zu machen, das ich lieben konnte. Als Halbwüchsiger pinnte ich eine Karte mit dem Bild einer Teeschale über die Töpferscheibe im Atelier. Es war eine Seladon-Teeschale mit einem Craquelé so fein wie Blattadern. Und ich versuchte sie wieder und wieder zu schaffen, hoffte auf den Moment, wo sie zum Leben erwachen und Kraniche herausfliegen würden.

4

Meine sieben alt-neuen, unbezahlbaren Fünf-Dollar-Teeschalen aus der T'ang-Dynastie von letzter Woche, notdürftig in Zeitungspapier verpackt, klirren in ihrem Plastikbeutel, während ich durch den leichten abendlichen Regen zu meinem Quartier zurückgehe. Ich frage mich, wie ich über diese Stadt schreiben soll. Das Ineinandergreifen der Geschichten macht es so schwierig, herauszufinden, welche Zeitform ich verwenden soll; die Vergangenheit ist hier nicht besonders vergangen, und die Gegenwart, die in meinem Beutel aneinanderschlägt, sehr, sehr alt. Zeitformen sind flüssig und schwer zu kontrollieren.

Und es gibt so viele Geschichten, dass ein Album die einzige Möglichkeit scheint, sie zu sammeln, eine Art Plastikbeutel, in dem sie zufällig zusammenstoßen.

Als ich zurück bin, sehe ich, dass ich bereits eine meiner sieben neuen T'ang-Schalen zerbrochen habe. Neue Scherben können nicht schlecht sein, denke ich, während ich sie zu meiner Sammlung auf dem Fensterbrett in der Jugendherberge lege.

Neun

Zehntausend Dinge

1

Heute Abend kein Bankett. Ich sitze in meinem winzigen Zimmer und versuche aufzuholen. Ich maile nachhause und ins Studio, notiere meine Listen für morgen. Und beginne mit dem nächsten Teil eines Romans, an dem meine Tochter Anna und ich gemeinsam arbeiten. Er spielt an der Westküste Schottlands und ist gut in brackigen Details von Wind und Horizont und Bächleinwaten. Wir waren bei einer kritischen Stelle angelangt, als ich aus London abreiste: Die zwei Kinder und ihr Hund hatten sich an einem Berghang verlaufen, also ist es entscheidend, dass ich ihr mein Kapitel, meine Hausaufgabe schicke.

Es ist drei Uhr morgens.

Ich renne. Ich bin König von allem, das ich überblicke. Heute, sage ich laut, knacke mit den Fingerknöcheln, dehne mich und schaue auf die verlassene Straße in dieser eigenartigen Stadt des Porzellans, heute werde ich damit beginnen, Kategorien der weißen Dinge aufzustellen. Ich werde so penibel sein wie ein Talmudschüler. Ich werde dieses befühlen, über jenes die Nase rümpfen, dann wiederum dieses zurückgeben und nach dem da fragen, hinter Ihnen, oben auf dem Regal.

Heute werde ich Weiß finden. Ich bin der Taxator des Weiß, und nichts wird meinem prüfenden Blick entgehen.

2

Der Schlaf macht sich davon, ist verschwunden.

Ich höre Objekte. Bei Gegenständen ist es möglich, sie nicht nur zu sondieren, zu benennen und durch die Sprache einen Sinn in ihnen zu erkennen, man kann auch ihre Verwandtschaft mit den Worten selbst erlauschen. Manche Dinge fühlen sich wie Hauptwörter an, Worte mit Körperlichkeit, Form und Gewicht. Sie haben eine eigenständige Qualität, vermitteln ein Gefühl, als könne man sie hinlegen und damit dieselbe Menge Welt um sie herum verdrängen. Andere Objekte sind Verben, sie sind im Fluss. Aber wenn ich sie sehe, höre ich sie. Ein Stapel Schalen ist ein Akkord.

Manchmal ist es peinlich, wie Walt Whitmans »Grashalme«, mit viel Gefühlsgetöse, manchmal ganz kühl und wie ein Stück von Steve Reich, mit pulsierenden Tönen, Mustern, die entstehen und wieder verschwinden. Und so gehe ich durch diese Gasse in Jingdezhen, und da ist so viel Porzellan, so viel Sprache, so viel Tempo, dass ich mich verirre; es ist wie Ströme von Worten, die von einer Buchseite herunterstürzen, endlos.

Es ist wie Geschrei.

Die Massen an Porzellan hier machen taub. Ich wusste, dass es immer so gewesen war.

Ich lese, dass Kaiser Jiajing 1554 einen Befehl an die kaiserlichen Brennöfen sandte: 26 350 Schalen mit Drachen in Blau, 30 500 Teller im selben Muster, 6900 Becher, innen weiß und außen blau, verziert mit blauen Blumen, 680 große Fischschüsseln, mit blauen Blumen auf weißem Grund, 9000 Teetassen, weiß, mit gewelltem Rand, 10 200 Schalen, dekoriert mit Lotosblüten, Wasserpflanzen und Fischen in Blau-Weiß an der Außenseite und innen mit durch Blumen wandelnden Drachen und Phönixen, 9800 Teetassen im selben Muster, 600 Becher für Trankopfer mit Untertassen, verziert mit Meereswogen und Drachen in Wolken in Blau.

Und dann, vielleicht als nachträglicher Einfall, während der Schreiber sich zurückzieht, den Blick gesenkt: 600 Weinkrüge aus weißem Porzellan.

Und dass er im nächsten Jahr 1470 Gefäße bestellte, im Jahr darauf aber 34 891.

Ich lese die Geschichtsbücher, die Monographien, die gelehrten Pamphlete; sie liefern Antworten darauf, warum dieses viele Porzellan am Hof benötigt wurde, aber alles, was ich hören kann, ist *mehr, mehr, mehr*.

3

Die konnten doch wohl nicht jedes Jahr so viele Gefäße zerbrechen? Ich möchte wissen, wo diese, wenn sie von ihrer Reise aus Jingdezhen ankommen, im Palast aufbewahrt werden. Es muss riesige Lagerräume und endlose Inventare gegeben haben. Und Räume für die Inventare. Und Amtsschalter für das kaiserliche Porzellan.

Am Hof gibt es jeden Tag irgendeine religiöse Zeremonie, einen Jahrestag, eine Verpflichtung, Gebete darzubringen, eine Trauerfeier. Und dafür wurden Objekte benötigt, für Tränke, Weihrauch und rituelle Blumen- oder Früchteopfer. Und nicht einzelne Gefäße, sondern Paare, Trios und Quintette, die man so aufstellen konnte, dass zu sehen war, wie vollkommen und ausgewogen und harmonisch der Kaiser als Sohn des Himmels lebte und regierte.

Es existiert eine Aufzeichnung über eine Bestellung von Hunderten flachen Schalen für Narzissen; ich stelle mir vor, einen dieser endlosen Flure in der Verbotenen Stadt entlangzuschreiten, ein gemessener Rhythmus aus Schritten und Duft.

Ein weiteres kaiserliches Dokument bestellt gelb glasierte Gefäße für den Tempel der Erde, rot glasierte für den Tempel der Sonne, blaue für den Tempel des Himmels und weiße für den Tempel des

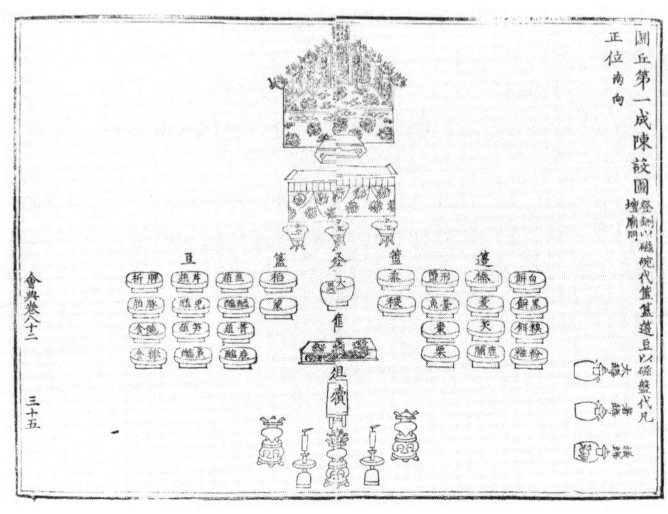

Seite aus den »Gesammelten Statuten der großen Ming-Dynastie«, 1587

Mondes. Die gesammelten Statuten der großen Ming-Dynastie von 1587 erwähnen die Zeremonialgefäße, die beim runden Hügel am Altar des Himmels aufgestellt waren. Vor dem Altar stehen drei Dreifüße, dann ein zentrales Rückgrat aus Objekten mit flankierenden Weihrauchgefäßen und Kerzenhaltern, links und rechts je ein Dutzend Teller. Und man kann sicher sein, dass irgendein Beamter in der Abteilung für Ritual das Protokoll überprüft, sie aus dem Lager geholt und abgezählt, dann aufgestellt hat, wie die Regeln es verlangten.

Hier geht es nicht darum, ob etwas schön aussieht, es geht darum, dass alles korrekt ist.

Garnituren sind eine Art und Weise, die Welt zu kontrollieren. Wenn diese sterbliche Welt eine andere Art von Ordnung widerspiegeln soll, dann müssen die Dinge zueinander passen. Und die Menschen müssen sich einfügen. Nicht zusammenpassendes, missratenes Porzellan würde ein schlechtes Licht auf den Sinn deiner Ahnen für das Nachleben werfen, ebenso wie eine speckige Tischdecke oder Milch aus der Flasche statt aus dem Kännchen den Anstand verletzen würde.

Und da die Zeit ständig von Ahnenverehrung durchflochten ist, könnte dies das Jahr sein, in dem du deine Bestellung an die Brennöfen sendest, Weihrauchgefäße für den Altar anzufertigen, die denjenigen gleichen, welche vor dreihundert Jahren gemacht wurden, die wiederum Bronzen neunhundert Jahre zuvor widerspiegeln, und so reicht die Frömmigkeit Generationen zurück.

»Die zehntausend Dinge werden geschaffen und neuerlich geschaffen / auf dass Abart und Wandlung kein Ende haben mögen«, schrieb Zhou Dunyi im elften Jahrhundert.

Eine schöne Vorstellung: endlose Wiederholung.

Aber in diesem Moment bin ich kein Kunsthistoriker, und ich bin kein Sinologe und habe ganz sicher das Gefühl, dass ich auch kein Gelehrter in Sachen Geschichte des chinesischen Porzellans sein kann; Porzellan als Vorschrift, als Kontrolle erstickt mich.

Denn jede dieser Hunderttausenden Porzellanschalen – vollkommen und ausgewogen und harmonisch – hat so viel gekostet. Dieses Ausmaß an Kontrolle verlangt mehr, als ich erfassen kann. Und ich kann so streng sein, wie ich möchte, so kühl und minimalistisch, aber dieses Weiß jagt mir Angst ein.

Zehn

Das Mönchskappenkännchen

1

Nach neun Tagen in Jingdezhen bin ich betrunken von Farbe.

Und Mustern. Derzeit ist es Mode, gemusterte Hosen zu tragen – Kamelien, Leopardentupfen, dazu ein anders gemustertes Oberteil, ein Manchester-United-T-Shirt, Schottenkaro. Handtaschen sind wichtig, gesteppt oder in Schlangenhaut, mit goldenen Schnallen und Ketten, doppelten Cs und Vs, jede Marke auf ein glitzerndes Logo eingedampft.

Auch Gefäße sind gemustert. Das heißt, sie haben vielfache Muster; Flächen mit Mustern aus einer Epoche zwischen Rändern aus einer anderen, oben und unten Akanthusblätter oder Wolken. Und dann vergoldet. Nicht nur am Rand, wie ein schüchterner, manierlicher englischer Speiseteller, aber am Fuß des Gefäßes und am Rand und dort, wo bei einer blau-weißen Landschaft der Himmel wäre, sodass es Vasen gibt, die hauptsächlich golden sind, die Figuren in einem anderen Gold hervorgehoben. Ich habe das Wort *Grund* für die Oberfläche, die man bemalt oder verziert, immer gemocht, die Vorstellung, dass man beginnt und von unten hinauf arbeitet, und hier gibt es Gefäße mit Goldgrund. Mir war nicht klar, dass man auf Gold noch etwas draufsetzen könnte. Mir war nicht klar, warum man das hätte tun wollen, aber hier ist Gold kein Akzent oder kein Hauch, sondern der Ausgangspunkt. Ich gehe die Porzellanstraße entlang, wo aus den Geschäften große Schüsseln und Vasen über das Pflaster quellen. Zwischen den sommerlichen Regenschauern ist kurz die Sonne hervorgekommen. Die Gefäße blenden. Ich stolpere ein wenig.

Wo ist das Weiß hingekommen? Morgens zupfe ich behutsam an meinem Dampfbrot und genieße einen weißen Mundvoll nach dem anderen.

2

Dieses Porzellan ist »blau wie der Himmel, glänzend wie ein Spiegel, dünn wie Papier und klangvoll wie ein Lithophon«. Und zweihundert Jahre später: *Dies* ist wie Jade. Und »dieses Kuan-Porzellan wird allgemein als dem Ko-Porzellan ungefähr gleichwertig eingeschätzt. Die hellgrüne Farbe wird als die beste angesehen, dann folgt die weiße, die aschgraue steht am Schluss. Was das Craquelé betrifft, wird jenes mit Linien wie geborstenes Eis in der Farbe von Aalblut an die erste Stelle gereiht, dann folgt dasjenige wie die mit Tinte befleckten Blätter der Pflaumenblüten, dünne, unregelmäßige Linien stehen an letzter Stelle.« Die Glasur von *diesem* ist »mit Linien wie die Scheren einer Krabbe gezeichnet. Die beste ist weiß von Farbe und hellglänzend; die schlechte gelb und grob ausgeführt. Keines davon ist viel Geld wert.« Und weitere zweihundert Jahre später: *Dieses* Porzellan, sagt das »Tao Shuo«, enthält zinnoberrot verzierte Stücke in hellem Zwiebelgrün, »gewöhnlich papageiengrün genannt, und in auberginenviolett. Die drei Farben, rouge-artiges Rot, frisches, zwiebelgleiches Hellgrün und tintenartiges Dunkelviolett, falls von gleichförmiger reiner Farbe ohne Flecken, umfassen die erste Güteklasse. Sie haben unterhalb die Nummern 1, 2 etc. eingraviert, um die Anzahl der Stücke festzuhalten.«

Die Kenner schnuppern, kategorisieren, rangieren, bepreisen, stufen herab.

Seladon, die Farbe zwischen Grün und Blau, ist »Himmel nach dem Regen« und »Eisvogel« und »Eiswasser«, alles lyrisch. Ein Gedicht aus der T'ang-Dynastie vergleicht eine Garnitur Teeschalen für den

Kaiser mit »hellen Monden, geschnitzt und mit Frühlingsquell gefärbt / Wie gewölbte Scheiben aus dünnstem Eis, gefüllt mit grünen Wolken / Wie uralte bemooste Bronzespiegel, die auf der Matte liegen / Wie zarte Lotosblätter voller Tautropfen, dahintreibend am Bachesrand!«

Man hat das Gefühl, der Dichter hat abends eben erst begonnen und noch mehr Vergleiche auf Lager.

Womit kann man weißes Porzellan vergleichen? »Das beste ist weiß von Farbe und dünn wie Papier. Es ist dem Ju-chou-Porzellan unterlegen und im Wert vergleichsweise geringer.« Es kann auch dünn wie Silber sein. Und weiß wie eine Schneewehe. Oder Milch.

Das ist nicht gerade viel. Ich möchte Gedichte, die weißes Porzellan mit aus einem Schornstein aufsteigendem Rauch vergleichen, oder mit Weihrauch auf einem Altar, oder Dunst über einem Tal oder zumindest mit einem in einem Reisfeld balancierenden Reiher. Aber der häufigste bildliche Ausdruck für weißes Porzellan, den ich finden kann, lautet: »weiß wie gestockter Hammeltalg«.

3

Gedichte sind selten. Aber Geschichten sammeln sich um diejenigen, die weiße Gefäße schufen oder sie bestellten oder gebrauchten, seien sie nun bettelarm oder der Sohn des Himmels.

Als Erstes finde ich meine Geschichte vom Bettelarmen.

»Das in der Regierungszeit des Wanli von Hao Shih-chiu in Fouliang Hsien hergestellte Porzellan war vollkommen gebildet und von überragender Schönheit. Die Eierschalen-Weinbecher, die er schuf, sind von durchscheinender Weiße und zarter Gestalt, jeder einzelne wog nicht mehr als ein halbes *chu*.« Das heißt, sie wogen so gut wie gar nichts. Dieser Schöpfer weißen Porzellans, der »all seine Schöpferkraft auf die Herstellung von Porzellan verwendete«, war »schlicht und nicht auf Gewinn aus, er pflegte in einer Hütte zu leben, mit einer Matte als Tür und einem zerbrochenen Krug als Fenster, dennoch war er ein gebildeter Mann, und man darf ihn nicht abtun, als wäre er nur für diese eine Kunst gepriesen worden.«

Das gefällt mir sehr.

4

Dann finde ich die Geschichte von dem Kaiser, der weißes Porzellan liebte. Es ist eine perfekte Geschichte: Ende des 14. Jahrhunderts kam von einem muslimischen Herrscher in der Westregion ein Tribut von Jadeschalen an den Hof des Yongle-Kaisers. Der Kaiser lehnte das Geschenk ab und befahl dem Minister für Rituale, sie zurückzusenden: »Das chinesische Porzellan, das ich jeden Tag gebrauche, ist weiß und durchscheinend, und es bereitet mir große Befriedigung. Es besteht keine Notwendigkeit, die Jade-Schalen zu verwenden.«

Ich mag dieses Abtun von Jade zugunsten der Knappheit. Aber Yongles Zuneigung zum Weiß wird komplizierter.

Zhu De, der Yongle-Kaiser, wurde 1360 als vierter von neunundzwanzig Söhnen des ersten Kaisers der Ming-Dynastie geboren. Nachdem sein Vater und sein ältester Bruder gestorben waren, wurde der älteste Enkel Kaiser Jianwen. Da marschierte Zhu De in die Hauptstadt Nanjing und begann einen Krieg von nie dagewesener Erbitterung, um den von seinem Neffen besetzten kaiserlichen Thron zu usurpieren. Der Krieg dauerte drei Jahre.

Es gibt groteske Geschichten darüber, wie weit Zhu De ging, um die Familien der Anhänger seines Neffen auszurotten; er ließ jeden »bis zum neunten Verwandtschaftsgrad« ermorden – Großeltern, Eltern, Geschwister, Tanten und Onkel, Enkelkinder –, bevor er sich in diesem Meer aus Blut zum Kaiser ausrief. Und das vorherige Regime aus den Aufzeichnungen löschen ließ.

Er nannte das neue Regime *Yongle* oder *Immerwährendes Glück*. Es war durchsetzt von außerordentlichen Ideen vor einem Hintergrund aus Terror.

Im allerersten Jahr seiner Herrschaft erließ er ein Edikt für die Herausgabe der ersten großen chinesischen Enzyklopädie, die alle bekannten Aufzeichnungen dokumentieren, verschollene Bücher ausfindig machen und transkribieren sollte. Er übersiedelte den Hof von Nanjing in die alte mongolische Hauptstadt Beijing und begann jenen Komplex aus Palästen, Gärten und Tempeln erbauen zu lassen, aus dem die Verbotene Stadt wurde. Die Größe dieses Unterfangens ist kaum vorstellbar. Straßen wurden im Winter überflutet, um Eiswege zu schaffen, auf denen das geschnittene Bauholz zu den Baustellen transportiert werden konnte. Die Säulen für die Hauptsäle wurden aus Bäumen gefertigt, die im entfernten Südwesten Chinas gewachsen und per Schiff in die Hauptstadt gebracht worden waren. Er befahl die Errichtung einer riesigen Stele in Erinnerung an seinen Vater, sie sollte fünfundsiebzig Meter hoch in den Himmel ragen. Riesige Blöcke liegen immer noch in dem Steinbruch, wo sie abgebaut worden waren, sie waren zu schwer für den Transport. Der Yongle-Kaiser ließ den Großen Kanal wieder anlegen, der sich tausend Meilen von der alten Hauptstadt Nanjing zur neuen, Beijing, erstreckte. Er sandte riesige Flotten aus, um neue Handelswege nach Java, Ceylon, Indien und Ostafrika zu erschließen. Eine Giraffe wurde als Tribut an seinen Hof entsandt.

Während all der Zeit scheinen Yongle und seine Kaiserin Xu große Frömmigkeit an den Tag gelegt zu haben. Guanyin, die weiß gewandete, von einem weißen Papagei begleitete Göttin der Barmherzigkeit, erschien der Kaiserin im Traum und bat sie, ein Sutra dreimal zu wiederholen, und als sie erwachte, konnte sie das Sutra zur Gänze aufschreiben. Die Mehrzahl der während seiner Regierungszeit in den kaiserlichen Werkstätten hergestellten Objekte tragen buddhistische Symbole. Und es wurde eine sechsundvierzig Tonnen schwere

Glocke gegossen, darauf standen hundert Sanskrit-Sutras und aus 230 000 Zeichen bestehende Beschwörungsformeln: Das tiefe Geläut sollte die raschere Erlösung der Seelen jener bewerkstelligen, die er töten hatte lassen.

Yongle lud den Führer des tibetischen Karmapa-Ordens, einen der großen buddhistischen Lehrer, ein, zu Besuch zu kommen, um Rituale zu leiten und Unterricht zu geben. Die Planung erforderte Jahre. Der Karmapa wurde mit großem Pomp empfangen, Prozessionen von weißen Elefanten geleiteten ihn zum Palast. Er blieb ein Jahr. Als die Zeit für ihn gekommen war, die lange Rückreise nach Tibet anzutreten, beladen mit Geschenken und Titeln, zeigten sich Omen: Die Wolken nahmen die Form unheilverkündender Tiere an, duftender Regen fiel, der Karmapa begann zu leuchten, zahlreiche weiße Kraniche tanzten am Himmel.

Für die Bitt- und Reinigungsrituale, die der Karmapa leitete, wurde das lauterste Porzellan geschaffen. Das sind die Mönchskappenkännchen – kleine, seltsam aussehende Krüge für die rituellen Waschungen, mit gewelltem Rand und einer Tülle, die der Kopfbedeckung tibetischer Mönche nachempfunden ist. Die Kännchen haben einen Schnabel, ein energischer Stoß vorwärts in die Tülle, als wäre das Wasser bereits in Bewegung, der Rand wiederum erinnert an einen gezackten Bergkamm.

Ihre Fremdartigkeit liegt in ihrer Besonderheit. Sie sind kalt, zurückgenommen, leidenschaftlich, intensiv. Und blendend weiß.

In diesem Moment, da der Kaiser und der Karmapa im Ritual verbunden sind, Himmel und Erde sich einander anpassen, geschieht es, dass die ersten »verborgenen« Porzellanstücke geschaffen werden.

Es sind *Anhua*-Waren, bei denen die Verzierung so in die Tonmasse eingeritzt ist, dass man sie nur sieht, wenn das Gefäß bewegt wird oder das Licht sich ändert. Die Glasur wirkt über diesen Mustern kaum erhabener, so fein sind sie in die Oberfläche gezeichnet. Und ihre Ruhe ist kodiert: Die Muster sind Lotusschnörkel, buddhistische Symbole, Sutras. Dies ist weiß wie die Transzendenz. Weiß als Meditation.

Ich bin in einem Museum, die Stirn am Glas der Vitrine. Ein wenig unter mir ist ein Yongle-Fläschchen. Rundum haben die Kuratoren ein paar Stücke gruppiert, aber sie verblassen, während ich das sechshundert Jahre alte Gefäß zu ergründen versuche. Irgendwo hat jemand eine aus Leder gefertigte Pilgerflasche gesehen, robust genug, um gegen den Sattel zu prallen, auf den Boden geworfen zu werden, wenn man zur Rast anhält. Und dann wurde sie in Porzellan neu gedacht. Diese Yongle-Flasche ist eine vollkommene Scheibe, ein von einem Fuß gehaltener Vollmond, der sich zu einem Hals erhebt, durch zwei Griffe ausbalanciert, eine Genügsamkeit von Bewegungen und Volumen, eine Art neuer Planet.

Daneben steht das Mönchskappenkännchen. Ich erkenne, dass ich auf meinem ersten weißen Berg war, und jetzt, mit diesem Kännchen, habe ich mein erstes weißes Gefäß.

Ich brauche ewig, aber schließlich fällt mir ein, dass ich sie vor zwanzig Jahren in der hohen weißen Luft in Tibet sah. Dass das Kloster, das ich besuchte, das Kloster des Karmapa war, und dass sich sein grimmiges weißes Porzellan nach all diesen Jahren immer noch dort befand.

5

Yongle liebt Weiß, und er braucht es auch. Es spielt eine öffentliche Rolle.

Die Grundlage seines Regiments ist Thronräuberei, seine Legitimität durch Grausamkeit unterfüttert; sein Platz unter den Ahnen muss gefestigt werden. Er muss Symbole der Stabilität schaffen, muss sich mit den Ritualen der Frömmigkeit umgeben.

Er ordnet den Bau des *Bao-ensi* in Nanjing an, des Tempels der

Dankbarkeit, zur Erinnerung an seine Eltern. Es war eine achteckige, neun Stock hohe Pagode, achtzig Meter hoch, mit hundert von den Traufen hängenden Glocken. 140 Lampen schimmerten des Nachts in ihren Fenstern. Zudem war sie verblendet mit weißen Porzellankacheln aus Jingdezhen, an den Dachlinien mit bunten glasierten Fliesen, gekrönt von einer vergoldeten Ananas. Jeder Eingang und jedes Fenster war von tief gemoldeten Keramikfliesen mit komplizierten buddhistischen Symbolen gesäumt, und jedes Stockwerk hatte seinen eigenen Schrein, sodass ein Aufstieg über die 184 Stufen einer Pilgerfahrt vorüber an Gottheiten und Heiligen gleichkam. Es war ein spektakulärer, theatralischer Ort der Kontemplation. Nachts, wenn die Farbe der Dachziegel verblasst war, tauchte im Schimmer der Laternen das Weiß der Pagode auf. Man stelle sie sich bei Mondlicht vor.

In China ist Weiß die Farbe der Trauer. Weiß zu tragen bedeutet, der Umgebung gegenüber seinen Verlust auszudrücken, die Welt auf Abstand zu halten. Etwas Weißes in einer solchen Dimension zu bauen ist Trauer eines Ausmaßes, wie man sie nie zuvor gekannt hatte.

Diese weiße Pagode war eines der Weltwunder, die komplexeste Porzellankonstruktion, die man sich jemals erträumt hatte. Zwei Jahrhunderte nach ihrer Errichtung bekamen die ersten Europäer sie zu Gesicht. Sie rief Ungläubigkeit hervor. Der Abenteurer Johan Nieuhof schrieb in seinem 1655 veröffentlichten Buch über die niederländische Gesandtschaft nach China:

> Mitten auf diesem Platz sahe man einen hohen Porcellanen-Thurm / ein Kunststück aller Kunststücke, woran die Sineser gnugsahm erwiesen die sonderbahre Scharffsinnigkeit und Kunst derer / so in ihrem Lande gebohren. Er ist neun gewölbeter Übersätze hoch / dazu man nicht aus- sondern inwendig durch eine Treppe von 184 Stuffen hinauffsteiget. Jedweder Übersatz ist von aussen rings umbher mit einer Galderey oder Umbgang gezieret / dermit allerhand Bildwerck und vielen Fenstern der-

Stich der Porzellanpagode, Nanjing 1665

> massen außgearbeitet / und prächtig zugerichtet / daß jedermänniglich / der ihn siehet / nicht nur sich verwundern / sondern gar erstarren muß.

Die Komplexität seiner Konstruktion war für Besucher unendlich faszinierend. »Es ist ein achteckiges Gebäude, sechs Stockwerke hoch … leuchtend vor vielfarbigem Porzellan, das ein glitzerndes Licht verstreut, wie die von Juwelen zurückgeworfenen Strahlen; es ist in vollkommen erhaltenem Zustande«, schrieb der britische Offizier Granville Gower Loch, der 1843 dort war. »Das Porzellan ist mit Mörtel am Turm befestigt, wie holländische Kacheln an einem Ofen, außer den vorspringenden Gesimsen und Basreliefs grotesker Fabelwesen, die angenagelt wurden.«

Als guter britischer Offizier liefert er einen getreulichen Bericht von seinem Aufstieg und wirft einen routinierten Entdeckerblick auf die Umgebung:

> Die weitläufige Aussicht von der Spitze übertraf unsere Erwartungen. In Richtung Süden schlängelte sich ein kleiner Fluss von den entfernten Anhöhen wie der Forth nahe Stirling herbei: Er verläuft an den Süd- und Westmauern und trägt zur Versorgung des Kanals mit Wasser bei. Gegen Südwesten, so weit das Auge reicht, floss der majestätische Jang-tse-kiang und hinterließ zwischen sich und uns beim Vorbeifließen an Nanjing eine reich kultivierte Ebene mit Reisfeldern, etwa drei Meilen breit. Blicken wir nach Norden, sehen wir auf die Mauern und Dächer eines dichten Häusergewirrs hinab – die chinesische Stadt.

Und als gute Briten wissen sie auf der Spitze des *Bao-ensi* – des zarten, kodifizierten, privaten Denkmals für die Eltern eines Kaisers –, was sich schickt. »Auf der Spitze der höchsten Pagode in China stießen wir mit Champagner auf die Gesundheit unserer Königin an.«

Kurz nachdem diese Offiziere ihren Aufstieg gefeiert hatten, wurde die Pagode während des Taiping-Aufstands von 1856 zerstört und die buddhistischen Symbole verstreut. Nur sehr wenig ist übrig geblieben. Besucher hoben Stücke auf, kauften von den Einheimischen plastische Verzierungen als Souvenirs. Drei weiße Porzellanziegel befinden sich im Depot des Metropolitan Museum of Art in New York. Die Inschrift lautet: »gestiftet von E. J. Smithers, 1889.«

6

Yongles weiße Gefäße haben sehr kleine Blasen, so winzig, dass sie eine Refraktion und Streuung des Lichts verursachen. Ihre Oberfläche ist so weich wie die Schale eines Winterapfels.

Das weiße Porzellan aus jener Epoche wird seit dem späten 16. Jahrhundert als *zong yan tian bi* oder »süße weiße Ware« bezeichnet. Weißer Zucker war damals erst in China bekannt geworden.

Also habe ich auch *weißen Zucker* als Vergleich.

Aber es ist ein bedrohliches Weiß. Ich betrachte mein erstes weißes Gefäß, das Mönchskappenkännchen des Kaisers. Und muss unwillkürlich an Yongles Befehl denken, nach Gerüchten über eine Verschwörung 2800 Frauen aus seinem Hofstaat, Konkubinen und Dienerinnen, hinrichten zu lassen. Er versetzt Berge, gründet Städte und befiehlt Wissen, und er baut weiße Pagoden aus Porzellan.

7

Ich lese, dass die Porzellanpagode neu erbaut werden soll. Wang Jianlin, laut *Forbes* der reichste Mann Chinas, hat eine Milliarde Yuan bereitgestellt, um sie als Teil eines luxuriösen Hotel-, Wohn- und Einkaufskomplexes neben dem Jangtse wiedererstehen zu lassen. Auf der Kommentarseite postet *LoveChinaLongTime:* »Bauunternehmer sind gut! Sie arbeiten Hand in Hand mit der Kommunistischen Partei Chinas für ein harmonisches China des 21. Jahrhunderts!« Bei diesem neuen Bauvorhaben gehören die weißen Kacheln nicht mehr zum Plan. Es wird mehr Farbe geben, mehr Muster. Und Gold. Natürlich.

Vielleicht bin ich in der richtigen Stadt für Porzellan, denke ich, aber in der falschen für Weiß. Ich sollte meinen letzten Tag mit einem Besuch in der neuen Fabrik verbringen, wo die Porzellanbecher für Starbucks und Hello Kitty in Japan und Peter Rabbit für die ganze Welt produziert werden.

Die Schule ist zu Ende, in den Gassen vor dem Teehaus wimmelt es von Kids in Schuluniformen. Die Displays ihrer Handys schimmern. Noch mehr Tee. Noch ein bisschen schreiben. Zeit, sich wieder in diese feuchte Stadt voller Farben aufzumachen.

Mönchskappenkännchen, Yongle-Dynastie

Elf

Ich lese alles. Ich verstehe. Fahre fort.

1

Die Tage werden knapp.

Ich weiß nicht genau, warum, aber man hat mich aus der Stadt zu einer Brennerei gebracht. Ich habe nicht verlangt, noch eine zu sehen. Eigentlich habe ich darum gebeten, keine mehr sehen zu müssen, aber es wurde viel gelächelt, und jetzt stehe ich ein paar Stunden außerhalb der Stadt in einem stoppeligen Feld bei einem Erdhaufen, darauf ein Brett mit dem Bild eines Brennofens.

Die Anlage ist neben einem Fluss. Ich sehe einen Eisvogel, er ist wunderschön, aber ich wäre gerne woanders.

Auf dem Rückweg halten wir bei einem Museum. Es ist wie jedes Heimatmuseum überall auf der Welt. Sicher hatte es einen emsigen Gründer, der diese Wiege gekauft hat, jene Butterfässer, die Bambusjoche, die drei verschiedenen Sicheln, den Fischerumhang aus der Gegend, der sich von dem im nächsten Tal unterscheidet, der die Fotos gerahmt, die Kohle in den Küchenherd gelegt hat.

Das Museum befindet sich im Haus einer Familie, die hier das Sagen hatte, bis das 20. Jahrhundert über sie hereinbrach. Das Gebäude ist fünfhundert Jahre alt, entstanden in der späten Ming-Dynastie, mit einem Innenhof, umgeben von geschnitzten Balkonen und einer Bühne für Musik und Tanz an einem Ende. Hoch oben bei den Traufen sind bemalte Kacheln mit Elstern, und das Holz hat inzwischen jenen aschgrauen Ton, den ich besonders schön finde; alles in allem besitzt es eine wunderbare Melancholie. Meine Führerin erklärt mir langsam die Vitrinen mit Keramik von Han bis Qing, als mir die letzte Vitrine ins Auge fällt.

Sie enthält Revolutionskeramik. Aber nicht die auf der sicheren Seite, wie ich sie schon gesehen habe, die Maos und die hübschen Fabrikarbeiterinnen, die ihre Räder zur Arbeit schieben. Es sind Porzellanmodelle, zwanzig Zentimeter hoch, mit klaren, reinen Glasuren.

Drei Frauen in blauen Overalls umringen ein kniendes Mädchen, das einen Spotthut trägt. Es neigt den Kopf flehend nach vorne. Ein weiteres zeigt einen Jungen, der mit ausgestrecktem Arm auf einem Stuhl steht, seinen Körper beim Denunzieren streckt. Das dritte Modell zeigt eine Exekution, der Kopf eines Mannes rollt auf uns zu.

Man sieht Terror. Grell beleuchtet, wie in einem Comic. Man sieht Details, sie verschwinden nicht.

Zählen: drei Frauen gegenüber einem einzelnen Mädchen, das Alter des Jungen – acht oder neun –, die gebundenen Hände am Rücken des Mannes, der hingerichtet werden wird, vier Schlingen im Strick. Man fühlt das Hochgefühl der Macht in diesem Porzellan, den Geschmack der Kontrolle über andere Menschen, Erwachsene.

Sie wurden rasch angefertigt. Die Modellierung ist nicht perfekt – manche Bereiche wurden hastig ausgeführt oder ausgelassen. Doch irgendjemand hat wirklich Zeit auf die Bemalung verwendet, verdammt nochmal, damit er diesen Kopf richtig hinkriegt. Ich frage, wer das gemacht hat, meine, wer konnte so etwas machen und wann, aber meine Fragen verschwinden im Fotografieren, im Programmablauf, einer emphatischen Handbewegung hin zum wartenden Wagen.

Brennende Fragen. Wie kommt man an einen solchen Ort, einen Ort, wo man das Porzellanmodell einer Hinrichtung herstellt?

Ich beginne etwas zu sagen, aber meine Führerin möchte über Eisvögel sprechen. Ob ich das schöne chinesische Schriftzeichen für Eisvogel kenne? Sie zeichnet es in ihre Hand. Eisvogelfedern gehörten zum Tribut an den Kaiser, sagt sie. Eine Glasur wurde danach benannt.

Wie fängt man Eisvögel?

2

Sehr spät komme ich ins Archiv des Keramikinstituts von Jingdezhen. Es ist ein altes Gebäude im Stadtzentrum, angeblich von den Ostdeutschen in den 1960er Jahren erbaut, während einer der kurzzeitigen Annäherungen zwischen Mao und Ulbricht.

Im Treppenhaus liegt Abfall, richtiger Abfall – ein kaputter Fernseher, zwei aufgerissene Zementsäcke, ein Auswurf von Cola-Dosen. Das Archiv befindet sich im obersten Stockwerk, ein langgestreckter Raum ohne Klimaanlage, deshalb stehen die Fenster offen zur Mauer aus feuchter Schwüle draußen, und wir bekommen alle Wasserflaschen, während man den ersten Band der fünfzig Bände kaiserlicher Korrespondenz über das Porzellan der Qing-Dynastie vor mich hinlegt.

Es ist ein Band aus dem fünfundvierzigsten Regierungsjahr des Kaisers Qianlong. Ich frage den Archivar, ob wir ihn einfach irgendwo aufschlagen können. Das machen wir.

Es ist ein Befehl an T'ang Yin, den Oberaufseher des Amtes für das kaiserliche Porzellan in Jingdezhen, *irgendetwas* herzustellen. Man kann sich nicht einigen. Man möchte zwei Weihrauchfässchen in Doppelglück-Form, dem chinesischen Schriftzeichen für die Worte Glück und Freude, die so aussehen sollen wie die Ware aus dem Lo-Brennofen in Hubei. Und noch eines, aber in Ding-Ware. Und einen einzelnen Teller in Ju-Ware, für gewaschenes Obst. Und eine Schüssel zum Pinselauswaschen in Ru-Ware. Und die Liste, in makelloser Kanzleischrift von rechts nach links verlaufend, endet mit den zwei Schriftzeichen: »Das Beste, was ihr habt.«

Wir blättern weiter.

Ein Brief vom Amt des Vorstehers des kaiserlichen Haushalts an den Präfekten von Jingdezhen; man habe neunhundert Gegenstände erhalten, fünfhundert davon seien inakzeptabel gewesen, da die Glasur von minderer Qualität sei, zudem habe es abgestoßene Stellen oder Bruch gegeben. Die Bezahlung wurde also reduziert.

Das Thema Geld belebt unseren wirren Haufen. Meine Freude über die Bestellung von Goldfischbecken für den Sommerpalast wird von einer lebhaften Diskussion über die gemeinen Abschläge übertönt, die Beijing verlangte.

Oder verlangt. Das Archiv lebt.

Wir blättern wieder um:

> In meinen fünf Jahren als Kaiserlicher Bevollmächtigter für Porzellan in diesem fünften Jahr des Kaisers Yang Zheng habe ich die Herstellung von 152 000 Stück Porzellan beaufsichtigt. Dabei habe ich 30 000 Silbertaler aus meinem eigenen Vermögen und dem anderer Beamter aufgewendet, um die Abgänge zu decken. Im Winter ist das Wetter hier in Jingdezhen grauenhaft, es ist zu kalt und regnet pausenlos, und das Porzellan kann wegen der Feuchtigkeit nicht trocknen. Also musste ich einen kleinen Unterstand bauen. Von meinem eigenen Geld.

Dazwischengequetscht, beinahe genau über dem Flehen nach Befreiung von dieser elenden Rolle, stehen zwei Antwortzeilen in hastiger und flüchtiger Schrift: »Ich lese alles. Ich verstehe. Fahre fort.«

Das löst eine weitere Debatte aus. Hat das der Kaiser selbst geschrieben oder ein Privatsekretär nach Diktat?

Ich fühle mich atemlos und bitte deshalb um den letzten Band.

3

Es ist das Buch des letzten Kaisers Puyi, der von 1908 bis 1912 regierte.

Wir suchen es nach der letzten Bestellung von Porzellan durch, die der Kaiser nach Jingdezhen sandte. Es dauert ewig. Viele, viele Seiten des Bandes enthalten chaotische, schlampige Aufzeichnungen von Inventaren, einige zerrissen und fleckig. Man hat nicht die Kanzleischrift verwendet, sondern eine flüchtige Alltagsschrift. Während dies geschrieben wird, zählt jemand im Raum. Auf dieser Seite sind Verluste verzeichnet: ein kaiserlicher Hof, der die tagtäglichen Diebstähle einzudämmen versucht, das Wegsickern von Reputation, während Objekte aus den Zimmern und Lagerräumen verschwinden. In diesen Seiten voller Porzellanlisten geht keine Rechnung mehr auf.

Es gibt Dokumente, die berichten, dass

> nach Aussage der Wachen Yong Kuan und Wen Mou am elften Tag des zehnten Monats 1908 der erste Lagerraum im östlichen Quartier des Porzellandepots Nummer Fünf Anzeichen eines Einbruchs aufwies. Nach einer Untersuchung stellte es sich heraus, dass sechsundsechzig Stück Porzellan fehlten, darunter fünfzig gelbgrundige, mit grünen Drachen verzierte und mit Kangxi bezeichnete Schüsseln, sechs grüngrundige Schüsseln mit auberginefarbigen Drachen und zehn Schüsseln mit Wolken und Kranichen, bezeichnet mit Jiaquing. Die in der betreffenden Zeit diensthabenden Wachen wurden der Justizbehörde in Shenxing-si zur Befragung übergeben …

Der Porzellandieb namens Li Deer ist festgenommen worden. In seinem Besitz findet sich eine Anzahl beschädigter Porzellangegenstände.

Li Deers Banditen konnten eindringen, weil sie sich mit Beamtenhüten getarnt hatten; sie warteten bis zum Einbruch der Nacht, schoben lockere Dachziegel am Porzellandepot beiseite und zogen sich mit Seilen hoch. Später trennten sie sich und verkauften das Porzellan weiter.

Am 24. des fünften Monats 1909 gibt es eine Bestellung für »eine weiße Porzellanvase, vier weiße Ju-Gefäße aus Porzellan, eine weiße Porzellanschüssel und zwölf große weiße Porzellanteller. Die Gefäße werden zu rituellen Zwecken vor dem Bildnis der verstorbenen Kaiserin Xiao Qin Xian aufgestellt.«

Und dann die letzte Order.

Es ist kein Befehl, sondern eine Antwort vom dritten Tag des dritten Monats 1911 an den Kaiser, damals ein Knabe von fünf Jahren. Darin heißt es, man habe seinen Brief erhalten, könne aber dem Verlangen nach hundert siebzehn Zentimeter messenden und im Opfergabenrot glasierten Tellern nicht erfüllen. Wir besitzen diese Kunstfertigkeit nicht mehr. Also senden wir hundert weiße Teller mit roten Drachen.

Neun Leute stehen nun um das Manuskript herum, für Momente gebannt von diesem Hin und Her. Wir sind in einem Archiv, trotzdem klopft ein Bibliothekar auf das Päckchen mit Zigaretten und zündet sich eine an. Er hält seine Zigarette wie W. H. Auden, zwischen zwei Fingern.

Keine Entschuldigung, nur die Angabe, was sie schicken. Und als das im Kollektiv übersetzt und die Stille rund um die Entschuldigung Wirklichkeit geworden ist, gibt es einen Augenblick, in dem man dies aufnimmt.

Damit enden tausend Jahre kaiserliches Porzellan. Zum ersten Mal seit Jahrzehnten verlangt es mich nach einer Zigarette.

Zwölf

Aufbruch

1

Regen die ganze Nacht. Und eine Party. Eine Party? Keine, zu der ich eingeladen wurde.

Nach dem Tag im Archiv hielt ich schließlich in einer Fabrikhalle einen Vortrag vor Studenten. Es war Freitag Abend – es ist immer noch Freitag Abend –, und ich hatte angenommen, es würden ein Dutzend seriöse Töpfer mit Notizbüchern kommen, aber es war vollkommen überfüllt. Es gab niemanden, der übersetzte, also war ich lebhafter als sonst, in der Hoffnung, Enthusiasmus würde reichen, um mich durchzulavieren. Dann Fragen. Und es stellte sich heraus, dass es 250 Studenten von einem College waren, die Sprachverständnis im Englischen übten.

Lieber Gott. Die armen Kinder. Ich übers Töpfern, und die wollen bloß fragen: »Mögen Sie chinesisches Essen? Haben Sie eine große Familie?«

In meinem Zimmer kann ich nicht schlafen. Es ist das Geräusch des Regens auf den Ziegeln, es ist der Lärm fröhlicher Menschen, die rein und raus laufen, Regenschirme, Pfützen, das ganze Trink-Nacht-Ballett, und es ist die Idiotie, so weit weg von meiner *großen Familie* zu sein.

Und dem Ballon der Energie nach dem Reden, der Anstrengung, die Energie in einem Raum arbeiten zu lassen, Augenkontakt zu halten, es richtig hinzukriegen, ist die Luft ausgegangen. Mir kommt es vor, als wäre ich schon ewig unterwegs, um so etwas zu tun. Ein paar ernsthafte Jahre Orientalismus, der Einfluss Japans im Westen. Ungefähr ein Jahrzehnt Anpreisen, warum Dinge wichtig sind und warum es gut ist, sie zu machen, ab Mitte Dreißig. Fünf oder mehr harte Jahre über das Thema, warum Objekte eine Geschichte brauchen und warum Künstler und Menschen, die Dinge herstellen, schreiben müssen, bis zu Künstlern und Herstellern, die mir nicht glauben und nur wünschen, jemand anderer würde es für sie tun.

Und dann die letzten paar Jahre über das Jüdischsein, ein Wechsel im Thema und in der Zusammensetzung der Zuhörerschaft. Ich war viel zu viel weg, habe ausgeatmet, den Ballon aufgeblasen, bis er prall war, bis er über den Köpfen der Zuhörer in einem abgedunkelten Hörsaal schwebte, irgendwo.

Wie oft habe ich etwas falsch verstanden, in der Dunkelheit über den »Anschluss« gesprochen, über die Diaspora oder Bernard Leach, wenn sie doch bloß *chinesisches Essen* wollten?

Der Regen fällt.

Ich denke an Thomas Merton, den amerikanischen Eremiten, der in seiner Hütte in den Wäldern von Kentucky sitzt und dem Regen lauscht: »All das herabströmende Gerede, nichts angebracht, alles beurteilt ...«

2

Wieder ist es drei Uhr morgens. Ich versuche Gefäße zu zählen. Das mache ich, wenn ich einschlafen will. Weil ich hier bin, zähle ich alle Schüsseln und Deckelkrüge und Teller, die ich gemacht habe, um chinesisches Porzellan nachzuahmen, die hellgelben Krüge und die seladonfarbenen Teeschalen und Weinbecher und die großen Teller mit den zwei Kopf an Schwanz liegenden Fischen, die ich als Hochzeitsgeschenke gefertigt habe. Der verkorkste, ernsthafte Versuch, Gefäße zu schaffen, die einiges von der Leichtigkeit, Gewandtheit und Gelassenheit der einfachsten Schalen aus dieser Stadt haben sollten.

Durch meine Bindung an chinesische Töpferware mich selbst zum Töpfer zu machen.

Meine Strichliste ergibt gar nichts, karge Tausende unter dieser wogenden See an Objekten.

Ich versuche die Gefäße meiner Kindheit zu zählen, die Gefäße aus meiner Lehrzeit und die Gefäße, die ich ganz allein in meiner ersten eigenen Werkstatt an der walisischen Grenze machte. Direkt von der Universität war ich dort hingegangen. Ich war aufgebrochen, ich war einundzwanzig.

Ich zähle meine Töpferwaren aus Herefordshire.

Herefordshire ist Grün in Grün, Flechten auf den Ästen alter Apfelbäume, Efeu in den Wäldern, Holzfäule in den Dielen. Eineinhalb Kilometer von meiner Werkstatt stand eine Hütte, die eine alte Frau eine Generation zuvor verlassen hatte, um ins Armenhaus zu gehen. Der Bach sickert unter der Tür durch. In den Fenstern sind Lumpen. Das fühlt sich ungefähr richtig an. Auf dem Weg den Hügel hinter dem Haus hoch, über den Zaun neben der alten Eiche klettern und dann den Abhang hinauf, durchzogen von Schaftritten, die Augen auf dem abschüssigen Boden, bis man zur Hecke kommt, Weißdorn und Brombeeren, wo man sich umwendet und die ganze Landschaft sich vor einem entfaltet, bis zu den Black Mountains, acht Kilometer entfernt jenseits der Grenze zu Wales. Unter den Füßen tausend Nuancen von Feuchtigkeit. Über dem Wäldchen zwei Bussarde. Ein Dachs ist hier gewesen; die rote Erde ist aufgewühlt.

Meine Freunde waren in London, hatten Jobs, schrieben, gingen auf Partys, machten Fortschritte in Karrieren und Affären, und ich machte Teller, unglasierte, ein raues Haferbraun außen und grün innen, Töpferwaren, die in der Landschaft verschwinden sollten. Niemand kaufte sie. Niemandem gefielen sie. Normalerweise ist das ein Künstlertopos – so wie bei: Niemandem haben sie gefallen außer, sagen wir, Peggy Guggenheim –, aber in meinem Fall waren sie wirklich unsympathisch, da sie diesen tödlichen Faktor bei einem Objekt hatten. Sie waren bedürftig. Hat man erst einmal die Bedürftigkeit an einem Objekt erkannt, ist es schwer, damit zu leben. Das Flüssige an deinem Leben damit stockt.

Sie wollten ihre Benutzer ändern, nicht sie sich einfach besser fühlen lassen, wenn man morgens die Milch daraus ausgoss, aus dem Töpfchen Marmelade auf den Toast häufte, aber bessere Menschen aus ihnen machen. Ich hatte das Gefühl, das wäre eine quietistische Herangehensweise an das Töpfern, das Leben insgeheim ändern durch ausgewogene Henkel, Leute erden, indem man den Objekten ihr entsprechendes Gewicht gab, den Alltag wertschätzte. Warum sich hervorheben, wenn man verschwinden konnte? Aber meine Töpferwaren hoben sich ab in ihrer Stille, sie murmelten ganz laut, klammerten.

Ich dachte, chinesische Töpferwaren wären still. Ich liege in meinem kleinen Zimmer, gelähmt vor Verlegenheit über diese linkische Ernsthaftigkeit dreißig Jahre zuvor. Lieber Gott, ich dachte, chinesische Töpferwaren wären *simpel*. Und ich hatte das Mantra der Wahrhaftigkeit gegenüber dem Material so gründlich in mich aufgenommen, dass mir nicht aufgefallen war, dass die Materialien, denen ich mit aller Macht treu sein wollte, überaus spezifisch waren. Und eigenartig. Diese Gefäße aus jenem Steingutton zu fertigen, sie so verbissen in dieser mittwinterlichen Palette aus Braun- und Grau- und Moosgrüntönen zu glasieren war eine Übung in dem Versuch, den Glauben abheben zu lassen. Wenn ich immer weitermachte, dann würde mir nicht auffallen, dass ich einer Ästhetik von vor fünfzig Jahren nacheiferte.

Es gibt einen Moment, in dem die Vorstellung, etwas sei eine Berufung, so verinnerlicht wird, dass man als Priester, als Töpfer, als Dichter endet, und dann geniert man sich einfach zu sehr, um es sein zu lassen. Und man wird eingefangen. Es gibt eine Stelle in T. S. Eliots »Der Privatsekretär«, wo Sir Claude Mulhammer, der alte Finanzmagnat, bekennt, er wäre immer gerne Töpfer geworden, habe das aber wegen des Drucks der Familie und aus Angst nicht geschafft: »Könnte man von jemand sagen, er fühle sich berufen, ein zweitrangiger Töpfer zu werden?«

Meine Werkstatt war eine alte Scheune. Ich kaufte von einer pleitegegangenen Töpferei Töpferscheiben, Transportplanken, Siebe und Eimer, war zu jung, um die Erleichterung der Leute zu bemerken, als ich die tausend Pfund, die ich erspart hatte, Zwanziger um Zwanziger vor sie hinblätterte. Und ich kaufte ihre alten Ziegel von ihrem Brennofen und verbrachte einen langen Sommer damit, meinen eigenen Brennofen zu bauen; ich sägte eine hölzerne Schablone für die Wölbung des Ofens und versuchte auszutüfteln, wie hoch ein Kamin sein sollte, um die Luftzufuhr zu gewährleisten, damit die Temperatur stimmte. Der Schmied am Ort fertigte mir metallene Verbindungsstücke, damit der ganze Bau zusammenhielt, und funktionierte Lötlampen in primitive Brenner für das Propangas um, das ich als Brennstoff benutzte. Es wurde in hohen und sperrigen orangen Kanistern geliefert.

Mein Brennofen sah aus wie eine kleine Kapelle. Ich kroch hinein, um meine Töpfe auf den drei Einsetzplatten an der Rückwand und den beiden vorne zu platzieren, mauerte dann die vordere Wand zu, wobei ich ein paar Lücken als Gucklöcher offen ließ, zündete das Gas an, worauf die Flamme in den Brennofen fauchte, fummelte an den Belüftungsöffnungen herum, an den Manometern, den Ziegeln an der Kaminöffnung.

Es gibt elektrische Brennöfen, die wie große Küchenherde aussehen. Man schaltet sie an, sie heizen sich auf und schalten sich dann wieder ab. Es kann etwas schiefgehen, aber das Schiefgehen ist ziemlich langweilig. Man sieht, was man falsch gemacht hat. Und dann gibt es Brennöfen, bei denen mittels Holz, Kohle oder Gas die Hitze durch Feuer erzeugt wird. Und das bringt einen anderen Grad von Unvorhersehbarkeit mit sich.

Ich hasste es. Fünfzehn, achtzehn, zwanzig Stunden lang versuchte ich den Brennofen auf einen Hitzegrad zu bringen, der meine Glasuren schmelzen, die Farbe des Tons vom Grau weg verändern würde. Das Brennen machte mir Angst. Die Intensität des Feuers, das Wissen, wie mangelhaft ich den Brennofen gebaut hatte, das Geräusch seiner Belastung, das Wissen, dass dieses Brennen funktionieren musste, um die letzten Monate auszugleichen, das bösartige Lecken der Flammen über meine Handschuhe, wenn ich Messringe herauszog. Ich wusste so wenig. Ich beobachtete, wie die Farbe des Brennofens sich von Rot- zu Orange- zu Gelbtönen bis zu einem sengenden Weiß veränderte. Ich war allein.

Meine Herefordshire-Strichliste kommt auf zweiundvierzig Brennvorgänge in zweieinhalb Jahren. Zwölf totale Fehlschläge. Zwanzig ziemlich schiefgegangen und zehn okay. Also habe ich zweieinhalbtausend Töpfe zu verkaufen, ein paar Hundert vom Mundloch über die Hecke in den Bach geworfen. Ein paar Tausend oder so zu Scherben zerbrochen. Und ein klägliches Einkommen. Suppenterrinen brachten pro Stück zwei Pfund fünfzig Pence ein. Meine Freundin Sue in London kaufte einen riesigen schwarzen Krug. Zwölf Pfund, Vollpreis, da sie darauf bestand, keinen Rabatt zu wollen.

Ich musste fort. Ich musste etwas Billiges finden, weit weg. Das führte mich nach Sheffield.

3

Es war das Jahr 1988, und die Stadt war nach einem Jahrzehnt des Niedergangs in der Stahlindustrie und nach dem Bergarbeiterstreik in einem schlimmen Zustand. Im Stadtzentrum lauter verrammelte Geschäfte. In Page Hall, einer Anhöhe voller Rücken an Rücken stehender Reihenhäuser am Rand von Attercliffe, wo die letzten Stahlwerke abgerissen wurden, fand ich ein Haus und eine Werkstatt, die früher ein Tischler genutzt hatte. Robey Street Nr. 128 lag am Ende der Straße. Danach kam Wincobank, ein Hügel voller Gestrüpp und ausgebrannter Autowracks. Von oben sah man über die Kühltürme auf die Autobahn M1 und Rotherham.

Vorne war es eng, mit einer Tür, die niemand benutzte, aber an der Hinterseite befand sich ein Hof mit einem zweistöckigen Nebengebäude, abgenutzter Fußboden, windschiefes Dach, aber genügend Platz, um einen Brennofen zu bauen und zu töpfern. Meine Nachbarn stammten fast alle aus Bangladesch, erste Generation, rundum alte weiße Sheffielder, um mir die richtigen Ansichten über Tee und Politik und Geographie beizubringen.

Ich mietete einen Transporter und belud ihn mit meiner Töpferscheibe, Ziegeln für den Brennofen, Ton und meinen Büchern und verließ Herefordshire. Ich würde ein urbaner Töpfer werden. Ich strich die Fußböden meines Hauses weiß, baute aus Fichtenbrettern und Ziegeln Bücherregale und legte meinen Futon auf den Boden. Ich lebte, so fühlte ich, im Glanz der Boheme, mit einem zinnernen Kerzenhalter in der Küche und einem Seekoffer meiner Großmutter für meine Kleidung, aber jetzt, mit dreißig Jahren Abstand, sehe ich eher die Ärmlichkeit als die Boheme. Es wurde eingebrochen, die Diebe nahmen eine Metallbank, Alteisen, sowie meine Stereoanlage und zwei Drucke von Hiroshige mit. Alles andere, alle Borde voll Keramik, Borde voller japanischer Teeschalen, mein Hogarth-Druck vom »Dichter in der Not« mit seiner verrutschten Perücke, dem der Hund den Knochen aus der staubigen Dachkammer stiehlt, blieben unberührt.

Ich kannte niemanden. Ich hatte diesen Ort gewählt, weil ich niemanden kannte. Ich machte mich an die Arbeit. Als ich neu anfing, wählte ich Weiß.

Ich bestellte drei Säcke Porzellanerde.

Das allererste Gefäß, das ich am Fuß dieses steilen Abhangs fertigte, war ein Porzellankrug. Es war ein Versuch, eine »Schlägel«-Vase zu schaffen, ein *kinuta*, eine während der Sung-Dynastie entwickelte und dann periodisch wiederbelebte Form. Es ist eine schöne Form, sie basiert auf einem Schlägel, mit dem man etwa Stoff klopfen könnte, ein aus einem geschwungenen Corpus aufsteigender langer Hals mit auskragendem Rand.

Das Porzellan war klebrig. Es wollte nicht halten. Ich hatte einen Porzellankrug machen wollen, der schwebte, aber das fühlte sich an, als wäre ich wieder zwölf, in Schuluniform mit einer Schürze, während Geoffrey mich von seiner Töpferscheibe aus beobachtete und Topf um Topf unter meiner Berührung in sich zusammensackte; ich war zum Versagen zurückgekehrt.

Mein Krug war ein paar Zentimeter hoch und schwer. Ich glasierte ihn weiß.

Ich war vierundzwanzig. Am ersten Tag kamen Wayne und Ricky vorbei, zwei Brüder aus der nächsten Straße, zwölf und zehn Jahre alt, auf der Suche nach Jobs, nach etwas Interessantem. Sie halfen mir, den Lieferwagen abzuladen. Worum geht es da? Eine sehr gute Frage, die man jemandem stellen kann. Eine sehr gute Frage.

Es dämmert in Jingdezhen, als ich meine Töpfe aus Sheffield zu zählen beginne.

4

Ich bin mir nicht sicher, ob es die monastische Verbindung ist, der Gedanke an Thomas Merton in seinem weißen Habit, der aus der Ferne den Osten zu verstehen versucht, aber mein Jesuit, Père d'Entrecolles in seinen schwarzen Gewändern, scheint in dieser Stadt sehr nahe.

Ich habe seine berühmten zwei Briefe von hier wieder und wieder gelesen.

Als Jesuit war er sehr gut in Details – hat man je von einem schlampigen, desorganisierten Jesuiten gehört? –, seine Briefe sind unmittelbar und verschroben und oft sehr komisch. Er mag die Menschen, beurteilt sie offenherzig, erwartet, ernst genommen zu werden, aber mir wird klar, dass ich die Briefe wegen der Farbigkeit, wegen der Informationen gelesen habe, dass ich nachprüfen wollte, wie das Kaolin aufbereitet wird.

Seit drei Jahrhunderten wurden sie übersetzt, nach Informationen ausgeschlachtet, zitiert, missverstanden, auf der Suche nach weiteren Informationen neuerlich gelesen. Seine Gedanken und Bilder kehren immer wieder. Und auch seine Worte. Er borgt sich *Petuntse* und *Kaolin* von den Töpfern hier in Jingdezhen, und diese zwei Benennungen für Materialien stehen Wache bei den inbrünstigen Bestrebungen in Europa und Amerika, das Arkanum zu finden, das Geheimnis des Porzellans.

An diesem Ort, an dem es anscheinend nur darum geht, Dinge weit in die Ferne zu schicken, denke ich an ihn, wie er diese Gedanken heimwärts sendet.

5

Ich frage mich, wie er sich hier gefühlt hat. Kein Heimweh. Es wäre zu weit hergeholt zu vermuten, er liege im Bett und denke an das Grün von Limoges, wo er aufwuchs, daran, dass der Regen *hier* und *dort* anders rauscht. Es wäre anmaßend zu denken, dass er die weißen Tone seiner Heimat kannte. Aber ich weiß, dass er es bei seiner Ankunft in China sehr schwer hatte.

Père François Xavier d'Entrecolles war fünfunddreißig.

Er war mit achtzehn in das Noviziat eingetreten und sieben Jahre lang Priester gewesen, bevor man ihn für diese Mission auswählte. Am 24. Juli 1699 landete er in Amoy. Achtzehn Monate lang war er auf verschiedenen Schiffen unterwegs gewesen, zunächst in einem Konvoi des französischen Königs, angeführt vom Schiff *Amphitrite*, das auf den Kanarischen Inseln, dann am »Grünen Kap« anlegte, den Kapverden, einem portugiesischen Archipel westlich von Senegal, dann um das Kap der Guten Hoffnung, Bengalen – wo er auf die viel kleinere *Joanna* umstieg –, weiter nach Madras, Batavia und schließlich China. Andere Patres stiegen zu oder verließen in den Häfen unterwegs das Schiff.

Er schreibt an seinen Freund in Lyon, Pater Burin habe Glück, dass er *en route* nach China gestorben sei.

Er landet. Matteo Ricci, der erste große Jesuitenmissionar in China, hatte ein Jahrhundert zuvor davor gewarnt, seine Patres sollten nicht zu viel Kontakt mit Europäern haben. Sie sollten so viel Zeit wie möglich unter den Chinesen verbringen.

Einige Patres wurden für die Hauptstadt ausgewählt. Andere für die Provinzen.

Père d'Entrecolles wurde allein nach Jao Tcheou geschickt, etwa achtzehn Kilometer von Jingdezhen. Es gab dort keinen einzigen Christen, und als er ein »verfallenes Haus, um darin zu wohnen« suchte, gab es Widerstand von den örtlichen Mandarinen. Der erste Christ, schrieb er, war der Baumeister, der die Kapelle erbaute.

Es war unbedingt geboten, dass die Patres die Sprache sprechen und schreiben lernten. Ricci warnte, Chinesisch zu lernen sei nicht wie Griechisch oder Deutsch zu lernen. Es sei *altra cosa*, etwas anderes. Riccis eigene Übersetzung der Lehrgespräche des Konfuzius und des »Großen Lernens« wurden als Sprachübung für die eben eingetroffenen Missionare verwendet. Das sagt alles.

Ich denke an Père d'Entrecolles, bedrängt vom Lärm eines neuen Kontinents, seinen Gerüchen, dem Zugriff der Feuchtigkeit auf die Glieder, wie er das Heben und Senken der Stimmen hört, nicht weiß, wie er stehen, sich verneigen soll, ob er jemandem in die Augen schauen oder den Blick abwenden soll, was ein Kopfschütteln bedeutet, wie er zu essen hat, was dieses Essen ist, was jenes Essen war. Er ist hier, und es wird von ihm erwartet, hierzubleiben und alle Gedanken an eine Rückkehr beiseitezuschieben, wo immer die Heimat sein mag, wer immer die Heimat ist, und all diese Rhythmen dieser nächtlichen Regen im Juli sagen dir, dass du fort bist, fort, fort.

6

»Ein Regen und die Blumen sind verschwunden / die dritte Wache und kein Ton Musik / nur das, was an mein Ohr dringt, meinen Schlaf verscheucht / der letzte Tropfen fällt vom windgebeugten Ast.«

Vor allem denke ich an diese neue Sprache, die Père d'Entrecolles lernen musste. Merton nannte seinen nächtlichen Regen »dieses wunderbare, unverständliche, ganz und gar unschuldige Gerede«.

Dreizehn

Männer in Schwarz

1

Kenne deinen Zeugen.

Es klingt so einfach. Père d'Entrecolles ist keine Fußnote. Was er sah und warum er es sah, das ist die Geschichte.

Ich möchte ihn von den Anführungszeichen befreien, von den akademischen Aufblähungen am Seitenende der Kulturgeschichtsschreibung. Das Zusammentreffen zwischen Jesuiten und China ist von Wissenschaftshistorikern, Sinologen und Apologeten der Jesuiten gründlich und wiederholt durchgekaut worden. Es ist eine tolle Geschichte. Aber die Regale voller kenntnisreicher, lebendiger Wiedergaben dieser Jahrzehnte sind nichts gegen die Wände an Materialien, das Ausmaß an Schriften der Jesuiten in China selbst. Das da sind die Bücher – schreite sie aus. Jenes die Archive – bodenlos.

Gott steh mir bei. Mir war nicht klar, wie viel die geschrieben haben.

Haben die auch noch etwas anderes gemacht? Das ist eine reale Frage. Bei einer Jesuitenmission stand der Imperativ zu schreiben im Mittelpunkt. Wo immer man war – ob man in irgendeiner entlegenen Region festsaß oder sich bloß in einem anderen Stadtteil befand –, man schrieb regelmäßig Briefe und Berichte über jeden Aspekt des eigenen spirituellen und alltäglichen Lebens an den Pater Superior. Schreiben war ein Akt der Selbstreflexion, eine Befragung des eigenen Selbst vor Gott. Man schreibt und sendet es ab. Und wartet.

Aber du bist nicht in dieses Land entsandt worden, um Probleme mit deinem Glauben zu haben, obwohl die Patres pragmatisch genug sind, um zu wissen, dass so etwas geschehen kann, sondern um die Augen offen zu halten für Wissen, um genau hinzusehen und wahrzunehmen und zu lernen, um deine Gedanken zu ordnen und in Zusammenhang zu bringen. Du bist Gottes Spion fern in der neuen Welt. Du bist ein Zeuge. Schreib es auf. Schreib es genau auf.

Ich finde das einzig bekannte Manuskript von Père d'Entrecolles im Jesuitenarchiv in Chantilly. Ein paar Seiten. Praktischerweise ist es eine Aufzählung aller Ansichten, die er über seine Zeit in Jingdezhen vorzubringen hat, ein Index seines Lebens in der Stadt. Er hat eine schöne Handschrift. Fließend.

2

Père d'Entrecolles schloss Freundschaften. Er bekehrte einige der Töpfer von Jingdezhen. Er gründete eine Schule »mit kleinen Klassen für die Erziehung von Kindern« und schrieb nach Paris, wie sehr er sich Mittel wünsche, um weitere Schulen ins Leben zu rufen; »es wäre notwendig, einen guten Lehrer zu bezahlen, aber der Unterricht wäre kostenlos; der Meister wird von den Eltern respektiert und ehrenvoll behandelt.« Der Missionar würde den Meister wie die Schüler beaufsichtigen. »Dieser Lehrer könnte auch, indem er mit den Familien in Verbindung käme, Verständnis für das Christentum fördern.« Die Kinder nannten ihn Herr Doktor.

Sein Chinesisch war fließend. Er schrieb, er habe sich einige der alten Bücher über die Gegend angesehen, in der er stationiert war, die geographischen Lexika, die von der Geschichte und Ökonomie der Gegend handelten, und sich Notizen über den Inhalt gemacht und das, was er sah. Er war pflichtbewusst und so wohlangesehen, dass er, obwohl fern der Hauptstadt, am 20. März 1707 zum Superior der Jesuitenmission für China ernannt wurde.

In anderen Dingen hatte er Glück. Sein Glück kam in Form einer weiteren Freundschaft, mit dem »Mandarin von Jingdezhen, der mich mit seiner Freundschaft beehrt hat«. Lang Tingji wurde im Sommer 1705 zum Gouverneur von Jiangxi ernannt und blieb es sieben Jahre lang, bevor eine Beförderung ihn wegholte; diese sieben Jahre überschneiden sich mit dem Aufenthalt von Père d'Entrecolles. Es gibt ein Porträt von Lang auf einer seidenen Schriftrolle; er sitzt in einem hellblauen Gewand, das sich über seinem eindrucksvollen Wanst bauscht, auf einem Felsen über einer Schlucht, stützt sich auf eine Hand, hat die andere lässig auf dem Knie liegen und strahlt Großzügigkeit aus. Man sieht ihn an und denkt an Gespräche. Man sieht noch einmal hin und sieht Scharfsinn. Er weiß Bescheid um den Abgrund zu seiner Linken.

Lang war gewitzt. Jeden März und Mai sandte er dem Kangxi-Kaiser ein Geschenk, feine Stangentusche, eine Spezialität der Region und ein passendes Geschenk für einen gelehrten Sohn des Himmels. Und die Überlieferungen zeigen, dass der Kaiser Lang Geschenke von Wildbret von den jährlichen kaiserlichen Jagdausflügen machte, ein Zeichen der Gunst. Durch Lang schickte Père d'Entrecolles am zweiten Tag des dritten Monats im Jahr 1709 dem Kangxi-Kaiser sechzig Flaschen Wein »und andere eingeführte europäische Raritäten«. Der Kaiser war hocherfreut und teilte Lang mit, dass in Zukunft alle Gaben im Detail aufgezeichnet werden sollten. Das ist in seinen zinnoberroten Anmerkungen vermerkt.

Der Kaiser bekommt viele Geschenke dargebracht, zierliche wissenschaftliche Instrumente und prunkvolle Artefakte, intarsiert und vergoldet und glitzernd. Aber es musste erst ein französischer Priester aus der Provinz kommen, damit der Kaiser von China Wein gesandt bekam.

Lang wurde als Leibeigener geboren, jene Bevölkerungsschicht, die der Kaiser gerne für komplizierte Aufgaben heranzog, und war der Sohn eines Gouverneurs, doch seine Interessen gehörten ihm selbst. Er liebte Porzellan. Er »bringt seinen Gönnern am Hof Geschenke von

Lu Xue, Bildnis des Lang Tingji
auf einer seidenen Schriftrolle, 1697

Porzellan im alten Stil dar, das selbst anzufertigen er einiges Talent hat. Ich kann berichten, dass er eine Methode herausgefunden hat, altes Porzellan oder zumindest jüngere Antiquitäten nachzuahmen. Für diese Aufgabe beschäftigt er eine Anzahl von Arbeitern«, schrieb Père d'Entrecolles.

Und so betrachteten der Mandarin und der Missionar die Stadt. Der eine sah Porzellan. Der andere Menschen bei der Arbeit.

3

Der Mandarin sah Möglichkeiten.

Mit einem Kaiser, der wusste, was Porzellan bewirken konnte, kam die Chance, Eindruck zu machen. Dies war eine Stadt im Aufstieg, mit neuen Glasuren, neuen Porzellanmassen, neuen Arten der Verzierung.

Für alle Kaiser wird Porzellan geschaffen. Einigen ist das wichtig. Anderen nicht. Und egal, was Kunsthistoriker sagen mögen, kaiserliches Porzellan kann *außerordentlich selten* sein oder *bedeutend*, aber es kann auch *vulgär* sein, *eigenartig* oder einfach *banal*. Bei Kangxi-Porzellan ist es *gelehrt*.

So bestellt also Lang für die Feierlichkeiten zum sechzigsten Geburtstag des Kaisers Teller. Wo jemand weniger Gewandter vielleicht, sagen wir, Karpfen ausgewählt hätte, entscheidet sich Lang für eine Elster und drei Persimonen, eine boshafte Ted-Hughes-Elster mit roten Augen, die die Früchte bewacht. Und einen Teller mit vier Gänsen, zwei fressend, eine nach oben blickend, eine im Flug. Es gab auch Teller und kleine Untertassen mit bemalten Pfirsichen, die Früchte so gekonnt schattiert, dass man seine Finger danach ausstrecken möchte.

Diese Teller nahmen Bezug auf Gedichte. Der Kaiser schreibt und schreibt. Wenn man zitierte oder auf etwas anspielte, kam man ihm näher. Also vervielfachten sich die Anspielungen im Porzellan jener Jahre, sie nahmen Bezug auf Poesie, auf Romane oder Philosophie, oder sie illustrierten. Einige Vasen zeigen fortlaufende Erzählungen – man stelle sich vor, wie man eine Schriftrolle entrollt, sodass man jeweils einen Teil der Geschichte vor Augen hat. Eine riesige Phönixschwanz-Vase steigt auf vom Fischer nahe der Basis über Nebel und Hügel, Flüsse, Wasserfälle und fliegende Gänse bis zu Gelehrten in ihren felsigen Refugien. Andere haben Felder oder Kartuschen, in die man Handlungslemente platzieren kann wie in die Rahmen bei Comics.

Ältere Stile kehrten wieder, aber in abgewandelter Form. Und Lang unterstützte besondere Techniken. Die kupferroten Glasuren – im Westen bekannt als *sang-de-boeuf* oder Ochsenblut – wurden nach ihm benannt, *Langyao*. Diese Glasuren stehen in der Skala technischer Schwierigkeit ganz oben, Schichten von klarer, kupfergesättigter Glasur, die satte, leuchtende Farben ermöglichen.

Man nehme diesen Pinselwascher, hergestellt im Jahr ihres Zusammentreffens, einer aus einer Garnitur von acht pfirsichblütenfarbenen Gefäßen für den Schreibtisch des Gelehrten, Objekte, die zum Gebrauch und zur Kontemplation aufgereiht waren, während man Wasser auf den Stein träufelt, die Tusche zerreibt, den Pinsel ergreift. Die Garnitur ist ganz Kurven, Inhalte, die kurz vor dem Zergehen sind, wie die Früchte des Spätsommers.

Und die Glasur, in China »Betrunkene Schönheit« und im Westen von einem Gelehrten »Pfirsichblüte« genannt, macht die Form nur noch weicher. Ich möchte nicht an die schimmernde Blässe Betrunkener nach einer langen Nacht denken, wie schön auch immer, also denke ich an einen Pfirsich. Stell dir genau vor, wie die Farbe von Gelb- zu Rosatönen übergeht, so unmerklich aufblüht wie die Morgendämmerung, wie die Frucht unter dem Daumen sachte nachgibt. Auch diese Glasur ist lächerlich schwierig zu erzielen. Kupferkalkpigmente müssen durch ein langes Bambusrohr mit einer Kappe aus feiner Seide an einem Ende auf eine Schicht aus transparenter Glasur gesprüht werden, worauf eine weitere Schicht aus transparenter Glasur kommt, bevor gebrannt wird.

Solche Effekte passen genau für einen Kaiser.

Es ist Porzellan aus einer Spätzeit. Die Formen sind gestutzt oder gelängt, oder sie transformieren gewöhnliche Dinge – Hühnerställe, Rüben, Pferdehufe – in Objekte hochfliegender Kontemplation. Hier ist Vielzahl, eine Deckeldose mit hundert Knaben bei ihren Spielen, eine verschwenderisch mit Schmetterlingen besetzte Vase, oder extravagante Schlichtheit.

Teilweise liegt es an der Schlüpfrigkeit der Oberfläche. So sieht Porzellan aus – figurativ, dekorativ, farbig und pflichtvergessen. Teuer.

Kangxi ist Porzellan aus einer Spätzeit. Es ist sinnreich und weiß das auch. Es ist, merke ich, eine Vorstellung von Porzellan.

4

Mein Jesuit blickt über die Stadt und sieht die Arbeit.

Er sieht Leute, die so arm sind, dass ihre Knochen in Gruben verscharrt statt in Grabstätten beigesetzt werden. Er sieht Tonaufbereiter, die ihr Mischen nicht sein lassen können, um in die Kirche zu gehen, wenn sie nicht jemanden auftreiben, der ihre Stelle einnimmt. Kobaltmahler sind dankbar, wenn sie im Alter noch Arbeit finden.

Er schreibt einen Brief darüber, wie Dinge hergestellt werden, aber in Wirklichkeit geht es um Mitgefühl.

Er ist Zeuge. Er wird vierzig Jahre lang in China bleiben, bis zu seinem Tod. Aber er schickt seine Briefe in die Heimat.

Die *Amphitrite*, das Schiff, das ihn nach China gebracht hat, wird beladen, um die lange Reise zurück nach Frankreich anzutreten. Das dauert neun Monate; mit Briefen aus den Jesuitenmissionen und Ballen von Seide und Lackarbeiten und 167 Kisten Porzellan aus Jingdezhen trifft es in Port Louis ein. Das wird im *Mercure Galant* angezeigt, dem Klatschblättchen für den Hof von Versailles. Es wird eine Auktion geben.

Neue Sachen aus China.

Vierzehn

Das Teeservice des Kaisers

1

Ich fahre heim. Ich bin fertig.

Diesen Vormittag habe ich damit verbracht, zwei ältere Männer zu befragen. Sie waren beide Bildhauer und hatten während der Kulturrevolution Mao-Figuren angefertigt. Das waren ein paar ganz besondere Stunden. Ich hoffe, ich kann meine Notizen entziffern.

Wir sind auf dem Weg zum Flughafen. Ich hasse es, zu spät zu kommen, ich hasse das wirklich, aber mein Fahrer mit seinem goldenen Mao ist guten Mutes.

Wir halten bei etwas, was möglicherweise eine weitere Forschungseinrichtung sein mag, die die Ostdeutschen gründeten und dann sein ließen. Ich bin mir so gut wie sicher, dass irgendwo eine Wandtafel oder ein Bild des Ersten Sekretärs Walter Ulbricht hängt. Visitenkarten werden ausgetauscht, und zwischen all dem Kitsch – gigantische Porzellanvasen mit Kätzchen darauf – erhasche ich einen Blick auf Maos kaiserliches Teeservice.

Ein großer Augenblick für mich.

Das Teeservice besteht aus einer eiförmigen Teekanne, Teetassen samt Untertassen, einer Zuckerdose, einer Kaffeekanne und einem Weinkrug mit acht Weinbechern, einigen Kuchenplatten und einem Tortenständer. Alles in hellem, leuchtendem, Guten-Morgen-Revolution-Weiß mit bonbonrosa Pfirsichblüten. Es ist Neue-Morgenröte-, Großer-Sprung-Vorwärts-Porzellan und unverhohlen spießig. Das heißt, es sieht nicht billig aus, es sieht proper aus.

Es sieht aus, wie das beste Porzellan aussehen sollte: etwas, das man in die Glaskommode stellt und herausholt, wenn Gäste kommen. Nixon vielleicht. Eine Tasse Tee, Mr. President? Etwas Kuchen? Milch?

Die Geschichte geht so. Mao liebte Geschenke, wie alle Kaiser vor ihm. Und Jingdezhen, das seinen Tribut bereits in Form von Hunderttausenden Mao-Büsten, Keramikplaketten und Serviertellern mit glücklichen Arbeitern auf dem Weg vom Stahlwerk nachhause entrichtet hatte, musste erst noch eine besondere Anfrage oder Bestellung vom Großen Vorsitzenden erhalten. Also begann die Partei in Jiangxi Ende der Sechzigerjahre über etwas Passendes nachzudenken. In Fuzhou in der Provinz Jiangxi war eine neue Lagerstätte von Ton in erstaunlicher Reinheit entdeckt worden, der wurde jetzt abgebaut und aufbereitet. Die Instruktion für das lokale Parteikomitee von Jiangxi lautete, »neue Waren« zu schaffen.

Nichts war wichtiger; der Mission wurde die Nummer 7501 zugeteilt. Es war das Jahr Null Eins für Jingdezhen.

Die Aufzeichnungen beben vor Ängstlichkeit. »Die Organisation und Durchführung des Projekts unterliegt äußerst strikten Vorschriften. Das gesamte beteiligte Personal ist auf das Genaueste politisch überprüft worden.« Checkpoints wurden eingerichtet.

Rasch kam Panik auf. Die zehn Tonnen Rohmaterial stellten sich als mangelhaft heraus, und so wurden Rote Garden für das Projekt abgestellt, um die Aufbereitung zu beschleunigen. Niemand durfte sich ausruhen, alle Heimaturlaube wurden abgesagt. Technische Probleme wurden als Hinweis auf ungenügende Zuneigung zum Vorsitzenden betrachtet. Auf dieses Verbrechen stand die Todesstrafe.

Dann kam die quälende Entscheidung darüber, was sie herstellen sollten. Objekte, die weder historizistisch (seht, was wir verloren haben) noch gelehrt waren (weißt du, welch ungewöhnliche Glasur das ist, Genosse?). Das Porzellan durfte auch nicht übermäßig dekorativ sein. Dies war eine Revolution, also keine Vasen und keine Goldfischbecken.

Es musste nützlich und kunstfertig und neu sein: ein Teeservice.

In den sechs nun folgenden Monaten wurden zweiundzwanzig Brennöfen befeuert und Anfang September 1975 schließlich zwei Garnituren zu je 138 Teilen an Maos Wohnanlage in Beijing geschickt. Er befand sie für gut.

Mao starb ein Jahr später. Und diese besondere Tonlagerstätte wurde für immer zugeschüttet.

Das macht mich glücklich. Ich bin auf dem Weg zum Flughafen und habe endlich sein Teeservice gesehen. Es ist perfektes kaiserliches Porzellan aus Jingdezhen. Und ich lächle über das Verschließen der Kaolinader, eine Aktion, die historizistisch und gelehrt war und jeder Nützlichkeit entbehrte.

2

Im Flugzeug zurück nach Shanghai haben die Passagiere so viel Porzellan in Brokatschachteln und in Zeitungspapier gewickelt dabei, dass die Gepäckfächer voll sind und die Toilette herhalten muss, um alles unterzubringen.

Ich sitze neben einem liebenswürdigen Mann, er arbeitet für die pakistanische Luftwaffe und ist auf einer sechswöchigen Tour zu militärischen Anlagen. In Jingdezhen würden Hubschrauber gebaut, erzählt er mir. Er hat ein Modell für seinen fünfjährigen Sohn gekauft, der ihm schrecklich fehlt, und zeigt mir Fotos von ihm, wie er in hellem Sonnenschein um seinen Vater herumtollt. Jetzt wird mir klar, warum auch Dutzende Modelle von AC 313-Hubschraubern mit an Bord gebracht wurden.

Ich hatte die Hubschrauber-Seite der Stadt übersehen. Und er das Porzellan.

Teil Zwei

Versailles – Dresden

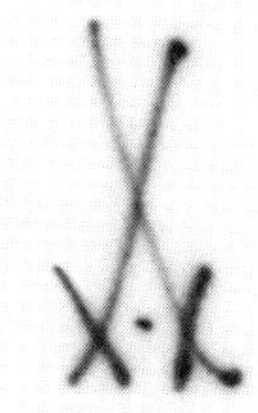

Signet des
Meißner Porzellans

Fünfzehn

Die letzten Nachrichten aus China

1

Wieder in London. Ich packe meine sechs noch intakten Schalen aus, die ich auf dem Markt gekauft habe, die Scherben, die ich auf dem Hügel aufhob, den Klumpen Kaolin von meinem ersten weißen Berg, und arrangiere sie auf meinem Schreibtisch. Ich schiebe sie hin und her: die Lebensgeschichte eines Objekts.

Und ich bin voller Pläne für meinen zweiten weißen Berg, mein zweites weißes Gefäß, den nächsten Teil meiner Reise auf den Spuren des Porzellans. Ich muss so bald wie möglich nach Dresden, in die Stadt, in der zu Beginn des 18. Jahrhunderts die Geheimnisse des Porzellans gelüftet wurden. Dorthin zu kommen, wird mir allmählich klar, bedeutet einen Abstecher nach Versailles und an den Hof Ludwigs XIV. Ich gehe den Jesuiten nach, und dort sind sie, dort bündeln sich die Vorstellungen und Bilder von China. Und weil hier über Porzellan gesprochen wird, muss ich zuhören.

Ich habe mir angewöhnt, auf meine weiße Studiowand zu schreiben. Es gibt weit ausholende Pfeile für die Reise, die ich bis jetzt unternommen habe, und gepunktete Linien für die kommenden; Monate werden abgehakt, Listen von Büchern, die ich noch einmal lesen, und Büchern, die ich kaufen muss. Meine Karte des weißen Porzellans wird schlechter lesbar. Manchmal denke ich, sie ist wie eine Tafel in einem Labor im Massachusetts Institute of Technology, detailliert und vielsagend. Heute, wo ich gut drauf bin, sieht sie aus wie eine sich nähernde Wetterfront, die da vorne dräut.

Im Studio sehe ich mich um und bin mir nicht sicher, ob überhaupt jemand bemerkt hat, dass ich weg war und wiedergekommen bin. Eine Maquette der Galerie in New York, wo ich in achtzehn Monaten ausstellen werde, ist geliefert worden. Die Galerie ist riesig, und riesig ist auch das Modell. Es zeigt in deprimierendem Detail, wie viel zu tun ist. Die neuen Glasurproben aus dem Brennofen sind auf einem langen Tisch aufgereiht. Ich hoffe, das Spektrum meiner Weißtöne erweitern zu können, aber das da sind bleiche Farben, kein vollkommenes Weiß und ganz und gar nicht das, was ich möchte.

Ich habe die neuesten Nachrichten aus China. Ich habe Porzellan, und ich habe Fotos und Interviews.

Auch schon was. In der Buchhandlung am Flughafen von Shanghai gibt es zwölf Regale mit Neuerscheinungen über China, fünf darüber, wie man Geschäfte in China macht, zwei, wie man den chinesischen Charakter versteht. Heute Abend läuft eine TV-Dokumentation über Arbeitsbedingungen in Elektronikfabriken in Shenzhen. In den Auktionshäusern heißt es, chinesische Kunst sei im Kommen, Milliardäre kaufen ihr nationales Erbe für ihre Privatmuseen zurück. Ai Weiwei stellt auf der Biennale in Venedig aus und steht in Beijing unter Hausarrest.

Jeder Heimkehrer bringt Nachrichten aus China mit.

2

China Illustrata. Sapientia Sinica. Nouvelle relation de la Chine. Carte nouvelle de la Grande Tartarie. Un jésuite à Pékin. Nouveaux mémoires sur l'état présent de la Chine. Etat présent de la Chine. China in Bildern. Chinesische Weisheit. Ein neuer Bericht aus China. Eine neue Karte der Tartarei. Ein Jesuit in Beijing: Neue Denkwürdigkeiten über den gegenwärtigen Zustand Chinas. Der gegenwärtige Zustand Chinas.

Und vom Mathematiker und Philosophen Gottfried Wilhelm von

Leibniz *Novissima Sinica*. Die aller-, allerneuesten chinesischen Nachrichten.

Man schreibt das Jahr 1690, und in Paris und zwanzig Kilometer weiter westlich, in Versailles, hat jeder Neuigkeiten aus China. Einiges ist voreingenommen. Etliches Annahme. Manches stimmt sogar. Nicht nur will jeder ein Stück China, jeder möchte auch Kontrolle über ein Stück China. Und wenn man Porzellan verstehen will, muss man die Fragmente von Geschichten und Nachrichten zusammenfügen, in denen erwähnt wird, wo und wie und warum es hergestellt wird.

Du schreibst einen Brief aus der Mission nachhause. Aber wer liest ihn? Für wen genau sind das Neuigkeiten? Wer öffnet die Briefe der Jesuiten? Wie werden sie in Paris aufgenommen?

Sie werden gierig aufgenommen. Erschöpft, ausgeschlachtet. Neu geschrieben. An jedem Punkt der Reise werden die Dokumente meines Jesuiten nach Wissen untersucht, das für die Gemeinschaft selbst von Nutzen sein könnte – die primäre Funktion der Briefe war es, für die quer über die Welt, von Mexiko bis Macau, verstreuten Jesuiten, Anliegen mitzuhören. Seit der Gründung des Ordens im Jahr 1540 wird »besonderer Bedacht« auf Briefe gelegt, »dass sie an jedem Ort von den Dingen wissen, die an einem anderen getan werden, welch Wissen eine Quelle gegenseitigen Trostes und Erbauung in unserem Herrn ist«.

Das ist allerdings erst der Anfang. Dann wurden diese Briefe zur Veröffentlichung für die Allgemeinheit ediert und geglättet, manchmal einem bestimmten Pater zugeschrieben, ein anderes Mal wurde aus den Namen der Patres *von verschiedenen Handen*. Das ist die intellektuelle Stärke der Jesuiten; ihre Fähigkeit, weiter hinein nach China zu reichen als alle anderen, ihr Entschluss, ihre Missionare einzusetzen, ihr Geschick im Justieren dessen, was diese Männer studieren, wie sie nachhause schreiben.

In Paris verfolgt ein junger König mit, was ein junger Kaiser in

China tut. Die neue, zu Beginn seiner Regierung 1666 etablierte Académie Royale des Sciences hat Fragen für eine Jesuitenexpedition nach China aufgelistet:

> Ob die ehrwürdigen Väter irgendwelche Beobachtungen zu den Längen- und Breitengraden Chinas gemacht haben … Über die Wissenschaften der Chinesen sowie über die Vollkommenheit und Mängel ihrer Mathematik, Astrologie, Philosophie, Musik, Medizin und das Pulsmessen … Über Tee, Rhabarber und ihre anderen Arzneien und merkwürdigen Pflanzen und ob China irgendwelche Arten von Gewürzen erzeugt. Ob die Chinesen den Tabak gebrauchen.

Irgendjemand stellt Fragen, und diese Briefe nachhause sind die Antworten.

Seit der Frühzeit der Regierung Ludwigs XIV. gibt es ein ständiges Hin und Her von Neuigkeiten und Vermutungen, eine Gegenströmung schmeichelhafter Vergleiche. Leibniz, häufiger Gast an den Höfen Europas, bringt *Le Roi Soleil* und den Kaiser, den Sonnenkönig und den Sohn des Himmels, in direkte Verbindung. Um den König und seine Berater herrscht ein sich überschlagendes Stimmengewirr, Gerüchte von Entdeckungen, Theorien über die Bedeutung chinesischer Riten, chinesischer Architektur, moralischer Codes. Bücher quellen hervor. Was man dem König über China berichten kann und wie man ihm damit schmeichelt, verschafft Vorteile.

Pater Joachim Bouvet, der aus der chinesischen Mission zwei Jahre lang zurück nach Frankreich unterwegs war, springt von Bord in die Brandung und kämpft sich mit seinem Paket Briefen aus Beijing ans Ufer, Seide, Porzellan und Tee lässt er an Bord. Er weiß, was er hüten muss. »Würden diese beiden großen Monarchen einander kennen«, schreibt Bouvet im Oktober 1691:

… dann würde die Wertschätzung, die sie für die königlichen Tugenden des jeweils anderen hätten, sie dazu nötigen, eine enge Freundschaft zu schließen und sie einander zu beweisen, und wenn auch nur in einem Verkehr über Angelegenheiten der Wissenschaften und der Literatur, durch eine Art Austausch zwischen den beiden Kronen von allem, das bis jetzt in Kunst und Wissenschaft in den beiden blühendsten Reichen des Universums erfunden ward.

Er versieht sein »Portrait historique de l'empereur de la Chine« mit einer Widmung und bringt es dem König dar.

Darum geht es. Wenn Ludwig XIV. den Charakter des Kangxi-Kaisers versteht, wird Frankreich das Glück haben, direkte Kenntnis von den Geheimnissen Chinas, dem Arkanum des Ostens zu besitzen. Diese Geheimnisse sind intellektuell, sie sind merkantil, aber auch sehr praktisch, und darunter befindet sich das gloriose Mysterium, wie man Porzellan herstellt.

Und wenn der Kangxi-Kaiser den König von Frankreich versteht und respektiert, dann wird China das Licht Christi schauen.

Und all diese Aktivität rund um China, sagt Leibniz mit schöner Prägnanz in einem Brief an einen weiteren französischen Jesuiten, ist »un commerce de lumière«; Aufklärung in beide Richtungen. Es ist eine großartige Idee und ein schönes Bild, eines von der Gleichwertigkeit der Anliegen, eine Korrespondenz der Zivilisation, des Lichts.

Leibniz schreibt an seine Freundin Sophie, die Frau des Kurfürsten von Hannover:

Ich werde also an meiner Tür einen Zettel anheften lassen mit den Worten »Auskunfts-Büro für China«, damit jeder weiß, dass er sich nur an mich zu wenden braucht, um Nachrichten von dort zu erhalten. Und wenn Eure Hoheit etwas über den großen

Philosophen Konfuzius zu erfahren wünschen ... oder über das Unsterblichkeitsgebräu, das für jenes Land das ist, was der Stein der Weisen bei uns, so haben Sie nur zu befehlen.

Er ist einer der Türhüter. Will man etwas über chinesische Mathematik wissen, über das *I Qing* als Kodierung zufälliger Ereignisse, über chinesische Schriftzeichen und ihre Verwandtschaft mit Hieroglyphen, dann wendet man sich an ihn. Leibniz hat Pater Francesco Grimaldi in Rom besucht, der eben vom Hof des Kaisers Kangxi zurückgekehrt ist, und sich ausführliche Notizen über Feuerwerke, Glas und Metall gemacht. Überrascht erkenne ich, dass mein Held, der Vater des Rationalismus, ängstlich darauf bedacht ist, auf dem neuen, umkämpften Feld der Studien zu China einen Spitzenplatz zu ergattern.

3

Wie bekehrt man den Kaiser von China? Indem man ihn mit Beweisen für Rationalität umgibt. Oder indem man sich unentbehrlich macht.

In dem Jahrhundert von der ersten Landung der Jesuiten in China bis zur Thronbesteigung Ludwigs XIV. bringen die Jesuitenpatres Tribute von den europäischen Höfen an den chinesischen Kaiserhof: Uhren, die chinesische Melodien abspielen, Bilder von Gärten, die sich in wunderbaren, bisher nicht gekannten Perspektiven in die Ferne erstrecken, Prismen, die Regenbogenfarben in den Raum werfen. Solche werden besonders geschätzt: »ein wie ein Prisma gebautes Rohr mit acht Seiten, das, parallel zum Horizont gehalten, acht verschiedene Szenen zeigte, und das so lebendig, dass man sie für die Sachen selbst halten mochte: Dies, zusammen mit der Vielfalt an Malereien, unterhielt den Kaiser für eine geraume Weile.«

Sie erhalten auch Kaleidoskope geschenkt. Doch so bezaubernd diese *objets* auch sein mögen, man kann sicher sein, dass der Sohn des Himmels in seinen Lagerräumen im Palast noch ganz andere unterhaltende Dinge verstaut hat.

Also bringen die Besucher am Hof das Theater des Wissens mit. Sextanten, Astrolabien und Armillarsphären, Teleskope; Instrumente, die vorgezeigt werden müssen. Sie führen das Schauspiel der Geometrie und Astronomie Menschen vor, die in diesen Künsten bewandert sind und mehr wissen wollen, eingehende Fragen stellen. Um die Zeit, als die Patres nach China kommen, hat es bereits seit 1600 Jahren einen Rat für Astronomie gegeben und seit 600 Jahren ein Observatorium. Das Konzept eines Raums, in dem himmlische Körper schweben, wurde entworfen und Sternkarten und -globen geschaffen, Jahrhunderte früher als in Europa. Die Werke der großen arabischen Astronomen wurden studiert und absorbiert. In den letzten paar Generationen hat dieses Wissen abgenommen.

Genauigkeit ist es, die man anbietet. Die exakteren Instrumente der Jesuiten machten die unfehlbare Berechnung von Mond- und Sonnenfinsternissen möglich. Es konnte keine sichtbarere Manifestation ihrer Fähigkeiten geben, als vorauszusagen und dann zu beobachten, wie ein Schatten sich über Sonne oder Mond schob.

»So tritt also die heilige Religion«, schreibt der Astronom und Jesuitenpater Ferdinand Verbiest, der das Gehör des Kangxi-Kaisers gefunden hat, »vor aller Augen als eine wunderschöne Königin herfür, die sich auf den Arm der Astronomie stützt, und mühelos zieht sie die Blicke aller Heiden auf sich. Ja, noch mehr, oft in eine sternenbesetzte Robe gekleidet, erhält sie leichten Zutritt zu den Herrschern und Präfekten der Provinzen und wird mit außerordentlicher Gunst empfangen ...«

Der junge, gelehrte Kangxi-Kaiser interessiert sich leidenschaftlich dafür, wie Dinge hergestellt werden. Er ersucht jenen Pater, eine Kanone zu entwerfen, wenn er Zeit dafür finde, und der stimmt zu.

Und diese neuen Geräte werden bald ausprobiert und funktionieren gut.

Eigennutz ist ja in den meisten Dingen, aber hier zucke ich zusammen.

Und ich denke an meinen Jesuiten, Père d'Entrecolles, der ihm mit noch größerer Freude Wein schickt.

4

Und nun zu den Neuigkeiten.

Kangxi studiert eifrig.

> Angesichts des Friedens, der in seinem Reiche herrschte, beschloss dieser Fürst, um sich zu zerstreuen oder um Beschäftigung zu finden, die Wissenschaften Europas zu lernen. Er selbst wählte die Arithmetik, Euklids Elemente, praktische Geometrie und Philosophie. Frère Antoine Thomas, Frère Gerbillon und Frère Bouvet erhielten den Befehl, Abhandlungen über diese Gegenstände zu verfassen ... Sie verfassten ihre Beweisführungen auf Tatarisch ... Die Väter legten diese Beweisführungen vor und erklärten sie dem Kaiser, welcher ohne Schwierigkeiten alles verstand, was ihm gelehrt wurde, immer mehr die Gediegenheit unserer Wissenschaften erkannte und sich ihnen in zunehmendem Maße widmete ...

Täglich werden Mathematikstunden abgehalten.

Der Unterricht findet in der Halle der Geistespflege statt, im Westteil der Verbotenen Stadt. Das ist in der Nähe der kaiserlichen Werkstätten, »wo sich die Akademie der Künste Seiner Majestät befindet«. Bouvet sagt, der Kaiser wünsche, dass mehr Jesuiten für ihn arbeiteten »um in seinem Palast mit denen, die bereits dort sind, eine Art

Akademie zu bilden, die Eurer Königlichen Akademie untergeordnet wäre«.

Père Jean-François Gerbillon: »Man führte uns in eine der Zimmerfluchten des Kaisers namens *Yang sin tien*, wo einige der geschicktesten Handwerker, Maler, Drechsler, Goldschmiede, Kupferschmiede etc. arbeiten.« Diese Ateliers stellen Karten her, Bronzen, Jade-, Gold- und hölzerne Objekte, Cloisonné-Emaille und Waffen.

Der Kaiser möchte die Glasherstellung in China verbessern. Ob es irgendwelche Patres gebe, die etwas von Glas verstünden? Könnten wir schnell jemanden für Ihn finden?

Der Kaiser nimmt Stunden auf dem Cembalo. Ein Besucher hört ihn eine »westliche Stahldrahtzither mit 120 Saiten spielen, die in den Werkstätten des Palastes gebaut wurde«.

Der Sohn des Himmels, »der unter den Unruhen in seiner Familie und in seinem Palaste viel gelitten, erkrankte, und da es der chinesischen Medizin nicht gelang, ihn zu heilen, suchte er Hilfe bei Bruder Rodes, dem es zunächst gelang, sein Herzklopfen zu stillen und ihn dann dank Kanarischem Wein zu heilen«.

Nach seiner Genesung am 20. März 1692 wird ein Toleranzedikt erlassen werden, das den Christen die freie Religionsausübung erlaubt.

Der französische König wird dem chinesischen Kaiser senden, was er begehrt.

Sechzehn

Der Porzellanpavillon

1

Versailles ist Wirklichkeit gewordenes Verlangen. Zudem ist es auch überfüllt und belagert von Wünschen, die keine Erfüllung finden.

Wie am Hof des Kaisers Kangxi in Beijing herrscht auch hier ein Gedränge von Leuten, die auf Beförderung hoffen. Alle finden sich ein in Versailles. Adelige und Botschafter sind hier, Kardinäle und Gesandte und Mönche, Kurtisanen und vazierende Philosophen. Wie gewinnt man das Ohr eines Königs, der sich entschlossen hat, ohne einen Rat zu regieren? Durch seinen Beichtvater, einen Jesuiten? Oder durch seine derzeitige *Maîtresse en titre*, einen Jagdgefährten, seinen Architekten? Jeder von diesen Leuten hat irgendeine Art von Zutritt, aber wie soll man einen Mann überzeugen, etwas für einen zu tun, einem eine Stellung zu verschaffen, wenn der doch nichts benötigt? Man wartet, während er morgens auf dem Weg zur Kapelle ist, hüstelt und hofft, seine Aufmerksamkeit zu erhaschen.

Jean-Baptiste Colbert, Ludwigs formidabler Finanzminister, so heißt es, sei der Einzige, der offen mit ihm darüber sprechen kann, wie Geld funktioniert, wie man für Schlösser oder Kanonen bezahlen soll. Alle anderen bewegen sich mittels einer delikaten Gavotte aus Andeutungen.

Also legt man ihm Dinge zu Füßen. Neben all den Neuigkeiten bringt man Geschichten mit, oder Musik, oder sich selbst.

Oder Dinge. Man kommt wie der Gesandte des Königs von Siam, angekündigt von Trompeten, mit einem Tribut an Juwelen, Schildpatt, Lackmöbeln, Bronze und Silber und 1500 Porzellanobjekten;

eine Prozession von Notabeln schreitet die *Escalier d'Ambassadeurs* hinauf, unter einem prachtvollen neuen Glasdach, sodass die Sonne den Einzug beleuchtet.

Man betritt den jüngst vollendeten Spiegelsaal. Der Saal ist dreiundsiebzig Meter lang, glitzernde Reflexionen, Silbertischchen und vergoldete Statuen, Kerzenhalter in Händen, darüber Schlachtentriumphe, auf die Decke gemalt. Man trägt ein Ikat-Gewand und einen konisch zugespitzten Hut, legt Schätze und noch mehr Schätze vor den König hin. *Immer noch mehr* funktioniert gut bei Ludwig.

Dieser Palast ist gesättigt mit Geräuschen und Texturen, eine *Galerie de Bijoux* für die Juwelen aus Siam, für Galerien mit Bildern und Statuen und Wandteppichen. Doch alle Nachrichten aus China von einem Kaiser in seinen Palästen, bedient von Handwerkern, die aus Jade oder Gold alles herstellen können, vom König von Siam mit seinen Speichern voller Juwelen und Porzellan sind provokant. Nicht, dass Ludwig diesen Potentaten nacheifern wollte, denn das würde eine untergeordnete Beziehung bedeuten statt eine auf Gleichheit oder eher Überlegenheit beruhende.

Es handelt sich darum, dass er neue Orte will, um dem Verlangen eine Bühne zu geben.

2

Chinesisches Porzellan kommt nach Versailles. Laut einem üppig bebilderten Inventar aus dem Jahr 1689 befinden sich in den Gemächern des Königssohnes, des Grand Dauphin, 381 Stücke chinesisches Porzellan. Nummer 111 im Inventar ist »Un Vase couvert en forme de Buire de Porcelaine«, die Gaignières-Fonthill-Vase; sie trägt noch keinen Namen, ein weiterer Schatz unter all den anderen Schätzen. Nummer 112 ist eine Kürbisflasche in der Farbe dürrer Blätter, verziert mit weißen Blumen. 113 eine weitere. Der Deckel ist zerbrochen.

Und auch Bilder von Porzellan treffen am Hof ein, darunter die ersten Abbildungen der seltsamen, stacheligen Porzellanpagode des Yongle-Kaisers. Nieuhofs Buch ist auf Holländisch, dann auf Französisch herausgekommen, 1656 auf Deutsch und Latein und schließlich auf Englisch. Es enthält 150 Illustrationen, echte Abbildungen statt Phantasieprodukte. Im Buch erhebt sich die Pagode hoch über winzigen Menschlein mit Sonnenschirmen, die sich gravitätisch voreinander verneigen, Berge umrahmen ihren charakteristischen Umriss. Pagoden sprießen an den erstaunlichsten Plätzen hervor, sie werden in Kobalt auf blau-weiße Porzellanteller gemalt, um anschließend von Jingdezhen aus exportiert zu werden, und tauchen dann auch auf erfundenen chinesischen Landschaften zwischen Weiden auf. Die Delfter Fabriken in den Niederlanden beginnen mannshohe Pagoden für Tulpen zu schaffen, die Fensteröffnungen werden Schlitze für eine prachtvolle Papageientulpenblüte nach der anderen.

Und die neue, 1688 von der Académie herausgegebene Encyclopédie Française rhapsodiert: »Il y a dans la Chine une Tour appellée Tour de porcelaine«; dieser Porzellanturm ist eines der Weltwunder. »Alle Porzellanteile sind mit außerordentlicher Handwerkskunst eingelegt, und zwar dergestalt, dass die Linien kaum zu sehen sind, an denen sie zusammengefügt wurden …«

Madame de Montespan, Ludwigs *Maîtresse en titre*, ist geistreich und schön und braucht Unterhaltung. Sie muss ausgehen können. Also baut ihr der König einen Porzellanpavillon, das Trianon de Porcelaine, einen Ort, an den sie beide sich flüchten können für intime Diners, Musik, Liebe in einem chinesischen Bett unter einem mit chinesischen Vögeln bemalten Plafond. Und das ist es. Ein Bau, der einen von den zähen, trägen Formalitäten am Hof in einen Raum versetzt, welcher ein anderes Gefühlsregister hat, ein Anderswo. Es ist einen Kilometer entfernt, ein Kilometer leichter Verzögerung.

Louis Le Vau, der wichtigste Architekt des Königs für seine Schlösser, entwarf ein zentral ausgerichtetes einstöckiges Gebäude, fünf

Stich des Trianon de Porcelaine, Versailles, um 1680

Fenster breit, flankiert von zwei kleineren Nebengebäuden, das alles in einem von Mauern umgebenen Garten. Der Pavillon besaß ein hohes Mansardendach, dessen Traufen mit kleinen blau-weißen Gefäßen besetzt waren. Weitere Urnen sprenkelten die Fassade, und es gab Kacheln mit Szenen von orientalischem Prunk. Innen hatte die Phantasie die Macht übernommen. Es existieren einige zeitgenössische Stiche, und wenn man die Füllsel – Höflinge auf tänzelnden Pferden und herrenlose Hunde im Vordergrund – beiseitelässt, erhält man den Eindruck eines hübschen, niedrigen Gebäudes mit allerhand daran befestigter Keramik.

Es ist natürlich ganz und gar keine Pagode. Aber eine Pagode insofern, als es fremdartig, eigenartig, sonderbar und schrecklich teuer ist. Und eine Absurdität. Was machen all diese Keramikwaren, die da oben hocken, und dort und da?

Und die Urnen und Vasen sind zudem nicht aus Porzellan. Die Töpferwaren sind holländische Fayence, so verziert, dass sie nach chinesischem Porzellan aussehen. Das Problem ist, dass die Franzosen kein Porzellan herstellen können. Sie müssen es kaufen oder geschenkt bekommen, und obwohl Colbert strenge Verbote gegen ausländische Waren erlassen hat, muss Fayence aus Delft neben französischer Keramik das Echte ersetzen.

Das Trianon de Porcelaine wurde rasch hochgezogen und war von Anfang an feucht.

Die Decke hängt durch. Fayence sollte nicht im Freien sein, in Regen und Eis; die Glasur bekommt Sprünge und schält sich. Kacheln rutschen auf den mit Glattputz überstrichenen Holzwänden ab. Bei Kerzenlicht mag man das nicht bemerken, während die Musik um einen selbst und die Geliebte anschwillt und abebbt, aber in der Morgendämmerung kann die Phantasie ein wenig schäbig wirken.

Hier in Versailles ist nicht vieles weiß, außer der Hermelinsaum eines Gewandes, das Gesicht einer Schauspielerin, bleiweiß, beleuchtet von den Kerzenreihen auf einer Bühne. Und auch der gläserne Plafond über dem *Escalier d'Ambassadeurs* ist undicht.

Siebzehn

Cremefarben, provinziell und undurchsichtig

1

Ich bin hier in Versailles, weil alle anderen hier sind. Ich liste zuerst meine Jesuiten, danach meine Philosophen auf. Und dann den Rest. Schließlich füge ich die jüngeren Söhne von den Fürstenhöfen auf ihren Wanderjahren dazu.

Der sechzehnjährige Prinz August von Sachsen, wegen einer Liaison mit einer Hofdame aus Dresden verbannt, trifft am 14. Juni 1687 in Paris ein. Er reist unter dem Namen Graf von Leisnig. Die Reise soll seine fürstlichen Tugenden vervollkommnen.

Prinz August bleibt drei Monate. Zwei Fünftel seiner Apanage werden für Wein ausgegeben, ein Fünftel für Kleidung. Gott weiß, wie viel für Frauen draufgeht. Er besucht Versailles und wird vom König empfangen. Man zeigt ihm das Trianon de Porcelaine in seinem desolaten Zustand. Anfang Juli wird die Entscheidung getroffen, es abzureißen, um Platz für ein neues Trianon aus Marmor und goldfarbenem Stein zu schaffen. Für eine andere Geliebte. August kommt gerade rechtzeitig.

2

Colbert gibt bekannt, er beabsichtige, in Frankreich Porzellan herstellen zu lassen. Es ist ihm egal, wenn es *contre-façon* ist, nachgemacht, unecht. Er möchte *porcelaine.*

Colbert hat brillant analysiert, wie man durch Investitionen in die Konsumwaren, welche die Geldkoffer des Königs austrocknen lassen, Geld beschaffen kann. Neben den fünf Handelskompanien, die die ganze Welt umspannen sollen, darunter die *Compagnie des Indes Occidentales* und die *Compagnie des Indes Orientales*, hat er weitere Gesellschaften ins Leben gerufen oder deren Gründung unterstützt.

Spiegel zum Beispiel sind ein Monopol der Venezianer und deswegen abschreckend teuer; also etabliert er die *Manufacture Royale de glaces de miroirs*, die nicht nur die Spiegel für Versailles liefert, sondern auch Kunden gewinnt. Die siamesische Botschaft ordert 4264 Spiegel, die auf dem Seeweg ins Land geschafft werden sollen, neben Teleskopen, zwei Globen – einem terrestrischen und einem astralen –, Gurtzeug für Elefanten und sieben großen Teppichen aus der Königlichen Teppichmanufaktur in Savonnerie. Tribute in der einen Richtung werden zu Einkommen auf der anderen.

Die Familie Reverend, die sich in Saint-Cloud – in günstiger Distanz zwischen Paris und Versailles – niedergelassen hat, um »Fayence herzustellen und Porzellan in der indischen Manier nachzuahmen«, erhält ein Königliches Privileg.

Der Bruder des Königs, der Herzog von Orléans, hat ein Schloss in Saint-Cloud und beginnt nun in seinem Palais Royal in Paris und auf seinem Landsitz Porzellan zu horten.

In Rouen erzeugt man eine Art Porzellan. Eine Fabrik dort hat ebenfalls ein Königliches Privileg erhalten. Auch dort hat »man das Geheimnis herausgefunden, echtes chinesisches Porzellan herzustellen«. Es ist blau-weiß – ein schönes, klares Weiß –, aber die verwendeten Materialien sind unzulänglich. Da niemand weiß, was die wahren Bestandteile des Porzellans sind, muss man diverse Ingredienzen ausprobieren. Das bedeutet, dass man dem Ton verschiedene Arten von zerstoßenem Glas beifügt, um etwas Ähnliches zustande zu bringen.

Saint-Cloud-Porzellan ist warm und milchig, leicht elfenbeinfarben, manchmal weiß, je nachdem, ob man beim Material spart oder beim Vermahlen oder beim verwendeten Brennmaterial. Diese Arten Porzellan nennt man Weich- oder Frittenporzellan. Die Glasuren sind leicht zu zerkratzen.

Und sie sind nicht durchscheinend. Dass sie es nicht sind, ist ein Vorwurf. Diese *Contre-façon*-Porzellane mit ihren in Kobaltblau aufgemalten Grotesken und Arabesken – eine Urne, aus der Pflanzen sprießen, die sich auf ein chinesisches Dach hinunterranken, ein Zweig, der sich in eine geflügelte Frau verwandelt – sind Porzellane wie von Edward Gorey. An der Oberfläche wirkt alles angenehm. Man sieht noch einmal hin, und alles ist ein wenig daneben.

3

Ich bin bei der Beschreibung Colberts von diesem Porzellan als *contre-façon* steckengeblieben. Sie deutet an, hier werde eines für das andere ausgegeben.

Immer wieder komme ich darauf zurück. Es führt mich auf unangenehme Weise wieder an mein Straßenende in Sheffield, als ich mein neues Weiß ausprobierte. Was werde ich jetzt machen, wo ich das Land gegen ein Leben in der Stadt eingetauscht habe? Kein Mensch braucht hier Töpferware. *Jobs* wären nützlich.

Ich werde Küchenporzellan machen, werde versuchen, gewöhnliche Dinge aus diesem außergewöhnlichen Material herzustellen. Ich fertige Schüsseln und Becher und große Kaffeetassen und Untertassen, Espressotassen, Ingwertöpfe. Das ist mein Projekt. Es ist nicht leicht, da Porzellan zu mühelos ist, es gleitet einem zwischen den Fingern durch wie Wasser, und zugleich zutiefst widerspenstig. Je mehr Zeit man auf die Arbeit an einem Gefäß verwendet, desto weniger reagiert es.

Und da ich Edward Saids Ausführungen über den Orientalismus gelesen habe, bin ich nicht an Authentizität per se interessiert, nur an einem Gespräch mit dem Osten, dem Anderswo, das ich liebe. Also schaffe ich keine Verzierungen. Ich habe die kindischen Sachen sein lassen – die orientalistische Kurzschrift der Weidenbäume, ein Zweig von irgendetwas – und beginne damit, Siegel in die weiche Tonmasse zu pressen.

In der Atelierkeramik gibt es die Tradition, das persönliche Siegel in den Boden des Gefäßes zu drücken, manchmal auch eine Ateliermarke, um zu zeigen, wo man es geschaffen hat. Bernard Leach hatte *BL* und *St Ives*. Ich hatte *EdeW* und kurze Zeit *Cwm*, um meinen Wohnsitz auf dem feuchten walisischen Hügel zu dokumentieren. Nun drücke ich ein japanisches Siegel, *made in the West, discount ware*, in meine Gefäße. Mein Versuch für ein Reich der Zeichen.

Zeigt eure Arbeiten, hieß es in den Zeugnissen in der Schule, zeigt, woher ihr kommt, wie eure Wege aussehen.

Das ist ein verspätetes Adoleszenzweiß. Einsames Weiß. Begierig nach Größe und Komplexität und Transzendenz. Weiß.

Wenn jemand mein Sheffield-Porzellan in die Hand nähme, würde er das bemerken. Ein älterer Freund, ein emigrierter Wiener Fotograf, der in monochromatischer Strenge lebte und nur aus dem und vom reduzierten Porzellan von Hans Coper und Lucie Rie trank und aß, sah sich meine Schalen an. Sag einmal, mein lieber Junge, die Stimme wird leiser und eindringlicher, warum so gewichtig?

Die Gewichtigkeit, sage ich fünfundzwanzig Jahre zu spät, war nicht beabsichtigt. Sie waren nicht leicht; Porzellan ist leicht. Sie waren selten durchscheinend. Und sie waren nicht besonders weiß. Ich hatte aus Gründen verzweifelter Sparsamkeit wieder meinen eigenen Brennofen gebaut und mühte mich, die hohen Temperaturen zustande zu bringen, die nötig sind, um Porzellan seine hervorstechenden Eigenschaften zu verleihen, 1280 Grad Celsius und mehr. Die Stunden rollten dahin, kostspielig, brüllend vor gelber Hitze.

Porzellan ist das Versprechen. Es führt mich fort. Die Straße hinauf und durch die Abrissgrundstücke in Attercliffe, vorbei an dem

Baugrund, wo das größte Shopping-Center von England entstehen soll, auf die Autobahn an der Kreuzung 31 und vier Stunden im Lieferwagen hinunter nach London, um meine Freundin zu sehen, um mein Porzellan in Geschäfte und Galerien zu bringen. Ich bin vierundzwanzig und mache Sheffieldware.

Es ist cremefarben. Es ist cremefarbenes, provinzielles Porzellan, *contre-façon.*

4

Bei all seiner eisigen Brillanz ist der große Colbert weit davon entfernt, das Arkanum zu entdecken, seinem König echtes französisches Porzellan zu Füßen zu legen. Man kann so viel Geld in das Projekt stecken, wie man will, es bleibt am Boden haften. Es tönt nicht echt. Denn in den Fabriken in Rouen und Saint-Cloud fehlt etwas Ausschlaggebendes. Immerhin hat Colbert einen jungen Hauslehrer für seinen Sohn gefunden, einen Mathematiker aus einer guten Adelsfamilie aus der Lausitz, an der Grenze zu Polen.

Und hier erhebt sich die Geschichte in die Lüfte.

Dieser junge Mann mit dem schwerfälligen Namen Ehrenfried Walther von Tschirnhaus ist mein nächster Zeuge, meine nächste Spur auf der Reise zum Porzellan.

Er ist mit warmen Empfehlungen von Leibniz und Baruch Spinoza, dem niederländischen Philosophen und Linsenschleifer, zu Colbert gekommen. Colbert ist fordernd in allem, von der Besteuerung bis zur Höchstanzahl von Stunden, die man pro Tag arbeiten kann. Er besteht darauf, dass die Mitglieder der Académie française pünktlich eintreffen und nicht vor Ende der Sitzung gehen dürfen. Colbert gefällt die Idee dieses ernsten jungen Mannes namens Tschirnhaus und ist erfreut, »dass seine Unkenntnis der französischen Sprache ihn dazu zwang, mit meinem Sohn Lateinisch zu sprechen«.

Achtzehn

Optik

1

So hänge ich mir also ein Porträt von Tschirnhaus an die Wand. Ich habe keine Ahnung, wie lebensgetreu es ist. Er hat eine hohe Stirn und einen guten, direkten Blick, aber der Kupferstecher scheint vor allem an seiner Perücke interessiert gewesen zu sein. Ob ich ihn Ehrenfried oder Walther nennen soll? Oder soll er Tschirnhaus sein? Wir starren einander an.

Der junge deutsche Mathematiker war ebenfalls vierundzwanzig, als er nach Paris kam und seine erste Stelle antrat, als Hauslehrer von Colberts Sohn. Um Mathematiker, Philosoph, ein Erforscher der Eigenschaften der Welt zu sein, braucht man jemanden, der einen unterstützt. Ohne Gönner kann man nicht brillant sein. Tschirnhaus war geschickt darin, sich Freunde zu schaffen, zu lernen, wie man Eindruck machte, das Ergebnis davon, da bin ich überzeugt, dass er das siebente Kind in einer Familie war.

Er war der jüngste Sohn, geboren auf dem Familiensitz im deutschen Kieslingswalde. Es war kein imposantes Haus, mehr Pfarrhaus als Schloss, behaglich zwischen den schlesischen Hügeln und Birkenwäldern gelegen. Und es war eine bescheidene Haushaltung; die Familie legte, ungewöhnlich in diesen Kreisen, besonderen Wert auf Bildung – vielleicht verdankte sich das der Kombination aus einem sächsischen Vater und einer schottischen Mutter. Im Unterschied zu anderen Knaben, die ihre Zeit mit Fechten und Jagen verbracht hätten, erhielt Ehrenfried Privatunterricht in Mathematik. Mit siebzehn ging er an die Universität von Leiden, um Medizin, Mathematik und

Ehrenfried Walther von Tschirnhaus, 1708

Philosophie zu studieren. In Leiden war es auch, wo Tschirnhaus den Philosophen Spinoza kennenlernte.

Spinoza war die Ausnahme von jeder Regel. Er hatte sein väterliches Erbe seiner Schwester überlassen, war unabhängig von Gönnern; aus der jüdischen Gemeinde ausgestoßen, der er von Geburt an angehörte, von den Christen scharf kritisiert, lebte er als Privatgelehrter und verdiente seinen Lebensunterhalt mit dem Schleifen von Linsen. Man stelle sich vor, man habe ihn getroffen, als man noch jung war. Seine Schriften hätten einem jedwede noch verbliebene falsche Frömmigkeit ausgetrieben.

Spinoza gab Tschirnhaus seine ersten Empfehlungsbriefe. Sie waren an den Sekretär der Royal Society in London und an Isaac Newton gerichtet. Er war auf dem Weg. Vier Jahre lang reiste er durch Holland, Italien, Frankreich, England und die Schweiz, eine Reihe außergewöhnlicher Begegnungen mit Philosophen und Ideen. Und es fühlt sich auch wie ein leichter Zauber an, ein Empfehlungsbrief, der zum nächsten führt, eine sich öffnende Tür zu einem Jahr in Paris mit Colbert, eine weitere zu einem Besuch bei einem Wissenschaftler in Den Haag und dann zu einem anderen in Mailand, bis man ein wunderschönes Diagramm sieht, eine Landkarte des Nachdenkens über die Welt.

Wenn x y bedeutet, geh zu z.

Tschirnhaus begann mit der Arbeit an seiner ersten mathematischen Gleichung. »Methodus auferendi omnes terminos intermedios ex data aequatione«: eine Methode, wie man aus einer algebraischen Gleichung alle Zwischenglieder entfernt. Er publizierte sie in den *Acta Eruditorum*, der europaweit bekannten Zeitschrift der empirischen Wissenschaften. Es sind vier Seiten voller Brillanz, in denen er algebraische Gleichungen aufgreift und »einige Dinge dieses Geschäft betreffend« niederlegt, »genug zumindest für jene, die einige Grundkenntnisse in der analytischen Kunst haben, da die anderen kaum mit einer so flüchtigen Exposition zufrieden wären«.

Idiotischerweise kaufe ich bei einem Buchhändler in Amsterdam die lateinische Darstellung der Tschirnhaus-Gleichung und beweise damit in einem Augenblick, wie sehr ich einer Welt des Besitzes verhaftet bin, wo doch diese Exposition vom Denken handelt, von Vereinfachung, Klarheit, vom Wegschneiden des Unerheblichen. Es geht um Kürze.

Ich zahle viel zu viel. Wer sonst will diese vier Seiten haben?

2

Tschirnhaus' Reise zu seiner Entdeckung des Porzellans ist eine Abfolge von Reflexionen und Spiegelungen.

Im Kern der Debatte steht Optik, denn Licht ist ein Problem. Wie bewegt es sich? Wie schnell ist es? Woher kommt die Hitze? Linsen und Spiegel sind provokante Artefakte, sie krümmen und verstärken das Licht, lassen Distanzen zerschellen, Planeten wie Staub in den Brennpunkt rücken.

Caute, sei vorsichtig, steht auf dem Ring an Spinozas linker Hand, in seinem Zimmer in dem Dorf bei Leiden. Tag für Tag schleift er seine Linsen, verstärkt die Krümmung der Kurven und elidiert sie wieder, löst seine Probleme, während der feine Quarzglasstaub sich auf seine Werkbank legt. Neben allem anderen hat er auch über den Regenbogen geschrieben.

Um das Licht gibt es heftige Auseinandersetzungen. Man kann sich nicht einigen.

Newtons »Opticks Or a Treatise of the Reflections, Refractions, Inflections and Colours of Light« (»Optik oder eine Abhandlung über die Reflexion, Brechung, Krümmung und die Farben des Lichtes«) untersucht die Frage, wie Licht nicht modifiziert, sondern getrennt wird:

> In dem Jahre 1666 verschaffte ich mir ein dreiseitiges Glasprisma, um damit die berühmten Farbenerscheinungen zu untersuchen. … Ich habe oft mit Erstaunen gesehen, wie alle die prismatischen Farben, wenn sie convergent gemacht und wieder so gemischt wurden, wie sie im Lichte vor dem Durchgang durch das Prisma enthalten waren, aufs Neue ein gänzlich reines, vollkommen weißes Licht hervorbrachten … Weiß ist die gewöhnliche Farbe des Lichtes; denn das Licht ist ein ungeordnetes Gemenge von Strahlen, die, mit allen Arten von Farben ausgestattet und durcheinandergemischt, von den verschiedenen Teilen leuchtender Körper weggeschleudert werden.

Newton schreibt an Leibniz: »Ich wurde dermaßen durch Debatten verfolgt, die sich aus der Veröffentlichung meiner Theorie des Lichts ergaben, dass ich meiner eigenen Unvorsichtigkeit die Schuld gab, ein so unschätzbares Gut wie meine Ruhe hinzugeben, um einem Schatten nachzulaufen.«

Ein junger Philosoph zu sein bedeutet, an diesen Umwälzungen teilzuhaben, und es scheint, als würde jeder, dem Tschirnhaus auf seiner Reise durch Europa begegnet, Linsen schleifen, von Teleskopen träumen, über Prismen schreiben, Instrumente quer durch die Welt schicken, um den chinesischen Kaiser zu entzücken, Spiegel herstellen oder sie verwenden, um große Hitze zu erzeugen.

In Lyon lernt Tschirnhaus François Villette kennen, den Erfinder, der in der Petite Galerie in Versailles vor dem Sonnenkönig einen großen Brennspiegel vorgeführt und den ganzen Raum erleuchtet hat, wobei er nur den Spiegel und eine einzige Kerze verwendete. In Mailand, berichtet Tschirnhaus an Leibniz, hat er einige Zeit bei dem Naturwissenschaftler und Mathematiker Manfredo Settala verbracht, der mittels Brennspiegeln Materialien schmilzt, und hat mit ihm über deren Verwendungsmöglichkeiten für Rubinglas und Porzellan gesprochen.

Für ein Laienpublikum sind die Brennspiegel ein Spektakel, bei dem man mit der Kraft der Sonne in engen und beglückenden Kontakt kommt; die Oberflächen der Spiegel sind »so genau gebildet und so schön poliert, dass ein Stück Blei oder Zinn, das in den Brennpunkt gelegt ward, sofort zu schmelzen begann, Stein und Schiefer wurden augenblicklich rotglühend, Bimsstein schmolz, und Kupfer und Silber schmolzen in fünf bis sechs Minuten … feuchtes Holz wurde auf der Stelle entzündet, Wasser in kleinen Gefäßen kochte …«

Diese Erhabenheit birgt auch Schrecken. Man sieht die Art, wie die Elemente sich vor einem verändern, was unmöglich mitzuverfolgen ist, wenn die Substanzen im Inneren eines Brennofens von Feuer umhüllt sind.

Und so arbeitet Tschirnhaus, jung und engagiert, an den Themen, die seinen Zeitgenossen Rätsel aufgeben. Er schreibt über katakaustische Kurven, diejenigen Kurven, welche durch die Reflexion der in den Hohlspiegel fallenden Strahlen dadurch hervorgerufen werden, dass diese Strahlen nicht denselben Punkt der optischen Achse treffen.

Und natürlich beginnt er seine eigenen Linsen zu fertigen. Er beginnt sich auf etwas zu konzentrieren.

3

Auch ich muss mich konzentrieren.

Ich schreibe das sehr früh am Morgen. Ich kann im Moment nicht schlafen, und so sitze ich schon um fünf Uhr am Küchentisch, während sich draußen im Garten eine Amsel lautstark bemerkbar macht. Es ist August, draußen an der Straße sind die Kastanienbäume in voller Pracht, das einfallende Licht wirkt fleckig durch sie. Die Fensterscheiben könnten ein wenig sauberer sein. Auf dem Tisch steht ein Wasserkrug, und ich beobachte, wie das Licht an der Wand mir gegenüber spielt, kleine Schauer wie Wellen in einem Fluss und ein Regenbogen und oben große Gerhard-Richter-artige Flecken, sie gleiten über eine Installation, die ich letztes Jahr für Sue gemacht habe, sieben gestapelte Teller in einem weißen Lackschränkchen. Der oberste Teller ist an der Innenseite vergoldet, sodass darüber ein reflektierter Heiligenschein schwebt.

Ich habe keine Ahnung, was bei Licht so vor sich geht.

Ich möchte quer durch die Küche Linien ziehen, ausschwingende Parabeln über Möbel und Böden, die Änderungen Minute um Minute um Minute festhalten.

Ich weiß, dass Licht nachweisbar ein Gebiet für die »Untersuchung schwieriger Dinge mit dem Verfahren der Analyse« ist, wie Newton die Herausforderung wissenschaftlicher Experimente so denkwürdig beschrieben hat. Es ist zugleich ein Schauplatz poetischer wie metaphorischer Möglichkeiten. Schließlich hat Spinoza die menschliche Natur »mit einem regulären oder flachen Spiegel« verglichen, »der alle Strahlen im Universum zurückwirft, ohne sie zu verzerren«. Newton fragte sich, ob Farben und die Oktave in der Musik analog sein könnten. Besitzen Farben Harmonien?

Und wenn ja, wie klingt Weiß?

Meine einzige Gewissheit, angetrieben von Schlaflosigkeit, ist, dass Licht ein Teil dieser Reise zum Porzellan ist. Keats schrieb an den Rand seiner Ausgabe von Miltons »Paradise Lost« von »einer Art delphischer Abstraktion, ein schönes Ding, durch Nachdenken und in einen Nebel versetzt noch schöner geworden«. Womit er meint, denke ich, hoffe ich, dass auch er die Schönheit sieht und vollkommen verwirrt ist.

Ich bin verstrickt in mein Wettersystem, die Turbulenzen von Optik und Spiegeln und Philosophen.

Neunzehn

Die erste Gestaltungsweise

1

Will man Linsen schleifen, dann muss man etwas von Optik verstehen. Will man Linsen herstellen, muss man etwas von Glas verstehen, und Glas scheint der Weg zum Porzellan zu sein.

Um eine optische Linse herzustellen, bedarf es technischer Brillanz beim Glasgießen und mathematischen Könnens, um die Gleichungen für die Refraktion auszuarbeiten. Aber es bedeutet auch, dass man verstehen muss, wie man das, dessen man bedarf, anderen mitteilen kann. Das ist weit entfernt vom experimentellen Schleifen der eigenen Linsen an der eigenen Werkbank in der eigenen Werkstatt, wo man sie mit der Hand gegen den Stein drückt und der Quarzglasstaub hochwirbelt, während man einatmet, und sich dann wieder legt.

Der anerkannte Experte für Glas war Johann Kunckel. Er hatte das große italienische Fachbuch über die Kunst der Glasmacherei übersetzt und ergänzt, »Ars vitraria experimentalis oder Vollkommene Glasmacherkunst«, mit seinen schönen Stichen über Glasbläser in ihren Werkstätten. Kunckel hatte in Böhmen und Dresden sowie in Berlin die Stellung des Hofalchimisten innegehabt und an der Universität in Wittenberg gelehrt. Ein bisschen zu viele Positionen. Er war ein Beispiel dafür, wie schwer es war, klug zu sein und dennoch eines Mäzens zu bedürfen.

Seine Laufbahn war spektakulär gewesen. Mit dreißig wurden Kunckel die Schlüssel zur alchimistischen Bibliothek des Kurfürsten von Sachsen in Dresden anvertraut, und man befahl ihm, das Geheimnis des Goldmachens zu ergründen. Stattdessen fand er eine Methode, rotes Glas herzustellen, und zwar mit einer neuen Lösung, in der metallische Goldpartikel verstreut waren, sodass das Licht rot wird. Auf Seite 195 seines großen Buches hüstelt er, und man spürt seine Mischung aus Stolz und Ängstlichkeit:

> Hier wolte ich gerne einen bessern Modum anzeigen / und auff eine compendieuse Art das rothe oder Rubin-Glas lehren / wann es nicht vor eine so sonderbare Rarität von meinem Gn. Churfürst und Hn. gehalten würde: Wer es aber etwan nicht glauben will / daß ichs kann / der komme ins künfftige und sehe es bey mir. Wahr ists: Es ist itzo noch zu rar, gemein zu machen.

Rotes Glas ist spektakulär. Ein Gefäß aus rotem Licht! Es könnte nicht schöner sein, schreibt Kunckel.

Sein erstes Meisterwerk war ein roter Kelch für den Kurfürsten von Köln; beinahe drei Zentimeter dick, wiegt er vierundzwanzig Pfund. Dieses Glas konnte so dick geblasen werden, dass man es schleifen und facettieren konnte wie einen enorm großen Rubin. Es ging das Gerücht, bei der Erzeugung werde Blut verwendet. Man stelle sich den Erzbischof bei der Frühmesse vor, wie er den Kelch hochhebt: Was wird in diesem Licht verwandelt?

August der Starke hatte in seiner Schatzkammer in Dresden Rubinglas, an Fuß und Rand goldgefasst, um die Gefäße vor Staub und dem Untergrund zu schützen. Sie waren neben den Elfenbein- und Emaillearbeiten und dem chinesischen Porzellan aufgestellt.

Kunckel war jetzt in Berlin. Er war sechzig, ein schwieriges Alter, wenn so sehr von Ruhm und Unglück überschattet. Seine Glasbläserei war niedergebrannt, in Berlin war er in Ungnade gefallen, und seinem neuen Mäzen sollte er sein großzügiges Gehalt zurückzahlen, das er gegen das Versprechen erhalten hatte, Glas und Gold herzustellen. Glas ist esoterisch. Kunckel arbeitete auf einer kleinen Insel in der Nähe von Potsdam daran; ein Ort, um Geheimnisse zu bewahren.

Tschirnhaus lernt viel von Kunckel. Er sieht, wie man schmilzt und läutert und verwandelt, sieht einen Lötbrenner, wie ihn die Glasbläser verwenden, um eine sehr feine und konzentrierte Flamme zu erzeugen. Er versteht, dass in dieser Kunst viele Möglichkeiten verborgen liegen. Er sieht Brennöfen, die gut konstruiert sind, Materialien, die ordentlich aufbereitet werden, Arbeiter, die wissen, was sie tun, sich mit Schmelztiegeln voller geschmolzenem Glas durch eine überfüllte Werkstatt bewegen. Er sieht Vorgangsweise und Resultat, Ausprobieren und Aufzeichnen, Idee und Tat, die in einer komplizierten und geräuschvollen Werkstatt durchgeführt werden, nicht im Privaten.

Und er hält auch fest, dass das Leben der experimentellen Philosophen, Männer, die an die Höfe schwieriger, reizbarer Herrscher gebunden sind, niemals sicher ist, dass die Herstellung von Rubinglas – oder irgendeines Objekts der Begierde – nie genügt.

Und so macht sich Tschirnhaus, während er den Männern bei der Arbeit zusieht, ihren fließenden Bewegungen, Notizen. Und er schreibt: »Jeder Handwerker ist sich dessen bewusst, warum er eine Aufgabe ausführt, und es ist ihm kein Geheimnis, dass er bestimmte Materialien und Arbeitsgänge benötigt, auch wenn er nicht weiß, dass die Philosophen dies Kausalität nennen.« Tschirnhaus versteht allmählich haptisches Wissen, die Arten, in denen es möglich ist, etwas Komplexes zu verstehen, ohne das Bedürfnis oder die Mittel zu haben, es in Sprache auszudrücken; »jemand kann verstandesmäßige und andere Handlungen vornehmen, ohne zu wissen, wie sie eigentlich gelingen.«

Oft liefert Tschirnhaus Beispiele für die Art, wie wir unsere Hände benutzen, ohne Kenntnis von deren physiologischem Aufbau zu haben. So können wir also die manuellen Fähigkeiten und das Geschick eines Uhrmachers bewundern, der keine Ahnung hat, wie seine

Hände funktionieren, trotzdem aber ein wahrhaft komplexes Gebilde fertigt.

Wo andere vielleicht nicht innehalten würden, hält Tschirnhaus inne. Wo andere jene, die etwas herstellen, gönnerhaft betrachten würden, zeigt Tschirnhaus Respekt.

Er hat diesen außerordentlichen Schritt vollzogen, zuzusehen, wie Dinge gemacht werden, und er hat daraus gelernt. Und nun ist alles, was er braucht, Geld für eine großartige Idee, die sich jetzt deutlicher abzeichnet: die Idee, Porzellan zu schaffen.

Er ist nicht arm. Er ist verheiratet, seine Frau Elisabeth Eleonore von Last ist eine respekteinflößende Person. Sein Vater ist gestorben, und er hat die Wälder und Felder der Familie geerbt: Sie wird die Gründe für ihn verwalten, sagt sie. Er könnte zu einem Leben des dilettantischen Experimentierens in Kieslingswalde zurückkehren – Hasen schießen, Briefe schreiben, Möglichkeiten für die Zusammensetzung von Porzellan notieren, mit seinen Fernrohren astronomische Positionen nachprüfen und die Ergebnisse an Zeitschriften schicken –, aber das würde bedeuten, dass seine Idee bei Spaziergängen über feuchte schlesische Felder ausgearbeitet worden wäre.

Er wendet sich wieder nach Paris.

Er hat das Buch »Medicina mentis sive artis inveniendi praecepta generali« geschrieben, Medizin des Geistes oder allgemeine Vorschläge für die Kunst der Erfindung. Es ist ein leidenschaftliches, erhellendes Buch über die Kunst, »unser Verständnis, so gut wir es vermögen« zu vervollkommnen, und er hofft, eine Widmung an Colbert könne etwas bewirken. Aber sein Mentor ist gestorben, gerade als er eintraf. Tschirnhaus wird zum ersten Mitglied der französischen Académie des Sciences ermannt, eine Auszeichnung, von der im *Mercure Galant* berichtet wird, aber keine Besoldung ist in Aussicht, keine Stellung im Geistesleben von Paris. Trotzdem widmet Tschirnhaus sein Buch dem König.

Über das Titelbild fliegt ein plumper Pegasus, hinter ihm her flattern eine barocke Mähne und ein extravaganter Schweif. Ich habe das Gefühl, das sei eine Art Selbstporträt, aber der siebenunddreißigjährige Tschirnhaus hat sich noch kaum in die Lüfte erhoben.

2

Wenn du dich für Optik oder Mineralogie und für die Finanzierung eines Wörterbuchs der Philosophie interessierst, hast du Glück, wenn du für zwei Minuten die Aufmerksamkeit eines Markgrafen erhaschst, der für das erfindungsreiche Erlegen von Hirschen oder Wildschweinen lebt. Du stehst in irgendeinem endlosen Gang eines zugigen Schlosses, rundum drängeln sich Männer, mit ihrem Lärm und ihren Waffen und ihren Zoten, kratzen sich, können es kaum erwarten, dass das Zeichen kommt, und du versuchst Seiner Hoheit beizubringen, dass du Geld brauchst, viel Geld – für einen Gebläseofen, um den Schmelzpunkt von Eisenerz zu untersuchen.

Es gibt eine andere Möglichkeit.

Ich nehme mir sein Buch »Medicina mentis« vor. Tschirnhaus glaubt, es sei möglich, die Hervorbringungen der Künste auf philosophische Art zu analysieren; Schiffe, Brücken und Gebäude sollten als Künste der Erfindung betrachtet werden. Diese Dinge können das trainieren, was er als »tätige Imagination« bezeichnet, denn sie zeigten »alle Möglichkeiten der Einbildungskraft«. Tatsächlich, so wird mir klar, nimmt er die Welt als Möglichkeit wahr – während man die Straße entlanggeht, gibt es nichts in der materiellen Welt, die einem unterkommt, das nicht in diese Sphäre der Reflexion eingefügt werden kann. Und an jedem Punkt dieser Reflexion, während man innehält und hingebungsvoll diesen Laternenpfahl, jenen Eingang betrachtet, schafft man ein zweites Mal die Art seiner Hervorbringung, bewegt sich durch die Reihe von Handlungen, die diesen Gegenstand ins Leben gerufen haben.

Vor allem ist er, wie er schreibt, daran interessiert, »wie man zu demjenigen kommt, was in der anfänglichen Art, etwas zu bilden, beobachtet werden soll«. Wie etwas entsteht, ist entscheidend, eine Art Poesis.

Als ich das lese, geht mir das Herz auf. Das ist die Überschrift meiner Reise zu den weißen Bergen, diese Rückverfolgung der ersten Bildung des Porzellans von weißer Erde zu etwas anderem.

Tschirnhaus beschreibt mit leidenschaftlicher Luzidität den Wert des Hinsehens und Nachdenkens, wie ein Objekt als Idee entsteht.

Und dann sehe ich, dass er Brücken mag, in meinen Augen ein Zeichen wahrer Kultiviertheit. Das erste Werk über Kunst, das mir als jemandem, der Dinge – Strukturen – herstellt, wirklich wichtig war, war ein Essay des Kunsthistorikers Michael Baxandall, in dem er argumentierte, die Brücke über den Firth of Forth sei ein Kunstwerk. Und Primo Levi, mein Held, schrieb in »Der Ringschlüssel« von »dem Vorteil, sich messen zu können und beim Sichmessen von niemandem abhängig zu sein, sich im eigenen Werk wiederzuerkennen. Über die Freude, das eigene Geschöpf wachsen zu sehen, Platte um Platte, Bolzen um Bolzen, solide, notwendig, symmetrisch und zweckmäßig ...«

Damit meint Primo Levi, Chemiker, der sein Leben lang die chemische Zusammensetzung von Farben analysierte, und zugleich Schriftsteller, dass die Methode interessant ist. Sei sehr sorgsam, wenn du beschreibst, wie etwas gemacht wird, wie es Form gewinnt, da der Prozess nicht flüchtig behandelt oder übergangen werden darf. Die Art dessen, was wir machen, definiert uns.

Und so beginnt Tschirnhaus zu arbeiten. Er hat seine Brennlinsen benutzt, um zu untersuchen, was schmilzt und wann es schmilzt und was sich unter der intensiven Hitze nicht verändert.

Dinge, Substanzen, Materie: Die physische Welt steht unter Belagerung.

Spinoza hält Ideen und Entscheidungen nur für stichhaltig, wenn sie *sub specie aeternitatis* gelten, aus der Sicht der Ewigkeit. Newtons

Vorschrift lautet, gewissenhaft die Eigenschaften der Dinge zu befragen, und Leibniz schreibt in einem wunderbaren Brief an Tschirnhaus, dass »niemand fürchten solle, dass uns die Betrachtung der Charaktere von den Dingen selbst wegführe; im Gegenteil, sie führt uns in das Innere der Dinge«. Er spricht von *rei naturam intimam*, der inneren Natur einer Sache. Innerlichkeit ist zur Vorstellung geworden.

Für Tschirnhaus, den Philosophen und Mathematiker und Beobachter, wie die Welt sich verändert, ist Porzellan eine Idee, die zu untersuchen wäre. Es ist verlockend, da es ein anscheinend unfügsames weißes Material ist, das Licht durchlässt; und es bringt zwei der wichtigsten Interessengebiete seiner Philosophenkollegen, China und das Licht, in einer einzigen großen Fragestellung zusammen.

Und weil er sich mit den Urprinzipien beschäftigt, analysiert er pragmatisch, wo er sich mit seinen Ideen hinwenden soll, wer ihm helfen wird, sie zum Fliegen zu bringen, wo er die Ressourcen finden soll, die er braucht.

Seine Frau Elisabeth stammt aus einer Familie, die dem sächsischen Hof verbunden ist. Sachsen ist reich an Geologie, an Rohmaterialien. Und drittens gibt es am sächsischen Hof in Dresden eine Gruppe von Männern, von denen bekannt ist, dass sie sich mit Raffinieren und Schmelzen, den Technologien des Feuers, beschäftigt haben.

So wandern also Tschirnhaus und seine Idee vom Porzellan quer durch Europa nach Dresden, wo Prinz August, der junge Besucher im Trianon de Porcelaine, inzwischen König von Polen und Kurfürst von Sachsen ist.

Und wenn Tschirnhaus nach Dresden fährt, dann mache ich das auch.

Zwanzig

Geschenke und Versprechungen und Titel

1

Dresden ist Elbflorenz, die größte Barockstadt Europas, eine Schatzkammer. Es ist meine zweite Porzellanstadt.

Es hat die schlimmsten Regenfälle seit einem Jahrzehnt gegeben. Pausenlos bringt das Fernsehen Berichte von Überschwemmungen, schwindelerregende Ausblicke aus Hubschraubern auf ein braunes, vom Wasser eingeebnetes Land. Als ich vom Bahnhof kommend über die Augustusbrücke gehe, hat der Fluss die Farbe von Zinn. Er ist über die Ufer getreten. Laternenpfähle und die Dächer der Bushaltestellen an der Böschung sind im wirbelnden Wasser gerade noch zu sehen. Sandsäcke liegen bereit. Und es ist Juni.

Ob man geradeaus geht, nach links, nach rechts, man trifft auf Palais und Kirchen und Gemäldegalerien, die Oper, Akademien, Lustgärten, Schatzkammern. Die Skyline besteht aus Kuppeln und Türmen, Urnen und Statuen. Es ist Gold. Es ist Bewegung, aufgetürmt auf Bewegung, Extra, Überschuss, glänzend, mehr.

Natürlich.

Es ist die Stadt Augusts II., von Gottes Gnaden König von Polen, Reichsvikar, Großfürst in Litauen, Reußen, Preußen, Masowien, Samogitien, Kyowien, Wolhynien, Podolien, Podlachien, Livland, Smolenskien, Sewerien und Tschernikowien, erblicher Herzog zu Sachsen etc. etc.

Ich muss lernen, mich in dieser Stadt zurechtzufinden. Tschirnhaus hat auf August gesetzt, also muss ich mich mit August auseinandersetzen und mit den etc. etc.

Stich von Dresden, 1721

2

Ich weiß, wo ich zuerst hingehen sollte.

Nach der Brücke wende ich mich nach rechts, gehe an der Oper vorbei und unter einem abgeschmackten, von Putten gehaltenen Torbogen in den Zwinger, jenes Ensemble von Rokoko-Pavillons rund um einen Lustgarten, das König August 1711 in Auftrag gab, ganz Wasserläufe und Geplätscher. In der hinteren rechten Ecke ist der Mathematisch-Physikalische Salon. In diesen Räumen befand sich das erste öffentliche naturwissenschaftliche Museum Europas, sagt mir der amerikanische Kurator lebhaft, seine Hände falten und entfalten sich in komplexen Wellenmustern. Es stand einem offen, wenn man anständig gekleidet war und eine Eintrittsgebühr bezahlte. Unten ist ein langgestreckter Raum, wo die Welt geschätzt und gemessen und aufgezeichnet wird, ein Hodometer für die Reisen des Kurfürsten durch sein Reich, Instrumente, um Entfernungen in Bergwerken zu messen, Zeremonialwaagen, eine Uhr, die die Himmel und die Bewegung der Planeten anzeigt, ein goldener Himmelsglobus, der sich Minute um Minute bewegt; Merkur braucht zweiunddreißig Jahre, um seinen Umlauf zu beenden.

Im Stockwerk darüber befindet sich einer von Tschirnhaus' Brennspiegeln.

Ich stehe davor. Es ist eine in einen perfekt gebauten hölzernen Rahmen eingepasste kupferne runde Scheibe, die schräg gestellt und gedreht werden kann, um die sächsische Sonne einzufangen. Auf der Oberfläche des Kupferspiegels gibt es winzige, tiefe Einkerbungen und Pockennarben, wo bei einem Experiment Fragmente von irgendetwas zersprungen sind.

Während ich mich darauf zubewege, verändert und verzerrt sich mein Spiegelbild. Das ist natürlich. Aber ich hatte nicht erwartet, dass sich auch der Klang verändern würde. Meine Stimme wird klarer und lauter und tiefer, je näher ich hingehe, als ich zum Kurator sage, *Das ist schön.*

In diesen Ausstellungsräumen sind auch Linsen. Ich war nicht darauf gefasst, wie eigenartig sie sind. Sie sind eine Welt in sich selbst, eine, in der man transformiert, reflektiert und verzerrt existiert. Es gibt nur wenige Dinge – ein Tautropfen auf einem Blatt, die kalottenförmige Wölbung auf einem Glas Wasser –, an denen man sieht, was eine Parabel ist. Ich betrachte sie, sehe in sie hinein, durch sie hindurch, und denke an jenen Moment, von dem Lewis Carroll in »Alice hinter den Spiegeln« schreibt, wenn die Welt sich lockert und die Materialien leicht werden: »Wir wollen so tun, als ob der Spiegel so weich wie Gaze geworden ist, sodass wir hindurchkönnen. Nanu, er wird ja jetzt tatsächlich zu einer Art Nebel! Es wird ganz leicht sein, hindurchzugelangen ... Im nächsten Moment war Alice durch den Spiegel und sprang behände in das Spiegelzimmer hinab.«

Ich gehe ein wenig ängstlich an Dresden heran, wegen mir selbst und wegen Tschirnhaus. Alle möglichen Abenteuer werden durch Spiegel ausgelöst.

Tschirnhaus' Brennspiegel, entstanden 1686,
Fotografie von 1926

3

Es ist Augusts Stadt. Nach dem unerwarteten Tod seines älteren Bruders ist August am 27. April 1694 Kurfürst von Sachsen geworden.

Die Jahre zuvor ist er oft auf Reisen gewesen, hat Höfe besucht, Geld ausgegeben. Das hat ihn vorbereitet. Er weiß über Prunk und Pomp Bescheid, über Kleidung, Frauen, Ambitionen. Drei Jahre später ist er außerdem König Friedrich August II. von Polen geworden. Das hat er mit der allereinfachsten Geste geschafft – indem er den Protestantismus an der Grenze zurückließ und katholisch wurde; das erlaubte ihm, gigantische Summen auszugeben und auf den polnischen Thron gewählt zu werden. Im lutherischen Sachsen ist das gar nicht gut angekommen, noch weniger gut bei seiner Frau, die wirklich und wahrhaftig an ihre klar umrissenen Gebete glaubt.

»Der König wäre gerne ein zweiter Alkibiades gewesen, berühmt wegen seiner Tugend wie wegen seiner Laster«, schrieb ein Besucher am Hof. »Er ist edel, voller Wohlwollen und Heldenmut ... Er ist neidisch auf den Ruhm anderer. Ehrgeiz und ein Appetit auf Vergnügen sind seine hauptsächlichen Eigenschaften, obwohl der Letztere die Oberhand hat.«

Seine Gelüste wie seine Kräfte sind unerschöpflich. Er verbiegt Hufeisen, reitet stundenlang, stemmt Metallbarren hoch, nimmt es mit den Elchen in seinen weiten Wäldern in Bialowieza in Litauen auf. Hier gibt es Wölfe, Bären, Luchse und Auerochsen, »so riesig, dass drei Männer zwischen ihren Hörnern Platz finden könnten«; in die Enge getrieben, sind sie zu wütendem Angriff fähig. Am Hof unterhält man sich mit Fuchsprellen. Füchse, Dachse und Wildkatzen werden freigelassen und laufen in Netze, die dann straff gespannt werden, worauf die Tiere hoch in die Luft geschleudert werden und verenden. August hält das eine Ende des Netzes lässig mit einem Finger, das andere halten einige Männer. Manchmal verkleiden sich die Männer als Satyrn und die Frauen als Nymphen.

Es heißt, August habe zwei Frauen, da er auch ein Herrscher mit zwei Reichen sei. Er hat offizielle Mätressen, die zu Gräfinnen aufsteigen, wenn er ihrer überdrüssig geworden ist, und zudem eine Reihe von Geliebten, Dienerinnen und Frauen aus dem Kleinadel und Schauspielerinnen und Mädchen, die ihm in die Augen stachen, und die Schwestern von allen und jeden und vielleicht die Töchter seiner Geliebten.

So etwas nennt man Galanterie.

Er ist August der Starke, und er hat das *Droit de seigneur* über seinen Hof, die Stadt und die Fürstentümer. Es gibt eine gewaltige Menge an Bastarden. Ich lese »La Saxe Galante: Oder Die amourösen Abenteuer und Intrigen Friedrich Augusts II., vormaliger König von Polen, Kurfürst von Sachsen etc.«, seit den 1720er Jahren ein Bestseller in ganz Europa.

Es ist so grauenvoll, wie es klingt.

Laut Thomas Carlyle ist er ein Mann der Sünde.

4

August baut seine Stadt neu auf.

> Nächst der Galanterie bereitet ihm die Baukunst, und zwar die militärische wie die profane, am meisten Vergnügen. Und alle Welt ist sich darüber einig, dass er davon eine Menge versteht.

Wenn er nicht auf einer polnischen Ebene Schlachten gegen die Schweden ausficht, ist Augusts Augenmerk auf Dresden gerichtet. Es ist ein Kampfplatz der Steinmetze und Fuhrleute, ein Getümmel aus Schutt. Die Elbe erstickt unter den Flößen voller Bauholz, die flussabwärts kommen, um nahe der Brücke festzumachen. Straßen sind gesperrt, denn er hat sein väterliches Erbe demoliert und wird fortfahren, es zu demolieren. Es hat einen Großbrand gegeben, das bietet ein wenig Spielraum, aber jetzt hat er ernsthafte Pläne. Dies wird ein zweites Florenz werden, sagt er zu seiner Mätresse Maria Aurora von Spiegel, aber es ist Winter, tiefer Schlamm, und zwei Jahreszeiten voller Staub stehen bevor. Dann eine neue Mätresse, Anna Constantia, und noch mehr Schmutz. Diese liebt er. Sie braucht ein Palais als Geschenk, und sie wird eines bekommen.

Geschenke, Versprechungen, Titel, die Sonne lächelt dir, der König erinnert sich an deinen Namenstag und Geburtstag, und zu Weihnachten und Neujahr gibt es Geschenke. Der Besuch eines Gesandten, ein Vertrag, eine Hochzeit, lauter Gelegenheiten, etwas zu überreichen, Schmuck, Juwelen aus den sächsischen Bergwerken, Silber aus der Gegend, Hunde und Pferde, Kamele, Weine aus Tokaj, die ihm andere Herrscher geschenkt haben, weitergereicht wie unerwünschte Gaben. In solchen Momenten schätzt man ab, wo man steht. Wer hat schon gewusst, dass er eine smaragdene Hutnadel brauchte, bevor er Graf Seifersdorf eine tragen sah, als er sich bei einem Empfang vor dem König verneigte?

Und das ist das Problem hier am Hof, wie in Versailles, in Beijing. Man braucht den Glauben, dass die Sonne aufgehen und einen bescheinen wird. An einem solchen Ort kann man nicht agnostisch sein. Man gewinnt alles Leben durch Hoffnung. Man kann in Ungnade fallen. Und vergessen werden. Es wird eifrig geklatscht über Constantini, den italienischen Schauspieler und Impresario, der die hundertköpfige französische Truppe leitete und über alles Bescheid wusste, und der wurde sechs Jahre lang in der Festung Königstein eingekerkert, weil er sich etwas zuschulden hatte kommen lassen, vielleicht einer Mätresse des Königs Anträge gemacht. Man denkt erst an ihn und lässt ihn frei, als August Zerstreuung braucht.

Baron Pöllnitz erinnert sich an den Hof Augusts, an eine Abfolge von Schauspielen, Maskeraden, Bällen, Banketten, Ringstechen, Schlittenfahrten, Ausflügen und Jagdgesellschaften; die Schauspiele und Maskeraden standen allen anständig Gekleideten offen. Er fährt fort, alle Zerstreuungen aufzuzählen, bis der Hof wie ein riesiges Kreuzfahrtschiff wirkt und die Höflinge wie Passagiere, die nicht mehr aussteigen können.

Einundzwanzig

Das Vermischen der Dinge

1

Dorthin und dahin schweift die Aufmerksamkeit des Königs.

Es gibt einen Zustand, der von Thomas von Aquin erkannt und als *accidie* bezeichnet wurde; ein Mönch ist dabei in einem Zustand solcher Trägheit, eines solchen Desinteresses an der Welt, dass er nichts tun kann außer dazusitzen. Thomas deutet an, dass man klug sein müsse, um davon betroffen zu werden, dass man alle Mutmaßungen und Möglichkeiten durchlaufen haben und in den Worten von John Berryman »schwer gelangweilt« sein muss. Ich denke an August und *accidie*, »schwer gelangweilt« in seinen Schlössern festsitzend. Er ist nicht so sehr unentschlossen als pausenlos entschlossen, jeder Entschluss ein weiterer Versuch, seine Pulse zum Pochen zu bringen.

Berryman, der viel darüber wusste, wie Getriebenheit die Sucht färbt, schreibt weiter: »Zudem sagte mir meine Mutter, als ich ein Junge war, / allein zu gestehn, du fühltest Langeweile, / bedeutete schon, du hättest keine inneren Reserven.«

Der König besitzt keine inneren Reserven. Er will mehr. Was ist ihm beim ersten Mal entgangen? Wieder wird ein neuer Automat ausgepackt, wird ihm vor der Treppe zum Schloss ein neuer grauer Hengst vorgeführt, ganz sehniger Hals und süßer Schweiß, Konfekt für die Tafel, ein Mädchen, denn die Freuden des Besitzertums sind von kurzer und immer kürzerer Dauer. Der Automat hat Smaragde als Augen, ein netter Trick des Hofjuweliers Johann Melchior Dinglinger. Der Hengst ist perfekt für die morgige Jagd. Das Modell der sieben Weltwunder aus Zucker und Marzipan ist Neuigkeit genug für heute Abend. Das Mädchen ist hochgewachsen.

Das *Mehr*, der Exzess, die Wiederholung bringt die Möglichkeit zurück, etwas zu fühlen, zu empfinden, ein Stocken seines Atems und ein Loslassen, das Leben ist.

Mehr ist das Schauspiel von Dinglingers »Der Thron des Großmoguls«, ein goldener, mit 5223 Diamanten besetzter Tafelaufsatz. Ein mächtiger Herrscher thront über einem goldenen Treppenaufgang unter einem Baldachin. Alles und alle strömen zurück aus seiner Gegenwart, die sich hoch über der brodelnden Szene aus Geschenke tragenden Dienern, Edelleuten und Bedienten niedergelassen hat. Zwei Herrscher, Mir Miron, »der Herr der Herren«, und Chan Chanon, der »Prinz der Prinzen«, sind eingetroffen. Der Herr bringt Elefanten, Kamele und Pferde, geführt von Abrichtern mit Turbanen aus Perlmutt und Gold. Der Prinz bringt mit Teppichen bedeckte Tragen, darauf sind Lackarbeiten, edelsteinbesetzte Krüge und Kelche. Kisten werden geöffnet, gefüllt mit noch mehr Juwelen, Flinten, verziert und eingefasst mit fein gearbeiteten goldenen Schnüren.

Dies ist eine Choreographie des Barock, alle Fertigkeiten des Emaillierers, des Goldschmieds, Steinhauers, Bildhauers sind hier vereint. Es ist eine Vision davon, was eine Kunstkammer sein sollte, die von Francis Bacon dargestellte Vorstellung eines

> ... stattlichen, sehr großen Schrankes, worin, was immer die Hand des Menschen durch erlesene Kunst oder durch Maschinen in Stoff, Form oder Bewegung rar gemacht, welche Singularität der Zufall und das Vermischen der Sachen erzeugt, was immer die Natur hervorgerufen in Dingen, die ohne Leben sind und aufbewahrt werden können, in eine Ordnung gebracht und aufgestellt werden mag.

Die Welt, belebt wie unbelebt, kniet vor dem Kurfürsten. Die Maße von Dinglingers Werk – 142 mal 114 Zentimeter – bedeuten, dass er auf die 137 Tier- und Menschenfiguren hinabblickt wie der Großmogul selbst.

Es ist, als würde er mit seiner eigenen Modelleisenbahn namens Gesandtschaft-des-Königs-von-Siam-in-Versailles spielen, mit Anbetung und Beifall.

Das Herniederschauen funktioniert gut bei August. Zum Beispiel von Balkonen. Von Pferderücken an den meisten Tagen.

Es gibt das Vergnügen, beneidet, das Vergnügen, gefürchtet zu werden, und das Vergnügen, auf ein Meer neuer Besitztümer herabzublicken; aber von all den Freuden ist *Mehr* das Einzige, das wirkt.

2

Es versteht sich von selbst, dass August eine große Begabung dafür hat, Geld auszugeben. Geld geht für Frauen drauf, für Bauten, Geschenke, Belustigungen und Festmähler, für ein Prunkbett mit einer Million in den Baldachin eingewebter Perlhuhn-, Pfauen- und Fasanenfedern, die dann wieder abgelöst wurden, um ein Federzimmer zu schaffen. Das Geld sprudelt fort. So rasch wie seine Minister den Fluss des Goldes aus den Schatzkammern einzudämmen versuchen, so schnell schlägt August eine neue Bresche.

Und nun gibt er es für Porzellan aus.

Als August König wurde, befand sich bereits Porzellan in den königlichen Sammlungen. Ferdinand de' Medici hatte Christian I. von Sachsen 1590 sechzehn Stücke aus der Ming-Dynastie geschenkt. Aber als August stirbt, besitzt er 35 798 Porzellanobjekte.

Er leidet, gesteht er in einem Brief, unter der *maladie de porcelaine*, der Porzellankrankheit. »Wissen Sie denn nicht«, meint er, »dass es sich mit den Orangen wie mit dem Porzellan verhält, wen einmal diese Leidenschaft gepackt hat, der kann von beidem niemals mehr genug bekommen.« Bei seinem Tod besitzt er die größte Porzellansammlung der westlichen Welt. Er hat die Möglichkeiten verändert, wie Porzellan hergestellt und verwendet werden kann. Er ist der Kaiser des Weiß.

August hat mit den chinesischen Blau-Weiß-Waren begonnen, die über die Niederlande ins Land kamen. Er hat massenweise Porzellan aus Kangxi gekauft, die großen Deckelkrüge, die Teller, die Vasen, alle Waren, die Jingdezhen produziert. Die Brennöfen der ersten Porzellanstadt lodern Tag und Nacht, um Porzellan für diesen Besessenen herzustellen.

Und jetzt kauft er Kakiemon. Das ist das japanische Porzellan, das die Holländer importieren; seit den 1630er Jahren besitzen allein sie die Konzession, mit den Japanern Handel zu treiben. Die holländische Ostindische Kompanie, *Vereenigde Oostindische Compagnie*, kontrolliert diesen Handel höchst geschickt, indem sie bestimmte Porzellansorten aus China wie aus Japan in Auftrag gibt, sie verschifft und vertreibt und dann den Nachschub drosselt, wodurch die Nachfrage steigt und steigt.

Dieses japanische Porzellan fühlt sich anders an. Zunächst einmal ist der Farbton gegenüber dem chinesischen ein wenig wärmer – ein milchiges Weiß statt eines Knochenweiß –, und dann sind da die Farben. Die Farben von Kakiemon sind satt und voll und klar definiert, das Blau des Nachthimmels, Karminrot, dotterige Gelbtöne und ein Violett, das für das Malen von Pfingstrosen verwendet wird und tatsächlich jene samtige Farbe aufweist, als würde man an das Blütenblatt einer Päonie streifen. Das Grün ist so verblüffend wie die Farbe der Weiden im Frühling. Es sind Emaillefarben, unter wie über der Glasur verwendet, mit einem Hauch von Vergoldung an den eher akkuraten als zarten Rändern.

Die Bilder sind der dynamischen Raumgestaltung der Tuschezeichnung einer Landschaft weit näher, als man von einer Töpferei erwarten würde. Hier ist ein Teller mit einer knorrigen Kiefer. Sie ist alt und nicht mehr als ein verkrümmter Stamm, das Laubwerk ein paar kleine grüne Wolken, die sich zufällig hoch oben niedergelassen haben. Ein ungerührter Fasan sitzt auf dem Baum und blickt von uns weg. Er sitzt offensichtlich schon eine Weile dort. Seine Schwanzfedern sind lang. Links oben erhebt sich ein Phönix in die Lüfte. Und der Rest ist nur ein milchig-weißes Nichts. Es gibt keinen Versuch, es auszuformulieren oder Teile der Verzierung zu wiederholen oder einen Rhythmus zu schaffen. Es ist Bild, eine Geschichte, und es ist Leere. Das macht diese Art Porzellan so unwiderstehlich: Die Wachtel bei den hingestreuten Hirsekörnern ist ganz Fokus und Gier und nicht ausgefuchst, und jeder bekommt das mit. Und nebenbei bemerkt, der Phönix ist bloß ein Höfling, oh, ganz was Besonderes!

Diese japanischen Porzellanwaren in rhythmischen Mustern von fünf, sieben und neun sind für prachtvolles Zurschaustellen gedacht. In der Porzellangalerie im Dresdner Zwinger gibt es eine bestimmte Kakiemon-Gruppe, die mir besonders gefällt. In der Mitte steht ein riesiger und ziemlich selbstgefälliger Deckelkrug, flankiert von zwei bauchigen Vasen, die parallel zur Wölbung des Krugs nach außen schwingen und ihrerseits wieder von zwei, etwas kleineren Krügen flankiert sind. Diese Wiederholungen sind Teil der Verführung, Rhythmen über die Gefäße hinweg, die nur einige Zentimeter voneinander entfernt sind, sodass dieser Vogel in den Bambusbögen – neugierig geworden durch die Figuren unter ihm, die Frau mit dem Fächer, die nach oben blickt – sich mit einem anderen Vogel unterhält, und so weiter.

Augusts Agenten reisen nach Amsterdam und versuchen dort sofort nach der Ankunft die schönsten und teuersten Garnituren zu kaufen. Er ist inzwischen so erbost über die Verzögerungen, dass er erwägt, sein eigenes Schiff rund um die Welt zu schicken, um von den Orientalen Porzellan zu kaufen und die Ladung nur für sich selbst zurückzubringen. Nach Sachsen. Ins Binnenland Sachsen.

Wie wird er das machen? Elbabwärts segeln, vorbei an Wittenberg und Hamburg bis in die Nordsee, den ganzen Weg rund um das Kap der Guten Hoffnung und weiter nach Cathay?

3

Ich weiß, wie sich dieses Porzellan anfühlt. In Japan war es, wo sich mein Porzellan veränderte.

Ich war Sheffield entkommen, für ein einjähriges Stipendium in Tokio, und lernte vormittags Japanisch in einer strengen Sprachschule. Die Nachmittage verbrachte ich bei meinem alten Großonkel Iggie, oder ich töpferte. Sue arbeitete in Tibet. Wir schrieben einander oft. Es war ein seltsames, einsames Jahr.

Zum ersten Mal in meinem Leben konnte ich angstfrei töpfern. Ich brauchte meine Sachen nicht zu verkaufen, auszustellen oder zu erklären. Und ich war unter anderen, in einem quirligen Studio mit Studenten und alten Männern im Ruhestand und Pendlern, die für eine Stunde hereinschneiten, um an einer Teeschale zu arbeiten, bevor sie sich auf den langen Heimweg mit dem Zug machten. Es gab ein beträchtliches Kontingent an älteren Frauen, die Behälter für Blumenarrangements herstellten. Im Dezember hatten wir eine kleine Ausstellung und machten einander Komplimente.

Meine Töpfe wurden entspannter. Ich nahm eine Flasche, die ich in Porzellan gedreht hatte, und drückte sie sachte. Nahm ihr Gegenstück und machte dasselbe, setzte sie daneben, sodass die Gesten einander begegneten. Gemeinsam sahen sie besser aus. Das ergab Sinn.

Wieder in London, entschieden Sue und ich uns, zusammenzuleben. Ich fand in der Nähe der Wohnung ein Studio in Süd-London, jenseits eines mickrigen kleinen Parks, und begann eine neue Art Porzellan zu fertigen.

Meine Töpfe hatten ihre Lernphase hinter sich. Harte Profile waren weich geworden, sie verlangten, in die Hand genommen, gehalten zu werden. Alles wurde einfach, alles wurde seladonfarben. Die Reihen vorgeschriebener Töpfe verschwanden, und ich bemerkte, dass ich Schüsseln und Teekannen und Deckeldosen machte. Es waren Gefäße, keine Verpflichtungen.

Und als ich sie das erste Mal ausstellte, verkaufte ich alles.

Ich begann kleine Gruppen aus Porzellanobjekten zusammenzustellen. Ich dachte an den Handel mit Objekten, das Verschiffen aus China und Japan, und nannte sie *Cargos*, Schiffsladungen. *Cargo 1* war ein etwas verschobener Raster aus neunundvierzig auf einem Sockel angeordneten Seladongefäßen für eine Ausstellung in Edinburgh. Alles andere – die Krüge und Teekannen und Becher – verkaufte sich am ersten Abend. Mein Cargo blieb den ganzen Monat über im Fenster der Galerie stehen. Ich schenkte es Sue.

Das zweite Cargo aus siebzig Zylindern, jeder mit einer kleinen Scharte am oberen Rand, installierte ich auf einem Holzboden in einem Geschäft in Knightsbridge. Es wurde von einer Modedesignerin gekauft. Es gab Aufmerksamkeit und Einladungen zu Ausstellungen, und ich wurde fotografiert, wie ich ernst dreinschauend an einer Ziegelwand vor meinem Studio stand. Meine Gefäße wurden vor Ziegelwänden in umgebauten Lagerhäusern aufgenommen. Der Minimalismus ist wieder da, hieß es in den Zeitschriften. Das ist das neue Weiß.

Über meiner Drehscheibe hatte ich eine Liste von *bei Auktionen zu verkaufende Porzellanwaren* aus dem 18. Jahrhundert an die Wand gepinnt: eine Schiffsfracht.

4

Schiffsladungen von Porzellan treffen hier in Dresden beinahe jeden Tag ein.

Und obwohl es keinen Grund gibt, warum August nicht Geld für etwas ausgeben sollte, das er liebt, hat Tschirnhaus ziemlich genau beobachtet, wohin das Geld verschwindet. Irgendein Witzbold am Hof hat einen neuen Namen für Porzellan erfunden, »Weißes Gold«. Die Chinesen sind Blutsauger, *porzellanene Schröpfköpfe*. Eine Gleichung, die dem Mathematiker gefällt, da sie chinesisches Porzellan durch sächsisches ersetzt, eine Bewegung von Figuren von einer Seite auf die andere.

Hier in Dresden Porzellan zu erzeugen könnte ein Erfolg auf dem Niveau Colberts werden.

Dresden wurde auf Generation um Generation klugen Haushaltens aufgebaut. Sachsen besitzt die ergiebigsten Bergwerke Europas; das gesamte weitläufige Bergland an der böhmischen Grenze sei vollkommen ausgehöhlt und von Gräben durchzogen. Ein Stollen reihe sich an den anderen, und aus allen Schluchten töne das Geräusch der Hammerwerke, schrieb ein Reisender, der das Erzgebirge westlich von Dresden durchstreifte. Es ist reich an Silbererz, Zinn, Eisen und Kupfer, dazwischen kostbare Steine, Amethyst, Achat, Topas, Granat.

Man ist sehr stolz auf diese Industrie. August betrachtet sich als den ersten Bergmann und lässt sich schöne Werkzeuge in Edelmetall nachbilden, eine Grubenlampe aus Gold. Es gibt Feste, bei denen Bergleute vor den Gästen aufmarschieren, Festmähler mit Bergen aus Marzipan, in denen Grotten aus Zuckerwerk schimmern.

Mitten in Dresden befindet sich das Goldhaus, ein Experimentierlabor für den König, ein Ort der Pragmatik, ein Testgelände für die Erforschung dieser verschiedenen Mineralien und Erze, der Erden und Tone seiner Königreiche, und der Analyse ihrer Möglichkeiten. Seit einem Jahrhundert existiert es schon, es kodifiziert und reguliert den Erzabbau, begutachtet das Königreich, besteuert alles. Das Goldhaus war eine Gemeinschaft geteilter Interessen, von Naturphilosophen, Höflingen, Alchimisten, ein Schatz an Männern mit Kenntnissen über Mineralien und Bergbau.

August hört sich Tschirnhaus' Idee einer Akademie der Wissenschaften an, ähnlich der in Paris und der vielbesungenen am Hof des Kangxi-Kaisers in Beijing, finanziert durch die Einrichtung nützlicher Industrien. Zuerst Glas, dann Porzellan.

Einiges davon gefällt dem König, besonders die Betonung der lukrativen Manufakturen: Die Errichtung von Glasfabriken hält er für eine gute Idee, und das Porzellan fasziniert ihn. Geld wird von August keines zugesagt. Tschirnhaus beginnt mit der Arbeit im Goldhaus. Unnötig zu sagen, dass es der König eilig hat.

Zweiundzwanzig

Ein Weg, eine Berufung

1

Tschirnhaus intensiviert seine Experimente im Porzellanmachen.

Mittels seiner Brennlinsen schmilzt er Delfter Keramik aus Holland. Sie zerfließt zu Glas. In einem Brief an Leibniz vom 27. Februar 1694 schreibt er von einem Experiment, bei dem er mit derselben Apparatur chinesisches Porzellan geschmolzen und die Hauptbestandteile als Tonerde, Kieselerde und Kalk identifiziert habe. Aus einem Stück guten Porzellans aus Jingdezhen hat er einen festen, milchigen Stein gemacht. Leibniz ist fasziniert und bittet um ein Stück dieses »mit dem Brennglas tractirten Porcellans«. Tschirnhaus sendet ihm ein Stück, »darauff das Gold geschmolzen«.

Auch Tschirnhaus verwendet die Brennöfen hier im Goldhaus: »... so bin der sache noch nicht gewieß; bies proben auß der glaßehütte habe, dan es köndte sein daß Ihr fewer zu Schwach wehre dergleichen zu praestiren.« Und er hat auch damit experimentiert, Brennofenziegel herzustellen, die hohe Temperaturen aushalten – ausschlaggebend, wenn man Porzellan brennen will –, und Versuchsexemplare von metallurgischen Schmelztiegeln hergestellt, die Testsubstanzen enthalten, eine Art Brennkapseln. Er hat sie etwa fünf Stunden lang gebrannt und dann noch heiß aus dem Brennofen genommen. Das beweist, dass sie einem Temperaturschock standhalten können.

Tschirnhaus ist auf dem Weg zum Porzellan. Aber er kann mit seinen Brennlinsen keine genügend hohe Temperatur erzielen, auch nicht mit den Schmelzöfen, die seine Kollegen verwenden, und Schmelzen ist nicht dasselbe wie Herstellen.

Er schreibt sauber. Seine Prosa ist schmucklos. Sie hebt und senkt sich ohne rhetorische Höhenflüge. Seine Linsen sind Klarheit. Ich denke an ihn und merke, dass der Kontext, in dem er arbeitet, Materialien ausprobiert, ausschlaggebend ist.

Er befindet sich in einem Umfeld, das seltsam und drangvoll ist, voller Dämpfe und Hitze. Das Goldhaus bietet eine Reihe von Räumen, wo Techniken für das Prägen von Münzen und für das Raffinieren von Metallen ausprobiert werden, neben experimentelleren Technologien. Der größte Raum ist das Laboratorium, wo das Verarbeiten von Erzen vor sich geht. Man findet dort Retorten, Schmelztiegel, neun Schmelzöfen sowie einen Gebläseofen für die feineren Arbeiten. Dahinter ist ein kleiner Raum voller Waagen und Gewichte für Untersuchungen und die Überprüfung der Reinheit von Gold und Silber; dann folgen kleinere Gewölbe für spezielle Materialien und das allerkleinste für Bücher und Dokumente. Je kleiner die Räume werden, desto exklusiver der Inhalt, und der Zugang zu ihnen wird immer mehr eingeschränkt.

Es ist ein Ort, wo sich alles anhäuft. Nicht, dass ich mir einen Labortisch, gute Beleuchtung und Belüftung vorgestellt hätte, aber das Gewimmel von Materialien und Ausrüstung in diesen Räumen war mir nicht bewusst.

Wir sind in Dresden, und deshalb gibt es auch ein Inventar. Tatsächlich, so wird mir nach Gesprächen in den Archiven klar, Inventare von Inventaren.

Wo wollen Sie anfangen?, fragt mich eine freundliche Archivarin. Gute Frage.

Ich kann verstehen, dass ein König oder Hofkämmerer über die in den acht Räumen im Schloss, die der Kunstkammer vorbehalten sind, verwahrten Schätze Bescheid wissen möchte, die drei Räume der Bibliothek, den Umfang der Münzsammlung. Die Inventare der dem Hofdrechsler anvertrauten Elfenbeinarbeiten und die Inventare der Tapisserien unter der Obhut des Hof-Bettenmachers müssen für die Beamten dieser Staatskanzleien nützlich sein. Aber dieses zwanghafte Aufzeichnen hat nicht nur damit zu tun, dass nichts verlorengehen soll, ist keine Rückversicherung, dass man nicht schuld ist, wenn der König verlangt, dass seine Garden grüne türkische Uniformen tragen, die zuletzt bei einem Besuch vor dreißig Jahren benutzt wurden; es geht darum, dass die Zeit in diesem Schloss eine besondere Qualität hat. Es ist kein Akt der Pietät, die Artefakte der Vorväter zu erhalten und aufzubewahren, es ist eher so, dass man in Dresden in der ständigen Gegenwart des glorreichen Hauses Wettin lebt. Alles, was den Vorfahren geschehen ist, geschieht noch immer.

Sieht man sich also das Inventar für das Goldhaus ein Jahrhundert vor Tschirnhaus' Eintreffen an – acht Schalen Vitriol mit Schaum darin … eine mit grünem Wasser gefüllte Kupelle – und das Inventar für das Jahr, in dem er das Goldhaus betritt, dann gibt es bloß noch mehr Zeug.

Nichts scheint hier zu verschwinden. Vielleicht verschwindest auch du, einmal eingetreten, nie mehr von dort.

2

Das Goldhaus ist ein Ort der Alchimie. Im kleinsten der Räume finden die Experimente statt, um unedle Materialien in Gold zu verwandeln, hier finden sich die Aufzeichnungen der verschiedenen Alchimisten, die dem Kurfürsten von Sachsen ihre Dienste angeboten haben. Irgendwo hier liegen die Protokolle des Alchimisten und Glasmachers Kunckel.

Die Alchimie schlägt keinen vorgegebenen Weg ein. Das Wandern könnte sehr wohl dazugehören – Alchimisten sind bekanntermaßen sehr auf ihr Selbstbild als Freigeister bedacht, unterwegs auf Wanderjahren durch die Universitätsstädte, die Dörfer, hin und wieder ein

Wirtshaus, Fürstenhöfe. Es gibt viele Fürsten im Heiligen Römischen Reich, die reiche Tafeln bieten.

Es gibt eine Standard-Reminiszenz, in der der Alchimist sich an uns, das Publikum, den König wendet und sagt, er habe von Barbieren, Badern, gelehrten Doktoren, Frauen, von denen, die sich der schwarzen Magie befleißigen, von Alchimisten, in Klöstern, von Edelleuten und gemeinem Volk, von den Klugen und den Einfältigen gelernt. Aber auf der Straße allein kann das nicht geschehen. Um zu lernen, wie man etwas verwandelt, braucht es auch Stillhalten. Alchimie ist schließlich eine Arbeit des Feuers, durchflochten mit Goldschmiedekunst und Destillieren, Disziplinen, die verlangen, dass man die Farbe der Flamme, das Geräusch beim Schmelzen, die unterschiedlichen Dämpfe kennt.

Hier im Goldhaus forscht man nach der Transmutation und findet sie. Es ist nicht nur ein Chaos aus Materialien und den Apparaten, um sie zu verwandeln, es ist auch voller Ideen, Theorien und Möglichkeiten im Wettstreit. Also atme ich ganz tief durch.

Wenn Tschirnhaus hier ist, dann muss ich Zeit mit Alchimisten verbringen. Wie schwierig kann das sein? Die Antwort lautet: sehr. Ich schenke ihnen grimmige Konzentration. Ich muss.

Das Schrifttum über Alchimie ist verworren und labyrinthisch. Eine Idee wandelt sich zu einem Bild, ein Bild in einen Verweis auf eine Autorität aus Ägypten, Syrien oder Griechenland. Als ich mir Basilius Valentinus vornehme – ein beliebter Schriftsteller zu jener Zeit –, sehe ich, dass er zwölf Stufen für den alchimistischen Weg zum Stein der Weisen angibt, jeder mit einem Holzschnitt illustriert. Man sieht eine Sonne, ein Gerippe, eine entkleidete Frau, einen König, eine Königin, eine ummauerte Stadt und einen gespaltenen Baum und weiß, dass das alles nichts mit diesen Dingen zu tun hat.

Der zwölfte Schlüssel ist der Alchimist in seiner Werkstatt, im Fenster sieht man Sonne und Mond hängen. Dieser Alchimist hat alles unter Kontrolle, Blasebalg und Bücher und Waage sind sorg-

Stich eines Alchimisten aus:
»Twelve Keys of Basilius Valentinus«, 1678

fältig auf seinem Arbeitstisch arrangiert. Natürlich ist er bärtig und recht adrett mit seinem spitz zulaufenden Hut, und er weist auf einen Schmelztiegel, aus dem Blumen sprießen; sie weisen nach links und rechts, darüber schwebt Merkur. Im Brennofen lodert ein heftiges Feuer. Und neben seinen Fersen verschlingt ein ungerührter Löwe eine Schlange.

Ich starre es an.

Es wird noch schlimmer. In der Bibliothek entlehne ich ein *Calendarium magicum*, acht Seiten dicht an dicht bestreut mit den Siegeln der Erzengel, den Zeichen von Winden und Sternen, Zahlen und Tabellen klebrig vor hermetischem Wissen. Klebrig stimmt. Ein wenig sieht es so aus, als wäre alles Mögliche darauf geworfen worden, und dann hätte man es geschüttelt, um zu sehen, was hängen bleibt.

Das ist gefährliches Zeug.

Es ist nicht nur deshalb gefährlich, weil man es beanstandet, obwohl das Grund genug wäre, vorsichtig zu sein. Alchimisten gelten allgemein als Betrüger, auf einer Stufe mit Wanderhändlern, die darauf aus sind, mit ihren falschen Versprechungen alle reinzulegen, von Frauen auf dem Markt bis zu Fürstbischöfen. Es gibt Geschichten über diese Männer und die furchtbaren Strafen, die man ihnen zumaß, geschmückt mit alchimistischen Zeichen auf einem in Goldfarbe getünchten Schafott stehend, darüber eine Tafel mit der Inschrift, *er sollte lernen, besser Gold zu machen*.

Schwierig ist es auch wegen seiner verführerischen Anziehungskraft. Verwandle Blei in Gold. Licht in einen Regenbogen. Ton in Porzellan. Ändere die Welt in einem großen katalytischen Moment.

Hier ist wieder die Poesis, die Entstehung von etwas Neuem. Aber wo es bei Tschirnhaus sorgsam vor sich geht, ein Pulver aufs andere gestreut, ist es in der Alchimie ein berauschender Augenblick des Wandels, ein Trommelwirbel, ein Trompetenstoß aus Gold.

In Pieter Breughels d. Ä. Gemälde »Der Alchimist« ist die Werkstatt eine Müllhalde, verwilderte Kinder zwischen den Destillierkolben, zerbrochenes Gerät rundum verstreut, halb aufgegebene Experimente, ein Gehilfe mit weit offenem Mund am Blasbalg, während der Alchimist, wie der heilige Hieronymus über seinen Büchern, auf das greuliche Durcheinander weist.

Seht, was ich geschaffen habe, lächelt er, während seine Frau ein Nichts aus ihrer leeren Tasche schüttelt. Vor dem Fenster liegt die Zukunft; die Kinder ziehen zur Tür des Armenhauses. ALGHE MIST, steht in einem Buch; auf Flämisch *al ghemiste*: Alles ist schiefgegangen.

3

Um drei Uhr früh wache ich auf, wütend, atemlos. Ich schlage mich mit diesem alchimistischen Zeug herum, und je mehr ich vom Stein der Weisen lese, von der Verwandlung unedler Metalle in Gold, desto unruhiger werde ich. Es gibt eine Konstante bei Alchimisten. Ihnen schien ihre einzelgängerische Natur bewusst, während sie ein großes Gewese darum machen, Wissen weiterzugeben, auszuwählen, wem sie es anvertrauen würden, Adepten einzuweisen. Diese Vorstellung einer Weitergabe von Albertus Magnus über Thomas von Aquin zu Paracelsus und weiter ist bestrickend. Zu Beginn des 17. Jahrhunderts schreibt ein Autor: »Ihr werdet finden, dass der Alchimist zuvörderst an sich selbst eine Transmutation vornimmt: So wird aus einem Goldschmied ein Goldmacher, aus einem Apotheker ein Physikus, aus einem Barbier ein Anhänger des Paracelsus, und einer, der sein väterliches Erbe verschleudert, wirft nun das Gold und Gut der anderen zum Fenster hinaus …« Alchimie ist eines jener Themen, die vor Leichtgläubigkeit summen. Es geht um Heilung und das ewige Leben, um stetig brennende Lampen, und das alles ist sehr schattenhaft, und ich habe das Gefühl, langsam, zäh in eine Art Operette abzurutschen. Alchimie scheint eine Reihe Ausrufezeichen zu sein. Letzte Nacht googelte ich dummerweise irgendetwas Alchimistisches – *Calculus alba calculus candida*, »der weiße Stein der Offenbarung« –, und der Bildschirm quoll über von Einladungen, kultisches Zubehör zu kaufen, flirrenden Inseraten, immer tiefer hinabreichenden Zirkeln des Sonderbaren.

In diesen Stunden vor dem Morgengrauen wirbeln meine Sorgen herum – Geld, ein neues Studio, die Ausstellung, für die ich nichts tue –, bis sie sich im Innersten niederlassen. Ich mache meine Atemübungen, bis mir ohne jede Überraschung klar wird, dass ich auf mich selber wütend bin.

Ich erinnere mich an eine Zeit, ich war vierzehn, fünfzehn, als das

Verlangen nach Sinnhaftigkeit so stark war, dass das Töpfern einfach unwiderstehlich wurde. Es war das Gefühl, in diesen langen Stunden in der Werkstatt werde *irgendetwas* weitergereicht, *irgendetwas*, das über die Jahrhunderte hinweg von einem Töpfer an den nächsten gelangt war, und das fühlte sich an, als gehöre man zu den Auserwählten.

Was wurde mir versprochen? Ein Weg, eine Berufung, eine Jüngerschaft. Ich erinnere mich daran, wie ich in der Töpferwerkstatt zu arbeiten begann. Man hatte mir erlaubt, jeden Tag nach der Schule zu kommen, um meine Fertigkeiten an der Drehscheibe zu üben, und das war kein leichthin gewährtes Privileg. Am Ende des Tages gab mir Geoffrey, der Töpfer, einen Besen. Und die nächsten sechs Jahre lang fegte ich nach der Arbeit den Schmutz weg. Und schrubbte die Asbestregale, auf denen wir die Töpfe trocknen ließen.

Der Staub kitzelt mich im Hals. Der Staub ist schön, er macht die Luft dunstig. Ich fege und fege, und wenn ich mit meiner leeren Schaufel vom Abfalleimer zurückkomme, gibt es noch mehr zu fegen.

Zum ersten Mal, seit ich es als Halbwüchsiger voller Begeisterung las, denke ich an Hermann Hesses »Glasperlenspiel«. Disparate Stücke der Welt fielen an ihren Ort, ergaben endlich einen Sinn: Streben, Studium, diszipliniertes Wissen. Jedem ist ein Gründungsmythos zugestanden. Hilfreich, wenn er einen gewissen Zusammenhang hat, aber nicht ausschlaggebend. Ich bin unsicher, wie nachsichtig ich gegenüber meinem halbwüchsigen Selbst sein kann, das sich über den Hesse hermachte.

Aus dieser Entfernung fange ich an, mir auch über Geoffrey Gedanken zu machen. Ich halte sein Gedächtnis in Ehren, aber wer eigentlich braucht Schüler? Wer reicht einem Jungen den Besen und befiehlt ihm, auszufegen?

4

Tschirnhaus hat sich zu einem nützlichen Mitglied des Hofes entwickelt, er arbeitet fleißig an seinen Experimenten und verspricht dem König lukrative Unternehmungen, hofft auf Bezahlung, hofft auf Porzellan.

Da seine Kenntnisse immer noch lückenhaft sind, begibt er sich wieder auf Reisen, um zu forschen, um zu sehen, ob er beim zweiten Hinschauen etwas bemerkt, was er beim ersten Mal übersehen hat.

Er reist nach Saint-Cloud.

> Zu Saint Clou in der Porcelain Manufactur kaufte ich mir unterschiedene Stücke, die mir aber hernach von selbst zersprangen, denn in der Composition viel Salia gebrauchet worden. Sie geben sie sehr teuer u. viel höher als guten Porcelain. Weswegen der Abgang sehr schlecht ist, der Ofen und die Machinen zum Reiben der Materialien, war das beste wiewohl noch nicht vollkommen, wie es seyn solte, das andere war mir alles bekannt. Die blaue Farbe, so er brauchet, ist viel zu tunckel schwarz; in Summa, ich glaube, dass diese Manufactur zu Grunde gehen wird.

Er kehrt nach Versailles zurück.

> Zu Versailles bin ich noch einmahl gewesen, umb wegen der Crystallinen Leuchter, was das erste mahl nicht wohl möglich war, vollends in Acht zu nehmen; Ingleichen zu Trianon der schönen Porcelaine wegen u. zu Marly die curieuse Wassermachine zu besehen …

Trifft potenzielle Mitarbeiter.

> Und mit einem Nahmen Schüller … gesprochen und ihme dieses alles zu erkennen gegeben … wie er mir denn sehr schöne Proben gewiesen, die denen Holländern so wohl gefallen, daß sie viel Geld geben wollten, umb ihn nacher Delft zu haben; Welcher mir verhoffentlich zu meinem Vorhaben im Porcelain sehr dienlich seyn wird.

Und er reist nach Delft.

> Ging ich nacher Delft und habe alldar ihre sogenannten Porcelain Wercke mir gar genau bekannt gemacht, besonders die Glasur, den Ofen zum Brand zu sezen, damit nichts anhänget, oder auch im Brennen es nicht unrein wird, so unseres orthes ganz unbekannt.

Aber immer noch ist es nicht klar, was er braucht, um Porzellan herzustellen, oder wer ihm überhaupt auf dieser Reise helfen könnte.

Porzellan, sagt Tschirnhaus, ist das Aderlassbecken Sachsens. August möchte es, braucht es so sehr, dass *mehr Porzellan* zum Thema am Hof wird. Er hat viele Mätressen, aber diese ganz besondere *Maîtresse en titre* ist allen anderen übergeordnet.

Der König hat Schulden. Er führt wieder Krieg. Ein Brand in seinem Schloss in Dresden, weitläufig und prunkvoll, aber altmodisch, lässt ihn erwägen, das ganze Bauwerk abzureißen und neu zu beginnen, einen neuen Palast zu schaffen, der eines Mannes würdig ist, welcher zugleich katholischer König und protestantischer Kurfürst ist. Ihm schwebt etwas Ähnliches wie Versailles vor, es soll den Plänen für die neuen Schlösser in Berlin ebenbürtig sein. August fühlt sich gehemmt von dieser Stadt voller Bürger und Kirchen, begrenzt vom Fluss. Er hat Höflinge und Geliebte und Alchimisten und Lakaien und Soldaten. Er braucht Gold, Porzellan, Sieg. Er hofft auf Gold, Porzellan, Sieg.

Es ist Herbst 1701. Und man erzählt sich von einem achtzehnjährigen Jungen in Berlin, einem Apothekerlehrling, der den Stein der Weisen gefunden und vor vertrauenswürdigen Zeugen Gold gemacht habe. Und dann ist er verschwunden.

Auch meine Geschichte von Tschirnhaus und seinem Porzellan wird jetzt eine Transmutation erfahren.

Dreiundzwanzig

Außerordentlich neugierig

1

Ich bin wieder in Dresden und versuche den nächsten Teil der Geschichte des Porzellans zusammenzufügen, den Winter 1701, als in der Stadt die Gerüchte um den Jungen brodelten.

Es ist Ende November und kälter, als ich mir vorstellen konnte. Weihnachtsdekorationen werden angebracht, die Weihnachtsmärkte aufgebaut. In den Schaufenstern liegen feiste Christstollen.

Dresden ist ein Echoraum. Für Tschirnhaus, eben zurück von seiner Tour durch die Keramikfabriken in den Niederlanden und Frankreich, sind das Nachrichten von höchster Bedeutung. Nicht nur arbeitet er im Goldhaus neben Alchimisten, für welche die Entdeckung des Steins der Weisen selbst eine Offenbarung ist, auch sein großer Freund und Gesprächspartner Leibniz ist involviert.

Leibniz weiß alles über alles, kennt den Papst, Newton, Spinoza und den englischen König, korrespondiert mit Sophie, der Frau des Kurfürsten von Hannover, und sagt, dass »der Stein der Weisen blitzartig aufgetaucht und innerhalb eines Augenblicks wieder entschwunden ist. ... Ich bin außerordentlich neugierig, was sich daraus entwickeln wird.«

Der große Mann geht hin, um den Apotheker Zorn in seinem Laden am Molkenmarkt 4 – *Friedrich Zorn, Pharmacopoeus* steht an der Tür – zu befragen und findet »im großen und ganzen alles bestätigt«.

Was für den Philosophen des Skeptizismus gleichbedeutend ist mit der Herausgabe einer päpstlichen Bulle zu diesem Thema.

»Außerordentlich neugierig« ist ein großartiger Ausdruck für diesen Moment. Es ist drei Tage her, nachdem mittels der Alchimie Gold geschaffen wurde, und der Junge, Johann Friedrich Böttger, ist verschwunden; die Soldaten Friedrichs I., des Königs von Preußen, Markgrafen und Kurfürsten von Brandenburg, suchen nach ihm. Herr Zorn wurde von Friedrich befragt und zu erklären gebeten, a) wer dieser junge Zauberkünstler und b) wo er sei, wozu Zorn zu sagen hat, er habe a) keine wirkliche Ahnung mehr und b) gar keine Ahnung.

Wie kann man einen Knaben vom Land unterrichten, ihm Essen auf den Tisch stellen und ihn gut behandeln, und hat nicht nur einen Zauberkünstler, sondern *Den Zauberkünstler* unter seinem Dach großgezogen?

Beleidigenderweise will König Friedrich das Gold sehen, das der Junge erzeugt hat – »ein Stück Gold von 30 Dukaten Werth« –, und nimmt es für sein Kuriositätenkabinett mit, sodass Zorn ohne sein Gold dasteht. Soldaten werden ausgesandt, um den Jungen zu finden, aber der bleibt verschwunden.

Leibniz befragt die Zeugen bei diesem schicksalhaften Ereignis, und sie stimmen alle überein über das, was sie gesehen haben.

In der Nacht des 1. Oktober 1701, ein Dienstag, versammelten sich Herr Zorn und seine Frau, beides Leute von gutem Leumund, sowie zwei Freunde in einem Raum im oberen Stockwerk seines Hauses. Die Freunde sind beide Männer Gottes, Diakone.

Es gab einige Präliminarien. Böttger wollte reines Blei für die Transmutation verwenden. Einer der Diakone hatte den Verdacht, es sei manipuliert worden, und schlug Silber vor, wobei er fünfzehn Silbermünzen zu je drei Lot auf den Tisch legte. Böttger stimmte »lächelnd« zu. Es gab einiges Hin und Her, wer den Blasbalg bedienen sollte – wieder ein Diakon –, und Böttger betonte, dass das Feuer sehr, sehr heiß sein müsse.

Es brauchte eine Stunde, bis die Temperatur stimmte. Der Junge bat den Mann Gottes, seine Silbermünzen in den Schmelztiegel zu legen. Sie klimperten, gaben den richtigen Klang. Die Holzkohle unter dem Tiegel sprühte Funken und glühte. Der Junge nahm ein zusammengefaltetes Stück Papier mit rotem Pulver, das ein Wandermönch namens Laskaris ihm gegeben hatte, knetete einen Klumpen Wachs darum und warf ihn hinein. Die Flamme loderte auf, dann entwickelte sich dicker, unangenehmer Rauch. Der Schmelztiegel erzitterte. Sie warteten. Mit einer Zange hob er den Tiegel hoch und leerte ihn langsam aus, keine Farbe, nur flüssige Hitze. Stille herrschte. Die Masse kühlte ab, gerann.

Und da war ein goldenes Ausblühen, wie Pollen auf der Oberfläche, bis es zu Gold wird. Ein Stück Gold, dreißig Dukaten wert.

Mein Lehrling, sagt Herr Zorn zu Leibniz, schuf Gold vor unseren Augen: »daß (er) in Gegenwart meiner von 3 Loth 2 Groschenstücken, so ich selbst geschmoltzen, durch seine Tinktur … alsofort das Stück Gold an 3 Loth schwer geworden und alle Proben ausgehalten …«

2

Leibniz, gut im Fragen und begierig auf Beweise dieser Geschichte, stochert energisch darin herum. Weitere interessante Punkte tauchen auf.

Erstens, dass Böttger bereits seit einiger Zeit experimentiert hat, sehr zum Missfallen seines Meisters. Er war ein aufgeweckter Junge vom Land, den er aus Gefälligkeit einem alten Freund gegenüber aufgenommen hatte. Traurige Umstände, verwitwete Mutter, Armut und so weiter. Dieser Junge ist bemerkenswert. Sehr rasche Auffassungsgabe, geschickt beim Pulverstampfen und Vorbereiten, aber es gab eben Regeln, wie in jedem gut geordneten Haushalt in Berlin. Der *Defecktor*, der Vorraum, wo Pulver und Arzneien aufbewahrt wurden, war verboten, ebenso das Laboratorium mit seinem Ofen und Kamin, wo Zorn Experimente durchführte; dort war es auch, wo Zorn den

Jungen fand, von den Dämpfen bewusstlos geworden. Einmal hatte er das Laboratorium in Brand gesteckt.

Zweitens, der Junge war schon früher einmal weggelaufen, und seine Mutter war von Magdeburg gekommen, um für ihn zu bitten, dass er wieder als Lehrling aufgenommen werden möge. Und das hatte Zorn auch getan.

Und drittens hat die Apotheke von Herrn Zorn einige interessante Besucher gesehen. Kunckel, der große Glasmacher, war häufig zugegen und kennt den Jungen inzwischen sehr gut. Und ein Wandermönch namens Laskaris aus Patmos hat bei Zorn am Molkenmarkt angeläutet, um Honig und Pfeffer zu kaufen – vielleicht auch eine »Heilsalbe« –, hat viel Zeit mit dem Jungen verbracht, das rote Pulver überreicht, ohne etwas dafür zu verlangen, und ist ebenfalls verschwunden.

Leibniz bekommt nichts mehr aus seinem Zeugen Herrn Zorn heraus, diesem ängstlichen Mann, gefangen zwischen Wut und Empörung und Verwirrung wegen seines verlorenen Lehrlings; er fragt sich, welche Auswirkungen diese Geschichte auf sein rechtschaffenes Haus haben wird, seine vielen Jahre ruhiger Gelassenheit sind plötzlich dem Tumult gewichen.

Ich sehe Laskaris ruhig, entschlossen die Straße entlangschreiten, ungerührt vom Verkehr, den Pferden, Kindern, Hausierern, dem normalen Trubel rund um sich, seine Straße von Patmos her wandern, von der felsigen Insel der Offenbarung und der Visionen nach wer weiß wohin. Er hinterlässt Geschichten und Konfusion.

3

Und dann beginnen die Gerüchte erst recht. Es ist Ende Oktober, und der flüchtige junge Mann wurde überall gesehen.

Einen Monat lang gibt es widersprüchliche Berichte. Es stellt sich heraus, dass er von Berlin ins sächsische Wittenberg geflüchtet ist und nach einem heftigen Streit, in dem einige Töpfe zu Bruch gingen, in Gewahrsam genommen wurde. Er ist ein wertvoller junger Mann. Niemand will ihn entkommen lassen, also verlegt man ihn in den vierten Stock der Festung, und seine Bewachung wird verdoppelt, zudem darf er mit niemandem sprechen. Sein Ranzen und sein Koffer, darin ein »Kästchen mit Testasche, Flasche mit Wundertinktur (Aqua regis), Quecksilber, Calendarium magicum«, werden ihm abgenommen und in einem Gewölbe eingeschlossen, gesichert mit drei Schlössern, jeder Schlüssel wird von einem anderen Mann verwahrt.

Dubiose Gestalten tauchen auf. Ein Bote aus Berlin bietet sicheres Geleit. Andere beschuldigen Böttger, ein bloßer Dieb zu sein und einen wertvollen Ring gestohlen zu haben. In einem Wirtshaus hört man drei finstere Gestalten über den Goldmacher reden, und ein heruntergekommener Mann in Priesterkleidung gelangt bis in den Burghof und fragt nach seinem Aufenthalt. Zorns Schwiegersohn taucht auf. Böttgers Stiefvater kommt sogar mit einem Brief, in dem steht, die Mutter sei schwerkrank und bitte darum, den Jungen sehen zu dürfen.

In Berlin will man ihn zurückhaben, aber August ist entschlossen, diesen Goldmacher für sich selbst zu behalten, und befiehlt, der junge Mann möge nach Dresden gebracht und seine Notizbücher und seine Alchimistenutensilien zu ihm nach Warschau geschickt werden.

Sophie, die Frau des Kurfürsten von Brandenburg, hört davon und schreibt an ihren Freund Leibniz: »Mich dauert der arme Goldmacher. Um ihn zanken sich mehr Leute, als um die schöne trojanische Helena sich bekriegten.« Das ist treffender, als sie sich vorstellen kann. Die Mauern von Dresden und die Mauern von Troja werden belagert, es geht um die Hand einer unerreichbaren, widerspenstigen Schönheit.

Vierundzwanzig

Da ist kein Gold

1

Am 25. November, kurz vor Morgengrauen, treten Böttger und sein Kerkermeister die schwer bewachte Fahrt nach Dresden an, auf Nebenstraßen, um jedes Risiko zu vermeiden, von preußischen Banditen überfallen zu werden.

Ein Höfling eilt mit dem neuen Koffer nach Warschau. Pausenlos werden zwischen den beiden Höfen Briefe gewechselt. August selbst schreibt an den Jungen und versichert ihn seines Schutzes. Und am 26. Dezember 1701 bereiten sich der König und ein Höfling darauf vor, nach seinen Anleitungen Gold zu machen. Das geht nicht gut. Ein Hund wirft den Behälter mit dem Quecksilber um, und obwohl das Borax und die alchimistische Tinktur schmelzen, entsteht nur ein Sinterklumpen. Kein Gold.

Wer zündet das Feuer an? Wer gießt die Tinktur hinein? Wessen Hund?

Briefe schwirren durch die Gegend. Ob Böttger die Reihenfolge, in der das Experiment durchzuführen sei, etwas genauer anzugeben imstande sei? Ob er seine Experimente exakt dokumentieren könne? Nun, könne der König erklären, kontert der Junge, wie es möglich wäre, Gold zu machen, wenn man unter der Androhung des Gefängnisses steht, »mit keiner rechten Gemüthsruhe«?

Trotz des scheußlichen Winterwetters heißt es in den Berichten, dass Böttger »gantze Tage ohn Unterkleider, gantz bloß und nichts als einen Schlafrock an sich habend« verbringe. Und er hält seine Hände in ein Becken mit eiskaltem Wasser, in dem Fische schwimmen, und versucht sie zu fangen, »bis seine Arme von der Kälte ganz geschwollen«. Er wird so nass, dass »Ihro Durchlaucht, als sie eines Nachts zu ihm gekommen, ihm beweglich zusprechen müssen, daß er andere und trockene Kleider angezogen ...«

Ich stelle mir vor, wie er den Fisch zu fangen versucht, Stunde um Stunde, wie das Gold ihm entschlüpft und entgleitet. Zuerst würde man alles Gefühl in den Händen und in den Armen verlieren und dann sich selbst.

Böttger wird verlegt, man stellt ihm ein kleines Laboratorium in Dresden zur Verfügung. Er ist allein, immer noch Gefangener, kann nur aus einem Dachbodenfenster frische Luft schöpfen. Er soll Gottes Willen erfüllen und in sicherem Gewahrsam vor diesen »Schlangen«, so August, sein, die ihm Böses wollen.

Der junge Mann verlangt mehr und mehr Materialien, zwei Fässer mit Mineralien, Flaschen mit Salpetersäure, einen Raffinierofen, Zangen, Schmelztiegel, Spaten, Kohle, Mörtel, Zinn, Glasflakons, Destilliergläser, Ampullen, Holz. Er benötigt *Testasche*, eine Mischung aus Holz- und Knochenasche, sie wird dazu verwendet, den Wert von Mineralien zu bestimmen. Er verlangt mehr Freiheit, frische Luft, ein wenig Platz abseits von den unberechenbaren Männern, die ihn überwachen, er braucht Bestätigung. Er braucht Bücher. Und Zeitungen und etwas Bier, am liebsten Freiberger. Er schreibt an seine Mutter und fragt, was die Leute zuhause von ihm denken, was Zorn denkt.

Seine Briefe werden abgefangen und zensuriert. August schreibt, Böttger möge in Ruhe fortfahren, er werde seine Freiheit wiedererlangen, »wenn er zuvorderst alles, was seines Wißens ist, von sich giebet«; dass er »so lange bei uns bleibet, bis wir ihm die Freyheit mitteilen«. Und wenn der König stirbt, wird er frei sein. Was umso weniger großzügig klingt, je länger man darüber nachdenkt.

So ist das also. Es ist verwirrend, und es ist absolut deutlich. Alles, was du von der Welt siehst, ist ein Flecken grauen Himmels, wenn du in den Dachboden darfst. Alles, was du von der Welt weißt, ist, was du in den Mienen der Männer liest, die dich bewachen, und das ändert sich wie das Wetter von kalt zu kälter. Alles, was du von der Welt hörst, ist das Echo der Diener vom Haus gegenüber, und manchmal Musik, das Tremolo eines gelebten Lebens. Und Kirchenglocken. Du bist von einem Herrscher abhängig, der launisch ist wie Gott.

Böttger schreibt an den Kurfürsten, flehentlich, obsessiv, manisch. »Ew. Majestät haben wohl noch niemahl ein so wichtiges Geschöpf ob Händen gehabt als anjetzo. So wil ich nunmehro in Gottes Namen zu demjenigen schreiten, was ich durch himmlischen Trieb Ew. Königl. Majestät zugedacht.« Er schwört einen Eid:

> Im Nahmen Gottes geschrieben und unterschrieben, freuwillig mit gutem und gesunden Vorbedacht, auch besiegelt. ... So gelobe und verspreche ich Ew. Maj., das ich mihr niemals und zu keiner Zeit ohne Bewilligung und allergnädigsten Belieben Ew. Maj. mich aus dero Churfürstenthum entfernen will. ... So gelobe und verspreche ich Ew. Maj., alles was meines Wißens ist und Ew. Majestät oder dero Landen zu Nutzen gereichen kann, obsonderlich mein wißendes Arcanum, treu und auffrichtig ohn einigen Falsch oder Hinterhalt mit meiner eigenen Hand geschrieben schrifftlich zu übergeben ... und alles, was sonsten meines Wißens ist und zur Chymie kan gerechnet werden ...

Falls er gegen diesen Eid verstößt, wird er »die ewige Straffe Gottes, Verlust der ewigen Seeligkeit« auf sich nehmen. Er sendet dem König, seinem Fänger, ein Amulett.

August antwortet am 25. Dezember 1702: »Weiln die heiligen Tage, wie auch das neue Jahr herbey trit, also wil ich vor das erste hiermit Glück gewüntschet haben und von Gott dem Herrn erbitten, er wolle seinen Seegen und Gedeihen geben zu dem vorhabenden Werck.« Er dankt dem Alchimisten für sein Geschenk. »Vor das Überschickte danke ich und verwahre es, wie er verlanget, an der Brust.«

2

Böttger soll Gold machen, aber es gibt kein Gold.

Wie sollst du deine dünne Spur von einer Idee zu ihrer Quelle zurückverfolgen, sie atmen lassen, aufstehen und gehen? Du sitzt da, neben dir die Haufen an Materialien, die du bestellt hast, und es ist klar, dass du keine Ahnung hast.

Böttger ist den Bedürfnissen anderer ausgeliefert. Er erhält einen Brief von Kunckel, der den »Instruktionen seines jungen Freundes« über den Stein der Weisen gefolgt ist und ebenfalls nicht weiterkommt. Wie stark solle das Feuer anfänglich sein? Es bleibe ein rotes Pulver, das nicht gelöst werden könne, das Blei sei unverändert; ob er etwas falsch gemacht habe?

Es ist eine Art grandioser Preisgabe in Kunckels Hunger, Hunger nicht bloß auf Geld – obwohl er es weiß Gott nötig hat –, aber auf eine Rückkehr zur Ehre, zur Vollständigkeit, etwas wieder richtig hinzubekommen, auf dieses erbärmliche Bedürfnis, Rat von einem Knaben zu erhalten.

Böttger braucht Aufsicht. Und endlich bekommt die Hofmaschinerie irgendetwas richtig hin. Carl Eugenius Pabst von Ohain, der Beamte, der die Oberaufsicht über alle Bergwerke in Sachsen führt und ein sehr bedeutender Metallurg ist, befragt Böttger und schickt ihn ins Goldhaus, um unter Tschirnhaus zu arbeiten.

3

Und so treffen mein Mathematiker und mein Alchimist aufeinander. Tschirnhaus ist fünfzig, Autor der »Medicina mentis« und Mitglied der Académie Française, Gesprächspartner von Newton und Spinoza, Freund von Leibniz, gefeierter Erzeuger von Brenngläsern, ein Mann auf der Suche nach dem Porzellan, jeden Tag ärmer.

Und Böttger ist neunzehn und verängstigt und hat möglicherweise entdeckt, wie man Blei in Gold verwandelt.

Es ist nicht klar, wer wen mehr braucht.

Fünfundzwanzig

In duplo, wo nicht gar in triplo

1

Tschirnhaus beobachtet.

Böttger läuft weg, wird gefangen und zurückgebracht. Er schwört dem König ewige Treue. Er lügt. Er beteuert, um diese Zeit im nächsten Monat werde es Gold geben, zu Pfingsten, zum nächsten Peter-und-Pauls-Tag eine Summe von 300 000 Talern.

Man teilt ihm Räume in der Nähe des Goldhauses zu, die auf den Zwingergarten blicken. Er bekommt Gehilfen, Bücher, Materialien, Wein. Böttger erhält vom König 4000 Dukaten, vier Tage später weitere 2800. Er darf Billard spielen, in der Kapelle beten und mit den anderen speisen, wobei sich manchmal »auch der Herr von Tschirnhausen einfand«. Wieder läuft er fort. Die Schuld schiebt er auf »schlechte Menschen«, die ihn hereingelegt, ihn angelogen hätten.

Tschirnhaus sieht einen jungen Mann, der keine Erfahrung hat und von Idee zu Idee taumelt, der keine wirkliche Vorstellung von einer empirischen Methode hat, außer der eines Apothekerlehrlings, dem man beigebracht hat, Pillen gegen die Gicht, Salben gegen Bienenstiche zu fabrizieren. Er sieht Arroganz. Lieber Gott, Böttger ist arrogant. Ich habe Glück, sagt Böttger zu den anderen Arbeitern im Goldhaus, ich bin eine Waise, sagt er den Leuten. Ich bin nicht von hier. Ich bin begabt. Ich habe Bekanntschaften. Er gibt patzige Antworten. Er prahlt. Er braucht Beachtung. Er ist einsam. Alchimie ist das *donum Dei*, eine Gabe Gottes. Das bedeutet, er ist auserwählt.

Es ist frustrierend, diesen sagenumwobenen Jüngling in der Werkstatt zu haben, das Aufbranden der Erregung zu hören, das ihm folgt, aber Tschirnhaus ist pragmatisch. Er hat zwanzig Jahre damit zugebracht, die Arbeit in Glashütten und Fayencefabriken zu beobachten, hat Linsenschleifer gesehen, Brückenbauer, Compoundeure, Raffineure und Edelmetallprüfer. Er ist Mathematiker und kann erkennen, wie Muster sich entfalten, wie man Zeit braucht, um einer Idee durch alle möglichen Permutationen zu folgen. Und in Böttger spürt er eine andere Art von Flinkheit, sieht die Rinnsale, die es seinen Ideen ermöglichen, hierhin oder dorthin oder woandershin zu laufen, sich zu teilen oder zusammenzufließen wie Quecksilber in einer Schale. Der Junge geht intuitiv mit Materialien um. Er kann Abkürzungen nehmen.

Tschirnhaus erklärt seine Vorstellung.

Seine eigenen Versuche gehen immer weiter, Prüfen und Mischen, um Porzellan zu gewinnen. Es muss schwer sein, Tag um Tag zu seinen Untersuchungen zurückzukehren, einen Brennofen zu öffnen, einen Schmelztiegel, um einen weiteren gesinterten, zusammengeschmolzenen, kostspieligen Morast aus Mineralien zu finden, eine weitere gute Idee, die zu einer versteinerten Sauerei geronnen ist. Er arbeitet sehr schwer. Und lässt seine Umgebung sehr hart arbeiten: »… habe ich und Köhler fast täglich vor dem großen Brennglaße stehen müßen und Mineralien davor probiret, da ich mir meine Augen so verderbet, daß ich in die Ferne wenig erkennen kann«, schrieb einer seiner Gehilfen aus jenen Jahren. Böttger arbeitet neben dem Goldmachen noch an anderen Experimenten, etwa wie man Silber aus nichtedlen Metallen herstellt. Und Tschirnhaus bezieht Böttger mehr und mehr in die Porzellanproben ein.

Auf beiden Seiten wird viel geschworen. Und dann noch mehr. »Ich, Ehrenfried Walther von Tschirnhaus, schwöre und verspreche, daß ich von allen dem, was von Herrn J. F. B. mir … Seiner Königlichen Majestät zu hinterbringen, auffgetragen werden wird, niemanden nichts entdecken … und alles, was ratione deß Arcani zu meiner Information kommen wird, bis in mein Grab verschwiegen halten werde …« Noch mehr Dokumente werden aufgesetzt, begutachtet, kopiert, unterzeichnet und gesiegelt. Es gibt eine Reihe von Anleitungen, wie das Gold aus dem Arkanum verteilt werden solle. Geld soll an Bergleute und deren Witwen gehen, ebenso an eine sächsische Akademie der Naturwissenschaften.

Ich merke, dass alle sich Sorgen um Geld machen. Jeder von ihnen fühlt sich arm. Sie haben auch allen Grund, sich zu ängstigen, da Geld am Hof keine einfache Angelegenheit ist. Ich hatte mir vorgestellt, der Hof funktioniere dergestalt, dass der König Löhne oder Gehälter zahlte, aber es ist fragiler, eine Reihe verbindlicher Ad-hoc-Übereinkünfte, hingeworfener Bemerkungen und Scherze, bekräftigt durch Drohungen. Es gibt Unternehmen, in die August investiert, und solche, die ihm gehören, aber es ist unklar, was er von Protokollen oder Dokumenten hält. Manchmal häufen sich Rechnungen, Kaufleute beschweren sich, Höflinge haben Schulden statt Gehälter, Ausstaffierung, Vergnügungen. Es kann sein, dass man Dinge herstellt in der Hoffnung, dass August sie kauft, und dann jahrelang auf die Bezahlung wartet. Die Rechnung Dinglingers für eine besonders prunkvolle Kaffeekanne begleicht August fünfzehn Jahre lang nicht. Er ist launisch. Das bedeutet, dass manchmal Geld fließt und manchmal nicht. Riesige Summen zeugen riesige Erwartungen.

Tschirnhaus hat ein Jahrzehnt für die Suche nach Porzellan aufgewandt. Er könnte alles hinwerfen und einfach heimgehen, aber er muss seine Idee zu Ende bringen, muss die Kurven in die richtige Spannung bekommen, einen Schluss ziehen.

August musste seine Juwelen versetzen, um den Bürgerkrieg in Polen zu finanzieren.

Böttger hat chronische Schulden in der Hoffnung auf den Moment, da Zeus es Gold regnen lässt und ihn wie Danae notzüchtigen wird.

2

Am 5. März 1705 setzt sich Böttger begeistert hin und schreibt an den König: »Woverne ich glücklich recognoscire, belaufft sich die Summe (auf) 2 Tonnen Goldes und ist zu erwarthen in 8 Tagen, Gott gebe Glück.« Das entspricht der kolossalen Summe von zwei Millionen Talern, genug, um den Krieg zu gewinnen, Schweden zu erobern, ein Palais für die neueste Mätresse und die ihr folgende zu bauen.

Und wieder gibt es kein Gold. August hat es mit Drohungen versucht und mit kollegialer Anteilnahme. Seine Geduld ist am Ende. Böttger habe »seither mehr als dreyfache Zeit, die er hierzu verlanget, angewendet ... und nunmehro eröffnet, daß nach allem angewendeten Fleiß die Processe nicht gerathen ...«

Der König kehrt nach Polen zurück. Böttger soll unter Bewachung die fünfundzwanzig Kilometer von Dresden in ein »geheimes Laboratorium« in der Albrechtsburg in Meißen gebracht werden, hundert Meter über der Elbe.

3

Meißen ist die Hölle.

Hölle bedeutet natürlich Feuer, und das heißt, dass die Hitze Übelkeit bereitet, einem von hinten in die Kniekehlen tritt, einen mitten im Satz fällt. Aber es sind die Dämpfe, welche die wahre Hölle ausmachen. Bevor man das Fauchen der Brennöfen, die Gerüche, Licht und Dunkel wahrnimmt, erwischen einen die Dämpfe. Das »geheime Laboratorium« liegt teilweise unterirdisch, doch die Fenster sind fast vollständig zugemauert, damit niemand zusehen kann, also ist die Belüftung fürchterlich. Es gibt vierundzwanzig ständig befeuerte Brennöfen verschiedener Größe, und die Dämpfe sind grauenvoll. Es herrschte, so Böttger, »bey Sommerszeit grausahme Hitze, so

Die Albrechtsburg in Meißen, 1891

tages als nachts, indem man ja in einem Zimmer eßen, arbeithen und schlaffen muß, zu geschweigen den ganz ohnerträglichen Kohlengestaub und andere Incomoditäten«. Manche Dämpfe sind giftig, man verliert die Orientierung, sieht verschwommen, hat kein Gefühl in den Händen, und es ist einem übel. Wenn man in einem Raum wie diesem Kohlen verbrennt, kriecht das Kohlenmonoxid unmerklich in die Lungen.

Das Licht ist fahl.

Es sind zu viele Männer für diese Räume. Fünf »Berg- und Hüttenleute« aus Freiberg, die Böttger bei der schweren Arbeit des Mischens und Mahlens von Materialien und beim Befeuern der Brennöfen behilflich sind, ein Spezialist für deren Bau und Reparatur und jemand, der die Aufzeichnungen führt. In diesen beengten Räumen, Wachen stehen vor der Tür und noch mehr außerhalb der Burg, sollen sie an der »geheimen Aufgabe« arbeiten. Jeder Besucher wird verzeichnet.

Es sind wenige. Tschirnhaus kommt und Pabst von Ohain, aber sonst ist niemand da, um den Druck zu erleichtern. Und der verstärkt sich von Woche zu Woche. Es gibt eine Order des Königs vom 13. April 1706, es sei »allermöglichster Fleiß anzuwenden, darmit die Arbeit beschleuniget werde«; die Arbeiten sollten »in duplo, wo nicht gar in triplo gemachet« werden. Tschirnhaus antwortet im Namen der Werkstatt, dass sie das Risiko eingehen, ihre Gesundheit zu gefährden. Wie sollen sie sich noch mehr anstrengen?

Sie sind begraben. Sie können kaum atmen. Von Schlaf keine Rede mehr. Sie sind wie angepflockte Tiere im Stall eines Bauern, in einer Burg hoch über der Elbe, in alle Richtungen entfalten sich sanft bewaldete Hügel, und es gibt keine *Luft*.

Böttger verfällt wieder in sein manisches Gehabe.

Er weiß, dass er an der Schwelle von irgendetwas steht. Er zeichnet auf, was geschieht, wenn er X mit Y, Y mit Z mischt; Schutthaufen türmen sich, während Böttger anordnet, dass Brennöfen abgerissen und mit anders geformten und dimensionierten Brennkammern für das Befeuern mit Holz und Kohle wiederaufgebaut werden. Er sucht nach dem »inneren Wesen des Feuers«.

Er schreibt an den König, seine Worte sind verstreut, seine Sätze enden im Irgendwo:

> Mit so großer Freude und brennender Begürde ich Ew. Majestät würde berichtet haben eine glückliche Endschafft meiner Arbeit ... mit weit größerer Betrübnüs und Consternation meines Gemüthes mus ich anjetzo erleben ... das alle angewandte Mühe und schwer Arbeith ..., an welcher verknüpfet war das Ziel meines Lebens ... (umsonst gewesen ist). ... ich sehe bei mir verschwinden alle Lust, lenger zu leben.

Böttger trägt keine Schuhe. Seine Umgebung macht sich Sorgen. Er redet über Daniel und die Löwengrube, den Apostel Paulus, Hiob, der von Jehova geprüft wird. Seine Sprechweise ist hastig, langsam, flüchtig.

4

Vom 27. bis zum 29. Mai 1706 sind Tschirnhaus und Pabst in der Burg, ein Brennofen soll geöffnet werden.

Die Brennofentür wird aufgebrochen, die Proben werden entnommen, und es stellt sich sofort heraus, dass eine Probe anders ist. Sie wurde aus einer Mischung von roter Tonerde und Quarz hergestellt. Es ist ein einfaches Gefäß, ein Schmelztiegel zum Goldmachen, und es ist ungewöhnlich hart. Zudem ist es unversehrt, und es ist nicht gesprungen, als man es in den Eimer mit kaltem Wasser tauchte, der an der Feuerungsöffnung steht. Es ist kompakt und rotbraun, fühlt sich eher wie ein vom Bachbett geholter Stein als wie Terrakotta an; wenn man mit den Fingern darüberstreicht, ist es kühl.

Und es ist schön. Verblüffend schön.

Da Materialien Fragen sind – können wir Glas machen, Alabaster zu Staub zermahlen und neu bilden, Porzellan erzeugen, Edelsteine schmelzen und verschmelzen? –, brauchen sie nähere Untersuchung. Tschirnhaus und Böttger sehen einander an. Diese Probe ist ein Material, das einen an Karneol denken lässt, an Alabaster, aber am meisten Verwandtschaft zeigt es zu der roten chinesischen Töpferei, die der König um hohe Summen durch seine Agenten in Amsterdam kaufen ließ. Diese Waren fühlten sich nicht wie etwas Tönernes an, eher wie eine gehauene Skulptur, unglasiert mit fein ausgearbeiteter Oberfläche oder Gravierungen von diamantharter Präzision. Ein Tiger sitzt gelangweilt auf dem Deckel einer Teekanne. Eine Weinrebe schlingt sich träge herum und darüber und wird zum

Henkel für eine andere; Blätter, Ranken und Trauben bedecken das Gefäß.

Wenn diese Probe das ist, was sie zu sein scheint, dann ist das möglicherweise eine neue Art Material, ein rotes *Barcelin*, Porzellan. Und wenn diese Mischung mit rotem Ton funktioniert, dann kann man annehmen, dass sie es auch mit weißem könnte.

Tschirnhaus und Böttger nennen dieses neue Porzellan mit einer gewissen Zärtlichkeit *Jaspis-Porzellan*, da es doch wohl den Namen eines Edelsteins verdiene, eines, der durch die Kunst hervorgebracht worden sei.

Es ist kein Gold und auch kein weißes Gold, aber nach Jahren grauer, aschfarbener Gefäße etwas Außerordentliches, das man dem König zeigen kann. Es gefällt ihm sehr.

5

Auch mir gefällt dieses Jaspis-Porzellan. Es ist bekannt, man hat darüber geschrieben, aber man sollte es auch lieben. Es hat eine eigenartige Neuheit an sich, sogar nach über dreihundert Jahren.

Dieser feinkörnige Ton wird für Gegenstände, Schüsseln und Krüge von makelloser Strenge verwendet, klar wie nur irgendein Bauhaus-Gefäß. Es ist perfekt für Gravieren und Modellieren, perfekt für Medaillen. Und was braucht in diesem regen Königreich kein Gedenken? Eine Rückkehr vom Krieg, ein Sieg, eine beliebige Hochzeit.

Die Gefäße kommen aus der Burg in Meißen in die Werkstätten der Steinschneider, Juweliere, Dekorateure und Vergolder, um in Objekte verwandelt zu werden, die vollkommen und rar, opulent und besonders sind. Diese rote Kaffeekanne zeigt Ranken aus aufgemaltem Blätterwerk, mitten in jeder Blume schimmert ein Granat. Vasen und sechseckige Teedosen zeigen orientalisch anmutende Formen und umgeben sich mit einer melasseartigen schwarzen Glasur. In solchen Gewändern bewegen sie sich ein wenig langsamer. Einige dieser schwarzen Scherben sind so verziert, dass sie wie Lackarbeiten wirken, jede Fläche einer Teekanne ist sorgsam mit goldenen Linien wie Kordeln abgegrenzt, die Tülle endet in einem vergoldeten Greifenschnabel. Einige wurden nach japanischen Vorbildern kopiert, Pflaumenblüten, Mädchen mit Sonnenschirmen, ein Gelehrter an seinem Pult werden ein wenig sächsischer, ein wenig schwerfälliger.

Und sie sind falsch, in der Art, wie Fußballer-Tattoos ein paar Worte Sanskrit oder eine Zeile aus dem Talmud, umrankt von Rosen auf den Bizeps gezeichnet, falsch zitieren. »Aber ich meine es ernst«, lautet die Botschaft.

Diese roten Porzellane sind nur für einige Jahre der letzte Schrei. Und dann werden sie weggepackt, wandern im Meißner Speicher höher und höher hinauf auf die Regale. Jedes Jahr werden sie gezählt, damit man weiß, was auf Lager ist, jedes Jahr werden sie ein wenig staubiger. Zehn Jahre, nachdem der Brennofen geöffnet wurde, gibt es noch zweitausend Stück in Meißen, tausend in Dresden, sechsunddreißig in Leipzig, alle warten sie auf irgendeinen Markgrafen vom Land, der hinter der Mode herhinkt und diese schönen rot-schwarzbraunen, neuen und prachtvollen Waren kaufen möchte.

6

Auf der Brühlschen Terrasse oberhalb des Flusses befindet sich eine Stele mit einem Medaillon Böttgers. Eines Tages gehe ich früh am Morgen hin, um ihn zu besuchen, das alles von Mann zu Mann zu besprechen. Das Denkmal ist zwischen irgendwelchen stadtgärtnerischen Anlagen gestrandet. Es ist ein Tag von arktischer Kälte, der Wind pfeift von der Elbe her, also nicke ich Böttger bloß zu und gehe weiter. Ein Gingkobaum hat seine Blätter abgeworfen, und so wirbelt Gold um den Fuß des Denkmals.

Ich suche mir ein möglichst nahes Kaffeehaus und setze mich mit meinem Notizbuch hin, bestelle Kaffee.

Mein Kaffeekonsum nimmt wieder zu. Meine Kinder führen Buch. Wenn ich sie wegen des Abräumens nach dem Abendessen anknurre, fragen sie mich, wie viel ich getrunken habe. Jetzt ist es eine ganze Menge. Sie wollen Details wissen. Und ich bemerke, dass ich nicht die Tassen Kaffee aus der Kaffeemaschine zähle, die ich zu meinem Schreibtisch im Studio hinauftrage, nur die Espressos. Als ich meine Reise begann, dachte ich nicht, dass es so etwas wie Flat White überhaupt gibt. Ich hielt das für eine Art Rachenputzer.

An diesem Punkt, bedrängt von Archivaren und der Notwendigkeit, Listen von Inventarnummern durchzusehen, wann Porzellan in die Sammlungen Augusts des Starken Eingang fand, merke ich, dass ich nur noch Kaffee bin. Meine Sätze werden Tag um Tag kürzer.

Sie möchten Einzelheiten darüber erfahren, wer in Meißen arbeitete, wer an diesem Experiment im Goldhaus beteiligt war? Die Aufzeichnungen sind hier in Dresden: Listen und Inventare, Briefbände, Rechnungen, Memoranden und Edikte, Notizen auf abgerissenen Zetteln neben perfekt Kalligraphiertem. Hier sind die »Geheimakten« über Böttger abgelegt, aber heißt das, dass es *geheime* Geheimakten gibt, die ich in diesen Archiven nicht einsehen darf?

Wie kann es so viele Aufzeichnungen aus diesen Wochen geben, die dreihundert Jahre her sind? Als ich »Stasiland« las, Anna Funders Erkundung der Kultur des Informantentums in der DDR, fiel mir ein, wie die Angst den Zwang befördert, Aufzeichnungen zu führen. Wenn man weiß, dass jeder in der Umgebung festhält, was und zu wem man etwas gesagt hat, dann liegt der Selbstschutz in der Vollständigkeit der Notizen, und der Griff zur Feder wird so automatisch wie das Herausschütteln einer Zigarette aus der Packung, das Anzünden und Inhalieren.

So nehme ich an, funktioniert der Dresdner Hof, mit dieser allgegenwärtigen Angst von Graf Y, der gegen Baron X aussagt, welcher wiederum das Ohr von Fürst Z hat. Aber dann wird mir langsam klar, dass all diese Aufzeichnungen gemacht wurden, weil das Arkanum mythisch ist, Teil einer Geschichte, eine Art Nähe zu Ereignissen, die niemand hatte vorhersehen können. Warst du dabei, als der Lahme zu gehen anfing, der Feigenbaum verdorrte, als Quecksilber zu Gold und Porzellan geschaffen wurde?

Nach meinem Espresso Macchiatto bestelle ich noch einen Americano und betrachte liebevoll die schönen schwarzbraunen Tönungen des Kaffees, hebe meine Tasse in Richtung Meißen und seinem harten, dunklen Jadeporzellan. Meine Hand zittert, bloß ein klein wenig.

Sechsundzwanzig

Versprechungen, Versprechungen

1

Tschirnhaus und Böttger sind so aufgeregt darüber, dass etwas funktioniert, dass sie den König mitreißen und sogar das Goldmachen eingestellt wird. Und die Laboratorien in Dresden werden vergrößert, um die Experimente zu beschleunigen. Der Sommer vergeht mit dem berauschenden Ausprobieren roter Tonarten. Mag sein, dass es einen klaren Ausblick gibt und Fokus und Optimismus – und sogar ein Versprechen von Herbst –, aber am 4. September 1706 hat Böttger absolut keine Rechte und nichts zu sagen.

Am nächsten Tag werden die Gewölbe geräumt und versiegelt. Seine Aufzeichnungen werden ihm weggenommen. Er ist Schlachtvieh, kann ohne Vorwarnung fortgebracht werden, unter Bewachung zusammengepackt, in Eile hinuntergeführt und in einer Kutsche auf die Festung Königstein gebracht, denn die schwedischen Heere rücken näher, und er ist *wertvoller Besitz.* Am Morgen treffen alle kostbaren Schätze aus der Kunstkammer des Dresdner Schlosses ein, um in dieser Festung, einem Sandsteinfelsen 250 Meter über dem Fluss, bewacht zu werden.

Ein Kind könnte sich das Leben als einen Aufstieg vorstellen, eine Linie, die nach rechts und in die Höhe führt, dabei Ballast abwirft, aber für Böttger ist es in Wirklichkeit wieder und wieder eine Rückkehr zum selben Punkt. Da ist er wieder, in einer Zelle in einer Festung, fünf Jahre nach seiner ersten Einkerkerung.

2

Das hervorstechende Faktum, das ich über Königstein finde, ist, dass es in der DDR für die Internierung und Umerziehung straffälliger Jugendlicher diente, ein sogenannter Jugendwerkhof. Dass es ein Gefängnis war. Will man Königstein zeichnen, nimmt man einen breiten schwarzen Markierstift und fährt von links nach rechts. Fertig. Fenster braucht es nicht.

Ich schlage die Akten über den neuen Gefangenen auf. Entferne vorsichtig das erste Blatt. Es gibt drei Berichte vom ersten Tag, dem 6. September: Ein Herr mit drei Dienern. Ursache der Festsetzung: unbekannt. Monatliche Rechnung von 83 Talern und 20 Groschen, zu bezahlen durch Seine Hoheit.

Festungskommandant Ziegler: Wer ist dieser Gefangene? Der Gefangene weint.

Böttger: Ich habe keine Bücher. Mein Zimmer ist zu klein, und niemand weiß, wer ich bin.

Und so weiter, Tag um Tag Berichte und Briefe. Alles, was Böttger denkt oder braucht, mit wie vielen Leuten er zusammentrifft und wie weit er in seiner Zelle geht – zehn Meter, dann eine Wendung und zehn Meter zurück. Was raten Sie? Können Sie ihn bitte wegschaffen? Und was er singt, seine Briefe an Tschirnhaus – der verspricht, ihm Geometrie beizubringen und ihm Bücher zu leihen –, was er liest, seine Versprechungen, Gold zu machen, Porzellan zu machen, sein Versprechen, alles in Ordnung zu bringen.

Und dann den Umstand, dass er sich mit einem anderen Gefangenen in der Nachbarzelle angefreundet hat, Romanus, dem mit Schande bedeckten Bürgermeister von Leipzig, dem Betrüger, der leere Versprechungen machte. Und dass der Gefangene verdächtig viel Zeit auf dem Abtritt verbrachte. Wir haben das untersucht und ein hinter der Holzverkleidung verstecktes Bündel Notizen entdeckt, Fluchtpläne. Wir haben die Wachen verstärkt.

Am 3. Juni 1707 schreibt Böttger an August, er müsse ihn sehen, »als dan ich Ewer Majestät Sachen vortragen werde welche warhafftig von großer wichtigkeit ... Und ist große Hoffnung darzu das ... ich als dann mit bey hülffe des Herrn v. Zschürnhausen, binnen der Zeit von 2 Monaten ein großes werde prestieren können ...«

Fünf Tage später wird Böttger aus seiner Zelle geholt und nach Dresden gebracht, wo er mit Tschirnhaus und August zusammentrifft. Es ist erst fünf Uhr morgens. Er verspricht, durchscheinendes Porzellan zu erzeugen. Und verlangt roten und weißen Ton, Tonerde, feinen Sand, Kalk, Alabaster, Lehm und Holz zum Feuern.

Er wird neuerlich auf den Königstein geschafft. Drei Monate später bringt man Böttger in Begleitung von Tschirnhaus in ein neues Laboratorium in den Gewölben unter der Jungfernbastei in den Dresdner Stadtmauern.

Ich schließe den Akt. Ich habe Böttger wieder nach Dresden zurückgeführt.

Ich kann bloß noch an den Kollateralschaden seiner Fluchtphantasien denken, wie er unerkannt an den Wachen vorbeischlüpft, Grenzen überquert, ein neues glorreiches Leben beginnt, gefeiert und berühmt und speziell, von Gold bestrahlt. Ich denke an Versprechen und sehe bloß Romanus.

Böttger versprach ihm, ihn freizubekommen; es ist ein Detail, ein kleines, aber Romanus starb 1746 auf dem Königstein. Seine Frau sieht er einmal. Seine Tochter nie.

Wie viele gebrochene Versprechen lassen sich August und Tschirnhaus noch gefallen? Und wie viele ich?

Siebenundzwanzig

Halb durchscheinend und milchweiß wie eine Narzisse

1

Das neue Laboratorium in der Jungfernbastei lag günstig, denn auf diese Weise konnte August sich nahe bei den neuen Experimenten aufhalten und Böttger gut bewacht werden. Aber die Gewölbe waren niedrig, und in der Nähe lagen Wohnhäuser, sodass es gefährlich war, dort die Brennöfen zu befeuern.

Am 15. Januar 1708 öffnen sie einen Brennofen in ihrem neuen Laboratorium. Darin sind diverse Probestücke, wobei in verschiedenen Anteilen ein neuer weißer Ton aus Colditz und Alabaster verwendet wurden.

N1 Ton als p. se

N2 Ton als 2 L(oth) Al(abaster) 2 quint (Quäntchen) wie 1 zu 4

N3 Ton als 2 qu (Quäntchen) A(labaster) 2 q (Quäntchen) wie 1 zu 5

N4 Ton als 12 qu A 2 q wie 1 zu 6

N5 Ton als 14 q a 2 q wie 1 zu 7

N6 Ton als 2 Loth A 1 q wie 1 zu 8

N7 Ton als 9 qu A 1 q wie 1 zu 9

Im Archiv in Meißen halte ich diese Seite mit Notizen in der Hand. Böttger hat sie schräg hingeworfen, rasch, in Deutsch und Küchenlatein, dazwischen verstreut alchimistische Symbole: »nach fünf Stunden im Brennofen … N. 2 eingebrochen, N 3 ebenso, N 4 behielt die Form, doch missfarbig … die letzten drei *album et pellucidatum*«, weiß und durchscheinend. Fünf ist *optime*, das Beste.

Sie halten die Proben gegen das karge Licht.

Seite aus Böttgers Notizbuch mit den Aufzeichnungen über seine ersten Porzellanproben, 15. Januar 1708

Es ist zwanzig Jahre her, seit Tschirnhaus seine Versuche begann, einen Scherben aus einem reinen weißen, lichtdurchlässigen Ton zu erzielen. Es ist acht Jahre her, seit ein junger, verängstigter Apothekerlehrling nach Dresden gebracht wurde. Sieben Jahre, seit die beiden aufeinandertrafen.

Es ist siebenhundert Jahre her, seit das Porzellan erstmals nach Europa kam.

In einem verrauchten, düsteren Gewölbe, neben den Unterkünften der Soldaten, ist das Porzellan neu erfunden worden. Es ist ins Dasein getreten.

2

Mit dieser Mischung machen sie wieder und wieder Versuche, bis sie kleine Gefäße anfertigen können. Der Hofkeramiker Fischer, keiner mag ihn, wird ersucht, Töpferwaren für sie zu machen. Und Tschirnhaus fertigt sich selber einen kleinen Krug. Er wird »halb durchscheinend und milchweiß wie eine Narzisse …«

Das gefällt mir. Das milchweiße Gefäß meines Mathematikers.

Und nun wird das Tempo frenetisch.

Die Berichte sind filmisch. »… wobey wir haben außgestanden wie das Vieh … und die Glut alles zurückschlug, daß es große Steine auß dem Gewölbe gerießen und rausgesprenget … auch uns die Haare vom Kopffe versenckt und auch daß Pflaster so heiß geworden, daß es uns mit Respekt große Blasen an die Füße gebrennet …« Es bestand die reale Gefahr, dass die Hitze der Brennöfen die hölzernen Verschalungen über ihnen auf der Bastei in Brand setzen würde.

August kommt mit Fürst von Fürstenburg, um sich die Sache anzusehen. Beim Eintreten fühlen sie, wie ihnen »die schreckliche Gluth entgegenschlug«. Der Fürst würde am liebsten auf der Stelle umkehren, aber August möchte den Brennofen in Aktion sehen. Es herrscht ein Höllenlärm, es ist heiß, und Böttger sieht aus wie ein »Rußköhler«. Um den Kopf hat er feuchte Lappen gewickelt.

Er öffnet das Guckloch, und der König und sein skeptischer Höfling sehen die Brennkapseln dunkel zwischen den Flammen auftauchen. Die Männer ziehen eine Brennkapsel heraus, drinnen ist eine weiße Teekanne. Diese glühende Kanne wird mit metallenen Zangen gefasst und in einen Eimer mit kaltem Wasser gesteckt. Es gibt einen lauten Knall. Dann nimmt Böttger die Teekanne aus dem Wasser; sie ist immer noch intakt. Und laut den Aufzeichnungen ist sie, obwohl »die Glasur nicht völlig gefloßen war«, sonst wohlgelungen.

Etwas funktioniert jetzt.

Die Sicherheitsmaßnahmen rund um das Gewölbe werden verstärkt. Neunzig Soldaten werden abkommandiert. Man hebt tiefe Gruben aus, um den Ton zu lagern. Ein größerer Brennofen wird in Auftrag gegeben, tausend weiße Backsteine werden geordert. Ein Befehl ergeht an alle Beamten in Sachsen, dass Proben von Lehm und Ton, die in der Gegend vorkommen, zur Analyse ins Laboratorium gesandt werden sollen. Plötzlich erkennt man die Reichweite und Macht des Königs. Man sieht, was fünf Generationen währende Investitionen in das Laboratorium im Goldhaus, wo Mineralien untersucht werden, dem Kurfürsten von Sachsen bedeuten.

In der Werkstatt werden alle neu eintreffenden Tonarten untersucht. Ihr Rezept für »Kalkporzellan« legt neun Teile Ton aus Colditz, drei Teile weißen Schnorrischen Ton und drei Teile Alabaster fest.

Am 24. April 1708 unterschreibt und siegelt August ein Dekret für die Errichtung einer Porzellanfabrik in Dresden, die erste Porzellanmanufaktur im Westen. Jeder erhält Titel, Beförderung und Geldversprechen.

Ich lese dieses Dekret. Es ist das Wispern eines Goldkorns, gedankenlos in einen Samtbeutel gesteckt, royale Anerkennung, die dich wegen allem, was du tust oder weißt, überspült. Es bedeutet, dass du den Herrscher nicht wirklich beeindrucken kannst, denn er besitzt dich, alles was du weißt und was du wissen wirst.

Tschirnhaus, mein Tschirnhaus, lehnt seine Beförderung zum Geheimen Rat ab, sagt, er wolle keinen Titel, »als biß die Sache selbst in Stande gebracht«. Ich bin so stolz auf ihn, dass er in diesem Augenblick des Überschwangs innehält.

Am 9. Oktober brennen Tschirnhaus und Böttger den ersten Becher aus echtem, unglasiertem Porzellan, das erste weiße, durchscheinende Gefäß.

Zwei Tage später, am 11. Oktober 1708, stirbt Tschirnhaus.

Er ist siebenundfünfzig.

Sein Zimmer wird versiegelt, doch seine Papiere sind unauffindbar. Es heißt, jemand habe sie binnen Stunden nach seinem Tod gestohlen. Sein Diener flieht mit Gold und Proben des weißen Porzellans, wird festgenommen und verhört, leugnet aber, etwas von Tschirnhaus' Notizbüchern zu wissen.

Böttger schreibt kurz, er habe »einen sehr hohen und werthen Freund verlohren, Ihro Königl. Majestät aber einen recht getreuen Diner … Gott gebe, das deßen Stelle möge mit einem so getreuen und geschickten Man wieder ersetzet werden, woran ich doch fast zweifele …«

Am selben Tag verkündet er dem König, das erste Porzellan im Westen sei geschaffen worden, er habe endlich das Mysterium des Arkanums entschlüsselt und besitze das Wissen, Porzellan zu erzeugen; er habe das Weiße Gold entdeckt. Dieses neue weiße Material ist das *Böttgerporzellan*.

3

Ich habe jetzt mein zweites weißes Objekt auf der Welt. Sehr langsam baue ich meine Installation, meine Sammlung auf.

Mein erstes ist das Mönchskappenkännchen aus Jingdezhen, weiß wie Zucker, geschaffen für den Yongle-Kaiser, einen Mann, der Reinigung braucht und ersehnt.

Und nun habe ich meinen weißen Becher aus Dresden. Er wurde für Tschirnhaus gemacht. August der Starke mag beanspruchen, was er will, aber das ist eine Idee, die aus dem Bedürfnis herrührt, etwas durchzudenken, nicht aus dem Befehl, ein Begehren zu befriedigen.

Es hat meinen Mathematiker viel Zeit gekostet, ihn entstehen zu lassen. Ich betrachte ihn sehr genau. Beobachte genau den Moment der Bildung, schreibt Tschirnhaus in seinem Buch, den Moment, in dem ein Ding ein anderes wird, und ich nehme ihn ernst.

Ich sehe seine Kindheit in einer lärmenden Familie am Land, seine Lektionen mit Spinoza und seine Unterredungen mit Newton, ich sehe, wie er lernt, Linsen zu schleifen, wie er lernt, große Spiegel zu erzeugen, die die Strahlen der Sonne bündeln, bis er einen kleinen Teil der Welt zum Schmelzen brachte. Ich sehe ihn in Gesprächen mit Leibniz, über China, über Porzellan, über das Innenleben der Materialien. Ich sehe ihn hier in Dresden, wie er den Hof und seine Echos und Gerüchte und endlosen Edikte durchschifft, wie er einen fiebrigen, verängstigten Knaben zur Arbeit verlockt, wie er Jahr um Jahr fortfährt zu experimentieren. Ich sehe, wie er seine Methode und die Intuition eines Jungen in eine aufgeladene Verbindung brachte und daraus das Porzellan zusammenmischte.

Unter Tschirnhaus' Besitztümern – neben seinen Büchern und »curiösen Dingen« – war ein hölzernes Spielzeug, das für mechanische Vorführungen verwendet wurde. Es war etwa eine Handspanne breit, ein V aus zwei leicht geneigten kleinen Schienen und einem fein gedrechselten Doppelkegel. Man legt den Kegel an den Fuß der Rampe und er rollt *aufwärts*.

So etwas tut die Welt. Es mag erklärbar sein, bleibt aber außergewöhnlich. In meinen Händen ist ein weißer Becher. Er ist bescheiden, aber dies ist mein alchimistischer Moment, wo ich zum ersten Mal auf meiner Reise Klarheit finde, wie eine Idee Gestalt annehmen kann.

Dies ist ein anderes Weiß.

4

In diesem Winter 1708 herrschte in ganz Europa schrecklicher Frost. In London hielt William Derham Tiefstwerte von minus zwölf Grad Celsius fest: »Ich glaube, der Frost war stärker (wenn nicht zudem noch allgemeiner) als jeder andere seit Menschengedenken.« Bäume bersten. Menschen erfrieren in ihren Betten, Tiere in ihren Ställen. Die Themse, die Ostsee, die Teiche in Versailles sind Eis. Der Große Frost, Le Grand Hiver. Alles ist weiß.

In den *Dresdner Merckwürdigkeiten* heißt es, die Kälte habe so beständig angedauert, dass man die Wohnungen nicht habe heizen können und die Vögel wegen der eisigen Luft zu Boden gefallen seien. Am 10. Februar 1709 wurde es plötzlich wärmer, Tauwetter setzte ein, und es gab ein schlimmes Elbhochwasser. Zwei Wochen später fiel Neuschnee. Anfang März schmolz der Schnee neuerlich, und wieder gab es Überschwemmungen.

Der Nachruf auf Tschirnhaus erschien in den *Acta eruditorum*. Und dann verschwindet er in den Fußnoten, in der Art, wie manche Menschen aufleuchten und eine Idee oder einen Ort erhellen und dann fort sind. In Brueghels »Landschaft mit dem Sturz des Ikarus« im Musée des Beaux-Arts in Brüssel segelt ein wunderschönes Schiff weiter, während Ikarus im Meer verschwindet. Ein Pflüger fährt in seiner

Porzellanbecher, Meißen, um 1715

Arbeit fort, ungerührt. Auden hat es genau auf den Punkt gebracht: »und das kostspielige, stolze Schiff, das staunend etwas gesehn haben musste – einen Jungen, der aus dem Himmel fiel – hatte ein Ziel und segelte ruhevoll weiter.«

Das kostspielige, stolze Schiff fährt weiter.

5

Es wird angekündigt, dass es in Meißen eine neue Fabrik geben soll, wo dieses weiße, vom Arkanisten Johann Friedrich Böttger erfundene weiße Porzellan erzeugt werden soll.

Es wird angekündigt, dass der dänische König Friedrich im Sommer Dresden einen Besuch abstatten wird. Es wird ein Turnier nach der Art eines römischen Zweikampfs geben, ein nächtliches Lanzenstechen in der Reitschule mit zweiundsiebzig als Göttern verkleideten Teilnehmern, der dänische König wird Mars darstellen, August Apollo. Bis zum Morgengrauen dauernde Bankette werden stattfinden, mit einem Schloss, das auf im Fluss verankerten Booten ruht und von beiden Ufern aus mit Leuchtkugeln beschossen wird, der Namenszug des Königs von Dänemark wird hoch oben auf dem Turm des Schlosses angebracht und das Schloss in verschiedenen Farben illuminiert, viele Bilder aus Flammen gebildet werden.

Ich lese die Berichte vom Feuerwerk, »dergleichen nie gesehen zu haben alle Welt bekannt«.

Achtundzwanzig

Die Erfindung des sächsischen Porzellans

1

Dresden setzt mir zu.

In meinen Notizbüchern finden sich Stichpunkte. Ich schreibe mein Registerblatt für *Porzellan 1719 / Sachsen / Frankreich / Niederlande / China / England*, ohne diese Effizienz überhaupt zu bemerken.

Sachsen bleibt im Vordergrund. Das Arkanum ist kein Geheimnis mehr. Es ist immer noch geheimnisumwittert, aber Leute sind weggegangen oder wurden durch Angebote besserer Arbeitsbedingungen anderswo weggelockt. In Wien gibt es bereits eine Porzellanfabrik. Jeder Herrscher möchte seine eigene kleine Manufaktur.

Böttger ist vor kurzem gestorben. Fünf Jahre zuvor, 1714, hat er seine Freiheit wiedererhalten, sechs Jahre, nachdem sie den ersten weißen Becher aus dem Brennofen geholt haben. Als die Nachricht sich verbreitet, heißt es, er habe ständig gelacht und sich über alles und jedes lustig gemacht. Sein Biograph Johann Melchior Steinbrück hielt fest, Böttger glaube, Freiheit bestehe darin, »daß man ... seiner Caprice folge«; verständlich genug nach vierzehn Jahren Einkerkerung und ständigen Drohungen. Er fügt hinzu, Böttger sei nachlässig, vergesslich, werfe das Geld zum Fenster hinaus, sei bei schlechter Gesundheit, habe eine kindische Gemütsart, sei eitel, ängstlich, unvernünftig, launisch, eifersüchtig, und es mangle ihm an Ernsthaftigkeit. Und dass er ganz offen mit seiner Geliebten in dem Haus in Dresden lebe, das er gekauft habe, wie ein Mann von Bedeutung. Das ist auf meinem Bericht angestrichen.

Ebenso seine epileptischen Anfälle, das Erbrechen und die Schwindelanfälle vom Quecksilber, die nachhaltige Vergiftung durch Kohlenmonoxid aus den Brennöfen und Silikose vom Staub.

Die Nachrufe sind harte Kost. Er habe »nicht allein bey seinem Leben viel Schaden, Verdruß und Verfolgung erlitten, sondern desgleichen continuiret auch nach seinem Tode«. Böttger hinterließ Chaos. Steinbrücks Zusammenfassung lautete:

> … von humeur (Gemütsart) ist er, wie fast durchgehend alle Virtuosi, singulär (eigen) und läßet sich nicht gern einreden; jaloux (eifersüchtig) über seine prérogative (Vorrechte) in Wißenschafften; depenseur (verschwenderisch) in Experimenten; irresolu (unentschlossen) und schiebet gern eine Sache auf, fällt auch leicht von einer auf die andere, bevor die erstere ausgemacht und wil immer was Neues; inventieux (erfinderisch), glorieux (ruhmredig); Liebhaber vom Eclat (Aufsehen) … soupconneux (misstrauisch) und leichtgläubig in widrigen Dingen … Dieser ist nun der Inventor derer sächsischen neuen Porcellain …

2

Das sächsische Porzellan wird ohne Böttger weiterentwickelt, ohne Tschirnhaus.

Die Innovation ging außerordentlich rasch vor sich. 1713 wurde das weiße Porzellan bei der Messe in Leipzig erstmals gezeigt. Es gab wenige Töpfer, die mit dem klebrigen weißen zusammengesetzten Ton zurechtkamen. Sie mussten geschult werden. Auch Juweliere und Dreher, Vergolder und Modelleure und Dekorateure mussten herausfinden, wie man mit Porzellan umging. Die Kostbarkeit des Materials war eher noch als seine Plastizität sein bezeichnendstes neues Merkmal. Porzellan ist eine neue Technologie, erhellt durch ein neues Begehren.

Ich habe einen kleinen Becher samt Untertasse aus diesem Jahr, verwandt mit meinem zweiten weißen Gefäß. Ich finde diese sehr frühen weißen Porzellane bewegend. Der quer über die Tasse gemalte Prunuszweig ist nicht besonders gelungen, die sehr kleinen Blätter sind ein wenig wackelig geraten. Er könnte leichter sein.

Es ist die Art Porzellanbecher, die ich erkenne, richtungweisend.

Begehren ändert alles. August drängt, fortwährend. Binnen ein, zwei Jahren, in denen dieses Porzellan verkauft wurde, wäre dieser Becher für ihn zu schlicht gewesen. Er wäre verziert und vergoldet worden. 1720 hätte er die beiden leicht gebogenen blauen Schwerter an der Unterseite aufgewiesen, ein Siegel, eine Marke. Das wäre dann Meißner Porzellan.

3

Ich verbringe einen Vormittag auf der Albrechtsburg, hoch über Meißen gelegen. Hier war Böttger gefangen, hier entstand Augusts Manufaktur aus dem Laboratorium, von einem Keller zum anderen, dann in den Räumen in den angrenzenden Gebäuden, weiter hinauf durch das Schloss, bis weitläufige Fluchten mittelalterlicher Säle verwendet wurden. Der mittlere Saal mit seinen gotischen Gewölben wird abgeteilt für die Dekorateure, ein weiterer luftiger Raum erhält drei Stockwerke und wird zum Lager für Brennkapseln. Ein Plan aus der Zeit hundert Jahre später zeigt 304 von der Manufaktur in Anspruch genommene Räume.

Das war natürlich verrückt. Die Räume mit den Brennöfen waren ein Inferno. Die gigantischen Mauern der Burg barsten von der Hitze. Die Zimmerfluchten in der Nähe der Brennöfen waren warm, überall sonst war es grauenhaft kalt. Dies ist eine Burg, eine sieben Stock hohe Felsenklippe von einem Bau auf einem Felsvorsprung hundert Meter über der Elbe. Perfekt, um Geheimnisse zu bewahren, aber als Experimentierplatz, wie Zeit und Bewegung funktionieren, wie man zartes Porzellan herstellt, verziert und brennt, unmöglich.

Der weiße Ton kommt aus dem flussabwärts gelegenen Colditz, wird in Schneeberg im Erzgebirge abgebaut, dann den Hügel hinauf und in den tiefsten Keller geschleppt, wo die Verunreinigungen abgeschlämmt werden. Das Holz für die Brennöfen kommt aus derselben Richtung und wird in Schuppen am Flussufer getrocknet. Zweimal zwei Pferde drehen hier eine große Schleifmühle für die anderen Mineralien. Der feuchte Ton wird in einem weiteren Keller gelagert und dann über eine dramatische gotische Wendeltreppe zu den Drehern und Modelleuren gebracht. Es ist eine breite Treppe, mehr als einen Meter breit, und flach. Aber man versuche einmal, einen Korb mit Kaolin auf der Schulter zweihundert Stufen hochzutragen. Und dann mit einem Brett voller Gefäße hinunter und um die Biegungen.

Wer hat Vorrang, wenn die Arbeiter auf und ab steigen? Das Geräusch zerbrechenden Porzellans gehört hier zum Alltag.

Die Albrechtsburg ist heute ein Phantasiegebilde, wie sich das 19. Jahrhundert eine Burg des 14. vorstellte. In den 1860er Jahren wird die Porzellanmanufaktur, im Geist des Stolzes auf das neue Sachsen, aus der Meißner Burg, wo Böttger gefangen gehalten worden war, ausgesiedelt. Sie erhielt ein schlichtes, flaches Fabrikgelände außerhalb der Stadt. Dort befindet sie sich noch immer. Und die Burg wird nach den hundertfünfzig Jahren Verwüstungen durch die Porzellanproduktion wieder hergerichtet. Wandgemälde bedeutender Momente in der sächsischen Geschichte werden geschaffen: Herzog Albrecht bricht zum Kreuzzug nach Jerusalem auf, Schlachtentriumphe – die Bossen an der Decke werden mit Wappen verziert, Kamine neu gemeißelt, mittelalterliche Tische und Kerzenleuchter aus Hirschgeweihen herbeigeschafft.

Böttger ist hier der Star. An einer Wand ist er als Alchimist dargestellt, als Goldmacher; mit offenem Hemd lümmelt er in einem Stuhl, ein Glas Bier in der Hand, in der anderen eine langstielige Pfeife, mit irrem Blick, während die Arkanisten das Feuer schüren. Choreographiertes Chaos. An der anderen Wand vollführt er einen Fußfall vor dem König, hinter ihm ein Höfling in grüner Seide, im Vordergrund ein Arbeiter, und zeigt Porzellan vor. Aus dem weißen Becher strahlt Licht. Er leuchtet wie das Christkind vor den Heiligen Drei Königen.

Tschirnhaus hat eine kleine Wandkartusche weit oben. Bei all dem Pomp bemerkt man ihn kaum. Ihm würde das ganze Getue fremd sein.

4

Das Rezept für Porzellan ist geheim.

Keine Fragmente durften dort entsorgt werden, wo man sie sammeln und untersuchen hätte können. Die Menge des Abfalls kann an einem riesigen Keller ermessen werden, der als Müllhalde für Scherben diente. Der Boden des Kellers wurde immer höher. Vor fünf Jahren haben Archäologen in der Burg einen Raum gefunden, bei dem der Abfall zwei Meter dick war.

Als das Arkanum Ende des 18. Jahrhunderts endgültig verloren und Europa mit Manufakturen übersät war, warf man Körbe voller gezackter Porzellanscherben einfach über den Hügelabhang. Ein Erdrutsch aus weißem Porzellan.

Meißen wird der weiße Berg. Es ist mein zweiter weißer Berg. In diesem Keller bücke ich mich; in den festgetretenen Boden sind weiße Halbmonde eingebettet.

Neunundzwanzig

Porzellanzimmer, Porzellanstädte

1

Von Meißen nach Dresden sind es ungefähr dreißig Kilometer. Für August liegt das große Vergnügen, seine eigene Manufaktur in solcher Nähe zu haben, darin, dass er mit einer Geste seiner Hand Ideen Form verleihen und Geschenke für die Menschenmassen bestellen kann, die hin und her wogen und jeden Eingang zum Hof verstopfen. Und weil der König sammelt, sammeln auch seine Höflinge.

Geldfragen bleiben natürlich kompliziert. Er möchte chinesische Vasen aus den Kollektionen Friedrich Wilhelms I. von Preußen-Brandenburg haben, über einen Meter hoch, blau-weiß, hergestellt und bemalt in Jingdezhen. Sie sind unverkäuflich, was sie unwiderstehlich macht. So schmiedet er also 1717 einen Plan, diese Vasen gegen ein Bataillon von sechshundert Dragonern einzutauschen: Vasen gegen Menschen. Diese Soldaten überschreiten in Baruth die sächsische Landesgrenze. Jeder Monarch erklärt, das sei ein Geschenk, und so wechselt kein Geld den Besitzer. Die achtzehn Vasen, die den Mittelpunkt dieses Austauschs bildeten, wurden als Dragonervasen bekannt. Das Bataillon nimmt das Meißner Signet als Banner an, die zwei gekreuzten Schwerter. Die Soldaten werden Dragoner.

Bei den Mengen an Porzellan, die hier eintreffen, wird es ausschlaggebend, wo und wie August sein Porzellan in seiner Stadt zur Schau stellt.

Ich höre mir über Kopfhörer höfische Musik aus Dresden an, während ich durch die Stadt schlendere, und da ist eine von einer Oboe gespielte Phrase, die immer wieder von den Geigen aufgenommen wird, hinausgeführt an die Luft und dann zurückgegeben. Was ich höre, ist eine Rückkehr zur Struktur, das Einzelne, das deutlicher und zum Plural und verborgen wird und dann wieder auftaucht. Mit einem schönen Satz des amerikanischen Philosophen John Dewey: Kunst als einen Prozess zu beschreiben ist wie das Auffliegen und Hinsetzen eines Vogels. Du bist in ihr. Dann hältst du inne und schaust, was es ist. Und dann wieder zurück zur Versunkenheit, dem Flug der Musik.

Dies passt zu dem Gefühl, wie Porzellanphrasen sich zu komplexen Melodien aufbauen und einen zugleich zu den einzelnen Gefäßen zurückführen. Es ist ein noch neues Konzept, als August seine großen Sammlungen in Dresden zu arrangieren beginnt, Wege findet, die Tausenden Gefäße, die er kauft, die er in Meißen anfertigen lässt, zu animieren.

Porzellankabinette sind aktuell an den Höfen und in den Palästen in ganz Europa. Die verstorbene englische Königin Mary hat einen jungen hugenottischen Architekten namens Daniel Marot beauftragt, in Hampton Court und im Kensington House Räume zu gestalten. Er vertritt den Stil des *Mehr ist mehr*: Seine Betten werden von Straußenfedern gekrönt, seine Oberflächen oszillieren wie die atmende Flanke eines reinrassigen Tieres. Kaminsimse sind mit Porzellangarnituren vollgestellt, an jeder Wand stehen Teller und kleine Vasen auf Borden, Gefäße fassen den Architrav ein, wo die Wölbung des Plafonds beginnt. In seinen Stichen zeigt Marot einfallende Sonnenstrahlen, Spiegel und Lackpaneele tragen zu dem Schauspiel bei, Hunderte Gefäße werden zu endlosen Gemächern mit Tausenden davon.

Diese Art, Porzellan auszustellen, wurde äußerst beliebt, was Daniel Defoe besonders erboste. »Die Königin führte den Gebrauch oder, wenn ich so sagen darf, die Grille ein, Häuser mit China-Ware einzurichten, was in der Folge auf das Seltsamste sich verstärkte, wobei man sein Porzellan auf den Sekretär und jeden Kaminsims häufte, bis an die Decke, und selbst Borde für die China-Ware anbringen ließ, wo immer man selbige haben wollte, bis daraus wegen der dafür benötigten Aufwendungen ein Ärgernis und selbst eine Gefahr für Familie und Vermögen entstand.« Das scheint eine übertriebene Reaktion, bis mir wieder einfällt, dass Defoe sich mit Ton einigermaßen auskennt. Er besitzt eine schlecht gehende Ziegelei im Sumpfgebiet von Essex und wurde von den Holländern aus dem Geschäft gedrängt. Ärgernis ist ein treffendes Wort für Defoe, der die Extravaganz anderer Leute scharf ins Auge fasst.

Denn diese Räume verkörpern Exzess. In Charlottenburg in Berlin schuf Friedrich III. einen Raum für Sophia Charlotte, Leibniz' Briefpartnerin und die Kluge in der Ehe. Hier ist die Anordnung derart, dass das Porzellan nicht nur in Spiegeln reflektiert wird, sondern auch in die Wände zurückweicht. Es gibt Vasen vor Tellern, die auf Wandborden auf Glas ruhen, ringsum eingelassene Nischen für winzige Gefäße, gemalte chinesische Figuren, die Teller als Hüte tragen. Bilder fädeln sich durch verschiedene Dimensionen.

August hat gesehen, wie andere Herrscher Porzellan verwenden, und tut das ab. Er erinnert sich an seinen Besuch im Trianon de Porcelaine in Versailles vor beinahe vierzig Jahren. Was soll es für einen Sinn haben, einen hübschen kleinen Pavillon zu besitzen, der feucht im Park hockt, um ihn Besuchern zu zeigen, oder einen Raum irgendwo da oben neben der Bibliothek oder einen Musiksalon mit ein paar Reihen Vasen auf dem Kaminsims? Das würde ja aussehen, als hätte man sein ganzes Porzellan damit aufgebraucht!

Und so werden die Arbeiten an Augusts Japanischem Palais auf der anderen Elbseite in Angriff genommen. Es ist weitläufig. Das Dach ist geschwungen wie das einer Pagode. Man betritt das Palais durch ein großes Portal und sieht weiter hinten einen Innenhof. Die Säulen werden von kauernden orientalischen Figuren gehalten. Der Zehenteil ihrer Sandalen ist nach oben gebogen. Man geht über flache Stufen nach rechts hinauf, und wenn man den ersten Stock erreicht, befindet man sich in einem langgestreckten Raum, der nichts enthält als das schöne braunrote Jaspisporzellan aus China und Japan. Und dann werden die Flügeltüren am Ende aufgerissen, und man betritt einen ausschließlich mit Seladon-Porzellan ausgestatteten Raum. Und weiter. Durch Blau und Grün und dann Violett. Durch verschiedene Farben und Muster von Porzellan, wobei jeder Raum sich in den nächsten öffnet. Es ist eine Fuge, eine Reise durch das Spektrum des Porzellans. Man findet sich schließlich entweder in einer Kapelle des weißen Porzellans oder in einem kleinen, vollkommenen Raum weißen und vergoldeten Porzellans. Es ist Musik.

Das Japanische Palais wird das großartigste Porzellangebäude werden, seit der Yongle-Kaiser die Pagode zum Gedächtnis an seine Eltern zu bauen befahl.

August lässt ein Gemälde malen, es zeigt »Sachsen und Japan, die vor Minerva um den Vorzug ihrer Porzellane streiten. ... Minerva gibt den Siegespreis an Sachsen, und die allegorischen Gestalten des Ärgers und der Eifersucht veranlassen Japan, seine mitgebrachten Porzellangefäße wieder einzuschiffen.«

Ich erinnere mich, dass August in der Frühzeit seines Porzellanwahns davon träumte, Schiffe in den Fernen Osten – Japan oder China – zu entsenden, um aufzukaufen, was er nur konnte. Das hat sich nun geändert.

2

An meinem letzten Tag in Dresden ist die Temperatur noch weiter gesunken. Da ich noch nie im Japanischen Palais war, treffe ich eine Verabredung. Das Porzellan ist seit langem verschwunden. Dreißig Jahre nach Augusts Tod wurden die großen Präsentationen abgebaut, Raum um Raum verschiedener Glasuren und Muster, und in den Kellern verstaut. In den 1860er Jahren wurden Duplikate verkauft oder

Entwurf für das Japanische Palais,
Dresden, 1730

getauscht. Die französische Porzellanmanufaktur Sèvres hatte bei diesem Handel viel Glück. Ein Keramikmuseum für Bildungszwecke war geplant. Es kam nie zustande.

Hier stocke ich; ich denke daran, wie Augusts Sammlungen zerstreut wurden, frage mich, warum »Duplikate« ein Problem hätten sein sollen, da Duplikation, Multiplikation der einzige Imperativ in seinem Leben war.

Das Palais beherbergte die Münzsammlungen, die Altertumssammlungen, die Staatsbibliothek, und hundert Jahre lang befanden sich hier auch ein Ethnographisches und Geologisches Museum. Es war eine Dresdner Abstellkammer. Und ist heute beinahe verwaist. Die meisten der ethnographischen Sammlungen sind ebenfalls weg, in einem neuen Museum in Chemnitz. Drei weiße Lieferwagen parken schräg im großen Innenhof. Ein paar Lampen brennen. Eine Konservatorin holt mich ab. Sie hat achtzehn Jahre lang an einem reich verzierten, getäfelten Zimmer aus Damaskus gearbeitet, das ein Jahrhundert zuvor erworben worden war, zerlegt und aufbewahrt, vergessen, während Objekte und Sammlungen kamen und gingen, während des Krieges nach Königstein gebracht, dann wieder gerettet. Es ist ein Raum mit perfekten Proportionen, um dort zu sitzen und sich zu unterhalten, hoch oben an den Paneelen arabische Lyrik, zwischen den Blumen bemalte Kartuschen mit Früchten.

Die Dichtungen, sagt sie, wurden so ausgewählt, dass sie niemanden kränkten, der kam, Moslem, Christ oder Jude.

In ihrer riesigen Werkstatt mit Blick auf Dresden, in jenen Räumen des Palais, wo früher das Seladon-Porzellan aufgestellt war, halb restaurierte Paneele auf dem Boden, holt sie Kekse, bereitet grünen Tee zu und serviert ihn in Gläsern.

Ich konnte nicht nach Damaskus, aber jetzt merke ich, dass Damaskus zu mir gekommen ist. Wir unterhalten uns über Porzellan, und sie holt Fotos von großen blau-weißen Tellern aus Jingdezhen, die in Räumen in Damaskus und Aleppo standen, darauf warteten, heruntergenommen, auf solchen blumenübersäten Teppichen abgesetzt zu werden, dass man Pilaw darauf häufte, den man dann mit der Familie, mit Gästen und Reisenden teilte.

3

Es hat mich über zwanzig Jahre gekostet, hierher in dieses Palais zu kommen.

Lange hatte ich eine Tuschezeichnung von einem dieser Räume über meiner Drehscheibe an die Wand gepinnt. Es war eine Herausforderung. Wollte ich Porzellan machen, das herumgestoßen werden konnte, oder konnte ich von der Welt mehr verlangen, mit mehr Kohärenz einen Teil davon gestalten?

Für eine Ausstellung im Geffrye Museum, einem liebenswürdigen Backsteinbau aus dem 18. Jahrhundert, ehemals Armenhaus, an einer hässlichen, vielbefahrenen Straße im Londoner East End, heute ein Museum für die Geschichte der Wohnungseinrichtung, gestaltete ich ein eigenes Porzellanzimmer. Ein weiterer Künstler, der barocke, bunte Keramiken macht, und ich bekamen jeder für sich Platz und ein bescheidenes Budget. Ich sagte sofort zu. Meiner Ansicht nach war das letzte Porzellanzimmer gegen Ende der 1770er Jahre in Auftrag gegeben worden, ein verspiegelter Raum mit porzellanener Zuckerbäckerei, verziert mit vergoldeten Nichtigkeiten in irgendeinem italienischen Palazzo.

Ich wollte spüren können, wie es war, von Porzellan umgeben zu sein. Es war eine statt aus Marmor aus Faserplatten gestaltete Bühne in einem temporären Ausstellungsbereich im Keller statt mit Aussicht auf einen Wildpark oder die Elbe. Aber Theatralik gehörte zu jedem Porzellanzimmer, das jemals gestaltet wurde. Und das fühlte sich gut an.

Damit es ein richtiges Zimmer wurde, brauchte ich eine Wand, einen Boden und eine Decke sowie Licht. Der Wandteil bestand aus vierhundert Zylindern, jeder etwa fünfzehn Zentimeter hoch, auf fünfzehn Regalen. Wiederholungen und Repetitionen, so luzide wie ein Klavierstück von Philip Glass. Der Boden bestand aus schwarzen Industrieziegeln. Ich ordnete siebzig flache Schalen in einem dünnen Kanal an, einer Linie aus grauem Porzellan, wie eine ausgehaltene Note in den Boden gelegt.

Das Licht fiel durch ein Fenster aus Porzellan. Ich hatte riesige Zylinder angefertigt, sie so dünn abgedreht, wie ich konnte, und in Platten geschnitten. Diese ließ ich sehr langsam zwischen Brettern trocknen und brannte sie dann, zitternd vor Aufregung, etliche Tage lang. Dann hielt ich sie gegen das Licht. Es funktionierte. Sie waren durchscheinend; das Licht fiel hindurch, gerade eben. Es war eine Art staubiges, leicht gelbliches, langsam einsickerndes Licht, aber hell. Dunkel sah ich meine Hand durch das Material.

Und ich schuf einen Dachboden.

Dachböden sind Plätze, wo man etwas zu vergessen versucht. Sie sind vollgestopft mit Gerümpel, Abgelegtem, kaputten Spielsachen, Orte, wo man die Dinge aufbewahrt, die man von Rechts wegen nicht wegwerfen kann – Hochzeitsgeschenke, Kinderzeichnungen, Instrumente, auf denen keiner mehr spielt, Koffer, die man bei irgendeinem ganz speziellen Urlaub, aus dem nie etwas wird, gebrauchen könnte. Und es sind Plätze, wo die wertvollsten Sachen hinkommen.

In meinem Porzellanzimmer wollte ich aber auch einen Ort für die Ideen, die noch nicht vollständig realisiert worden waren, Arbeitsnotizen, Randbemerkungen, verworfene Entwürfe. Warum wollte ich das aufheben? Nicht um der Autorität willen, sondern wegen ihrer Menschlichkeit, dem Knirschen der Scherben im Hof der Werkstatt.

Also stellte ich eine Garnitur und einige Deckeltöpfe und eine Reihe Gefäße hin, die ich auf den Regalen ausprobiert hatte, bevor mir klar wurde, dass es nicht funktionierte; in den Schatten über mir aber sahen sie wunderbar aus.

Wunderbar, weil man sie nicht zur Gänze sehen konnte, festgehalten und zugänglich. Sie waren sicher, denke ich. Nicht sicher davor, angefasst, gebraucht zu werden, aber sicher davor, dass ihnen jemand auf den Leib rückte, sie dokumentierte und verkaufte. Das bedeutet nicht, dass Schattenhaftigkeit einem Schwere oder Mysterium verleiht oder dass man sich in irgendeinen geborgten Ernst verkleidet. Eher drängen die Schatten Profile weg. Man kann den Umriss einer Idee gewinnen, wenn man ihre Einzelheiten verliert.

Wir hatten eine Ausstellungseröffnung, an die ich mich kaum noch erinnere, außer dass meinem dreijährigen Sohn der Nebenraum mit seinen Ananas großartig gefiel. Und dass einer nach dem anderen mir sagte, wie frustrierend es sei, nicht sehen zu können, was auf den Dachböden sei. Warum würden die nicht beleuchtet?

Das war mein Übergangsmoment als Töpfer. Ich schuf jetzt *Installationen*. Ich hielt mich aufregend nahe an *Architektur* auf.

Und ich hörte *Ärgernis*.

4

Wieder habe ich es so eilig. Ich weiß, ich sollte ruhiger sein, aber Ruhe und diese fremde Stadt passen für mich nicht zusammen. Ich habe keine Zeit mehr. Ich muss so vieles noch einmal ansehen. Ich muss die Farbe der Seladonwaren neuerlich überprüfen, die August für das Japanische Palais in Auftrag gab, also eile ich zurück über die Augustusbrücke, wende mich nach rechts und laufe durch den Zwingerhof.

In der Porzellangalerie hole ich Luft. Hier herrscht ein leises Summen, von den Besuchern, die die Exponate bewundern.

Diese Räume waren nie für Porzellan gedacht. Sie wurden auch nicht dafür verwendet, bis die Sowjetunion die Dresdner Schätze zurückgab; nach dem Einmarsch der Roten Armee im April 1945 waren sie in brüderliche Obhut nach Moskau gebracht worden.

1958 kehrte Augusts Porzellan – jedenfalls das meiste – neben anderen großartigen Objekten aus der Kunstkammer zurück. Der bombenzerstörte Zwinger wurde allmählich restauriert und 1961 wiedereröffnet.

Ich streife vor und zurück. Die Galerie ist auf grandiose Weise falsch. Garnituren von *famille rose* aus Kangxi und Kakiemon aus Japan stehen auf vergoldeten Holztischchen. Es gibt Fragmente von Porzellanzimmer-Arrangements in den Nischen, Teller und Vasen auf Wandborden in perfekter Symmetrie. Einige der Dragonervasen stehen hier auf Sockeln. Das Modell Augusts des Starken zu Pferd. Ein Objekt unendlicher Verzweiflung. Wie kann man eine Skulptur aus Porzellan gestalten, bei der die Pferdebeine eine Figur tragen? Ein großer Raum in der Galerie enthält die Menagerie von Porzellantieren, in zwanzig Jahren von dem großen Bildhauer Kändler geschaffen, aufgestellt auf einer Felsklippe unter einem Baldachin aus geraffter Seide. Alle zehn Minuten geht der Alarm los, wenn jemand versucht, sich einer der riesigen Porzellanfiguren eines Nashorns oder eines Löwen zu nähern.

Es gibt Vitrinen für einige der berühmten Services – das Schwanenservice für den Grafen Brühl, die durchscheinenden Teller sind so modelliert, dass es aussieht, als tauchten Fische und Vögel aus dem Wasser auf. Es gibt Krönungsservices und Hochzeitsservices und all das Meißner Gepränge. Porzellan für Harlekine und Musikkapellen, Brunnen und Ruinen, für Tischleuchter, Kreuzigungen, Büsten, Besteck, Spazierstöcke. Porzellan als Tribut und Geschenk und Diplomatie, für Schau und für Intimes. Und bemalt mit antiken Szenen und Landschaften und phantasmagorischen Wesen und Schmetterlingen, Vögeln, Insekten. An einer Wand lodern die Seladonwaren empor. Sie sind blauer, als ich sie in Erinnerung habe.

Es gibt Vitrinen, deren Inhalt man gut vergleichen kann, und die Wandtexte sind wunderbar und klar. Hier finden sich lebenslange Wissenschaft und Kennertum. Und es ist ja nicht so, als hätte ich Authentizität erwartet – grandiose Speiseservice an dreißig Meter langen Tischen, die Menagerie von Kerzen erhellt –, wenn das auch nett gewesen wäre, es scheint bloß alles so zahm.

Es ist so viel bewundert worden, dass es auf grandiose Weise abgestorben ist. Die wüste, brillante, erschreckende Vorstellung von Weiß ist erstickt worden. Tschirnhaus ist verschwunden, vergoldet.

Das Porzellan ist bourgeois geworden. Es wurde zu meiner achtlappigen Schüssel, fett von sommerlichen Früchten. Es wurde zu den »Meißner Tellern mit Goldrand«, die die Dienerschaft in Thomas Manns »Buddenbrooks« während eines endlosen Abendessens mit Fisch und gekochtem Schinken mit Schalottensauce und Makronen, Himbeeren und Eiercreme unter den strengen Augen der Hausherrin vorsichtig aufträgt. Es wird teuer und sammelnswert. Hier ist es, wo Porzellan seine Eignung für alles Mögliche erfährt; es wird neu eingeschrieben als Konsumware statt als fürstliches Geheimnis. Dieses besondere Überschreiben sollte sich gut anfühlen. Schließlich hat jedes Stück Porzellan in den Sammlungen seine Ziffer, eine dynastische Marke aus China, oder ein Fabriksymbol und die Inventarnummer und viele Neunummerierungen. Jedes Dokument scheint mit Anmerkungen versehen. Als ich mir den großartigen ersten Eintrag über die Erfindung des Porzellans wieder vornehme, *album et pellucidatum*, wird mir klar, schmerzlich spät in meiner Recherche, dass da auf der Seite nicht nur Böttgers Handschrift ist, sondern dass auch jemand anderer die Anmerkungen beigefügt hat.

Diese ganze Stadt ist ein Palimpsest. Es gibt aktuelle Restaurierungen von Wiederaufbauten aus der DDR-Zeit der im Krieg zerstörten Palais und Schatzhäuser.

Als ich den Zwinger durch den Bogen unter dem Stadtpavillon verlasse, bemerke ich links eine Wandtafel, die an den Wiederaufbau mithilfe der Sowjetunion erinnert. Sie ist undatiert. Aber es gibt eine Fußnote, eine kleinere Tafel, ebenfalls undatiert, auf der steht, dass das Original von 1963 stammt.

Das, so denke ich, muss frühe Post-Mauer-Zuversicht sein; 1990.

Im Taxi zum Flughafen unterhalte ich mich mit der Chauffeurin über die Lebkuchen und Stollen, die ich gestern Abend am Striezelmarkt gekauft habe, und sie sagt mir, dieser Markt sei *nicht gut*. Der richtige sei woanders. Immer scheine ich die falschen Märkte zu erwischen.

Dreißig

1719

1

Und so stelle ich *Sachsen* fertig und schreibe: *Gute Arbeit.*

Frankreich: vielversprechend. Die Porzellanfabrik im französischen Saint-Cloud stellt nach wie vor *Contre-façon*-Waren her. Sie sind immer noch schön, immer noch falsch. Der Grand Dauphin mit seinem herrlichen chinesischen Porzellan in seinen Versailler Gemächern ist gestorben. Die Fonthill-Vase, festgehalten in einer Zeichnung des adeligen Antiquars M. de Gaignières, ist verschwunden. Es gibt einen neuen König, neun Jahre alt.

Delft ist einfach. Seit Tschirnhaus vor zwanzig Jahren dort war, ist nicht viel geschehen. Es gibt immer noch kein echtes Porzellan. *Muss mich mehr bemühen.*

2

China 1719.

In China kümmert sich Père d'Entrecolles um seine Pfarrkinder. Und um seine jesuitischen Mitbrüder, einen zerstrittenen Haufen. Rom ist nicht hilfreich. In den Archiven wird betont, wie beliebt er ist. Er ist immer noch in der Provinz Jiangxi, reist immer noch nach Jingdezhen.

Sein erster langer Brief aus Jingdezhen ist in der Jesuitenzeitschrift *Lettres édifiantes et curieuses*, herausgegeben von Pater Du Halde, abgedruckt worden und erregt Aufmerksamkeit.

Sein großer Freund, der Mandarin Lang Tingji, der das Porzellan für den Kaiser herstellen lässt, ist inzwischen sehr bedeutend. Er ist nicht nur Gouverneur, sondern auch für den tausend Meilen langen Großen Kanal zuständig, der Beijing mit Hangzhou verbindet.

Die Franzosen haben Kaiser Kangxi reich beschenkt. Es gefällt ihm besonders, wie das Emaille auf Porzellan zur Geltung kommt, er liebt seine Harfe, seine Mathematik. Man hat ihm einen guten Experten für Glas geschickt, einen Jesuiten aus Bayern, und es gibt jetzt *Kaiserliche Glaswerke*. Sie sind ein großer Erfolg. Der Kaiser hat einiges von seinem neuen Glas an Peter den Großen in Moskau gesandt und zweiundvierzig Stücke an den Papst.

Aber es sind die Emaillearbeiten, die bei Kaiser Kangxi den stärksten Anklang finden.

Zu dieser Zeit schreibt Pater Matteo Ripa:

> Seine Majestät, der von unserem europäischen Emaille und der neuen Methode der Emaillemalerei höchlich angetan war, versuchte sie auf jede nur mögliche Weise in seinen kaiserlichen Werkstätten einzuführen, die er zu diesem Zwecke im Palast hatte einrichten lassen, mit dem Ergebnis, dass mit den dort für die Porzellanmalerei verwendeten Farben und mit etlichen großen Stücken Emaille, die er aus Europa hatte herbeischaffen lassen, einiges ermöglicht wurde. Um auch europäische Maler zu haben, befahl er mir und Castiglione, auf Emaille zu malen …

Da sie keine Lust haben, Emaillemaler zu werden, haben sie das so schlecht gemacht, dass der Kaiser sie von der Aufgabe entbunden hat.

Andere haben prompt gelernt. Und diese Porzellane mit ihren weichen rosafarbenen und karminroten Farben, *famille rose*, sind bemerkenswert. Diese neue Palette bringt neue Geschichten mit sich. Die ersten Exemplare, die den Westen erreichten, haben Erstaunen erregt.

Ich lese eine Beschreibung des Kaisers. Er ist *Kangxii*, der Friedliebende,

> … damals im dreiundvierzigsten Jahr seines Alters. Seine Gestalt war wohlgebildet, sein Angesicht anmutig; seine Augen, größer, als seine Landsleute sie gemeinhin zu haben pflegen, funkelten; seine Nase war etwas gebogen und am Ende ein wenig rund: Er hatte einige Merkmale der Pocken, die dennoch die Schönheit seines Antlitzes nicht minderten.

Ich betrachte eingehend sein Porträt. Alle Kaiser sehen aus wie Dorothy L. Sayers, die Beine gespreizt, die Hände im Schoß, robust, undurchschaubar.

3

Und dann komme ich zu *England 1719*.

Ein deutscher Fürst, Georg von Hannover, ist seit fünf Jahren König von England. Möglicherweise der einzige deutsche Fürst, der sich nicht für Porzellan interessiert. Er hat seine Dienerschaft mitgebracht, klugerweise seinen Koch importiert sowie ein paar Stücke Meißner Porzellan. In England gibt es keine Porzellanfabriken.

Und ein Knabe bricht auf zu einem langen Fußweg von Devon nach London. Es sind 207 Meilen, eine Woche mühsames Dahinstapfen von der Kirche von Kingsbridge in Devon zur Hofapotheke, Old Plough Nr. 2, abseits der Lombard Street. William Cookworthy wird seine Miete durch Arbeit abbezahlen. Er kann die Gebühren für etwas so Formelles wie eine Lehrlingsausbildung nicht entrichten. Er ist auf Wohlfahrt angewiesen, und er soll jetzt sechs Jahre lang in Chemie ausgebildet werden.

Teil Drei

Plymouth

Signet von
Cookworthy

Einunddreißig

Die Geburt des englischen Porzellans

1

Um meinen dritten weißen Becher zu finden, bin ich wieder zuhause in England.

Ein Winter in London. Kaum Grund zu Beschwerden, außer dass das Studio undicht ist. Es gibt jetzt so wenig Platz, dass wir Töpfe und Vitrinen nach außen tragen und in Kisten verpacken müssen.

Ein Teil des Problems ist, dass die Platten aus Jingdezhen in einem Dutzend absurd schwerer Kisten eingetroffen sind. Für meine Ausstellung in Cambridge brauche ich siebzehn intakte Platten. Beim Transport ist nichts gebrochen, allerdings bin ich vom Stapler des Lastwagens nach hinten getreten und hinuntergefallen und fühle mich zerschlagen und idiotisch. Ich habe 121 schöne dünne, wundervolle Porzellantafeln mit Seladonglasur, einige leicht gewellt, einige ganz leicht verzogen. Bei einer finde ich an einer Ecke eine kleine abgeschlagene Stelle. Deshalb, überlege ich, gibt es so viel chinesisches Porzellan in Europa. Jeder bestellt aus Angst weitaus zu viel.

Ich habe mir eine zum Verkauf stehende Fabrik angesehen. Sie ist riesig, achtmal so groß wie unser Studio hier, mit einem doppelt so hohen Hangar und einem Erdgeschoss mit Büros, jedes in winzige Räume abgeteilt. »Treppen nicht blockieren.« Eine Luke für »Auskünfte«. Ein Mann arbeitet hier oben und einer unten in der Fabrik.

Hier wurde Munition hergestellt, wurden Schrotflinten und Gewehre repariert. Ein Raum ist mit Zinkplatten ausgekleidet, wegen des Schießpulvers, aus siebzig Jahren stammende Holzkisten aus Deutschland mit der Aufschrift »Explosiv« stehen in Stapeln herum, es gibt Regale voller Vogelscheuchen und Entenköder. Ein Safe ist hier, den man nicht wegrücken kann. Niemand lässt heute noch Gewehre reparieren, sagt der Mann. Die Firma bestand seit der Mitte des 19. Jahrhunderts. Er ist sachlich, aber das ist traurig.

Es ist sehr melancholisch. Und sehr kalt. Ich finde es wunderbar.

Du könntest hier ein Projekt machen, alles ordentlich dokumentieren, einiges behalten, sagen Architektenfreunde. Sie haben vollkommen Recht. Ich sollte. Es ist einiges an Arbeit zu tun – eine Ausstellung in New York – und keine Zeit, also wird alles ausgeräumt, die Büroeinrichtungen und die schwach schimmernden Zinkplatten kommen in den Müll, und mein neues Büro wird in Neuanfangweiß gestrichen. Grimmiges Weiß.

2

England und Porzellan.

Das sollte der leichte Teil sein. Nach dem ganzen aristokratischen Zeugs bin ich jetzt in Marktflecken gelandet. Ich kenne die Landschaft. Wenn Dresden Technicolor war, mit Mätressen und Fluchtplänen, dann verspricht England bloß viele fehlgeschlagene Experimente. Hier herrscht eine andere Geschwindigkeit, und ich muss mich hineindenken, wie ich dreißig Jahre Hartnäckigkeit rhythmisieren soll. Ich mache mir auch ein wenig Sorgen, weil ich über das Verlangen nach Porzellan schreiben soll. Das ist natürlich universal, aber Engländer halten ihr Verlangen strikt verborgen, und es mag schwieriger aufzuspüren sein.

England 1719. Ein Knabe macht sich auf den langen Weg von Devon nach London. Was den Erzählfluss betrifft, frage ich mich, wie oft ich über das Aufbrechen schreiben kann.

In der Sprache des weißen Porzellans ergibt das »Fang nochmal von vorne an« absolut Sinn.

3

Es ist eine Geschichte wie aus einem guten Roman des 18. Jahrhunderts. Das Frontispiz von »Leben und Taten des Wm Cookworthy« würde den Helden zeigen – fünfzehn Jahre alt, Quäker, solide und ernsthaft –, der mit seinem Ranzen auf dem Rücken Richtung London wandert. Im ersten Kapitel würde der Tod seines Vaters gestreift, der Niedergang des arbeitsamen Heims, die sieben kleinen Kinder, das katastrophale Elend, nachdem der Südseeschwindel alle Ersparnisse aufgezehrt hat, und es endet mit einem Einladungsschreiben, einem Angebot, in der Werkstatt eines Apothekers zu arbeiten.

Und dann die lange Wanderung vom Bekannten in eine unbekannte Zukunft.

Das Bekannte ist tiefstes England, eine zwischen schmale Täler und Eichenwälder gebettete Ortschaft. Es gibt Bäche, die von der Flussmündung und der Flut gespeist werden. Es ist ein behäbiges Stück Land, die Wege sind schmal und morastig im Winter, feucht fast das ganze Jahr über, staubig für einen verwunderlichen Monat oder zwei, dann wieder unpassierbar. Lehm und Flechten liefern die Farben, starke, eindeutige Farben.

Das Unbekannte beginnt, wenn du die drei von einem geschwungenen Geländer flankierten breiten, flachen Stufen zu der doppelflügeligen Eingangstür einer Apotheke hinaufsteigst. Mach die Tür auf, und du kommst in einen großzügigen Vorraum und von dort in das Zimmer mit einem großen Fenster, durch das Licht und Luft in das Geschäft mit seinen Ladentischen einfallen; dort mischen Silvanus Bevan und seine Assistenten an einem langen Tisch ihre Medizinen, Lotionen, Salben, Tränke und Tinkturen.

Ich merke, dass es genau wie die Apotheke am Molkenmarkt in Berlin aussieht, wo Böttger anfing.

Zweiunddreißig

Drei Skrupel ergeben ein Quäntchen

In der Apotheke stehen blaue und silberfarbene Krüge auf Regalen an der hinteren Wand aufgereiht, es herrscht ein Eindruck von Effizienz, von Organisation. Es ist eine moderne Drogerie mit einem jungen Besitzer – Silvanus Bevan ist siebenundzwanzig und hat eben erst seine Ausbildung abgeschlossen – und der »Pharmacopoeia Londinensis« oder dem »New London Dispensatory« mit ihren obligatorischen Auflistungen von Heilmitteln, die studiert und mit Anmerkungen versehen werden wollen.

Es gibt Arbeit für einen jungen Mann, er muss lernen, die verschiedenen Bestandteile der Welt zu zermahlen und neu zu behutsam getrockneten Pillen zusammenzusetzen, um »Herz und Lebensgeister« aufzurichten. Du gehst ins Bett, dein Geist tickt vor sich hin. *Drei Gran ergeben ein Skrupel / Drei Skrupel ergeben ein Quäntchen / Acht Quäntchen ergeben eine Unze.* Und dann ist es fünf Uhr, und du erhebst dich von deiner Pritsche im Dachboden – dort ist es zu kalt oder zu heiß – und wäschst dich im Keller, wo das Rohr hereinführt.

Die Hausgemeinschaft versammelt sich zur stillen Andacht, denn dies ist das Haus eines Quäkers. Und dann beginnt dein Tag, und deine Hände und Arme stecken den ganzen Tag in kaltem Wasser. Du musst den Steinplattenboden reinigen und die Stößel und Mörser, die Kupferbecken, die Löffel und Kellen, die Messbehälter, die Flaschen und Gefäße mit den Stöpseln, die Phiolen. Du heizt den Ofen an, in dem Odermennig und Tausendgüldenkraut trocknen. Du läufst hinaus und die Treppe hinauf und hinaus in den Hof, um den Männern beim Abladen strohumhüllter Kisten zu helfen, bei Fässern, die dann in den Keller gerollt werden.

Das Haus Nr. 2 in Plough Court, London.
Aquarell, um 1860

Was weißt du schon davon, was hier kostbar ist, wo man mit einer Prise von diesem safranfarbenen Pulver den Hügel hinter deinem Dorf kaufen könnte? Du lernst allmählich, wer wer ist in dem Strom an Menschen, die durch den Torbogen in Plough Court und die drei Stufen hinauf zu Nr. 2 kommen und gehen; die Ärzte, Hausierer, Händler, Reisenden, die Verzweifelten und die Kranken, die Zudringlichen, die Frommen und die Neugierigen, die Armen, der venezianische Botschafter, Scharlatane, Newton, Mitglieder der Royal Society, Sarah, die Herzogin von Marlborough, Quäker-Älteste.

Du bist sechzehn, siebzehn, achtzehn und an der Schwelle.

Es sind aber nicht nur Menschen, die über die Schwelle treten. Aus Pennsylvania kommen Exemplare amerikanischer Pflanzen, Ginseng zum Beispiel, und Kupfererz, Bezoare von persischen Bergziegen, pulverisierte Perlen aus Antwerpen, Dinge aus fernen und reichen Gegenden. Diese Materialien sind eine Art Kosmographie, eine Vermessung der Welt.

Und es treffen auch Objekte für Silvanus Bevans Sammlung ein. Er besitzt die Vordergliedmaße einer Meerjungfrau und Fossilien, er zieht Kräuter und seltene Pflanzen; einigen der esoterischen Ingredienzen, wie sie Apotheker der vergangenen Generation bevorzugten, etwa gepulverten Schwalben und menschlichen Tränen, hat er hingegen wohl abgeschworen.

Das Wissen hier ist Ebbe und Flut.

Ständig kommen Bücher, auf Griechisch, Französisch und Latein. Bevan nimmt seine Assistenten in Vorträge mit, zu Zusammenkünften, Experimenten, Kirchenversammlungen. Dieser Haushalt ist nicht mit Kindern gesegnet, aber es herrscht so viel Lärm, wie ein Quäker nur aushalten kann. »Lass ihn achten darauf, dass er nicht ein Ding für das andere nehme«, lautet eine Überschrift in der großen »Pharmacopiae«. Allmählich lernst du die »Auswahl der Heilkräuter«, die Identifizierung von Pflanzen, Samen, Beeren und Blättern, wie sich die Gewöhnliche Kreuzblume vom Seifenkraut unterscheidet und alle Varietäten englischer Pflanzen von Alant bis Zinnkraut. Wie sie aussehen, wie sie riechen, den Hauch ihres Aromas, wenn sie in der flachen Schale zu Pulver zerrieben werden, wenn du die Pflanzen für einen Absud vorbereitest. Du lernst das Präparieren.

Du lernst, wie man denkt.

Das Denken geht gleichermaßen durch die Hände vor sich wie durch den Kopf. Nach ein paar Jahren kannst du eine Phiole von X oder Y schräg halten und aus der Geschwindigkeit, mit der sich die Masse bewegt, sagen, ob sie die rechte Zähflüssigkeit hat. Wenn du pulverisierst, etwas »durch Zerreiben in feuchtem Zustand in ein feines, glattes Pulver oder eine Paste verwandelst: eine Methode, um feine von groben Partikeln zu trennen«, änderst du die Richtung des Stößels im schweren Mörser. Das ist Ausbildung: die Bewegung des Lernens vom Kopf zur Hand und wieder zum Kopf. Keine Abkürzungen, wiederholt die Uhr.

Keine Abkürzungen, sagte Geoffrey während meiner Lehrzeit vor fünfunddreißig Jahren, nicht ein Ding mit dem anderen verwechseln.

Keine Abkürzungen, sagte ich zu meinem ersten Lehrling, vor etwa zwanzig Jahren.

Dreiunddreißig

Ein Quäker! Ein Quäker! Quirl!

1

Das Geschäft dieses Hauses ist zugleich zutiefst abstrakt und zutiefst praktisch. Das ist die Art der Quäker.

Die Quäker sind derzeit im Aufstieg. Seit dem Toleranzpatent von 1689 ist es ihnen erlaubt, ohne Angst vor Einkerkerung frei ihren Glauben auszuüben. Aber da sie sich weigern, jedwelchen Eid zu schwören, darunter auch den Treueeid, können sie nicht Parlamentsmitglieder werden, können in der staatlichen Hierarchie nicht nach oben gelangen, nicht als Friedensrichter oder Geschworene fungieren. Und sie können keine höheren Schulen besuchen oder eine der englischen Universitäten. Da die Wochentage und die Monate des Jahres mit heidnischen Namen benannt sind, haben die Quäker ihren Kalender umkalibriert; der Sonntag ist jetzt der Erste Tag und der Januar der Erste Monat.

Mit ihren schlichten Gewändern, den breitkrempigen Hüten und enganliegenden Häubchen halten sie sich abseits, selbstgenügsam. Sechzig Jahre zuvor standen sie am Pranger. Dreißig Jahre zuvor konnten sie verfolgt werden. Jetzt bekommen sie hin und wieder einen Stein von der Schar Jungen nachgeworfen, die sich ständig neu formieren wie die Spatzen im Herbst: Ein Quäker! Ein Quäker! Quirl!, brüllen sie, und dann fliegen die Steine. Man darf nicht reagieren oder fluchen, aber Davonrennen ist erlaubt.

Dies drängt die unternehmerische Energie der Quäker in alternative Räume und Ideen. Beim gemeinsamen Schweigen in der Versammlung – lange und gemessen entfaltet es sich – sieht man sich um, und in diesen Stunden gibt es eine Art Einschätzen, während man darauf wartet, dass Gott die Mitbrüder zum Sprechen aufruft.

Die Häuser in Plough Court abseits der Lombard Street sind perfekt geeignet für dieses sorgsame Verweben von Zuhause und Arbeit und Gemeinschaft. Sie bieten genug Raum für eine Werkstatt und Lehrlinge. Wie in jedem Londoner Stadtteil herrscht ein bestimmtes Glaubenstimbre in diesen paar Straßen. Drunten im Osten in Spitalfields leben die Hugenotten, aber hier sind die Abweichler mit ihren Druckern und Ärzten, neuerdings auch Apotheker, Kaufleute und Kaffeeimporteure.

London ist riesig und chaotisch, aber dieser Teil ist leicht zu kartieren.

Das Versammlungshaus der Quäker, der Freunde, wie sie sich nennen, ist im White Hart Court in der Gracechurch Street, vier Minuten von der Apotheke, falls man es eilig hat, zur Versammlung zu kommen. Ein Aquarell zeigt ein Meer von Hauben, die Frauen links, die Männer rechts, auf der Galerie ein paar bunt gekleidete Besucher. Obwohl lichtdurchflutet, ist es eine Studie in Umbrabraun.

Im Geschäft haben Silvanus und seine Assistenten es mit Wechselfieber zu tun, mit Melancholie, Bienenstichen, Besessenheit, Wassersucht, Pocken, dem Grünfieber und Gicht, mit Frauen, die wissen wollen, ob sie ein Kind erwarten oder nicht. Die Kunst des Apothekers ist komplex. Sie erfordert es, die Person, die vor ihm steht, anzusehen und ihre Bedürfnisse abzuschätzen.

Silvanus, schrieb Benjamin Franklin, der ebenfalls Plough Court besuchte, war »bemerkenswert wegen der Aufmerksamkeit, mit der er die Mienen betrachtete«; sie kam in seinem Talent zum Ausdruck, »genaue Ebenbilder« aus Elfenbein zu schnitzen. Silvanus' kleine Elfenbeintafel von William Penn, ganz Lockenperücke, zeigt einen echten Menschen, gewichtig, selbstbewusst, das Doppelkinn gegen die Ferne gereckt, innehaltend, bevor er spricht.

Für William Cookworthy ist diese Kunst, etwas wahrzunehmen,

scharfsinnig zu sein, ein weiterer Teil von *das eine Ding nicht für das andere nehmen.*

2

Und das passt zu dem obsessiven Notieren, das zum Leben der Quäker gehört.

Da die Quäker sich gegen die äußeren Insignien des Staates entschieden haben und ihre eigenen Zeremonien abhalten, führen sie sorgfältige Aufzeichnungen über Hochzeiten, Genehmigungen, Testamente, Erbschaften, über die Armen, Beschwerden und Anliegen. Es gibt Hauptbücher und Bücher mit Reinschriften, die minutiös den Tremor der Sorge wegen des Verhaltens eines bestimmten Freundes verzeichnen, die Vorsicht vor allem, was auf das Bild der Freunde zurückfallen könnte. Es gibt die ständige Drohung, ausgeschlossen, die Sanktion, von den Freunden entfernt zu werden, und das bedingt noch mehr Aufzeichnungen.

Dieses Ordnen des Lebens ist leicht zu verstehen. Man weiß, wo man steht.

All das Buchhalten und Zählen und nochmal Zählen auf dieser Erde hilft die Rechtschaffenheit zu festigen, die man bei der letzten Abrechnung vor Gott braucht.

Wie lange ich wohl vor den strengen Fragen der Ältesten bestehen würde?

Meine Methoden beim Materialsammeln, beim Notizenmachen und ordentlichen Aufzeichnen, meine Archivgewohnheiten taugen nichts.

Vor ein paar Monaten, ich konnte mitten in der Nacht nicht schlafen, bestellte ich bei einem Internet-Buchhändler Williams »Patent for Porcelain«; ich wollte es in der Hand haben. Ich dachte, es würde noch irgendein leichtes Vibrieren von all den Mühen des alten Mannes absondern. Es war genauso lächerlich teuer wie die vier Seiten von Tschirnhaus, die ich bei meinen Recherchen im Jahr zuvor gekauft hatte. Als es vom Buchhändler kommt, ist es perfekt.

Und jetzt kann ich es nicht finden.

Meine Notizen und Mappen sind ein einziges Durcheinander, die Notizen aus China sind irgendwie zwischen die aus Meißen geraten, darüber Tschirnhaus, und jetzt die gesammelten Werke von Defoe und die Briefe von Samuel Smiles.

Muss ich so lange wach bleiben, bis ich in einer Art Dämmerzustand bin, um es zu finden?

Gott helfe mir, denke ich, während ich meinen Schreibtisch betrachte. Ich bin die Jesuiten losgeworden und jetzt habe ich die Quäker am Hals.

Vierunddreißig

Eine erkleckliche Menge Regen

1

1726 ist William Cookworthy einundzwanzig und nach sechs Jahren in London auf dem Weg nach Plymouth.

In der herkömmlichen Art der Quäker stattet Silvanus William mit einem bescheidenen Darlehen aus, als Bevan and Cookworthy, Apotheker in Notte Street: »Jener Teil der Stadt, wo sich die meisten Kaufleute zusammenfinden, mit einer Straße, die zum Kai hinunterführt, zum Zollhaus, der Börse und anderen mit dem Hafen in Verbindung stehenden Ämtern.«

Es könnte keinen besseren Beginn für diesen jungen Mann geben.

Das Haus steht in einem Garten, praktisch wegen der Kräuter; an der einen Seite befindet sich das chemische Laboratorium mit seinen Tischen, Regalen und dem Destillierapparat sowie die Arzneiausgabe. Das Gebäude ist sieben Fenster breit, vier Stock hoch, verkleidet mit Portland-Stein und mit einer steilen Treppe zu einer schönen Giebeltür mit einem Adler, der sich in die Lüfte erhebt.

Ich gehe William nach. Wir reden uns mit dem Vornamen an.

Ich hatte Jingdezhen und Versailles und Dresden. Ich hatte meinen Spaß und mache mich jetzt auf in den Westen. Plymouth ist ein reger Hafen, zwischen graugrüne bewaldete Hügel gebettet, die Flüsse fließen weit hinaus in den Kanal, die graugrüne Stadt schmiegt sich in die Landsichel. Dr. John Huxham, Williams neuer Nachbar, schrieb über den Ort:

> Die Stadt Plymouth ist am Rande einer sehr großen Bucht gelegen, den südlichen Winden ganz frei ausgesetzt; im Osten und Westen wird sie von sehr hohen Klippen geschützt, am Ende abgeschlossen von Marble-Rocks, und zwar dergestalt, dass ein Meeresarm an jeder Seite weit ins Land hineinreicht ... Vom Ende der Bucht steigt das Land allmählich an, bis man zu den Höhen von Dartmoor kommt, etwa zehn Meilen von der Stadt entfernt. – Ich habe die Lage der Stadt folgendermaßen beschrieben, sodass, neben anderen Dingen, vielleicht einiger Grund dafür gesehen werden mag, warum hier im Jahr eine so große Menge an Regen fällt.

Dies ist weniger eine Landschaft als ein Wettersystem.

Es ist ein Ort, der zu »plötzlichen und manchmal heftigen Wetterumschwüngen« neigt, schreibt Dr. Mudge aus Plymouth. Der Himmel ist bleiern, zinnfarben, manchmal makrelengrau, der Boden »sehr morastig bei feuchtem Wetter, von den Rinnsalen, die mitten durch die Straßen fließen«. In der British Library verbringe ich einen angenehmen Vormittag mit Dr. Huxham, der dreimal am Tag sein Barometer konsultierte, um »Beobachtungen über die Luft und epidemische Krankheiten vom Jahre 1727 bis einschließlich 1737« aufzuzeichnen, sodass ich weiß, wie nass William an diesem neuen Ort morgens sein muss, wenn er mittags hinausgeht, und abends, wenn er isst und schließlich ins Bett fällt.

Seine Tage sind markiert, aufgelistet entweder als »Einiges an Regen«, »Eine erkleckliche Menge Regen« oder »Andauernder und heftiger Regen«.

2

Stadt und Hafen sind verstopft, fiebrig, Matrosen und Huren, Presspatrouillen und Mittelsmänner der Marine, Krämer, die Segeltuch und Spieren verkaufen, Seiler und Blockmacher. Ein ständiger Strom von Karren für die Kaufleute rollt heran, die die grobe Wolle von den Herden im West Country und Serge exportieren, und Schiffen, die mit Zinn und Kupfer aus Cornwall anlegen. Morgens werden die mit Schleppnetzen gefangenen Sardinen verkauft, dreimal die Woche Landwirtschaftsprodukte wie Butter, Hühner und Mais angeboten. Am Kai in Plymouth gibt es bei seltenen Gelegenheiten wunderbare Auktionen von Beutegütern, denen abgenommen, gegen die gerade gekämpft wird – Schnupftabak aus Havanna, notiert William –, und es gibt Tönnchen mit Zucker, Rum, Tabak und jeder Art von Kolonialwaren, die hier an Land gebracht wurden.

Wo immer Schiffsladungen sind, gibt es auch Streitigkeiten, und so hat diese Stadt ihre Anwälte. Dann sind da die Ärzte Mudge und Huxham, Wundärzte, Bankiers, Auktionäre, die Beamten der königlichen Werft und die Geistlichen, die man sich hält, um den Seeleuten Mäßigkeit und Respekt zu predigen, sowie diverse Gottesmänner für die verschiedenen Andersgläubigen, denn Plymouth ist wie alle Häfen eine prekäre Balance aus Respektabilität und Krawall.

William wird Groß- und Einzelhändler für Ärzte und Apotheker in ganz Devon, Somerset und Cornwall sowie für die unmittelbaren Einwohner Plymouths sein. Er reitet auf seiner grauen Stute nach Plympton, Plymstock, in die South Hams, nach Buckland, Tamerton Foliot, Bere Alston, Dörfer, deren Namen wie die Listen von Esoterika für seinen Apothekerkasten klingen.

William Cookworthy Esq. ist bereits ein wenig behäbig in seinem schwarzen Quäker-Tuch, mit der weißen Krawatte um den Hals, dem breitkrempigen Hut und dem gleichmäßigen Trab seines Pferdes.

Er hat es Prudence genannt, Besonnenheit.

Fünfunddreißig

Alles in Betracht ziehen

1

Zunächst geht es bei Williams Reisen darum, Kundschaft anzuwerben, sich mit den weit verstreuten Abnehmern in Verbindung zu setzen, die Salben und Tränke und Tinkturen brauchen. Und seine Familie zu besuchen; seine Mutter und seine Schwestern leben immer noch in Kingsbridge. Aber dann wird er eingeladen, zu Versammlungen in den Dörfern in der Provinz zu kommen, wo sich manchmal nur wenige Freunde in einem Raum zusammenfinden, und er beginnt zu predigen.

Auf den tief eingegrabenen Feldwegen wachsen Ackerklee und Beinwell, Heilpflanzen, die er in sein neues Laboratorium mitnimmt. Allmählich beginnt er diese Reisen systematischer zu nutzen.

Beim Reiten kommt man gut voran, man sieht über die Hecken, merkt, wie die Lage ist. Und man ist auf Augenhöhe mit einem Zweig Holzäpfel, *Malus sylvestris*, oder Pflaumen, *Prunus domestica*. Aber die Straßen in diesem Teil des Landes sind berüchtigt. Einige sind kaum Straßen zu nennen, eher lockere, wüst zusammengeworfene Ansammlungen von Furchen und Schlaglöchern. Eine Generation früher hat Celia Fiennes beinahe ihrem Pferd und sich selbst den Hals gebrochen, als sie von Looe nach Fowey ritt, und Thomas Tonkin hat bei seinen Reisen durch Cornwall, um die Geschichte der Gegend zu erforschen, durch einen dornigen Zweig, der in einen schmalen, tief eingeschnittenen Weg herunterhing, ein Auge verloren. Wer weiß, was einem zustößt, wenn der Nebel über Dartmoor einfällt. Überall im Land gibt es nicht eingezäunte Bergwerksgruben, steile Abbrüche, die einen samt Gepäck und Pferd verschlingen. Achtung auf die Flut und Treibsand, und Achtung vor den Einheimischen.

Aber wenn man wandert, kann man die Landschaft anders lesen. Und er wandert.

So ist zum Beispiel der Stein der Hütten anders, wenn man höher Richtung Dartmoor hinaufsteigt. Hier zwischen Boscombe und Edgefield wandelt sich die Straße von braunem, kloakenhaftem Schlamm zu einem blasseren Streifen. Man befindet sich am Rand einer schrägen Felsfläche. Beim Gehen setzt sich wie von selbst das Gewirr an Ängsten, Ideen lassen sich neu überdenken. Und es macht Vergnügen.

Auf einer Brücke im Frühling fühlst du den kalligraphischen Schock eines Eisvogels über dem Wasser unten. Ein jäher Platzregen, und am Berghang tritt wie eine Silberader ein Bach hervor. Du bleibst stehen, lehnst dich auf deinen Stock, um mit dem Wegmacher der Pfarre zu plaudern, drehst nachlässig mit dem Fuß die Schotterbrocken um und um. Im Herbst läuft der Bach hier über den Weg und führt silbrigen Kies mit von den Hügeln zu deiner Rechten.

Du hast tiefe Taschen. Das Skelett eines Wiesels, ein paar Haselnüsse, und jetzt eine Handvoll von diesem Kies. Er sieht aus, als enthielte er Eisen. Wie viel Eisen allerdings, das kannst du erst heute Abend in der Notte Street bestimmen, wenn du nachhause kommst.

Beim Wandern siehst du Bewegungen, die zu Männern werden. Und dann Bergwerke. Manchmal gehst du an ein paar Gestalten und einem Pickel vorbei, einem Hineinkratzen in den Abhang, ein paar Körben, einem Bach, wo das Erz geschlämmt wird, einem angebundenen Pferd: Freeminer, die eine Zinnmine abbauen. Sie haben das Recht, die Bäche umzuleiten und Brennholz zu fällen, das Minenrecht, auf Gebieten von nicht umzäuntem herrenlosem Land »nach Zinn zu suchen und es frei zu schürfen«.

2

Andere Abbauformen berichten von Geld. Man benötigt Leitern und Flaschenzüge, Wasserräder, Schuppen für den Vorarbeiter, Stapel mit teurem Bauholz, Handpumpen. Die großen Haufen mit Abraum – lockere Erde, Kiesel, Steine – erzählen von fast dreißig Meter tiefen Schächten, klaftertief hinunter zu den Kupfer-, Zinn-, Silber- und Bleiadern. In einem Fass ist Quecksilber, ein anderes enthält Arsenik für die Prüfverfahren.

Da er in einem Dorf in Devon aufgewachsen ist, weiß William, wie es bei den Armen auf dem Land aussieht, ein kümmerlicher Faden Rauch aus dem Schornstein, eine mickrige Reihe Kohlköpfe, eine Schar Kinder in der Tür. Aber dieser Haufen Hütten beim Grubeneingang ist anders. Hier sortieren kaum sechsjährige Kinder das Erz. Das ist nicht sauber oder ordentlich; es ist unwirtschaftlich, verschwenderisch, verkommen.

William ist entsetzt. Er fragt sich, ob die weitverbreiteten Koliken vom grässlichen Apfelweintrinken unter den Arbeitern herrühren. Oder werden sie durch Bleivergiftung hervorgerufen? Ihm fällt auf, dass die Scheiben in der Apfelpresse mit Blei überzogen sind.

Dieser »verkrustete, felsige Streifen Land« ist zerklüftet von Schlachtordnungen zwischen den Männern aus den verschiedenen Minen, Hahnenkämpfen, Spiel, gelegentlicher Piraterie, Prügeleien, die mit Verstümmelungen enden, zügellosen Zechgelagen, Trunkenheit. Begleitet wird das alles von Krankheit, heftigem Husten, Lungen, die nach Luft ringen, wiederholten Knochenbrüchen, Kopfverletzungen von niederstürzenden Felsbrocken, blutunterlaufenen Augen, Mattigkeit und Schwäche, Händen, die nicht zu zittern aufhören wollen. Welche Verbindung besteht zwischen diesem Wetter, dieser Landschaft, dieser Armut?

Der junge Apotheker hat die Lombard Street weit hinter sich gelassen. Das hier ist seine neue Schwelle.

Wie wägt man Gefahren ab? Die Minen sind voll »giftigen Brodems«, seltsamen Dämpfen; ein Mann kann sich zum Ausruhen hinsetzen, und am nächsten Tag findet man ihn, »die Ellbogen auf die Knie gestützt, in einer Art schläfriger, schlummernder Haltung ... kalt und steif«; »ein Vater ging mit seinem Sohn durch den Adiot, als der Sohn in einen alten Vortrieb trat und auf der Stelle tot umfiel. Der Vater, der das gesehen hatte, folgte dem Sohn, um ihm zu Hilfe zu eilen, und teilte sein Schicksal ...« Die Minen sind die Unterwelt.

Dies ist ein Alchimistenland und der Traum eines Mineralogen, aber es ist durchwühlt und verwüstet. Materialwissenschaften bedeuten ein Testen und Untersuchen des Bodens, ein Abschätzen, was jener Stein bedeutet, wo die Reichtümer liegen. In Sachsen machte man das seit 150 Jahren, in Augusts Goldhaus liegen Karten und sortierte Proben von Erzen und Edelsteinen aus dem ganzen Land.

Doch William wandert durch eine Landschaft, wo das Wissen so lokal ist, dass die Mundart kaum von einem Tal ins nächste reicht. Erzadern folgen keiner Logik; diese Ader führt nach rechts oder nach links, hinauf oder hinunter, durch einen Kreuzgang, ein *Contra*, *Gossan*, *Slide*, *Flookan* oder so ähnlich, »gemäß dem Idiom unserer Bergleute«.

Dies hier ist kein passives Gelände, kein Landgut in Wiltshire mit Ulmen fast bis zum Bach und ein paar Kühen. Es ist ein aktives, zorniges Land, verfangen und blockiert.

Um es zu durchschauen, muss man den Akzent dieser verqueren Gegend verstehen.

Sechsunddreißig

Shillings, Kiesel oder Knöpfe

Es geht um Geld und Eigentum.

William versteht bald, dass es ausschlaggebend ist, wem das Land gehört. Bei jedem Flecken kann es Schürfrechte geben, ein Angebot für die Rechte an einem Gewinnanteil. Cornwall hat sein eigenes Rechtssystem für den Besitz an Schürfrechten, sein eigenes Gericht, die *Stannaries*, wo über die Strafen für Übertretungen entschieden wird. Es gibt komplizierte Streitigkeiten über das Erbe an Schürfrechten. Man kann beinahe nichts von beinahe nichts besitzen und trotzdem in der Hoffnung auf Reichtümer leben.

Hier ist so viel Geld zu machen, so viel Geld zu verlieren, dass alles rasch getan werden muss, die Schächte ausgehoben, nur notdürftig ausgezimmert. Der Besitzanspruch kann ablaufen. Man kann auf seine Arbeit gegen die Zukunft wetten, für seine Anteilsrechte Kredit auf Lebensmittel und Bier erwerben. Man kann einen Monat voller Möglichkeiten auf ein paar Feldern kaufen.

Eine Landschaft der Spekulation.

Es sind nicht nur die Reichen, die reicher werden. Man schreibt das Jahr 1735, und dem aufrechten und vorsichtigen William, der an seine Mappe mit den Gewinn- und Verlustrechnungen gewöhnt ist, scheinen alle in Plymouth und Cornwall Spekulanten zu sein. Da sind die Freunde, die Anteile an Schiffsladungen auf der Basis eines Laderaums voll Schnupftabak und Tabak kaufen. Alle haben von einer Mine gehört, wo hundert Pfund investiert wurden und in der ersten Woche Kupfererz im Wert von viertausend Pfund abgebaut wurde, in der zweiten von 2800 Pfund. Alle kennen die Preise. In den ersten Jahren Williams in Plymouth sind es sieben Pfund, fünfzehn Shilling und zehn Pence für eine Tonne Kupfer. Das ist wichtig, weil man auf komplizierte Weise bezahlt wird. Man beobachtet die Fluktuationen der Preise so scharf, wie ein Händler im Basar weiß, in welche Richtung sich das Gold bewegt.

Man sieht, was Spekulation einbringt – Landgüter, Lebensstil, Titel. Thomas Pitt drüben in Boconnoc bei Lostwithiel ist der Enkel des »Diamanten-Pitt«, der in Ostindien ein Vermögen gemacht, den größten und schönsten Edelstein gekauft hat, den man je sah, und ihn mit Riesengewinn an den Dauphin in Paris verkaufte.

Die Bergleute in den Zinnminen, die bloß das Hemd am Rücken haben, weder lesen noch schreiben können, können immer noch mithilfe einer Zwanzig-Shilling-Münze, Kieselsteinen oder Knöpfen die Eigenschaften einer Partie Kupfer oder Zinnerz mit der äußersten Genauigkeit angeben. Knöpfe oder Diamanten.

Siebenunddreißig

Erbauliche und kuriose Briefe

1

Das Jahr 1736 »beginnt unter trübseligen Auspizien, denn es weht ein niederdrückender Südwind, und es fällt beständiger Regen«, notiert der unermüdliche Dr. Huxham aus Plymouth, sein Barometer konsultierend; William Cookworthy aber geht es sehr gut.

Es geht ihm so gut, dass er sich eine Frau leisten kann.

Sarah Berry ist Quäkerin, natürlich, die Jüngste aus einer großen und angesehenen Familie aus Somersetshire; das junge Paar muss seine Absichten den Versammlungen in Plymouth und Taunton darlegen, um examiniert zu werden und eine »Unbedenklichkeits-Bescheinigung« ausgestellt zu bekommen. Sie heiraten Anfang des Jahres »in guter Ordnung«. Ihr Eheleben beginnen sie in nüchternem Komfort. William und Sarah, allgemein Sally gerufen, werden mit fünf Töchtern gesegnet, Lydia, Sarah, Mary und die Zwillinge Elizabeth und Susannah, es wird also ein geräuschvoller Quäker-Haushalt.

William bekommt Besuch. Er wandert. Er liest. Dass er in Plymouth statt in London oder Bristol ist, ändert nichts am Tempo seiner Lektüre. Die abgeklärten Großstädter unterschätzen immer das Leben in der Provinz, die Art und Weise, wie Informationen, Zeitschriften, Kenntnisse erspürt und ergriffen, konsumiert werden. Dies ist natürlich ein Hafen. Man kann die Nachrichten um die Landspitze herum kommen sehen, sie in dem fürchterlichen Gerumpel hören, wenn die Ladungen an Land gebracht werden. Es mag nicht so viele Vorträge und öffentliche Experimente geben wie in den Höfen um die Lombard Street, doch auf frühe Abende folgen lange Nächte der

Lektüre und der Konversation, während der Große Regen auf die Straßen trommelt.

Es gibt viele Kanäle für Bücher und Zeitungen. Frankreich liegt näher als England, Bücher kommen wie Rum verstohlen ins Land und werden gemeinschaftlich geteilt. Seine Nachbarn sind belesen. Manchmal, denke ich, scheint es, als hätte jeder Arzt und Apotheker und Geistliche im West Country im 18. Jahrhundert ein Buch über den Ort geschrieben, an dem er sich befand.

William fühlt sich zu Pragmatikern hingezogen, zur Anwendung von Vorstellungen in der Welt. Das ist weniger Problemlösung; vielmehr geht es darum, die Welt genau anzusehen und Probleme zu schaffen, sich den Fuß an der Widerspenstigkeit dessen zu stoßen, was man nicht weiß und nicht findet, und dann bewusst dagegenzutreten.

Das Wissen findet sich manchmal auf Englisch, oft aber auch auf Latein und Französisch. Deutsch ist knifflig. Und das bedeutet, dass man seine Zeit damit verbringt, Ideen durch Erwähnungen und Anmerkungen und achselzuckendes Verwerfen in verschiedenen Sprachen hinweg zu verfolgen. Es gibt Zeitschriften, die gekürzte Versionen von Vorlesungen bieten, Zusammenfassungen, die durch ihre Leerstellen beunruhigen. Was wurde hier weggelassen? Man bestellt jedes Jahr »An Abridgement of the Philosophical Discoveries and Observations of the Royal Academy of Sciences in Paris« und verschlingt den Inhalt. Dieses Jahr gibt es einige Beobachtungen zum Bezoar zu lesen, eine Abhandlung über Fluss und Rückfluss des Meeres in Dünkirchen, eine Untersuchung über die Seide der Spinnen und etwas Tendenziöses über die Eklipsen.

Bestimmte Namen tauchen immer von neuem auf, kommen wieder, verschwinden.

Es ist wie bei einem lauten Essen in Gesellschaft, wenn man sich mehr und mehr auf den Klang eines Namens einstellt, bis man ihn widerhallen hört. *Du Halde* kehrt hartnäckig wieder. Jetzt musst du

William Cookworthy, um 1740

deinen Quäker-Walkstoff beiseitelegen. Viele Nachrichten aus den abgeschlossensten Gegenden des Ostens kommen durch Briefe der Jesuiten. Pater Du Halde ist der Herausgeber ihrer *Erbaulichen und Kuriösen Nachrichten*, lockere jährliche Berichte, die als Bulletins aus der Unbekannten Welt dienen. Wie die besten Zeitschriften erscheinen sie unregelmäßig – Sie ist da! Sie ist nicht in Konkurs gegangen! – und gelangen in die Hände von Romanciers und Philosophen und Wissenschaftlern, und zu William in der Notte Street.

1735 stellt Du Halde siebzehn dieser Briefe zu vier prachtvollen Bänden zusammen, riesig und opulent, mit wunderschönen ausklappbaren Landkarten und Illustrationen von Seidenraupenfarmen und Sänften mit chinesischen Damen. Das Titelblatt zeigt ein Boot, vielleicht mit Porzellan beladen, in einem chinesischen Hafen, umgeben von chinesischen Figuren; auf der gegenüberliegenden Seite ist »Confucius, der berühmte chinesische Philosoph« abgebildet. Die Bücher werden im Jahr darauf auf Englisch veröffentlicht und dann stets neu aufgelegt.

2

Und noch ein Name taucht immer wieder auf: ein schwedischer Metallurg, Emanuel Swedenborg. Er mag zwar auf Schwedisch schreiben, William aber liest ihn auf Latein. Swedenborg ist Assessor des Bergwerkskollegiums zu Stockholm und hat ein dickes Buch in drei Bänden geschrieben, das sich mit der Zusammensetzung der mineralischen Welt befasst. Besonders über Kupfer weiß er viel zu sagen, und Kupfer erregt immer Interesse, da es an der Haustür, am Kai oder bei Ritten westlich nach Cornwall hinein Gesprächsstoff bildet.

Swedenborg ist Naturphilosoph, fixiert auf die Transformation gestaltloser Energie in eine regelmäßige Struktur, übergreifende Rhythmen, die sich von den Planeten bis in die Sandkörner wiederholen. Aber es wird auch deutlich, dass er ein zutiefst praktischer Mensch ist, nicht nur Bergwerksinspektor, sondern auch fasziniert von neuen Methoden, wie man Minerallagerstätten durch die Wünschelrute, die *Virgula Divinatoria*, entdeckt.

William hat das mit Begeisterung übernommen. Wie man sie gebraucht, hat er aus erster Hand vom Kommandanten der Garnison in Plymouth gelernt, einem wirklich ehrenwerten Mann; »durch viele Experimente mittels in der Erde verborgener Metallstücke und durch die tatsächliche Entdeckung einer Kupferader in der Nähe von Okehampton« hat er sich von ihrer Wirksamkeit überzeugen lassen. Es gebe unterschiedliche Ausschläge der Rute, schreibt William in einem Pamphlet; der stärkste bei Gold, dann folgen Kupfer, Eisen, Silber, Zinn, Blei, Knochen und schließlich Kohle, Wasseradern und Kalk. Aber man müsse achtgeben, meint er; »in metallischen Ländern sind große Mengen von anziehenden Steinen in der Erde verstreut, selbst in der Stadt, Stücke von Eisen, Nadeln & c. und sie könnten leicht den Unachtsamen verwirren.«

Was das Divinieren angeht, ist er freimütig. Das sei nicht mystisch, sondern eine praktische Herangehensweise an die Erforschung der Welt. Und er schreibt, dass »entweder die Haselnuss oder der Weidenbaum wahrhaftig allen Personen gehorcht, wenn sie bei Gesundheit sind und sie moderat und zur rechten Jahrzeit gebrauchen ...«

Offensichtlich hat der Anblick dieses Quäker-Apothekers, ernsthaft und proper, der mit seinem gegabelten Stock kreuz und quer über ein kahles Feld streift, Spott hervorgerufen. Er schreibt in dem Pamphlet: »Falls es zu Auseinandersetzungen kommt, würde ich raten, nicht zu hitzig zu werden und auf den Erfolg zu wetten, sondern ruhig zu bleiben und den Ungläubigen ihren Unglauben zu lassen ...« Als er mit seinem Freund Richard Yelland in Carloggas Quartier nahm, ging er »mit einer Wünschelrute im Land herum und suchte nach Materialien«.

William ist Abenteurer geworden.

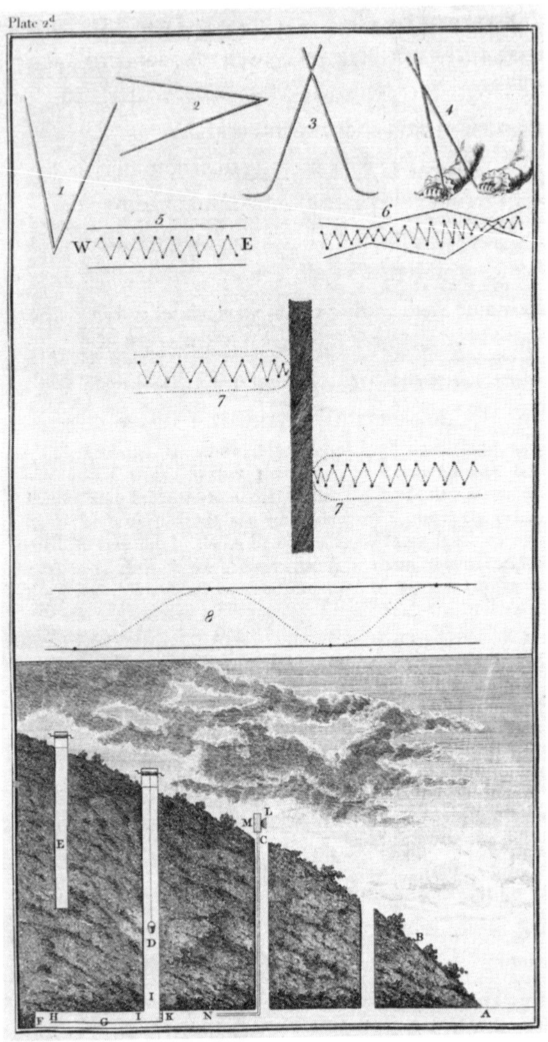

Diagramm von Wünschelruten aus:
Mineralogia Cornubiensis, 1778

Achtunddreißig

Im Gebrauche leicht fleckig

1

Das ist kein Abenteuern aufs Geratewohl. Er muss seinen Apothekerladen führen, seine Familie ernähren und seine Predigten für die Versammlungen vorbereiten. Seine Ausbildung und seine Gesinnung sind nicht verschroben. Mit solchen Informationen siebt und trocknet man, wiegt und misst. Man prüft, und dann prüft man noch einmal. Zwei Quellen ergeben eine Nachforschung. Nachforschung kann ein Abenteuer beginnen lassen. Diese Suche ist zweckgerichtet. Die Namen in all den Zeitschriften haben sich um eine Vorstellung, eine Möglichkeit herum zu sammeln begonnen. William ist ein Fischer, und hier beginnt er seine Angelrute auszuwerfen.

Als er den zweiten Band von Du Haldes großem Werk über China liest und mit Vergnügen die Reihe von Kapiteln über »Von ihren Gefängnissen und der Bestrafung der Verbrecher«, »Von dem Überfluss, der in China herrscht«, »Von den Seen, Kanälen und Flüssen, dito von deren Barken und Lastschiffen«, »Vom chinesischen Firnis oder Japan« hinter sich gebracht hat, kommt er schließlich zu dem Kapitel »Vom Porzellan oder der China-Ware«.

Dieses Kapitel ändert sein Leben.

2

In diesem Kapitel sind die zwei Briefe des Père d'Entrecolles abgedruckt, die er zwanzig Jahre zuvor aus Jingdezhen abgeschickt hat. Porzellan, sagt der gelehrte Pater, bestehe aus zwei Arten von Gestein, die zermahlen und vermischt und dann bei ausreichender Hitze gebrannt werden müssten. Das eine ist Kaolin, das andere Petuntse.

Das ist außergewöhnlich. Es ist das Arkanum, schwarz auf weiß. Eine Landkarte des Tons. William nimmt es zur Kenntnis, so wie andere. Josiah Wedgwood, er ist fünfzehn und arbeitet in der Töpferei seines Vaters in Burslem, kopiert es in sein Exzerptenbuch. Die Pocken haben das rechte Bein dieses Jungen auf Dauer geschwächt, er kann also nicht auf der Drehscheibe Gefäße drehen. So widmet er sich dem Experimentieren, dem Verstehenlernen der Methode: »Schöne Formen und Kompositionen entstehen nicht durch Zufall.« In Übersee werden Auszüge in der *South Carolina Gazette* abgedruckt.

William ist bei seinem Abenteuern nicht allein. Als der Nebel sich lichtet, die Regenschleier sich heben, sieht man, dass die Landschaft vor Goldsuchern wimmelt.

Andere bereits haben wilde Spekulationen über die weißen Felsen von Cornwall und ihre Eignung für Porzellan angestellt – nicht das harte, durchscheinende chinesische Porzellan, hinter dem William her ist, sondern die Weichporzellane, die jetzt überall in England erzeugt werden. Diese Art Porzellan ist nach der Art des Saint-Cloud, cremeweiß, opak. Es fühlt sich beim Anfassen wärmer an als das chinesische oder Meißner Porzellan, fast als wäre es aus einer anderen Hand weitergereicht.

Manche verwenden Fritte, zermahlenes Glas, oder andere Siliziumarten wie feinen weißen Sand oder Flintstein, andere experimentieren mit Kalziumphosphat. Dieses Ingrediens macht die Gießmasse weißer und hilft das größte Problem für diese Porzellane zu vermeiden: ihre Neigung, »bräunlich zu werden und bei kochendem

Wasser leicht zu springen, besonders die Glasur«. Diese Scherben werden bei viel niedrigeren Temperaturen gebrannt als echtes Porzellan, und die Elemente verbinden sich nie vollständig, um ein glasartiges Ganzes zu ergeben.

Sie sind ein schönes Scheinbild, eine weiße Oberfläche, auf die man seine Pfingstrosen pinseln, seine Schäfer malen kann, aber »im Gebrauche leicht fleckig und selbst von der Reibung eines Silberlöffels zerkratzt«. Sie ändern sich sogar mit dem Wetter, notiert ein verdrossener Kommentator.

Eine mögliche Zutat, die zu funktionieren scheint, ist ein weißer Stein, an der Nordküste Cornwalls als Speckstein bekannt. Es ist

> ein feiner und schöner Ton von fester, kompakter und gleichförmiger Beschaffenheit, absonderlich schwer und hart, mit glatter und schmieriger Oberfläche. … Er verfärbt die Finger nicht, hinterlässt aber, wenn man mit ihm über ein Brett etc. fährt, einen weißen Strich; er haftet nicht an der Zunge, schmilzt auch nicht, hat aber beim Kauen eine fettige Weichheit, und er ist ganz rein und frei von aller Sandigkeit … der beste ist im Allgemeinen weiß, manchmal gelblich getönt, elegant geädert und gefleckt …er ähnelt harter Seife so sehr, dass er seinen englischen Namen Seifenstein erhielt, und den von Steatit von unserem suet (Talg), nach seiner Ähnlichkeit mit dem harten Fett der Tiere …

Gefunden wird er beim Mullion Cove, an dem zerklüfteten Küstenabschnitt, der nur aus Klippen und Wind zu bestehen scheint und wo er abgebaut wird, Gott weiß, wie und zu Gott weiß welchen Kosten, da die Minen bei jeder Flut unter Wasser stehen. Dieser Seifenstein ist »äußerst begehrt und wird für London in Fässer verpackt, man weiß nicht, aus welchem Grunde, höchstwahrscheinlich jedoch für Porzellan oder die Herstellung von Glas oder beides«.

Diese Fabriken – Chelsea, Bow, St. James, Worcester – sind prekär: Man nehme eine Person weg, und ein neues Unternehmen wird gebildet. Robert Brown soll sich angeblich in der Werkstatt der Bow-Fabrik in einem Fass versteckt haben, um zu sehen, was der Paste hinzugefügt wurde. Er hat jetzt in Lowestoft sein eigenes Porzellanwerk gegründet. Alexander Lind, der in der Nähe von Edinburgh eine Porzellanmanufaktur eröffnet hat, berichtet, dass es ihm gelungen sei, die Brennöfen bei Bow und Chelsea zu Gesicht zu bekommen, »die das waren, was ich hauptsächlich zu sehen wünschte«, indem er einen adeligen Besucher begleitete.

Noch ein Arkanum. Noch mehr Geheimnisse.

Alles, was mit Porzellan zu tun hat, ist ein Geheimnis. Alles wird weggeschlossen. Die geheimen Formeln selbst werden »in einer Schatulle mit drei verschiedenen Schlössern und Schlüsseln, von denen einer in den Händen der Erfinder bleibt«, abgelegt, versperrt und sicher verwahrt; die anderen Schlüssel haben die Investoren.

Mein Gott, in Meißen erzeugt man Speiseservice, Dutzende perfekte Teller aus dem leichtesten, weißesten Porzellan, während hier in England eine Stimmung des verzweifelten Suchens herrscht, ein Zusammenkratzen von Investoren, Versprechungen über Versprechungen, unsicher, was herauskommen wird. In einer »Allgemeinen Beschreibung aller Gewerbe« heißt es, dass Töpfer »wenig Gelegenheiten haben, auf eigenen Füßen zu stehen, es sei denn, sie wären in glückliche Umstände hineingeboren«.

Oder anderswo geboren.

Neununddreißig

Chinaerde

Am 30. Mai 1745 schreibt William einen Brief an seinen Freund und Klienten Richard Hingston aus Penryn, einen Quäker und Wundarzt: »Lieber Richard, wegen meiner Reisen im Osten und im South-Ham war ich jüngst so viel abwesend, dass ich keinerlei Gelegenheit fand, Dir zu schreiben.« Er entschuldigt sich für Beschädigungen an den Pillenschachteln, die normalerweise gut verpackt würden. Seine letzte Bestellung sei eben auf dem Seeweg nach Falmouth geschickt worden. Ob Richard den Verkauf der Frachten in Plymouth verfolgt und gesehen habe, welche Freunde daran Anteil gehabt hätten?

Und er fährt fort, wobei er offensichtlich ein altes Gespräch wiederaufnimmt:

> Kürzlich war die Person bei mir, die die CHINAERDE entdeckte. Er hatte einige Proben der China-Ware dabei, die mich der asiatischen ebenbürtig dünkt. Sie wurde im Hinterland Virginias gefunden, wo er auf der Suche nach Gruben war, und da er Du Halde gelesen hatte, entdeckte er die Petuntse wie das Kaolin, aber es ist diese letztere Erde, die, wie er sagt, ausschlaggebend für den Erfolg der Manufaktur ist. Er ist unterwegs, um sich eine Ladung zu holen, hat von den Indianern das gesamte Land gekauft, wo sie an die Oberfläche tritt. Sie können sie für dreizehn Pfund die Tonne einführen und dergestalt ihr Porzellan so billig wie gewöhnliches Steingut offerieren, wollen aber die Kompanie nur um dreißig Prozent unterbieten. Der Mann ist Quäker von Religion, scheint aber ein so gründlicher Deist, als

ich jemals einen traf. Er hat gute Kenntnisse über mineralische Sachen, jedoch nicht *funditus*.

Dieser Reisende hat Proben eines neuen Porzellans mitgebracht und davon gesprochen, wo die geeigneten Grundstoffe für dessen Manufaktur liegen. Er hat eine Möglichkeit entworfen. William hört zu.

Hier wechselt das Wetter von Viertelstunde zu Viertelstunde. Das bedeutet meistens, dass man durchnässt nachhause kommt, was immer man beim Frühstück erwartet haben mag. Aber heute, du hast bei Freund Nancarrow übernachtet, einem Minen-Oberaufseher, machst du dich auf mit einem sachte peitschenden Wind in den Ohren. Es ist ein Junimorgen, noch früh, du bist froh über den dicksten Stoff, den du besitzt, doch binnen einer Viertelstunde dampfst du in deinem guten schwarzen Predigerrock.

Du gehst an Nancarrows Werk vorbei, und so hältst du an, um Atem zu schöpfen, und wickelst das Tuch vom Hals. Du nimmst einen Schluck Wasser aus dem Bächlein, das den Hügelabhang durchschneidet, und siehst den Arbeitern zu, die den Heizkessel flicken, er treibt die Maschine an, die Wasser aus den Minen pumpt. Er ist gesprungen, und sie dichten ihn mit einem in der Gegend vorkommenden weißen Lehm ab, vom Moor, sagen sie dir, und schmieren den wie eine Paste in die Fugen. Wenn der Kessel aufheizt, verbindet sich der weiße Lehm mit dem Metall und dichtet die Fugen ab. So wird er für gewöhnlich verwendet, »um die zinnernen Heizkessel zu flicken und die Feuerstätten der Feuermaschinen, wofür er sich sehr gut eignet«.

Auch ein Leben kann sich binnen einer Viertelstunde verändern. Du nimmst ein wenig von dieser weißen Erde zwischen Daumen und Zeigefinger, sie krümelt nur ganz leicht. Spuck darauf und reibe noch einmal, und es wird eine Paste, die sich über deine Fingerkuppen verteilt und hauchdünn antrocknet. Könnte es sein? Du weißt es. Du nimmst einen Klumpen davon mit nachhause.

Und das andere Material: die Petuntse?

Du hast dich wieder unterhalten. Diesmal mit Glockengießern in Fowey. Du befragst sie über diverse Materialien, die sie verwenden, und bemerkst, dass die Hitze des geschmolzenen Metalls einige der Steine, die die Gussform auskleiden, zusammengebacken hat. Was verbindet sich auf solche Weise? Du nimmst eine Handvoll mit. Dieser selbe Stein, merkst du, weiß mit grünlichen Flecken, wurde verwendet, um die Geschützstellungen in der Garnison von Plymouth zu verstärken.

Was sieht William? Er sieht ein Material sich in ein anderes verwandeln. Er sieht Arbeiter, Schöpfung, den großen Rhythmus des Wandels. Und da William sich ehrlich für Menschen bei der Arbeit interessiert, stellt er Fragen und hört auf die Antworten.

Er kehrt zurück in die Notte Street mit Geologie an seinen Stiefeln, die Straße hinauf von den Docks.

Vierzig

Eine Scherbe, die er, mit Verlaub, manchmal zerbrach

Es ist kein schlechter Ort, um ein Auskommen zu finden. William hat Erfolg genug, um Silvanus auszahlen und schließlich *Cookworthy and Co.* über den Seiteneingang schreiben zu können.

Und obwohl dies ein sorgsam geführter und vernünftiger Haushalt ist, wird doch hin und wieder ein Teller fallen gelassen, bricht im Becken in der Abspülkammer ein Henkel von einer Tasse, und eines Tages bekommt ein chinesischer Teller – einer aus der kostbaren Garnitur, die sein Bruder, der Seekadett Philip, von seiner Zeit zur See mitgebracht hat – eine arge Scharte. Und William, für den die Welt der Dinge ein Abenteuer ist, tut ein Weiteres und schlägt den Teller in Scherben.

Die Glasur hat sich innig mit der Porzellanerde verbunden, eine Cornwall-Küstenlinie aus Weiß. Eine andere Tönung als ihr Geschirr. »Ich habe jetzt vor mir den Boden einer chinesischen Punschschale, die offenkundig glasiert wurde, als sie noch roh oder ein weiches Biskuit war; der Scherben braucht nämlich starken Brand, er hat die Farbe eines groben, geweißten braunen Papiers«, schreibt er. Und es ist auch anders zerbrochen, gab bei seinem Hinscheiden einen anderen Ton von sich.

Jedes Porzellan klingt in dem Moment anders, in dem es auf den Boden fällt.

Zwanzig Jahre zuvor, im Jahr 1714, waren die Quäker ermahnt worden, ihren Teetisch nicht allzu nobel mit feinem Porzellan zu decken, das sei mehr für das Schaugepränge als für den Gebrauch gedacht. »Es wird angeraten, dass die Freunde nicht so viel Porzellan oder Steingut auf ihren Kaminsimsen oder auf ihren Kommoden stehen haben, sondern es in Schränken verschließen sollten, bis die Gelegenheit da sei, es zu gebrauchen.« Jetzt hat er Gebrauch dafür.

Er beginnt Gefäße zu zerbrechen.

Er wird dafür bekannt. In einem zwanzig Jahre nach seinem Tod verfassten Lebensbericht meint der fromme Autor, William habe immer um Erlaubnis gefragt, bevor er jemandes Töpfe zerschlug, »eine Scherbe, die er, mit Verlaub, manchmal zerbrach«, aber das wird so steif und fest behauptet, dass man weiß, es kann nicht wahr sein, es ist eine geheime Geschichte von so nebenbei stibitzten Untertassen, zerschnittenen Fingerkuppen, während er die Bruchlinie betastet, still unter dem Tisch, bevor er »dem Besitzer die Art der Beschaffenheit« darlegt.

In der Notte Street gibt es jetzt ein Wandregal. Fossilien, Mineralien, Bücher. Und Scherben. Auch in meinem Studio gibt es ein Regal mit Scherben. Zerbrochene Teeschalen von einem Berghang in China und ein Halbmond vom Boden der Albrechtsburg, verstohlen aufgelesen.

»Um eine gründliche Kenntnis über Bergwerke etc. zu erlangen«, schreibt Dr. Pryce, Experte für die Geologie Cornwalls, »ist jedenfalls ein langer Aufenthalt in deren Nähe notwendig.« »Viel Studieren macht den Leib müde«, heißt es im Buch Prediger. Man muss sich ruhig halten. Wissen, was Studium bedeutet. Diese Sätze stehen nebeneinander.

William ist jetzt vierzig, voller Energie und seit langem im West Country ansässig, belesen und rasch von Begriff und neugierig darauf, Steinbrocken aus Cornwall mit nachhause zu nehmen. Er hat gesehen, wie ein Stein zu einer zähen weißen Lache schmolz und dann wieder aushärtete, bis er hart war wie Metall.

Einundvierzig

Schweigen

1

Sally stirbt.

Sie ist erst fünfunddreißig, die Mädchen sind neun, sieben und fünf, die Zwillinge zweieinhalb, um Himmels willen, und was sollst du anfangen mit einem Gott, der dir den Boden unter den Füßen so vollkommen wegschlägt, als würde ein Schacht einstürzen und den Grund mit sich reißen, auf dem du gehst. Du bist vernichtet. Und noch einmal. Elizabeth, die Ältere der Zwillinge, stirbt achtzehn Monate später. Sie ist vier Jahre alt.

Der Kummer verändert dich. Du bist derselbe Mann, aber du weißt, was Wandel bedeutet, dass eine Substanz nicht ihren vorherigen Zustand wiedererhalten kann, und das war's dann.

Zwei Jahre lang bist du von der Welt »abgeschieden«. Die Welt kommt die Notte Street herauf und läutet an der Tür, wo die Medikamente ausgegeben werden, läuft um die Küchenecke und stößt mit dir zusammen, fragt dich schon wieder nach dem Trocknen von Proben in Schmelztiegeln, aber du kannst das nicht hören, nicht fühlen oder beantworten.

Es ist eine Art Optik, dieses Leben, manche Dinge sind sehr nahe und schrecklich scharf gestellt, andere Dinge trübe und weit, weit weg.

»Lange verweilte ich im Hause der Trauer«, schreibt er an seinen Freund Richard, der ebenfalls seine Frau verloren hat.

2

In diesen zwei Jahren, heißt es, sei William so verstört gewesen, dass er nichts gearbeitet habe. Seine Mutter wohnt bei ihm in der Notte Street, kümmert sich um die Kinder, und sein Bruder Philip, gebeugt, irgendwie beschädigt durch seine Jahre in der Fremde, kommt als Gehilfe in den Haushalt. Ihre jüngste Schwester lebt bei ihnen.

In den folgenden Jahren hält William sich streng an die Bekleidungsvorschriften und nimmt jene sprachlichen Eigentümlichkeiten an, »die den strengen Quäker auszeichnen«. Er kleidet sich jetzt in Schwarz, redet einen mit »Ihr« an. Er lebt mit neuer Intensität. Er ist besessen von einer Idee, einem Bild. In der Quäker-Doktrin vom Inneren Licht ist Gott mit dem Menschen in direkter Verbindung. Es braucht keine Liturgien, keine Priester.

Du gehst in das Versammlungshaus. Es ist ein schlichtes Gebäude. Es gibt Bänke, die Fenster sind aus klarem Glas. Du lässt in dir Ruhe einkehren, stillst die beiden ersten Grade der Ablenkung – die Geräusche des Regens draußen, das Klappern des Fensterrahmens, Lydias ständiges Schniefen – und dann die zweiten – deine Ängste wegen deiner Mutter, ob du genügend Bisamkraut und gemahlene Muschelschalen bestellt hast –, bis dein abschweifender Geist ins Gleichgewicht kommt, »eine inwendige Stille und Achtsamkeit«, wie er es nennt. Dann ergibt sich die Möglichkeit der Klarheit, des Inneren Lichts.

3

William ist am Zusammenbrechen. Er möchte »die Ärzte mit ihrer methodischen Geschwätzigkeit und ihren ausgeklügelten Pedanterien« loswerden, doch die Ärzte sind seine Freunde, und er ist ein Mann der Methode und der Vernunft.

Sally fehlt ihm.

Er vermisst sie so sehr, dass er wissen muss, wie und wann er wieder mit ihr zusammen sein wird. Ich kann den Gedanken nicht ertragen, schreibt er an Richard, für immer von denen getrennt zu sein, die ich liebe, »denn ganz und gar bin ich überzeugt, dass wahre Zuneigung über das Grab hinaus besteht«.

Zweiundvierzig

Tregonning Hill

1

William kehrt zum Porzellan zurück.

Er geht wieder in die Berge, gräbt dort und da und dann ein wenig weiter rechts. Er bückt sich und wischt die Erde weg, krümelt ein Stück von jenem bröckeligen Stein in seinen Stoffbeutel, geht weiter. Er stellt seine Vorstellung durch die Grasnarbe hindurch auf die Probe, streift das Farnkraut beiseite, den Weißdorn, die Hagebuttensträucher, klettert durch Flussbetten, rutscht auf feuchten Abhängen aus, mustert Steinschläge an Klippen, bemerkt, wie unerwartete Schatten sich entwickeln, als die Dämmerung hereinbricht, sie zeigen, wo die Erde sich gesenkt hat.

Er beginnt mit den Materialien zu experimentieren, die er »in der Pfarre Germo, auf einer Anhöhe namens Tregonnin Hill«, dreizehn Kilometer von Penzance an der Küste gelegen, entdeckt hat.

Es gibt hier zwei Arten von Gestein. Sie sind eng verbunden. Das eine ist eine Art Granit, die Einheimischen nennen ihn Growan oder Moorstein. Ihn haben, wie er beobachtet hat, die Glockengießer verwendet. Er ist, so schreibt er in einem schönen, achtseitigen, lange nachher verfassten Memorandum:

> aus feinem durchsichtigem Kies zusammengesetzt und einer weißlichen Substanz, die tatsächlich versteinertes Caulin ist. Und da das Caulin vom Tregonnin ein Übermaß an Glimmer in sich hat, hat es auch dieser Stein. Nimmt man den Stein einen Klafter oder zwei von der Oberfläche, wo der Fels ganz fest ist, ist er mit

> einer großen Anzahl grünlicher Flecken gesprenkelt, was sich deutlich zeigt, wenn man ihn befeuchtet.

»Dies ist ein Umstand, den die Jesuiten vermerken«, setzt er als guter Wissenschaftler hinzu und fügt so den von Père d'Entrecolles erwähnten Stein von den Hügeln bei Jingdezhen zu seinen eigenen feuchten Abhängen in Cornwall. Dieser Growan ist das erste Ingrediens des Porzellans, die Petuntse, die »dem Scherben Durchsichtigkeit und Weichheit verleiht und für das Glasieren gebraucht wird«; in ganz Europa hat man es gesucht, Mineralogen haben darüber theoretisiert, Alchimisten es angezweifelt, und es wurde nur im Hinterland der Cherokee in Carolina gefunden. Und hier liegt es, »in immensen Mengen, in der Grafschaft Cornwall«.

Erstaunlicherweise fügt er hinzu: »In der Tiefe ist das ganze Land aus diesem Stein.«

Das andere Gestein ist das Kaolin selbst, der weiße Ton, mit dem die Männer, wie er sah, ihre Pumpen flickten.

> Dieser Stoff bildet, nach der chinesischen Redensart, das Gebein, so wie die Petuntse das Fleisch, der China-Ware. Es ist eine weiße, talkförmige Erde, die in unserem granitenen Land in den Grafschaften Devon wie in Cornwall zu finden ist. Er liegt in verschiedenen Tiefen unter der Oberfläche. Manchmal sollen ein Klafter oder mehr Erde darüber liegen, an anderen Stellen zwei oder drei Fuß. Es ist an den Abhängen der Hügel zu finden und in den Tälern; an den Abhängen dort, wo die Oberfläche, folgt man dem Verlauf der Hügel, einsinkt oder konkav ist; selten, wie ich glaube, oder niemals dort, wo sie sich aufwölbt oder konvex ist … Ich habe ein Stück von dieser Art bei mir, sehr schön.

William fährt fort: »Diese Erde ist oftmals sehr weiß.«

Und er weiß, dass dies Caulin ist, Kaolin, denn er hat zu experimentieren begonnen. Jedes kleine Stückchen Vermutung muss geprüft werden. *Gründlich.*

2

Ich muss William folgen. So fahre ich zum Tregonning Hill.

Als ich ein Kind war, schenkte mir ein alter Erzdiakon seine Sammlung von Mineralien und Fossilien, die er und seine Brüder Ende des 19. Jahrhunderts gesammelt hatten. Viele waren mit Feder oder mit kleinen Etiketten beschriftet und benannten Nachmittage neunzig Jahre zuvor: *Diss 17. April 1880.* Ammoniten und Trilobiten, Farne und der Hüftknochen eines Iguanodon wurden mir überreicht, zusammen mit Geologenhämmerchen und Meißel in ihrem Lederetui.

Und er gab mir ein Päckchen geologischer Landkarten von England und Wales aus der viktorianischen Zeit. Ich hatte die Ausschnitte 351 bis 358. Penzance hing an meiner Wand, neben meiner Vitrine mit gefundenen, geschenkten, ausgegrabenen Dingen.

Die Landkarte ist immer noch sehr schön, ein Feld aus blassem Pfirsichrot für Granit, das von der Stumpfnase von Land's End hinaufreicht, muschelförmig eingekerbt bei den zwei großen Buchten von St. Ives im Norden und Mount's Bay im Süden, gepunktet für *Treibsand*, bevor es auf eine blassgrüne Flut von *Mylor, feinkörniger Schiefer,* trifft. Verstreuter magentafarbener *Grünstein* nimmt von Westen nach Osten ab. Und meine Anhöhe – Williams Anhöhe – hockt in einem schützenden Ring aus rosafarbenen Strichen. Auf angenehme Weise passt England nicht in das sorgsam abgemessene Rechteck, und die Karte driftet in Konturen ab.

Dies ist Cornwall, also gibt es auch Symbole für Minerallagerstätten, die Silber, Arsen, Kupfer, Eisen, Mangan, Blei, Antimon, Zinn, Uran und Wolfram enthalten. Eine Stunde, nachdem ich die mit Leinen verstärkte Karte aufgeschlagen habe, suche ich mir immer noch meinen Weg durch diese Landschaft, Bergwerke, Lagerstätten, Adern. Die Wohnstätten scheinen so fragil gegen die unfügsame Geologie gestellt. Aber dann kommen die Minen in den Brennpunkt, dann die Eisenbahnen und dann die Menge an Schächten und Gruben.

Ich parke neben dem Gotteshaus der Methodisten, etwa fünfzehn Kilometer von Penzance. Es ist sieben Uhr abends, Juli, und beinahe wolkenlos. Eine Gasse führt an ein paar Cottages vorbei und wird zu einem steinigen Weg, steil, an den Böschungen wachsen hohes Farnkraut, Fingerhut, Skabiosen, Taglichtnelken. Ochsenaugen, kleine, scheckig aufblitzende Schmetterlinge, flattern überall herum. Ein paar Kälber schlafen, schwer im Schatten. Es ist sehr still. Auf einem entfernten Bauernhof beginnt ein Hund zu kläffen.

Für einen Pilgerweg fühlt sich das ziemlich gut an. In meiner Vorstellung hätte Tregonning Hill eine mühselige Kletterei sein müssen, aber es ist ein einfacher Weg hinauf zum Gipfel, ein paar Kurven um Vorsprünge herum, wo ein Tonabbau eingesunken ist. Ganz oben sind ein granitenes Kriegerdenkmal und ein Trigonometrischer Punkt, und man kann sich umsehen, die Klippen hinunter bis St. Michael's Mount, hinüber nach Penzance und hinaus bis zum Ende Englands. Da und dort kann ich zwischen dem Flickentepich aus Bauernhöfen und Feldern und Wäldern gerade noch den Schornstein einer Zinnmine ausmachen. Aber Minen verschwinden.

Ich habe ein Stück Porzellan mitgebracht.

Es ist eine Konfektschale, eine flache, profilierte Muschelform mit sparsamen blauen Verzierungen an der Außenseite, ein paar halbherzig verstreuten Blumen. Sie ist angestoßen, natürlich, deshalb konnte ich sie mir auch leisten, in der ruhigen Galerie in Kensington, wo ich sie vor dieser Reise gekauft habe. Der Fuß ist sehr schön, ein paar Eisenflecken, etwas Sandiges, das haften blieb und von irgendeinem Jungen aus Devon in den Werken in Plymouth daran gelassen wurde, der es 1770, spät im verkürzten Leben von Williams Porzellan, zu alabasterner Glätte poliert haben sollte, es aber nicht tat. Und sie ist grau. Sie sieht aus wie schlampig gewaschene Wäsche.

Das ist mein dritter weißer Berg. Und was ich in der Hand halte, ist das Weiß Cornwalls.

3

William experimentiert. Er ist fünfzig. Auch für mich sind die Fünfzig sehr nahe.

Er mischt, zermahlt, kalziniert. Er hat keinen Lehrling, aber seinen Bruder. Helfen ihm die Mädchen, sehen sie zu, wie die Wolken von milchigem Ton sich in einem Trog im Hof setzen, laufen sie mit einem Eimer von der Pumpe zum Destillierapparat, vom Destillierapparat wieder zum Trog, um noch einmal nachzugießen? Häufen sie den feuchten Ton auf Bretter, um ihn trocknen zu lassen, kratzen sie ihn unter den Fingernägeln hervor, sehen sie zu, wie er beim Trocknen Mündungslinien auf ihren Händen bildet?

Er trägt die zwei reinen Materialien zusammen, »zu gleichen Teilen das geschlämmte Kaolin und Petuntse für die Zusammensetzung der Gießmasse, die, wenn gebrannt, sehr weiß und genügend durchscheinend ist«.

William hat es getan. Es ist ihm gelungen, was nur Tschirnhaus und Böttger vor ihm getan haben, er hat eine neue Porzellanmasse geschaffen. Keine Kaiser oder Könige waren beteiligt, kein Einsperren, keine Theatralik. Er hat das ganz allein herausgefunden.

Und jetzt möchte er aus seiner Tonmasse etwas machen, sein akademisches Nachfragen zu einem Gefäß bilden. Er muss herausfinden, wie man es glasiert und dann brennt. Und so verwendet William in Erinnerung an den guten Jesuitenpater dieselben Materialien, die er dem Ton zufügte, als Basis für die Glasur: »Fein gemahlen ergeben sie eine gute Glasur. Will man sie weicher haben, müssen verglasbare

Stoffe hinzugefügt werden. Die besten, die ich ausprobiert habe, sind diejenigen, die, wie es heißt, die Chinesen gebrauchen, nämlich Kalk und Farnasche, zubereitet wie folgt …« Und los geht's.

William beginnt andere Leute miteinzubeziehen. Irgendjemand muss zum Tregonning Hill geschickt werden, um einen Korb mit Growan den Pfad herunterzuschleppen. Irgendjemand macht sich auf, um eine Menge Farn zu sammeln; aus mühsamer Erfahrung weiß ich, wie viele Säcke voll man verbrennen muss, um eine Tasse graue Asche zu erhalten.

Er ist nicht so weit entfernt von allem. Diese private Reise wird zur Konversation, die private Welt erreicht andere, »viele geistreiche Männer«, Nachbarn, Männer von Bildung und Fähigkeiten.

Ich merke, dass Williams Art, sich durch Ideen zu bewegen, wie Luft und Flammen im Brennofen ist, mit viel Platz nach oben und Spielraum, Bewegung und Diskussion. Tschirnhaus hätte das verstanden.

Es wird seine Obsession, eine Vision, weißeres Porzellan herzustellen als die Chinesen. Etwas so Weißes und Echtes und Vollkommenes zu schaffen, dass die umgebende Welt in den Schatten tritt, wie es beim Schwarzdorn geschieht, wenn er im Frühjahr in den Hecken blüht.

Williams Obsession ist auch eine Art Erschöpfung des Weiß. Es ist eine Möglichkeit, sich der Welt zuzuwenden, sich von den Abwesenheiten in seinem Leben fernzuhalten. Eine Obsession kann hilfreich sein.

Dreiundvierzig

Heller in weißen Objekten

1

Anders als erwartet habe ich nun schon sechs Monate englische Reise hinter mir.

Es ist natürlich lächerlich, Porzellan zu machen und versuchen zu schreiben.

Gerade als das Porzellan in den Fokus rückt, ein Hitzeflimmern aus Weiß, beginnt auch William ein Buch zu verfassen. Wie um Himmels willen wird er seine Zeit einteilen, möchte ich ihn fragen, wirst du sie so organisieren, dass du dein Machen, dein Experimentieren, dein Reden bei Tageslicht durchführst und die Worte in die Nacht verbannst? Die Pronomen verrutschen. Ich möchte ihn fragen, ob ich es wirklich versuchen soll, die beiden Tätigkeiten zu verweben, ein Notizbuch auf der Werkbank, so wie diese Woche.

William, verwitwet, ein Ältester, ein wenig kurzsichtig und recht korpulent, so respektabel und pragmatisch wie die Karikatur eines Quäkers, versucht Porzellan zu machen und schreibt.

Er hört auf den Rat seiner Freunde und »gibt seine Kenntnis der Chemie dem Schwarz und Weiß anheim«. Das sind natürlich seine Farben. William liest auch von den Visionen anderer Leute, und dies ist der Punkt, an dem seine Nächte und Tage ineinander verschwimmen. Visionen können jedem zustoßen, und Emanuel Swedenborg, der praktische, engagierte Wissenschaftler, der Mineninspektor, Evangelist der Wünschelrute, der über Kupfer schrieb, war in einem Londoner Wirtshaus, als die Dunkelheit hereinbrach und ihm die Vision eines Mannes zuteilwurde, der ihm vom Ende der Welt berichtete. Das war keine ungefähre, miasmatische Schreckensvision, sondern eine in Farbe, durchwoben mit Einzelheiten. Seit damals ist Swedenborg, mit zunehmender Regelmäßigkeit, von Engeln heimgesucht worden, deren Lehren selbstverständlich sorgsame Auslegung benötigen.

So hatte er zum Beispiel eines Nachts eine Vision über Porzellan. Auf einem schuttbedeckten Marktplatz steht ein Palast. Er verschwindet. Und an seiner Stelle erscheinen schöne Gefäße sonder Zahl, »wie mich dünkte, war es Porzellan, das soeben hingestellt worden war … alles war noch in Anordnung begriffen.« Swedenborg schreibt das nieder: Visionen sind dazu da, mitgeteilt zu werden.

Aber was bedeutet es?

Jünger verbreiten Swedenborgs Flugschriften, übersetzen seine Texte aus dem Lateinischen. William hat einige zugesandt erhalten und ist gebannt. Er entscheidet, dass diese vierhundert Seiten Latein unbedingt ins Englische übertragen werden müssten. Er beginnt zu übersetzen.

2

Ich sitze im Archiv der Swedenborg Society in Bloomsbury und schlage die erste Seite auf: »Eine Abhandlung über Himmel und Hölle, darin enthalten ein Bericht von vielen wunderbaren Dingen dortselbst, als gehört und gesehen vom Autor, dem ehrenwerten Emanuel Swedenborg, Mitglied des Herrenhauses im Königreiche Schweden. Nun zum ersten Male aus dem ursprünglichen Latein übersetzt.«

Ich bin ein wenig abgeschreckt von Williams Übersetzung dieses Textes. Es ist eine langsame, obsessive Brandung aus Anmerkungen und Verweisen auf die Bibel. Und die Epigraphe aus Jesaja – *Denn sie sind ein ungehorsames Volk … und sagen zu den Sehern: Ihr sollt nicht sehen!* – und aus den Sprüchen – *Wo keine Weissagung ist, wird das Volk wild und wüst* – lassen mich innehalten, bevor ich zu arbeiten beginne. Ich bin hier, um zu verstehen, nicht um zu urteilen.

Es gebe einen »Mangel an Einfachkeit«. Das Christentum entferne sich von seiner ursprünglichen Spiritualität. Es habe eine unzulässige Überhebung der natürlichen Vernunftfähigkeiten und Kräfte des Menschen gegeben, »sie fesselt den Geist an die Gegenstände der Sinne und Dinge der äußeren Beobachtung und macht sie vollkommen untüchtig für die Betrachtung der inwendigen und geistlichen Dinge«.

Dies ist das Vorwort, und ich spüre, dass so ein Quäker spricht; er misst die Worte wie ein Apotheker, der seine Waage benutzt, ein Getreidehändler, der das Korn ausschüttet.

Und dann wird es ganz und gar unberechenbar, und Swedenborg ist atemlos vor Elixieren und Engelsordnungen. In der Welt durchdringen sich das Ungesehene und das Gesehene, es gibt Abstufungen in der Geisterwelt, gleich denjenigen, die wir kennen. Alles, was wir sehen, hat eine Entsprechung bei den Engeln; »die ganze Natur«, schreibt er in einer schönen Wendung, »ist ein Theater göttlicher Wunder.« Es ist, als würde man Blake in Fußnotenprosa lesen, die unerbittliche schwedische Version eines Beat-Poeten. Ich erinnere mich aus meiner Kindheit an Performance-Dichtung auf einem Campus in den 1960er Jahren, und sie zeigt diese gleiche Genugtuung bärtiger Männer, die mit Worten Raum einnehmen, die gleiche unbedingte Annahme, Gehör zu finden.

»Mir wurde es gestattet, mit Engeln zu verkehren und mit ihnen mich zu unterreden, wie es Mensch mit Mensch tut«, schreibt Swedenborg. Die Erde ist nicht so, wie man sie sieht. Es ist Weisheit in den Bienen, Genie in den Bäumen. Alles sammelt sich um Gott, als Licht, Sonne, Helligkeit.

Und alles, alle, jeder Engel ist unbarmherzig nach Rang geordnet.

Dreihundert Seiten dieses Buches brauche ich, bis ich verstehe: Das ist es, was Weiß bedeutet.

In Swedenborgs Welt tragen die Engel am Grab »Gewänder weiß wie Schnee … ihre Gewänder sollen in Weiß mit mir wandeln, denn sie sind würdig.« Weiß ist die Wahrheit; es ist die leuchtende Wolke am Horizont, die das Kommen des Herrn anzeigt. Weiß ist Weisheit. Es ist Gericht, und es ist Thema von Swedenborgs Abhandlung »De equo albo; Über das Fahle Pferd in der Offenbarung«. Weiß bringt uns alle in den Fokus, es verstreut Klarheit: »dasselbe Licht bringt angenehme Farben in dem einen Ding und unangenehme in dem anderen; ja, in weißen Dingen wird es heller.«

Es offenbart. Es ist die Offenbarung selbst.

Ich habe das Buch fertig gelesen. Und fange von vorne an. Ich merke, dass ich einen entscheidenden Ton überhört habe, der es durchzieht, ein Summen, das mir nur halb bewusst war. Beim zweiten Lesen höre ich ihn deutlich. Dies ist ein Buch über Weiß. Aber es ist auch ein Buch, das von einem Witwer übersetzt wurde, von jemandem, der immer noch verheiratet ist, immer noch in seiner Ehe lebt.

Wir werden nach dem Tod mit denen vermählt bleiben, mit denen wir auf Erden vermählt waren, schreibt Swedenborg, übersetzt William. Das ist absolute, vollkommene Häresie, diese Vision der Hochzeit im Himmel, ewiger ehelicher Liebe, gebadet im Licht der Engel, »als ein Mond, weiß leuchtend wie der Mond unserer Erde und von gleicher Größe, doch strahlender«.

Es ist ein Buch über Weiß als Trauer und Weiß als Hoffnung.

Vierundvierzig

Gedanken über das Weiß

Endlich bin ich in meine Fabrik umgezogen. Allgemeines Aufatmen, während Kisten gerückt und Brennöfen wieder angeschlossen werden. Die schweren Kisten mit den Platten aus Jingdezhen werden unter Gefluche noch einmal herumgeschleppt. Auf dem neuen schwarzen Betonboden markieren wir die Anordnung der Platten und chinesischen Gefäße für die Ausstellung in Cambridge.

Im ersten Stock, wo früher die Büros waren, ist mein Raum zum Schreiben samt den Büchern.

An meiner weißen Wand hängen meine weißen Texte.

Es gibt ziemlich viele Gedichte, einige schöne Wedgwood-Stücke, ein wenig problematischer, schwülstiger Goethe über Farbe und Licht, woraus ich nicht recht schlau werde, doch ich weiß, ich muss es schaffen, falls ich ein paar Tage abzweigen kann. Eine Woche? Habe ich eine Woche für Goethe?

Und dann habe ich Hermann Melvilles »Moby-Dick«, Kapitel 42, »Das Weiß des Wals«, gelesen: »Obschon das Weiß vieles Schöne aus dem Reiche der Natur noch veredelt und verfeinert, so als verleihe es ihm etwas ganz Eigenes und Besonderes – wie bei Marmor, Kamelien und Perlen …«

Und dann der außerordentliche Satz: »Dieses Ungreifbare ist es, was dazu führt, daß der Gedanke an die Farbe Weiß, sobald er freundlicherer Verbindungen entkleidet ist und mit etwas in sich Schrecklichem gepaart wird, diesen Schrecken bis zum Äußersten steigert.« Hier gibt es einen Wandel in der Grundhaltung. Dieser Satz erstreckt sich über die Wand, schneidet durch alles hindurch.

»Der Gedanke an die Farbe Weiß« ist unterstrichen, mehrfach.

Mein Schreibtisch steht mitten im Raum, im rechten Winkel zur Wand. Mir gegenüber ist ein Fenster aus Mattglas. An der Außenseite ist es vergittert, sodass die Linien kommen und gehen, wenn das Licht zunimmt und schwindet. Wenn ich mutlos werde, sieht es aus wie im Gefängnis.

Geht alles gut, sind diese schattenhaften Stäbe wie eine schöne, flüchtige Zeichnung von Agnes Martin.

Geht alles gut, sind die Wände aus Worten eine Ermunterung. Sie scheinen meine Reisen und mein Schaffen in Gleichschritt zu bringen. Während ich schreibe, habe ich meine Scherben links neben mir liegen, um mich auf Spur zu halten.

Was ist Weiß? Es ist die Farbe der Trauer, denn es enthält alle Farben. Auch Trauern ist endlose Refraktion; es zerbricht einen in Stücke, in Fragmente.

Teil Vier

Ayoree Hill – Etruria

WEDGWOOD

Signet von
Wedgwood

Fünfundvierzig

Eine Vorstellung von vollkommenem Porzellan

1

Die weiße Erde der Cherokee, *unaker* – zwanzig Jahre zuvor hatte ein mysteriöser Mann aus Amerika sie William Cookworthy kurz gezeigt und behauptet, Porzellan erzeugt zu haben –, ist wieder da. Diese Erde ist ein weißes Versprechen. Seit Jahren redet man darüber. Ein Patent, diese Erde zu verwenden, »äußerst weiß, zäh und glitzernd vor Glimmerschiefer«, war dem Besitzer der Porzellanwerke Bow zwanzig Jahre zuvor verliehen worden. Daraus wurde nichts. Es glitzert und macht einem einen Strich durch die Rechnung.

Diesmal ist die Erde in Bristol aufgetaucht. Ein junger Quäker-Kaufmann, Richard Champion, hat sie von seinem Schwager aus Amerika erhalten. Es ist August 1765; Champion hat einer weiteren Porzellanmanufaktur »eine Schachtel Porzellanerde« gegeben, »aus dem inneren Bereich der Nation der Cherokee, 400 Meilen von dort, von beinahe unzugänglichen Bergen«. Aber ein bisschen hat er für sich behalten.

Champion ist einundzwanzig, jung verheiratet, er gehört einem Clan aus Bristol an, der finanziell an Schiffen und Docks beteiligt ist. Er will sich unbedingt bewähren, ist eng verbunden mit der Politik in den Kolonien, da die Familie mit Westindien und Amerika Handel treibt. Richard ist weltklug – er besitzt sechs Schiffe – und moralisch zugleich, er ist Mitglied der dem Eigeninteresse verbundenen Gesellschaft der Kaufleute, gehört aber auch der Gesellschaft zur Unterstützung und Entlassung von Personen an, die wegen geringfügiger Schulden in Haft genommen wurden. Sein Selbstbewusstsein ist beinahe erschreckend. Er schreibt offene Briefe und verwendet dabei den Namen Valerius Publicola, protestiert »unbeeinflusst und unabhängig ... im Namen von Gentlemen von Vermögen und Reputation gegen Ungerechtigkeiten«.

Weiße Erde reizt das Interesse Richard Champions, so sehr, dass er, als er Williams Versuche mit Porzellan mitbekommt, beschließt, sich selbst damit zu befassen.

Champion sieht einen in der Öffentlichkeit stehenden Freund, einen Quäker, einen liebenswürdigen Patriarchen, einen Prediger und Mann der guten Werke, ein bisschen abseits vom modernen Geschäftsleben, angesehen, doch ein klein wenig provinziell. William, so spürt er, ist ein Mann mit einem begrenzten Gespür dafür, wie man Dinge in die Wege leitet, ein Mann, der Arbeiten beginnt und wieder aufgibt. Er wittert eine Chance.

William wiederum ist froh über die Energie, die Champion, dieser junge und überzeugte Freund, ausstrahlt. Ihr neues Unternehmen soll seinen Standort in Plymouth haben, näher an den Rohmaterialien. Man wird Räumlichkeiten beschaffen. »Die Erfahrung soll die bestmögliche Art und Weise bestimmen, wie wir diesen Brennofen benutzen«, schreibt William guten Mutes, »... das ist das einzige Desideratum, das noch fehlt, um die Manufaktur des Porzellans, jedem anderen in der Welt ebenbürtig, in England zur Vollkommenheit zu bringen.«

Das, und Zugang zu den Materialien selbst natürlich. Sie liegen auf den Ländereien, die Thomas Pitt gehören.

Der Zugang ist eine heikle Sache. Es ist keine direkte Anfrage wie um Schürfrechte für Kupfer oder Zinn – hier unterschreiben, Schlag auf den Tisch, wie das in Cornwall so gemacht wird. William ist besorgt, dass man diese aufblitzende Möglichkeit, chinesisches Porzellan aus Mineralien herzustellen, die unter den kornischen Hügeln lagern, als »bloßes Hirngespinst und Schimäre ansehen« wird. Was wird geschehen, wenn Thomas Pitt, dieser reiche junge Mann, die Achseln zuckt und sich abwendet?

2

Pitt ist dreißig, gewitzter Politiker und weitgereist, er hat Jahre auf der Großen Tour verbracht. Zurückgekommen ist er als Kenner mit Ansichten über Architektur, die er unbedingt auf seinen Ländereien in Cornwall und in Camelford House in London ausprobieren möchte. William bittet seinen Freund Dr. Mudge, für ihn ein Wort einzulegen, er ist geschäftstüchtiger, weniger alter Quäker. Wir haben alle, schreibt William, von Leuten gehört, die sich auf eine »unvorsichtige Unternehmung« eingelassen haben.

Ich merke, dass die vergangenen dreißig Jahre meines Lebens auf eine solche exakte Beschreibung des Porzellanmachens Anspruch erheben können.

Man einigt sich auf Bedingungen für den Abbau des Tons, und William beginnt im Winter 1766 an Thomas Pitt zu schreiben. Drei Dutzend ausführliche Briefe haben im Gemeindearchiv des Cornish County Council überlebt, einem einstöckigen, zwischen Parkplätzen gestrandeten Fertigteilbau am Ortsrand von Truro. Das ist die Frontlinie der Recherche. Der Ordner wartet. Man gibt mir weiße Handschuhe und lässt mich allein.

Jeder Brief ist drei Mal gefaltet und sorgfältig beschriftet, adressiert an *Thos Pitt*, Piccadilly, London; auf dem äußeren Falz hängt schwer eine rote Siegelmarke.

Und ich bin umgehend verblüfft.

Ich hatte Worte erwartet, aber aus dem ersten Brief fallen drei kleine Porzellanfragmente, eingehüllt und dann in Papierstückchen eingewickelt, beschriftet in der peniblen Notation eines Apothekers, zerbrochen durch den Untertassenzertrümmerer. »Die beiliegenden

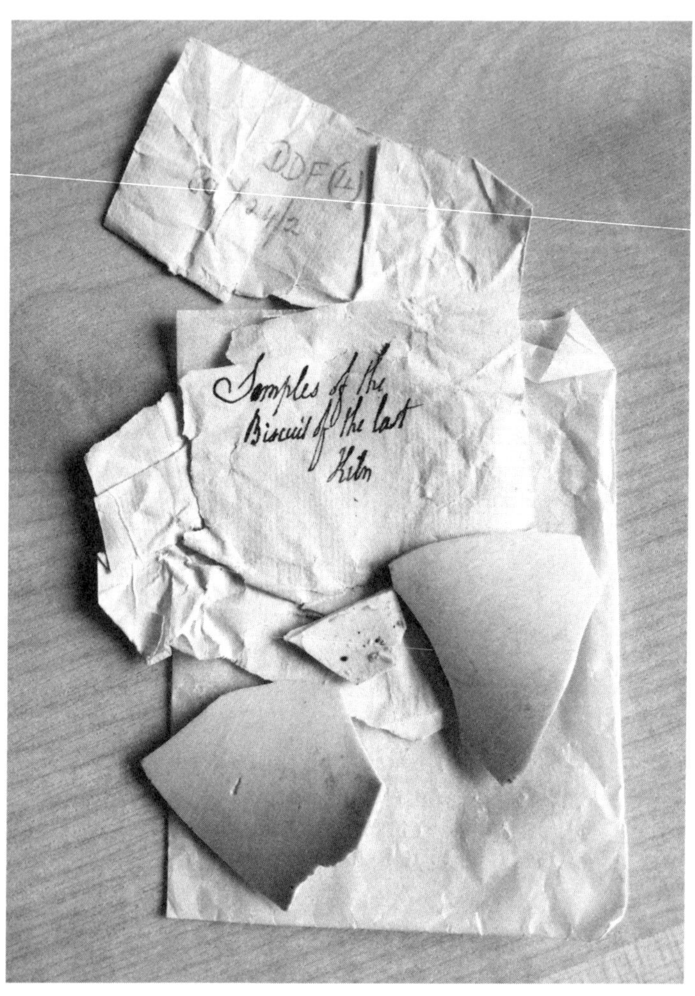

Scherben von Cookworthys Porzellan-Experimenten, um 1766

Proben sind nicht als Beweise gesandt worden, dass ich ein guter Töpfer bin, sondern dass die Materialien, die zu deren Mischung verwandt wurden, denen in China zum Mindesten ebenbürtig sind.«

Sie sind immer noch so scharf wie damals, als sie zerbrochen wurden.

Er schickt ein Fragment von gewöhnlicher China-Ware, einen Teil eines Kruges aus Nanjing-Ware und dann zwei Scherben, die aus dem Material gemacht sind, »das auf Eurem Land an die Oberfläche tritt«. Es ist ein Anfang. Die »Innenseite des Stücks, wo die Glasur weitaus zu dick aufgetragen wurde«, schreibt William. Das ist keine Überraschung, denn »im Augenblick steht niemand mir bei als mein Bruder«. Sie haben einen provisorischen Brennofen gebaut, der nicht mehr als vierzehn kleine Stücke fasst, und werden ihn ausprobieren. Sie werden Kohle aus Newcastle verwenden, da sie »um vieles billiger ist als Holz«, und alle anderen mit ihrem großartigen, perfekten, günstigen Porzellan unterbieten.

Fünf Wochen später schreibt er frohgemut, er werde in drei Wochen so weit sein, einen Becher oder einen Krug zu senden. Philip und er haben einen größeren Brennofen gebaut – eine Lappalie von einem Brennofen, dreißig Zentimeter im Durchmesser –, und aus diesem Brennvorgang haben sie zwei Gefäße, verunziert durch etwas Spat, der an der Glasur haften geblieben ist, aber sie vermittelten die »Vorstellung eines vollkommenen Porzellans«.

Für William ist Porzellan, während es entsteht, zu einer Idee geworden, beschädigt, schartig, wo es zerbrochen ist, aber eine Idee.

Sechsundvierzig

Ayoree Mountain

1

In Stoke-on-Trent sitzt Josiah Wedgwood in voller Pracht. Sein cremefarbenes Steingut hat England im Sturm erobert. Nach Jahren methodischen Ausprobierens hat er »eine gute w. (weiße) Glasur« entdeckt, die zu seinem gut zusammengesetzten Steingut passt. Seine neue Ware ist fein gearbeitet, hält den Schock kochenden Wassers aus und wirkt in ihren klaren Farben zeitgenössisch. Es sei »Elfenbein«, schreibt er. Die erste Garnitur hat er an Königin Charlotte senden lassen, die gnädig erlaubte, dass er sie Queen's Ware nannte. »Wie viel von diesem allgemeinen Gebrauch & dieser Anerkennung verdankt sich der Art, wie sie eingeführt wurde – & wie viel ihrer wirklichen Nützlichkeit und Schönheit?«, fragt er in einem Brief und lässt sich vergnügt darüber aus, »wie allgemein sie Anklang findet«.

Probleme und Ängste nimmt er wie Hürden. In dieser Woche – eine Woche mit schönem Märzwetter in Plymouth – schreibt er: »Glaubt ihr nicht, dass in Bälde chinesische Missionare hierher kommen werden, um die Kunst zu lernen, wie man die Cremefarbe erzielt?«

Er ist wie August der Starke, der die Japaner auffordert, elbaufwärts zu fahren und Meißner Porzellan aufzuladen.

Chinaerde aus Amerika hat Wedgwoods Interesse geweckt; er scheint, wie ich merke, allwissend und allgegenwärtig.

Wedgwood schreibt an seinen Geschäftspartner Thomas Bentley:

> Ich merke, dass andere vor uns sich daran versucht haben, denn ein Bruder aus dem Töpfergewerbe machte mir letzten Samstag seine Aufwartung; neben anderen Sorten Ton, mit denen er Versuche unternommen, zeigte er mir einen Klumpen dieser selbigen Erde, was mich höchlich erstaunte, und beinahe hätte ich gedacht, man hätte mich desselben beraubt, wäre er nicht weit größer gewesen als mein Musterstück. Er sagte mir, es käme aus Süd-Carolina.

Entschlossen entwirft er einen Plan, jemanden zu den kaum zugänglichen Bergen zu entsenden, um einige Tonnen des Materials zu besorgen, falls möglich, die Berge selbst zu kaufen. Diese weiße Erde ist verblüffend, aber Wedgwood ist nicht der Mann, den man zurückhalten könnte. Er hat die Selbstsicherheit, sich zu beraten und einen Rat anzunehmen.

Er konsultiert Landkarten, von Hyoree, Ayoree, Eeyrie, irgendwo. Ein Patent anzumelden ist eine Art Verrücktheit, denn es wird ihm Anwälte und parlamentarisches Hin und Her aufbürden und seine Karten gegenüber den anderen Töpfern aufdecken, wo es doch dringend geboten ist, das Zeug aus den Bergen zu graben. Es ist ein ärgerlich langsamer und teurer Imperativ, da er sieht, dass die Erde beinahe dreihundert Meilen über Land transportiert werden muss, »was sie sehr schwer herbeizuschaffen macht«.

Es ist inzwischen Mai, und er muss die neuen Ausstellungssäle in Pall Mall gestalten; die »Vasenverrücktheit« bedeutet, dass zahlreiche Anfragen und Entscheidungen auf ihn einprasseln. Was macht man, wenn man in aller Eile jemanden braucht? Man findet den richtigen Mann. Man empfiehlt ihm Thomas Griffiths, der »das Klima von S. C. gewohnt ist aufgrund eines schweren Fiebers, unter dem er in Chs. Town litt & der viele Konnexionen zu den Indianern hat«. Er hat eine Pechsträhne und ist bereit zu reisen. Man einigt sich auf Bedingungen.

Alle, so merke ich, kommen zuerst zu Wedgwood.

Ein französischer Adeliger, Louis-Léon-Félicité, Herzog von Brancas und Graf von Lauraguais, war in Birmingham und hat Erasmus Darwin bedrängt. Er »bot das Geheimnis an, das schönste alte Porzellan herzustellen, so billig wie Eure Töpferware«, berichtet dieser an Wedgwood.

> Er sagt, die Ingredienzen seien in England. Dass das Geheimnis ihn 16 000 Pfund gekostet habe. Dass er es für (2000) verkaufen wird. Er ist ein Mann der Wissenschaft, ist seinem eigenen Lande abgeneigt, saß sechs Monate in der Bastille, weil er sich gegen die Regierung äußerte, liebt die Engländer … er ist kein Betrüger. Ich habe den Verdacht, seine Passion für die Wissenschaften sei stärker als seine vollkommene Geistesgesundheit …

Die Neuigkeiten erreichen William Cookworthy ein wenig später. Ein alter Freund hat ihm erzählt, der Graf habe vierzehn Tage damit verbracht, um schottischen Granit herumzuschnüffeln, eine dem Moorstein nicht unähnliche Substanz, und sehr darauf gedrängt, ein Patent für Porzellan zu erhalten.

Beim Lesen von Wedgwoods Briefen denke ich an ihn und an all die großen Fürsten und ihre Kämmerer, an maßgebliche Befehle, Porzellan herzustellen. Ich betrachte das schöne Tablett des französischen Adeligen im Victoria and Albert Museum. Es zeigt einen sorglosen Schmetterling, der es kaum über den perlschimmernden französischen Porzellanhimmel schafft. Und ich sehe die Brüder Cookworthy, den Apotheker und den Seemann, wie sie im Garten in der Notte Street ihren lächerlichen Brennofen öffnen und ihre leicht beschädigte Idee vorsichtig hin und zurück reichen.

2

Es ist Juni, und wir sind in Plymouth.

Williams neues Porzellan-Unternehmen benötigt Investitionen und ein Patent. In einem Monat soll alles fertig sein. »Ihr werdet erfreut sein, die Meinung des Stadtanwalts zu dieser Sache einzuholen.« William und Champion lassen sich Zeit und konsultieren Rechtsanwälte. Ein klassisches Start-up-Unternehmen.

Das Haus und die Grube, wo der Ton geschlämmt werden soll, sind solide ausgeführt. Die Ziegel aus Bristol für den Brennofen sind eingetroffen, der Steinmetz hat den Stein für die Mühlen geschnitten und poliert, eine Tonne Bindeton für die grob gedrehten Brennkapseln ist unterwegs. William hat einen Teil des »Cockside Lagerhauses, der für die Durchführung unserer Experimente ausreichend ist, es ist der günstigste Ort für dieses Zweck in unserer Stadt«, gemietet. Es kostet sechs Guineen im Jahr.

Inzwischen ist es Juli. Am 16. zahlt der alte Haudegen Thomas Griffiths sieben Guineen für die Überfahrt und ein Pfund zehn Shilling für eine Kabine und besteigt das Schiff *America*, um über den Atlantik zu segeln und in den beinahe unzugänglichen Bergen bei den Cherokee den weißen Ton aufzufinden und dann zu kaufen. Und zurückzubringen. Am 21. September trifft er in der Bucht von Charleston ein – eine schlimme, heiße und krank machende Zeit –, um seine Reise zu den Cherokee anzutreten.

Dieses Gebiet steht außerhalb jeglichen Gesetzes. Sechs Jahre sind vergangen seit dem Ende des Cherokee-Krieges, im Hinterland tummeln sich Jäger, Milizionäre ohne Sold und vertriebene Siedler. Die armseligen neuen Ortschaften, eine Art Wirtshaus, ein Schmied, elende Hütten, tauchen silhouettenhaft zwischen den Schwarzeichen, Hickorybäumen und Eschen auf. Du kümmerst dich um dein Pferd, bist ständig unterwegs und bleibst auf der Hut.

Griffiths kauft drei Quart Schnaps sowie einen Tomahawk für

zwölf Shilling und Sixpence und macht sich auf den Weg. Unterwegs kommt er mit einem anderen Händler ins Gespräch, ein seltenes Ereignis, kann man doch dreißig Meilen weit reiten, ohne jemanden zu Gesicht zu bekommen. Zwei Tage zuvor hat eine Bande von Dieben, die »Virginia Crackers and Rebells«, fünf Personen ausgeraubt und ermordet, eben hier. Halte deine Pistole bereit, sagt er zu Griffiths, »dort vorne sind zwei Kerle, die mir gar nicht gefallen«. Sein Gefährte rät ihm, geh nicht in jenes Haus, bleib draußen, »die Leute waren alle krank und lagen im Zimmer herum wie die Hunde und nannten zusammen nur ein Bett ihr Eigen«. Wenn du aufwachst, ist dein Pferd weg. Griffiths kauft »Mais für mein Pferd und Kartoffelbrot und ein Huhn für mich selbst, das ich unter einer Kiefer nahe beim Haus briet, und dort schlief ich auch einen Teil der Nacht über«.

Es ist September geworden. Griffiths reist auf die weiße Erde zu; in Plymouth geht es langsamer voran.

William hat den Unterschied zwischen einem Probelauf mit seinem Bruder im Hinterhof und der tatsächlichen Produktion grob unterschätzt. Er beschreibt es; es ist, als würde man der Industriellen Revolution in Zeitlupe zusehen.

In Plymouth ist die Wölbung des Brennofens eingebrochen:

> im Verlaufe des Experiments, was das Feuer daran hinderte, nach oben zu gelangen … Wir erlitten auch das Malheur, dass der Boden unserer Schutzvorrichtung barst, wodurch die Asche der Holme, die verhindern, dass das Gefäß anhaftet, in das Gefäß darunter fiel … Morgen werden wir uns daranmachen, unseren Brennofen zu reparieren … Ich zweifle nicht daran, dass es uns auch auf diese Weise gut gelingen wird, wenn wir uns ihm ganz widmen werden.

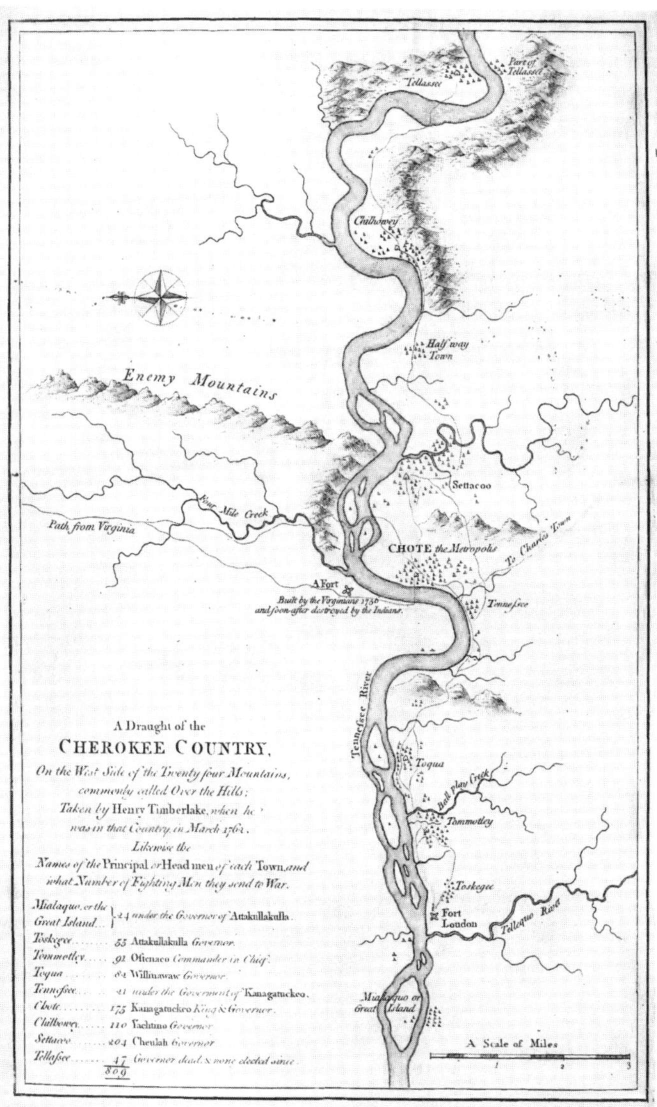

Landkarte des Cherokee-Gebiets, 1765

Die Probestücke waren kalt und ziemlich grau. Sie sahen auf unangenehme Art ein wenig schmierig aus, wie der Fettfilm auf Makrelenfässern. Porzellan, ohne Zweifel, aber wer würde die Version aus Cornwall wollen? Es hat den richtigen Klang, eine Erleichterung nach dem stumpfen Timbre der letzten Stücke, aber hier halte ich inne und registriere, dass sie Scherben produzieren, jeden Tag aufs Neue.

Ab dem 17. September hat Griffiths eine Indianerfrau bei sich, die dem Häuptling der Cherokee gehört. Er trifft in Fort Prince George ein, der ersten Siedlung in der Cherokee-Nation, etwa vierzig Meilen von der Grenze zu den Indianergebieten.

Er hat Glück. Er ist zu einem Zeitpunkt angekommen, da »die meisten Häuptlinge der Cherokee« sich versammelt haben, um Delegierte für eine Friedenskonferenz mit den »Feinden aus dem Norden« zu wählen.

Griffiths schreibt:

> Nachdem ich mit diesen sonderbaren kupferfarbenen Herrschaften gegessen, getrunken und geraucht hatte und mit ihnen allmählich vertraut geworden war, hielt ich dies für eine gute Gelegenheit, die Erlaubnis zu erbitten, durch ihre Nation zu reisen auf der Suche nach allem, wohin die Neubegier mich führen mochte; insonderheit um mit ihrer weißen Erde von Ayoree zu spekulieren. Demgemäß verlangte auch der befehlshabende Offizier ... bei dem Thema sehr wählerisch zu sein. Dies gewährten sie nach langem Zögern und verschiedenen Debatten und Bedenken; etliche schienen mit einigem Widerstreben zuzustimmen und sagten, sie hätten vor langer Zeit Ärger mit einigen jungen Männern gehabt, die große Löcher ins Land gegraben, ihren guten weißen Ton mitgenommen und ihnen nur Versprechungen dafür gegeben ...

Plötzlich bist du dort, hörst zu.

Du hörst, dass du nicht der Erste bist. Wer also ist vorher dort gewesen? Und wann? Versprechungen wurden gemacht, Versprechungen gebrochen. Und dann hörst du Zorn und dann Angst. Sie möchten nicht enttäuschen, da du in gutem Glauben gekommen bist, offen, aber »sie wissen nicht, welchen Nutzen der Berg ihnen oder ihren Kindern bringen könne«.

Der Augenblick lichtet sich, geht vorüber. Aus ihrem feinen weißen Ton werden schöne weiße Punschbecher gemacht werden, und sie hoffen, daraus zu trinken, alle schütteln einander die Hand und bringen die Angelegenheit zum Abschluss, und Griffiths macht sich auf den Weg, überquert den Chattoga, es ist eine fürchterliche Reise, abscheuliche und gefährliche Wege, und er ist »ein wenig in Furcht vor jedem Blatt, das raschelte«. Und wird von einem Sturm überfallen, achtzehn Stunden Graupelschauer, bis »kaum noch Leben in mir noch in meinem Pferd war«; er kommt zur Hütte von Indianern: »Als ich mich dem Feuer näherte, überkam es mich und ich fiel zu Boden«. Die Squaw hüllt ihn in ein Bärenfell und eine Decke und gibt ihm und seinem Pferd zu essen.

November. Am 3. erreicht er den Berg Ayoree:

> Hier rackerten wir drei Tage lang, um den Abraum aus der alten Grube zu schaffen, es mochten nicht weniger als zwölf oder fünfzehn Tonnen sein; am vierten Tag jedoch, als meine Grube ordentlich ausgeräumt war und der Ton gut schien, erschien zu meiner großen Überraschung der Häuptling der Ayoree und nahm mich gefangen; er erklärte, ich sei ein Eindringling auf ihrem Land und sie hätten aus Fort George Anweisung erhalten, ihre Grube unter keinen Umständen öffnen zu lassen.

Neuerlich wirst du aufgehalten, und das ist sehr schwierig, da jetzt ein Preis für jede Tonne zu bezahlen ist, pro Tonne fünfhundert Zentner Leder, ein gigantischer Preis.

Griffiths schreibt wieder, »das erweist sich als sehr übel für mich, da die Indianer ihrer weißen Erde hohen Wert beimessen«; es folgen vier Stunden intensiver Gespräche, bevor sie einander die Hände schütteln.

> Vier Tage danach hatte ich eine Tonne feinen Tons bereit für die Packpferde, als höchst unglücklicherweise das Wetter umschlug; solch heftiger Regen fiel des Nachts, dass ein förmlicher Sturzbach von den oberen Berghänge niederschoss und nicht bloß meine Grube füllte, sondern beinahe alles, was ich ausgegraben hatte, zerschmolz, befleckte und vernichtete, sogar durch unseren Wigwam strömte er und löschte unser Feuer, sodass wir vor Nässe und Kälte beinahe zugrunde gingen.

Der Regen hat auch die Schicht von rotem Ton in die Grube gespült und eine »große Menge des weißen Tons« befleckt und unbrauchbar gemacht.

Es herrscht ein strenger Winter. Wenn es nicht regnet, ist es bitter kalt, der Tennessee trägt eine Eisschicht, und der Topf »friert über einem kleinen Feuer beinahe zu«. Immer wieder gibt es lästige Besuche von den Indianern, aber Griffiths gibt ihnen Rum und spielt ihnen etwas vor, und sie trennen sich in gutem Einvernehmen, wenn auch vorsichtig; »sie hofften, ich würde bloß einige Traglasten von weißem Ton benötigen und baten, ich möge das Versprechen, das ich ihnen gegeben, nicht vergessen, sondern es so bald wie möglich einlösen.«

Er wird mit Porzellan wiederkehren, das aus ihrer Erde gemacht wurde.

Es ist der 20. Dezember 1767. In strömendem Regen sichert ein

Engländer hoch oben in den Bergen der Cherokee fünf Tonnen weiße Erde, verpackt sie in Fässer, bereitet sie auf und stellt einen Zug Lasttiere bereit.

Am selben Tag schreibt in Plymouth William an Pitt: »Sie sagten, wir hätten Land in Sicht. Ich müsste mich höchlich irren, würden wir jetzt nicht in den Hafen einlaufen.«

Auch hier gibt es einen Tag des Großen Regens.

3

Die Packpferde werden mit der weißen Erde beladen, und am 23. Dezember nimmt Griffiths Abschied von »diesem kalten, gebirgigen Land«; der Frost hat nachgelassen, »und da die Bergpfade sehr schmal und schlüpfrig waren, kamen einige der besten Pferde um oder waren nicht mehr zu gebrauchen, und schließlich glitt mein eigenes aus und rollte einige Male über mich; aber ich rettete mich, indem ich einen jungen Baum ergriff, die arme Kreatur jedoch stürzte in einen Bach und kam um.«

»Ich hatte«, schreibt Griffiths, »etliche Hundert Meilen zu reisen und nebenbei noch ein schönes junges Cherokee-Pferd verloren.«

Griffiths belädt fünf Karren mit fünf Tonnen Ton, die durch das Hinterland nach Charlestown hinuntergeschafft werden; dort bezahlt er die Träger, Rum für die Fuhrleute und Fassbinder sowie zwei Transportbehälter und kauft diverse Vorräte für die Überfahrt. »Am 1. März einigte ich mich mit Kapitän Morgan von der nach London abgehenden Rioloto auf Fracht und Überfahrt«; dreiundsiebzig Pfund und zehn Shilling und siebzig Pfund für den Transport des Tons. Dann sagt Thomas Griffiths Charlestown Lebewohl und setzt Segel.

Das Meer ist ungnädig. »Am 14. April erreichten wir die Downs, und am 16. ließen Capt. Griffiths, Mr. John Smith und ich das Schiff in der Obhut des Lotsen in Graves End und erreichten auf dem Landweg London.«

Thomas Griffiths bezahlt drei Pfund zehn Shilling, um »die Sachen an Land zu bringen und sich um den Ton zu kümmern, während das Schiff im Fluß lag«, und liefert Josiah Wedgwood seine weiße Erde ab, den *unaker* der Cherokee von der anderen Seite der Welt.

Wie versprochen.

Siebenundvierzig

C. F.

1

Es ist ein kalter Winter in Plymouth, und im Werk gibt es Probleme. Es ist fragiles Gelände, zerklüftet durch Animositäten. Zudem ein neues Unternehmen, und die Kompetenzen reiben sich aneinander. Niemand ist sich ganz sicher, was er eigentlich zu tun hat.

Es ist leicht, Leute anzuheuern, die für einen arbeiten sollen, und leicht, sie wieder zu verlieren. Spekulative Unternehmungen in Porzellan kommen und gehen, Töpfer gelten als stur und unabhängig. Diese Unsicherheit führt zu kurzfristigen Verträgen, zu Töpfern, die auf und davon sind zum nächsten Ort, umherziehend wie Kesselflicker, vazierende Blechschmiede, Prediger ohne Gemeinde, Hunde.

Für die neue Manufaktur haben sie von einer jüngst in Konkurs gegangenen Fabrik in Staffordshire eine Garnitur Formen gekauft, die vier Jahreszeiten, einige Putten mit einer Ziege, ein Schaf samt Lamm und eine Sphinx, die ein wenig nach einem Esel aus Devon aussieht. Diese Formen sind nicht im neuesten Stil. Tatsächlich sind sie schon fünfzehn Jahre alt, als die strohgepolsterten Kisten ins Porzellanhaus getragen und ausgepackt werden.

2

Beim nächsten Brennvorgang im März werden drei Stücke, große Apfelweinhumpen, hergestellt, jeder hat eine in Kobalt daraufgetropfte Beschwörung an der Seite. *Plymoth Manufacy*, sagen sie in leicht singendem Tonfall, ich komme aus Plymouth, Plymouth hat mich gemacht.

Alle zeigen an der Basis einen Rebus, zwei Pinselstriche, eine Art Zwei mit einem Häkchen durch den unteren Strich. Das ist das Symbol für Zinn, und es ist Williams Antwort auf die angeberischen Meißner Schwerter auf der Unterseite dieser perfekten Servierteller; die Art des Apothekers, zu sagen, dass er weiß, woher er kommt.

Jeder dieser Humpen wird genau in den Mittelpunkt einer groben Ton-Brennkapsel gestellt. Der Brennofen wird anfangs mit Holz beschickt, bis der aus Ziegeln gemauerte Brennofen vor Hitze und Flammen erzittert, ein kurzes Scheit wird in die Brennkammer gelegt, kleine Pause, Abschätzen, noch eines. Nach zwei Stunden ändert sich dann dieser Rhythmus, und es muss Kohle hineingeschaufelt werden. Das Geräusch verändert sich allmählich. Die Jungen sollten an den Mörsern sein und die Formen für die nächste Woche vorbereiten, die Kaolinfässer säubern, aber alle fühlen sich hinzugezogen, um den Brennofen zu beobachten, Wasser für die Männer zu holen. Jede Stunde wird aufgezeichnet. Der Fortgang durch das Spektrum von Orange über Scharlach- und Karminrot bis zur blendenden Weißglut, wenn man mit langen Metallstangen, so lang wie Jagdflinten, die Messringe herauszieht und in Eimer taucht, wo sie zischend abkühlen. Sie brauchen fünf Minuten, um abzukühlen, die Köpfe stoßen aneinander, alle wollen sehen, wie die Glasur schmilzt. Auf alles kommt es an. Am Beginn des Brennvorgangs ist die Oberfläche offen, mit Vertiefungen. Poren reichen von der Glasur bis zur Tonmasse. Zwanzig Minuten später, und die Oberfläche rinnt ineinander, immer noch pockig. Dieses Probestück sieht aus wie Flechten. Er marschiert in der Werkstatt hin und her. Alle wollen aufhören. Das ist doch verrückt. Sechzehn Stunden Kohlenschaufeln, nackt bis zum Gürtel, Nachschub für den Brennofen, für die Obsession dieses Mannes. Seht euch die Aufzeichnungen an, es dauert schon zwei Stunden länger als beim letzten Brennvorgang. Noch zwanzig Minuten, und

Unterseite von Cookworthys Porzellanhumpen, 1768

man entnimmt eine weitere Probe, der glasierte Ring schaukelt hin und her und legt sich ins Wasser, und er ist glänzend und klar und weiß.

Dies ist die Wahrheit, sagt Swedenborg. Du wirst die Himmel sich öffnen sehen, und das Gewand des Herrn wird weiß sein.

Und: »Die Gemütsbewegungen schimmern durch das Antlitz hindurch.«

Es ist zu Ende.

Man legt Ziegel auf den Kamin, um die Hitze innen zu bewahren. Die Türen werden mit feuchtem Lehm verstrichen. Die Männer waschen sich an Fässern, die vor der Tür stehen, den Schmutz von Gesicht, Händen und Oberkörper. Über ihnen kreisen die Möwen. Immer noch summt der Brennofen. Du musst gehen. Du musst dich umdrehen und heimgehen, hinüber nach Coxside und dann die Notte Street hinauf, durch die Seitentür, deinen Hut aufhängen, dich in der Waschküche waschen, die Wohnzimmertür öffnen. Du schlägst dein Notizbuch auf und sitzt still. Immer noch pocht es in dir.

Geduld wird den Tugendhaften belohnen.

Es ist kurz vor der Dämmerung am nächsten Tag, als du am Brennofen vorne die Backsteine aufbrichst, sie sind eher flüchtig aufgeschichtet als in dem ordentlichen Stapel, den du angeordnet hast, und heraus kommt die erste Brennkapsel, wird auf den Boden gesetzt, der Deckel wird abgehoben, und du siehst sofort, dass es funktioniert hat.

Du hältst es am Henkel. Klopfst daran. Es klingt hell. *Plymoth Manufacy* rund um das Wappen der Stadt, verwischt, und einige Blumen, verwischt. Plymouth hat mich gemacht. Und an der Basis und in Kursivbuchstaben *C. F., Cookworthy Fecit* in Kobaltblau. Ich wurde von Cookworthy gemacht.

Aus der weißen Erde wurde dieses weiße Gefäß. Es ist das erste Stück echten Porzellans, das je in England hergestellt wurde, und dieser Apfelweinhumpen mit seinem volkstümlichen Henkel und seiner gekräuselten Kursiv-Aufschrift, seinem verwischten Symbol für Zinn an der Basis ist bereits ein wenig aus der Mode.

Das ist Williams weißes Gefäß, mein drittes.

Achtundvierzig

Über das Englischsein

1

Das wär's also. Ich habe mein drittes weißes Gefäß. Jingdezhen, Dresden und jetzt Plymouth.

Es ist etwas Zärtliches an diesem Krug von William Cookworthy. Er ist durch Gehen und Notiznehmen entstanden, durch das Aufheben von Dingen und das Befühlen von Texturen, durch unverwandtes, unverhohlenes Zuhören bei Männern, die neben der Straße arbeiten. Es ist ein Quäker-Gefäß. Es trägt seine Ernsthaftigkeit in sich und ist unbefangen. Es ist das Gefäß eines Apothekers; das Zeichen für Zinn an der Basis ist schön und stolz darauf, woher es kommt. Ich bin von hier, sagt es, und im Fallen der Worte tönt ein leichtes Rollen.

Und sein Weiß ist auch ein besonderes Weiß. Dieser Porzellanhumpen, so verwischt in der Ausführung, ist ein Gefäß für Engel.

Mein Bord ist wunderbar voll, Gefäße und Scherben. Ich kann sie hin und her schieben und müsste nun wieder mit voller Aufmerksamkeit meine eigenen Sachen machen können. Die Ausstellung in Cambridge sollte organisiert werden. Das verspricht viel Angenehmes, tagelanges Betrachten von chinesischem Porzellan in den Lagerräumen der Sammlung. Und bei den Sachen für New York sollte ich auch einen Zahn zulegen. Ich gehe sehr früh ins Studio, um möglichst ein paar Stunden an der Drehscheibe arbeiten zu können.

Englisches Porzellan 1750 bis 1800 gehört nicht zum Plan. Aber die Wahrheit ist, dass ich einfach nicht weiß, was dann geschah, außer den Grundlagen der Geschichte – dass die KÖNIGLICHE VOLLMACHT FÜR COOKWORTHYS PATENT veröffentlicht wurde, dass die Dinge kompliziert wurden, und dass Plymouth nicht das Dresden des West Country wurde. Ich muss herausfinden, wie William reagiert, wenn etwas schiefgeht.

Und da ich meine kostbaren vier Seiten verloren habe, 95 Pfund gutes Geld, muss ich das Patent ganz bescheiden in einer Bibliothek nachlesen. Es ist schön. Es ist das erste Patent, das ich jemals in Händen hielt, und es hat eine perfekt rhythmisierte Förmlichkeit. So sollte es sein.

> William Cookworthy aus Plymouth in Unserer Grafschaft Devon, Apotheker, hat durch seine Uns untertänig unterbreitete Petition dargelegt, er habe durch eine Reihe von Experimenten entdeckt, dass Grundstoffe derselbigen Art, aus welchen das asiatische Porzellan geschaffen wird, in großer Menge auf Unserer Insel Großbritannien aufzufinden sind.

An diesem Punkt braucht er bloß mit den Händen zu fuchteln und bombastisch zu sein, was er gerne tut, unter Verstreuung zahlreicher Großbuchstaben.

> Die Ware, die er aus selbigen Materialien hergestellt, hat alle Eigenschaften des wahren Porzellans, was die Körnung, das Durchscheinende, die Farbe und Undurchlässigkeit anbelangt, in einem Ausmaß, das der besten chinesischen oder Dresdener Ware gleichkommt, wohingegen alle bis dato in Großbritannien durchgeführten Manufakturen des Porzellans nur Nachahmungen der wahren Art sind, fehlt es ihnen doch an Schönheit der Farbe, an Glätte, Glanz der Körnung und dem wahrhaften Merkmal des echten Porzellans, dass es nämlich den äußersten Grad an Hitze aushält, ohne zu schmelzen; dass diese Entdeckung gemäß seiner Kenntnis und seines Glaubens neu und allein seine eigene ist, was dieses Königreich anbelangt; die Materialien

> wurden von niemandem zu irgendwelchen Zwecken der Töpferei gebraucht als durch ihn und jene unter seiner Anleitung, und dass er wahrhaftig glaubt, dass diese Erfindung von größtem Nutzen für die Allgemeinheit sein wird. So ersucht er Uns untertänigst, Wir möchten geneigt sein, ihm Unser Königliches Patent für die alleinige Herstellung und den Verkauf dieses neu erfundenen Porzellans zu gewähren, zusammengesetzt aus dem Moorstein oder Growan und dem Growan-Ton …

Darauf unterzeichnet und siegelt William das Dokument am elften Tag des Juli, im achten Jahr der Regierung Georgs III. Und so wird schließlich, 1770, aus der Plymouth Manufactory die Patentierte Porzellanmanufaktur Plymouth.

2

Ich habe mir für diese ersten Porzellanstücke Zeit genommen. Und für William. Ich dachte, diese englische Reise würde einen Sommer lang dauern, aber jetzt ist es ein gutes Jahr. Das ist etwas sehr Persönliches geworden. Ich versuche das zu verstehen, mich einzufühlen, wo ich meinen Ort in seinen Ambitionen gefunden habe. Wie kann man Engländer sein und Porzellan machen? Wo in diesem feuchten Land kann weißes Porzellan zum Leben erwachen? Bleibt es exotisch, ein Import, eine quijotische Unternehmung, oder vermag es einheimisch zu werden?

Das Gleiche frage ich mich selber. Wo gehört das Porzellan hin?

Man stellt ein Gefäß hin, und der Raum darum verändert sich. Man arrangiert Gruppen von Gefäßen und spielt mit komplexeren Rhythmen. Fünf Jahre, nachdem ich aus Japan zurückgekehrt war, begann ich meine Ensembles in Gebäuden und Museen und Galerien aufzustellen.

Mein erster Versuch fand in High Cross House statt, einem 1929 errichteten modernistischen Bauwerk mit riesigen Fenstern und einem Flachdach sowie einer Art Sonnendeck, um das Wetter in Devon auszunutzen und den Ausblick auf die Eichenwälder zu genießen. Es hatte Stahlrohrmöbel und furnierte Schränke und hätte in St. Tropez stehen sollen. Inzwischen war es ein Archiv, und der Archivar war auf der Suche nach Projekten.

Für den großen flachen Kamin fertigte ich einen riesigen Deckelkrug und eine Reihe Teller, um den Regen auf dem Sonnendeck aufzufangen. Und in den ungenutzten Schränken versteckte ich Gruppen. Man konnte eine Tür zur Seite schieben und Porzellangefäße warten sehen. Eine Kritikerin beschwerte sich, sie könne die Ausstellung nicht finden.

Das war mein Beginn. Ich schuf Porzellan, das man auf die Regale mit Lyrikbänden und auf den Küchentisch in Kettle's Yard in Cambridge platzieren konnte, einem hübschen Ensemble von Häuschen mit Gemälden und Skulpturen, Büchern und Vasen. Ich machte riesige Drachenvasen, die ich in dem prunkvollen Steinkorridor im Palast von Chatsworth aufstellte. Jede Installation war eine Erkundung für mich.

Ich schien alles, was ich machte, zu verstecken, es in den Schatten zu stellen, in Ecken, in Schränke.

3

Die Manufaktur in Plymouth ist in Gang. Alle Hände sind eifrig am Werk. Fast die ganze Ware kommt sauber heraus. Die Untertassen sind meist gerade, obwohl die Schutzvorrichtungen immer noch springen, was entmutigend ist, und so hatten sie den ziemlich verzweifelten Einfall, sie aus zusammengesetzten Topfscherben anzufertigen, als könnte das funktionieren. Und sie haben ein Experiment veranstaltet, ob nicht eine Verkleinerung der Löcher, durch die die Flammen zur Brennofendecke emporlodern, helfen könnte. »Das half nicht, sondern hat uns Schaden zugefügt, doch das Produkt dieses Brennofens zusammen mit dem unserer früheren Experimente ist für mehr als zwanzig Pfund verkauft worden.«

Ich seufze über die Worte »die Experimente verkaufen«.

Das ist der Moment des »Zweite-Wahl-Verkaufs«. Es naht ein Verkaufstermin, möglicherweise vor Weihnachten, wenn alle Milchkrüge oder kleine Vasen brauchen und die Töpfer ihr Einkommen erwirtschaften. Der Brennofen hat sich danebenbenommen, und man hat ganze Regale voller Gefäße, die beinahe stimmen. Sie sind nicht angeschlagen. Ein Krug wobbelt ein bisschen, die größeren Schüsseln sind ein wenig verzogen, das sieht gar nicht schlecht aus, aber die Glasur wurde ein wenig zu lange gebrannt. Was macht man da?

Man sollte sie zertrümmern.

Laut dem großen Wedgwood, der seine eigenen Gedanken über fehlgeschlagene Töpferware hatte – die *Versehrten* und *Verworfenen*, wie er sie nannte –, kann man die Basis einiger verzogener Vasen abschmirgeln, sie auf einen neuen Fuß montieren, und niemand wird es merken.

Man schreibt eine Karte mit ZWEITE WAHL darauf, stellt sie auf und sieht zu, wie die Stücke in die Welt entschwinden.

4

Während ich die Glasur der Porzellanstücke betrachte, erkenne ich diesen Moment. Die Glasur ist die Kleidung für die Tonmasse. Ich besitze eine gesprungene Meißner Platte aus dem Jahr 1768 – zwei Buchfinken auf einem Ast, Falter auf dem geschwungenen Rand, vergoldete Einfassung –, und da ist sie ohne Übergang, die Glasur ist mit dem Porzellan verschmolzen. Man denke an Glasur, die einen Körper bedeckt. Die Passform ist Couture, weder ein Gefühl der Beengtheit noch eines von zu viel Freiraum, nur unangestrengte Beweglichkeit.

»Wenn Julia mein in Seide geht«, denke ich, während ich die Platte in den Händen halte, umwende, »wie süß dann strömt ihr flüssig hingegossnes Kleid.«

Ich betrachte diese Gefäße. Porzellan aus dem West Country sieht stockfleckig aus wie die Seiten eines alten Buches, am Rand ein wenig grau. Es ist ein Abspulen von Schiefheit und Verzerrung, winzigen Rissen in der Basis, wo der Ton sich beim Abkühlen des Brennofens öffnete, klaffenden Rissen, wo ein Fehler in der Ausfertigung begangen wurde. Es scheint winzige Fragmente von anhaftendem Ton zu geben. Ich erkenne jeden Fehler in der Glasur. Ich benenne sie, erkenne sie als meine eigenen. In der Kobaltverzierung einer Ranke ist die Farbe leicht verlaufen, dort hat einer der Jungen den Pinsel zu fest angedrückt und hat die Dicke nicht richtig hingekriegt, oder eine Flammenzunge hat dort zu lange verweilt. Es gibt Nadelstiche, offene Punkte wie die Sporen auf der Rückseite von Farnwedeln, wo jemand in der Werkstatt Staub auf einem Gefäß gelassen hat, bevor er es glasierte, oder die Hitze reichte nicht aus, um die Glasur vollständig zu schmelzen. Und hier gibt es Rinnsale von stehen gebliebener Glasur. Ist beim Eintauchen in das Faß zu viel zurückgeblieben? Noch ein Brennvorgang, der nicht ganz die erforderliche Temperatur erreicht hat? Und hier ist die Glasur abgeblättert, weil sie zu dünn war.

Alles, was schiefgehen kann, ist verschiedenen Faktoren zuzuschreiben, aber ich schiebe die Schuld auf das Wetter.

Und wenn ich sie mir genau ansehe: Die Vergoldung ist auch nicht besonders toll.

Fragend wende ich mich an William. Was hast du dir gedacht?

5

Die Fehlschläge kommen in immer rascherer Folge. Oder vielleicht werden jetzt auch nur, wenn wir den Film langsamer abspulen, viele Dinge sichtbar, die schiefgelaufen sind.

Die Manufaktur in Plymouth muss an die Subskribenten zurückerstattet werden, da das Geld zu Ende geht – sie haben zweimal so viel ausgegeben wie erwartet. Zwecks schneller Geldbeschaffung wird William Porzellanmörser für Apotheker herstellen.

Seine Swedenborg-Übersetzung ist noch nicht veröffentlicht. Er sollte eigentlich eine Apotheke führen, aber in seinem Notizbuch, das im Archiv in Plymouth liegt, grüner, gesprungener Wachseinband, sehe ich, was er in Wirklichkeit vorhat. Nach Listen von Ingredienzen für Pillen findet sich hier die Abschrift eines Briefes an den Gouverneur von North Carolina; es geht um die Beschaffenheit und den Gebrauch von Kobalt, das schwarze Mineral, das auf dem Porzellan blau erblüht, aus dem Weiden geschaffen werden, Schwalben, Liebende auf einer Brücke, springende Karpfen in einem Teich, ein Schmetterling auf einer Chrysantheme.

William hat Kobaltblau aus dem Erz raffiniert:

> schwarzblaues Glas … das deutlich beweist, dass, so wie die anderen Emailfarben von Metallen kommen, wie das Grün vom Kupfer, das Schwarz und Rot vom Eisen, das Purpur vom Gold, das Blau also von diesem Halbmetall, und so macht diese kleine Entdeckung die ganze Angelegenheit des Kobalt einfach und zerstreut jene Wolke des Geheimnisses, welche die Querköpfigkeit der deutschen Schriftsteller darübergelegt hat.

William liebt es, Geheimnisse zu entschlüsseln, ob sie nun aus China, Cornwall oder aus Deutschland kommen, und um Kobalt gibt es ein Gewirr von Annahmen und Geschichten. Die Etymologie verrät, dass

Kobalt mit Kobold zusammenhängt, dem deutschen Namen für unterirdische Geister. Wie es in manchen Geschichten heißt, leben sie nicht bloß dicht unter der Erdoberfläche, sondern mitten im Felsen selbst. Sie blasen einem die Lampe aus, stoßen den hölzernen Pfosten um, der die Decke des Bergwerks stützt, zerkrümeln die Erde unter den Füßen, stehlen das Essen, die Wasserflasche, den Pickel. Wenn du ein Bergmann bist, bittest du um Schutz, aber sie sind widerspenstig, unerbittlich. Sie verlocken dich, die falschen Mineralien abzubauen, narren dich mit einer Ader silbrigen Erzes, dem Glimmern von Gold, nur damit du nachher, nachdem du es gesiebt und gemahlen und geschlämmt hat, erkennst, dass es wertlos ist. Es ist etwas an dieser Assonanz der Bosheit, des Verborgenen und Tiefen, das nach Wahrheit klingt.

Ich lese dies im oberen Stock meines Studios, der Hund liegt schlafend zu meinen Füßen. In den vergangenen Jahren habe ich angefangen, schwarze Glasuren zu benutzen. Meine Weißtöne liebe ich immer noch, doch ich wollte sehen, wie die Schatten um schwarze Gefäße aussehen. Für eine meiner liebsten neuen Glasuren verwende ich Kobalt, ein schimmerndes Schwarz wie eine Mittsommernacht mit Goldgeglitzer, dunkel wie ein Starenflügel. Man braucht nur ein Prozent. Und in den schwereren Glasuren zwei bis drei Prozent, in der matten zinnfarbenen Glasur, die wir Basalt nennen, und der neuen, die noch nicht ganz stimmt, ein bläschenwerfendes Schwarz mit Vertiefungen und Kratern wie ein Stück Obsidian.

Kobalt färbt. Ich habe ein idiotisches Verlangen, Kobaltoxid zu spüren, in den Glasurraum hinunterzugehen, die Plastikdose zu öffnen und ein wenig von dem blauschwarzen Pulver in meine Handfläche zu schütten, es zwischen Zeigefinger und Daumen zu zerreiben, und wenn ich die Hände abbürste, bleibt immer noch eine skeletthafte Spur von giftigem Erz, die mir tagelang anhaftet, während ich William und seiner Leidenschaft für Kobalt nachgehe.

Die Welt ist sehr groß für den Apotheker aus Plymouth, das wird mir klar. Wenn er das Erz zwischen seinen Fingern zerkrümelt, hält er Cathay und Carolina. Und während sein neues Unternehmen auf Grund läuft, ist es genau das, was William tut: Erz zerkrümeln, weitergeleitet, hingelockt ins Weiße und Blaue. Er behandelt das Werk als Laboratorium, eine Versuchsstation für Ideen, nicht als Geschäft.

Mir wird klar, dass ich die letzte verdammte Woche damit verbracht habe, über Kobalt nachzudenken.

Begeistert kommt William vom Weg ab.

Neunundvierzig

Enden, Anfänge

1

Was sollen wir tun, fragt William Pitt. Eine gute Frage.

An diesem Septembermorgen 1770 finden sie sich in einem Jammertal an Problemen. Zwei der drei Jungen sind krank. Objekte, die gleich hoch sein sollten, es aber nicht waren, sind aus dem Brennofen genommen worden, es gibt Tassen, die nicht ganz gerade abgedreht wurden und jetzt schief stehen.

Die Kohle, die man in der letzten Woche zum Befeuern des kleinen Brennofens verwendet hat, hat die Konstruktion beschädigt. Sie werden Holz verwenden müssen. Aber Holz gibt es keines zu kaufen. Vier Brennöfen sind durch schlechtes Holz ruiniert worden, ein böses Omen. Pitts Verwalter wird von seinem Landgut ein Floß mit Holz die Küste herunterschicken, aber William macht sich Sorgen deswegen. Nach einer Woche auf dem Meer wird es, ohne Schutz gegen die Elemente, nicht trocken genug sein, außerdem zu wenig, noch nicht entrindet.

Also hat William mit dem Hafenverwalter gesprochen, der ihm riet, sich an die Admiralität zu wenden, »ob wir einiges Bauholz von einem Schiff erhalten könnten, das verkauft wird. Es ist anständig von ihm, mir zu helfen, da es einige gäbe, die den Preis hinaufsetzen würden, um mir zu schaden.«

So kauft er denn ein Schiff, und alle Sparren, Maste, Deckplanken werden zu Brennholz zerhackt, in meterlange Stücke gesägt und neben der Werkstatt gestapelt. Dafür brauchen die Dreher, die jetzt Hilfsarbeiter sind, etliche Tage. William hat an Swedenborgs »De

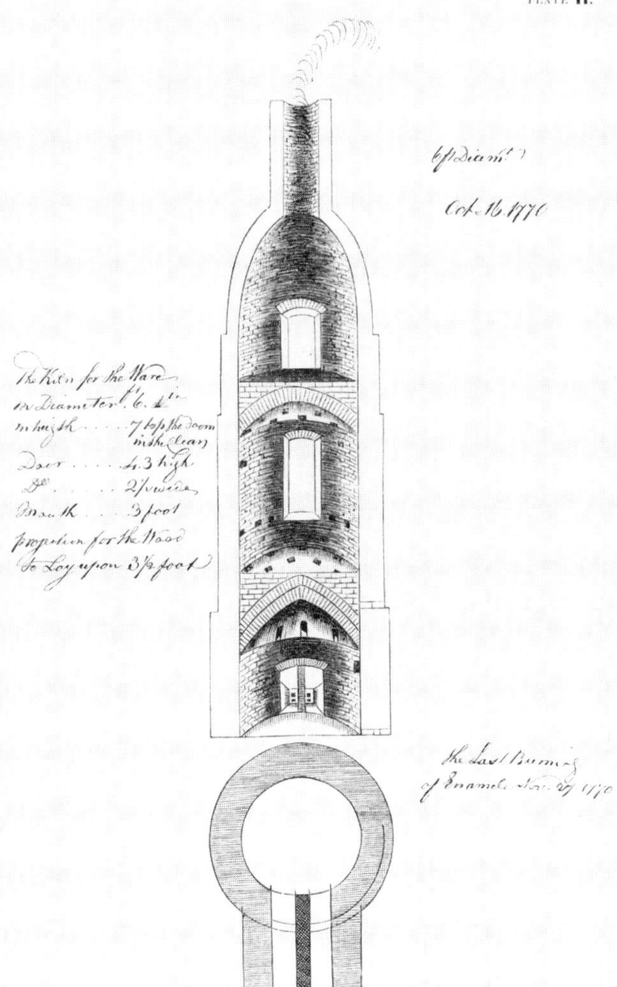

Richard Champion, Zeichnung von
Cookworthys Brennofen, 1770

Coelo et Inferno« gearbeitet, seinem Traktat über Himmel und Hölle, die latinisierten dahinrollenden Phrasen geglättet, und kommt an einem späten Nachmittag hinunter nach Coxside, zu seiner Vorstellung von Porzellan, als sich auf dem Boden der Werkstatt eine Lache Salzwasser ausbreitet, Salzwasser von dem Haufen durchtränkten, teuren Holzes.

Das feuchte Holz wird getrocknet – wie trocknet man Schnittholz in einem Lagerhaus am Meer in Plymouth? Sie entschließen sich, es bei den Brennvorgängen im Herbst zu verwenden.

> Beim vorletzten Brennvorgang war unter den herausgenommenen Probestücken ein äußerst schönes Stück von Chinaware; es besaß jedes Merkmal der asiatischen, soll heißen, Farbe, Körper, Glasur und Blau in höchster Vollkommenheit, jedermann war entzückt & ich glaube, es gab keinen, der nicht 1000 Pfund für ihren Anteil genommen hätte, doch gab es (zu unserer äußersten Bestürzung) … von mehreren hundert Stücken kein Einziges, das frei von Ruß war …

Das salzwasserdurchtränkte Holz hat einige Hundert Stück Porzellan versalzen; ein weiteres Desaster.

Ich betrachte eingehend dieses von den Salzdämpfen im Brennofen berührte Porzellan und denke, es ist schön; ein leichter Herbsthauch fächelt die Mähnen der liegenden Löwen.

2

William muss sich das wirklich genau überlegen.

> Ich habe nicht die geringste Abneigung gegen diese Experimente … Vor vielen Jahren las ich Du Haldes Beschreibung des

> Brennofens, den die Chinesen benutzen ... es schien mir immer und scheint noch ein unverständlicher Unsinn und könnte von niemandem stammen, der irgendwelche Kenntnis der Töpferei besitzt. Und ich habe es oft bedauert, dass eine so gute Darstellung der Materialien für Chinaware und die Art, wie die Chinesen damit umgehen, mit einer so elenden Beschreibung des Brennens abgeschlossen werden sollte.

Armer alter Père d'Entrecolles, der dafür getadelt wird, dass er den Brennvorgang in Jingdezhen nicht genau genug beobachtet und seine Bemerkungen nicht mit angemessener jesuitischer Gründlichkeit niedergelegt hat.

Zum ersten Mal gibt William auch seinem »unzuverlässigen Gedächtnis« die Schuld. Er ist jetzt fünfundsechzig und kann meiner Einschätzung nach seit etlichen Jahren nicht geschlafen haben.

Er hat mit Pitt und Dr. Mudge und Champion die Zukunft besprochen, und man ist zu einer Entscheidung gelangt. Plymouth wäre ohnehin nie der perfekte Ort gewesen, um ihre Waren herzustellen oder zu verkaufen, die Garnison und der Landadel sind inzwischen gut mit Desserttellern und porzellanenen Kühen versorgt, der Transport nach London ist teuer und kompliziert. Zusätzliches, klug eingesetztes Kapital würde die Sache ändern. Die Plymouth New Invented Patent Porcelain Manufactory hat ein Stadium erreicht, wo eine neue Leitung sie voranbringen könnte.

Bristol, schlägt Champion vor, würde gut funktionieren.

3

Tiefes Atemholen, und dann das Abbauen, die Geschäftsabschlüsse, der Verkauf der Einrichtung aus der Fabrik. Einiges geht nach Bristol, zur nächsten Inkarnation – die Ziegel aus den Brennöfen, die Regale, das alte Scheitholz, die Schutzvorrichtungen. Und die Fässer mit Kaolin und Moorstein, die Pasten, das schöne schwarze Kobalt.

Der letzte Brand von Teekannen und Saucieren trägt an der Unterseite die Aufschrift *Plymouth 1770*, Andenken an das erste Unternehmen. Wenn man neu beginnt, wird die Zinnchiffre gegen etwas weniger Seltsames, weniger Alchimistisches eingetauscht werden.

»Mr. Cookworthys Fabriken sind von einem Mr. Robinson eingenommen«; der geschäftstüchtige Mr. Veal hat einen neuen Mieter gefunden. Die Leute zerstreuen sich. Viele sollen mit Champion nach Bristol gehen, einige nach London, andere zu anderen Manufakturen.

Binnen Wochen sucht man neue Arbeitskräfte. »Porzellanmaler gesucht für die neu gegründete patentierte Porzellanmanufaktur Plymouth. Etliche nüchterne, erfindungsreiche Künstler gesucht, die in Email oder Blau zu malen vermögen, erfahren von dauerhafter Beschäftigung, wenn sie ihre Anträge an Thomas Frank in der Castle Street in Bristol richten.«

Die neue Verwaltung richtet sich ein. Die Rekapitalisierung ist beträchtlich, beinahe zehntausend Pfund, investiert von neuen Freunden.

4

William entschließt sich, das Patent gegen eine Gebühr und einen Gewinnanteil an Champion zu übertragen und es sein zu lassen.

Man schreibt das Jahr 1772, vierzig Jahre seit seiner Hochzeit, beinahe dreißig, seit er am Tregonning Hill Kaolin und Petuntse gefunden hat, zwanzig, seit er mit seinen Experimenten begann, sechs, seit C. F. auf seinem Porzellanhumpen in der Manufaktur am Kai einen richtigen Klang ergab.

Er geht mit seinem Schwiegersohn den Cornhill hinunter zum Drucker und Buchhändler James Phillips im George Yard, um sein erstes Exemplar seiner Übersetzung von Swedenborgs »Himmel und Hölle« abzuholen, und ist in sehr guter Stimmung.

Es nimmt kein Ende mit dem vielen Bücherschreiben, sagt der Prophet. Aber in diesem Fall nimmt es ein Ende. »Mr Cookworthy hatte die gesamten Kosten der Veröffentlichung zu tragen«, heißt es in einem Bericht. Es hat ihn hundert Pfund und etliche Jahre gekostet. Er »konnte nicht anders, als sich darüber zu amüsieren, dass die Übersetzung eines solchen Werkes durch einen bekannten Freund geschaffen und herausgegeben worden war. Er scherzte, dass man ihn dafür zur Verantwortung ziehe und ihn frage, wer er eigentlich sei.« Am Tag zuvor waren sie an die Themse gegangen, um einen gestrandeten Wal zu sehen, und er versucht einen kleinen Spaß: »Einige sagen, es sei ein Schwertwal, andere, eine Schildkröte; was mich betrifft, so weiß ich nicht, was es ist.«

Seine Quäkerfreunde sind entsetzt über Williams Version von Swedenborg. John Wesley hat diesen »geisteskranken Mann« gelesen. Die Nüchternheit der Quäker wird durch solchen metaphysischen Unsinn in Gefahr gebracht.

Wenn man Gott nach seinem eigenen Bild gestaltet, dann ist Williams Gott ein anteilnehmender Gott. Vielleicht nicht gütig, zu viele schmerzliche Verluste haben diesen Pietismus weggehackt, aber gut in Details und entschieden gut bei Überraschungen.

So geschah es, dass ein Töpfer schrieb.

William macht sich auf den Weg heim nach Plymouth und zu dem Wetter, das er kennt. Drei Tage auf einer fürchterlichen Straße. Er hatte die Idee, Meerwasser auf langen Reisen zu destillieren, und arbeitet an einem Vorschlag, wie man Skorbut bei Seeleuten mittels Fässern voller Sauerkraut behandelt.

Fünfzig

Eine geschickte Anleitung

1

Richard Champion ist jetzt der Besitzer seiner eigenen Porzellanmanufaktur. Er hat ausgeprägte Vorstellungen, was zu tun ist.

Es ist zum Beispiel klar, dass Plymouth in Sachen Stil nachhinkt, sich an diese Muse und jenen Humpen geklammert hat. Ein intensiver Blick auf das, was gerade in Mode ist, sagt ihm, dass Teegeschirr immer geht, die Farbe aber von Bedeutung ist. Ein giftiger Kritiker hat genug davon, »jeden Tag die keuschen schwarzen, blauen und quäkerfarbenen Untergründe zu sehen, und versucht, meine Vorstellungen durch ein wenig Abwechslung zu beleben. Die glänzenden, cremefarbenen Oberflächen der Waren aus Sèvres, Dresden, Wien und anderen Porzellans … beleben meine Vorstellungskraft …«

In Etruria in Staffordshire analysiert Wedgwood in diesem Monat:

> Die Achat-, die grün- und andersfarbigen Glasuren hatten ihre Zeit & sich gut verkauft & werden sicher bald eine Auferstehung erleben, denn es gibt und wird immer eine umfangreiche Klasse von Leuten geben, die *prunkende & billige* Sachen kaufen wollen. Die Cremefarbe ist von hervorragender Qualität & ich bin überzeugt, ihr Rennen ist noch lange nicht gelaufen. Das Schwarz ist gediegen & wird ewig halten …

Er kann natürlich mit seinen Musterkisten und Katalogen und inzwischen mit reisenden Verkäufern unterschiedlichste Warensorten in diversen Farben auf verschiedenen Märkten anbieten.

Champion hat diese Ressourcen nicht und will sich auf Mäzene konzentrieren. Er kommt auf die Idee, ovale Porzellanplaketten mit den Wappen der Prominenz herzustellen, umrahmt von barocken Kartuschen mit Bändern und Blumen.

Selbstverständlich hatte Wedgwood diesen Einfall schon vor ihm. »Mit Wappenschilden sollten wir (Töpfer) uns am besten nicht abgeben«; er weist darauf hin, dass man ein Objekt mit Wappen nicht weiterverkaufen könne. Wer würde schon das Wappen von jemand anderem haben wollen? Das wäre wie ein Schreibfehler auf einem Grabstein. Champions Gefäße sind unglasiert, was ihnen zumindest eine Möglichkeit weniger gibt, zu springen, sich zu verformen, fleckig zu werden, obwohl das alles vorkommt. Sie sind bald in Umlauf; »Lady Rockingham ebenso wie ich sind Ihnen für Ihre sehr eleganten Porzellanblumen sehr verbunden.«

Dann ist da noch die Angelegenheit mit dem Patent, dessen Laufzeit er verlängern will. Weitere vierzehn Jahre sollten genügen, um die Konkurrenz aus dem Feld zu schlagen und Bristol zum Blühen zu bringen.

Champion ist ein geschäftiger Mann in einer sehr geschäftigen Stadt. Nicht zuletzt aufgrund seiner Bemühungen ist Edmund Burke 1774 wieder ins Parlament gewählt worden, und Mrs. Burke bedankt sich für das Porzellan-Teeservice zur Feier. Auf der Linken ist die *Freiheit* abgebildet, sie trägt eine phrygische Mütze und hält einen Speer und einen Schild mit einem Medusenkopf, auf der Rechten eine üppige *Fülle*, die ein zweideutiges Horn umklammert. Dazwischen steht ein Piedestal, auf dem Burkes Wappen und die lateinische Inschrift *Ein Zeichen der Freundschaft für J Burke, die beste aller britischen Gemahlinnen* eingraviert sind. Wo noch Platz ist, finden sich die Waage der Justitia und eine lodernde Fackel, und weil es eine englische Revolution ist, gibt es noch eine hübsche Blumenbordüre, um alles abzurunden.

Wie alle guten englischen Revolutionäre wird Champion auch der Königin vorgestellt, Charlotte. Sie äußert ihr Interesse an der Manufaktur und deren Fortschritt und bekommt eine Porzellanplakette mit Blumendekor überreicht. Vielleicht, überlegt Champion, ist sie schon ein wenig gelangweilt von der omnipräsenten Queen's Ware Wedgwoods.

2

Im Februar 1775 bringt Champion eine Petition an das Parlament ein, das Patent um vierzehn Jahre über den vorgesehenen Zeitpunkt hinaus zu verlängern. Sie passiert ohne Schwierigkeiten das von Burke geführte Unterhaus. Im Oberhaus genießt er Unterstützung durch den Herzog von Portland und Freunde; die Herzogin von Portland ist dankbar für das »sehr schöne Porzellan«. Burke sagt Champion, er solle sich auf ein Kreuzverhör vorbereiten, denn er habe gehört, »Wedgwoods Leute dächten daran, sich euch entgegenzustellen«.

Das ist eine Untertreibung.

Wedgwood hat Champion nachspioniert, um herauszufinden, welche Materialien er verwendet. Die Angelegenheit wird an ein Komitee des Oberhauses verwiesen. Burke ist besorgt und betont, dass die Probestücke, die Champion dem Komitee vorlegen wird, gut genug sein sollten. Das sind sie. Champion hat sich abgesichert; es gibt »zwei schöne Garnituren Teegeschirr; eines mit Ovids Metamorphosen, verschiedene Sujets bei jedem Stück, die getreue Kopie einer Dresdener Garnitur …«

Auch Mr. John Britton, Champions Vorarbeiter, wird vom Komitee befragt. Beherzt zeigt er, dass *Bristol* Dresdener Porzellan an Härte übertrifft, dass man *Bristol* in jeder beliebigen Dicke herstellen kann, dass das *Bristol China* heißes Wasser aushält, dass das Gold nicht abblättert. Das Komitee ist gut vorbereitet, welche Fragen es stellen soll, und so gibt er unter Drängen zu, dass sie Platten herstellen können, dabei aber große Schwierigkeiten hatten. Er zeigt Scherben und Exemplare von Bristol-Porzellan vor, und einer der Peers »liefert dem Komitee unwillentlich noch mehr Fragmente von Champions' Chinaware«, weil er einen schönen Becher fallen lässt. Auch diese Scherben werden untersucht und als beinahe durchscheinend befunden.

Es wird diskutiert. Und dann: »*Es ergeht die Order*, dass die Erlaubnis erteilt wird, eine Gesetzesvorlage einzubringen, um das Patent zu erweitern.« Es scheint, als hätte Champion gewonnen.

3

Das ist der Punkt, an dem alles in die Binsen geht.

In seinem eigenen und im Namen der Hersteller von Irdenware in Staffordshire ersucht Wedgwood um die Erlaubnis, eine Eingabe einzubringen: »dass der weitere Ausbau der Manufaktur von der Verwendung und dem freien Gebrauche der verschiedenen Rohstoffe abhängen müsse, welche die natürlichen Produkte dieses Landes darstellen.«

Und dann fügt er kühl hinzu, Mr. Champion sei nicht »der ursprüngliche Erfinder, sondern nur der Käufer des einem anderen Mann gewährten, noch nicht abgelaufenen Patents, der vielleicht aus Mangel an Geschick und Erfahrung in diesem besonderen Geschäftszweig in der bereits abgelaufenen Zeitspanne von sieben Jahren noch nicht fähig gewesen sei, seine Ware zu irgendeinem Grad an Vollkommenheit zu bringen«.

Es sei eine »schlaue Vorgabe«, meint Wedgwood.

Champion erwidert, dass er wie jeder andere auch JW höchlich respektiere, und dass JW seinen großen Erfolg verdiene, aber warum sei er in Staffordshire herumgegangen und habe die Töpfer aufgewiegelt? Könne er nicht anderen ihr kleines Stück von den Früchten ihrer Arbeit gönnen? Man unterschätze nicht die Mühe, von einer »sehr unvollkommenen zu einer beinahe vollkommenen Manufaktur«

zu gelangen. Zweifellos habe es Mangel an Geschick gegeben, doch man denke an die Fähigkeiten Mr. Cookworthys, des Verwalters, der Arbeiter.

Sieben Jahre ist grausam: Man denke daran, wie lange Dresden brauchte!

Am 10. Mai 1775 kontert Wedgwood mit einer wirklich stichhaltigen »Petition der Hersteller von Irdenware«. Am 16. gibt es eine Petition der Kaufleute im Hafen Liverpool, die sich gegen jedwede Einschränkung des Freihandels zur Wehr setzen. »Freihandel« ist schlau, denke ich. Geistreiche Worte.

Wedgwood hält den Druck aufrecht.

Er veröffentlicht seine »Anmerkungen zu Mr. Champions Antwort auf Mr. Wedgwoods Denkschrift in eigener Sache und in jener der Töpfer von Staffordshire«. Er behauptet, dass er zehnmal mehr Menschen beschäftige als alle Porzellanfabriken im Königreich zusammen, um seine Queen's Ware herzustellen, und dass er kein Patent gebraucht habe.

Wedgwood schickt eine ausführliche Fallbeschreibung. Brillante Beinarbeit.

Er schreibt, William Cookworthy habe es »vollkommen verabsäumt, die Verpflichtung zu erfüllen«, die wichtigsten Vorgänge bei seiner Porzellanherstellung zu beschreiben, das Verhältnis, in dem die Materialien gemischt werden müssten, um die Tonmasse oder die Glasur zu erzeugen, oder die Vorgangsweise beim Brennen, die er als den schwierigsten und wichtigsten Teil der Entdeckung kenne. Es sei eine angebliche Entdeckung. Sie sei nicht geteilt worden.

Champion möchte ein Monopol auf Steine und Erden. Er wolle den Fortschritt bei den Veredelungen anderer Männer hemmen, behauptet Wedgwood.

Hundert Jahre zuvor, fährt er fort, habe man in Burslem und anderen Dörfern in Staffordshire bloß Milchkrüge und Buttertiegel hergestellt, doch durch eine Reihe von Verbesserungen in Menge und

Qualität produziere man nun nützliche und schmucke Waren im Wert von 200 000 Pfund. Es habe zahllose Experimente mit der Queen's Ware gegeben: Das Publikum habe sie eingefordert und erwartet. Es gebe »immense Mengen an Rohstoffen im Königreich, die zu diesem Zweck benutzt werden könnten; doch sie sind durch ein Monopol in den Eingeweiden der Erde verschlossen, bringen den Landbesitzern keinen Nutzen, nicht den Fabrikanten und der Öffentlichkeit …«

Schlag auf Schlag folgen einander die Argumente. »Das da ist nicht gut genug für Josiah Wedgwood«, pflegte er im Drehraum zu sagen, um dann das anstößige Gefäß mit seinem langen und treffsicheren Stock zu zertrümmern.

Champion schlägt ein Treffen vor. Es dauert sechs Stunden. Wedgwood ist gewitzt, sein Anwalt noch gewitzter. Man formuliert einen Zusatz. Champion darf die Materialien aus Cornwall exklusiv verwenden, für Porzellan, aber nicht für Töpferei, falls er die genauen Zutaten von Tonmasse und Glasur veröffentlicht.

Und das tut er auch.

Einundfünfzig

Grays Elegie

Fünf Tage, nachdem das neue Patent abgeschmettert wurde, steigt Wedgwood in eine Kutsche.

> Ich hielt es für angebracht, eine Reise nach Cornwall zu unternehmen, dem einzigen Teil des Königreiches, wo sie gegenwärtig zu finden sind, und an Ort und Stelle die begleitenden Umstände zu untersuchen – ob sie in ausreichender Menge zur Verfügung stünden – in wessen Besitz sie wären, zu welchen Preisen sie gehoben werden könnten, &c. &c.

Er nimmt den Töpfer Mr. Turner von Lane End und seinen formidablen Agenten Thomas Griffiths mit. Drei Tage später befinden sie sich in der Nähe des Landsitzes von Thomas Pitt, und da er »mein Freund ebenso gut wie jener von Mr. Champion ist, wünschte ich ihm meine Aufwartung zu machen, um ihn wissen zu lassen, was in Sachen Mr. Champions Patent getan worden sei«.

Es ist ein höchst angenehmer Besuch. Der Gastgeber macht seinem Ruf als Mann von Geschmack alle Ehre. Wedgwood schreibt in sein Tagebuch:

> ... wir trafen ihn zuhause an & er ging mit uns vor dem Abendessen ein wenig spazieren, durch ein wunderhübsches Tal mit bewaldeten Abhängen auf jeder Seite & einem klaren, rauschenden Bach ... als wir am Grund zu einer neben dem Rinnsal stehenden schönen alten Buche kamen, deren Wurzeln durch verschiedene Aufwerfungen der Erde an der Oberfläche zu sehen

waren; Mr Pitt warf sich ungezwungen hin und wiederholte diese schönen Zeilen aus Greys Elegie auf einem Kirchhof.

Sobald Wedgwoods Kutsche verschwunden ist, schreibt Pitt direkt an Champion:

> Ich weiß nicht mehr von dem Parlamentsbeschluss, als Ihr mir geschrieben habt, bis Wedgwood hier vorsprach … Wedgwood meint, Eure Spezifikation sei ein Leuchtturm, sie lehre die Gewerbsleute genau, was sie zu vermeiden hätten, und das diene nur dazu, sie sicher in den Hafen zu führen. Die zwei großen Säulen unseres Porzellans sind der Ton und der Stein und der Rest bloß Richtigstellungen oder Handarbeit, wovon Wedgwood, verlasst Euch darauf, mehr versteht als wir alle zusammengenommen.

Wenn Wedgwood die Ingredienzen für ihre Porzellanmasse kennt, dann waren all die Stunden in der Notte Street, die Briefe und Probestücke und Scherben, der Kauf von Formen, die Beschäftigung von Anwälten, alle Ängste und Bestrebungen, die Träume von einem Dresden des West Country für nichts.

Pitt denkt an Grays Elegie, und ihre düstere Stimmung überkommt ihn.

»Er streckte stets sich an dem Fuß der hohen Birke, die ihre Wurzeln märchenhaft verdreht und spinnt, erschöpft zur Mittagszeit nach morgigem Gewirke, dem Bach zu lauschen, wie er plappernd talwärts rinnt.«

Wedgwood, fügt Pitt hinzu, »ist jetzt zu einem Besuch nach Cornwall gereist, um Proben zu sammeln …«

Zweiundfünfzig

Eine Reise nach Cornwall

1

Ich lese Wedgwoods »Reise nach Cornwall« und denke, welch guter Reisegefährte er gewesen sein muss.

Ich habe so viel Zeit mit William verbracht, dass ich merke, wie mein Schritt sich dem seinen angepasst hat, dass ich die leicht schlendernde Gangart eines menschenfreundlichen Quäkers annehme, stehen bleibe, um mir dies anzusehen, neugierig werde durch jenes, ständig aufgehalten.

Wedgwoods Tempo aber ist enorm. Er hat ein Holzbein, und sein Gang durch die Welt zeigt ein schnelles, rhythmisches Stampfen. Er wirft ein abwägendes Auge auf eine Landschaft, als Spekulant, Bauunternehmer, Geologe, Mineraloge, Töpfer, sortiert Informationen zur späteren Verwendung. Er hört sich an, was Arbeitsstunden kosten, fragt, wie hoch der Tagsatz für Arbeiter jetzt ist, wie hoch er früher war, prüft, wessen Land er durchquert. Unterwegs macht er sich Notizen und sammelt, nimmt für seinen »Cornish Catalogue« »Spezimen jeder Art« mit.

Man spürt ihn wie einen ständig vibrierenden Kompass, an dem man die Entfernung zum Meer und die Passage zum Hafen, vom Hafen nach Etruria abliest. Man sieht ihn an der Kutsche stehen, wie er mit seinem Stock auf den Boden pocht, um Mr. Griffiths und seine Freunde Mr. Turner, ebenfalls Töpfer aus Staffordshire, und den Apotheker Mr. Tulloch zur Eile anzutreiben. Nicht, dass er nicht genießen könnte – »zum Abendessen hatten wir einen kleinen Steinbutt und noch einen Gang mit gebratenem Fisch, ein oder zwei weitere

Gerichte, und das alles für Ninepence pro Person« –, aber er ist hier, um Growan zu finden, und er ist ungeduldig.

Am vierten Tag klettert er aus seiner Kutsche: »Wir waren nun mitten unter den Bergwerken & den daraus aufgeworfenen Hügeln, zwei Meilen von St. Austle entfernt, und äußerst begierig, ihren Inhalt zu erforschen. Das Erste, was wir sahen, wo die Männer wirklich an der Arbeit waren, war ein Schacht, aus dem eine große Menge hart gewordener Ton, wofür wir es hielten, ausgeworfen wurde. Es war von weißlicher Farbe, fühlte sich beim Befühlen glatt an …« Das ist es nicht, aber sie sind nahe.

Wedgwood ist so grandios wie August. Er ist der erste Bergmann.

2

Cornwall liegt vor ihm wie eine kostbare Erzader, während er sich seinen Weg durch die Hügel bahnt, sich erkundigt, wie viel die Fabrik in Worcester für den Seifenstein bezahlt, wie lange der Pachtvertrag läuft, mit wessen Verwalter er über Vertragsbedingungen sprechen sollte. Er steht in einer langen Reihe von Abenteurern. »Die Landschaft ist übersät mit Bergwerken«, notiert er, »und in manchen Gegenden ist das Gras ganz und gar zerstört, sodass es einen sehr eigentümlichen & wahrhaft tristen Anblick bietet.«

Sie sind einige Tage unterwegs, »bis zum entferntesten Punkt von Lands End, der in großen & schroffen Felsen endet, auf die wir kletterten, so weit wir dies mit einiger Sicherheit tun konnten, um sagen zu können, wir seien am entferntesten Punkt gewesen, wo wir dann einige Zeit mit einer Art stiller Ehrfurcht, Anbetung & Staunen auf die immense Weite vor uns blickten«. Von solcher Erhabenheit beeindruckt, »kehrten wir um, und ich weinte vor Übermaß an Entzücken. Nun wandte ich mich wieder gen Etruria …«

Und sie machen sich auf den Rückweg.

Am Tregonning Hill machen sie halt, jenem Ort, wo William fünfunddreißig Jahre zuvor seine Offenbarung hatte, die Synapse, welche die Berge bei Jingdezhen mit den Anhöhen bei Penzance verband:

> Wir hatten viel von der Vorzüglichkeit des Growan-Tons & -Steins auf beiden Seiten des Hügels gehört. Mr Borlase meint (in seiner Naturgeschichte Cornwalls), Mr Cookworthy habe ihm mitgeteilt, dass der Stein dieses Hügels am trefflichsten für Porzellan geeignet sei – so hielten wir also an der Seite des Hügels an & schickten um einiges von seinem Ton, der dort, wie wir sahen, ausgegraben wurde … Wir nahmen Proben vom Ton & vom Stein & von dem wenigen, was wir daran sahen, & vielleicht ebenso dadurch, weil wir zu seinen Gunsten eingenommen waren, schlossen wir, dass beide gut seien, obwohl ich, als ich sie dann zuhause sorgfältig ausprobierte, etwas anderes fand … Wir waren sehr erfreut, solch immense Mengen dieser Materialien zu sehen, genügend, um alle Töpfer in der Welt zu versorgen.

Hier verspüre ich einen übermäßigen Anspruch in Williams Epiphanie. Wedgwood, der Bauchredner für die Töpfer von Staffordshire, spricht nun für alle Töpfer der Welt.

In St Stephen's bei St. Austell ändert sich das Tempo erneut. Hier trifft Wedgwood einen Bauern, auf dessen Land sowohl Ton als auch Stein vorkommen, aber er findet die Frau

> vollkommen abgeneigt, dass er den Grund verkaufe, ja, sie sagte ihm, sie würde ihn nicht hergeben, denn sie meinte, wenn der Grund in Geld abgelöst wäre, würde er ihn vertrinken; er solle uns aber den Ton zum gewöhnlichen Preis feilbieten. Auf die Frage, was das sei, sagte sie, 10 pro Tonne. Darauf ließen wir sie als Antwort wissen, dass sie sich höchlich irrten in der Annahme, diese Materialien gebe es nur in St. Stephen's, denn wir hätten

> sie beinahe auf dem ganzen Weg bis Lands End angetroffen & hätten die Wahl unter vielen Orten, auf die wir uns festlegen könnten, dass wir diese Gegend sofort verlassen würden und dass sie noch an diesem Morgen entscheiden müssten, ob sie uns haben wollten oder nicht. Man fragte uns darauf, was wir per Tonne geben wollten, wir antworteten, nichts, denn wir würden das Land entweder kaufen oder pachten, mit den Rohstoffen darin, um zu erhalten, was wir bräuchten; & wenn sie sich entschieden, unter solchen Bedingungen mit uns zu handeln, sei es gut, ansonsten hätten wir ihnen nichts mehr zu sagen.

Wedgwood stützt sich auf seinen Stock. Man merkt, dass es das ist, was er genießt, die Berechnung von Standpunkt und Möglichkeit, Angebot und Reaktion. »Der Bauer sagte darauf, dass er uns Gestein und Ton auf dem Grund für so und so viele Jahre verpachten würde & verlangte zwanzig Guineen Pacht pro Jahr dafür. Ich bot zehn. Das nahm er an.«

Das wäre es also. »Da wir unsere Geschäfte in Cornwall nun erledigt hatten, indem wir diese Rohmaterialien zu vernünftigen Bedingungen fest & sicher in unsere Hand bekommen und Mr. Griffiths dort gelassen hatten, um das Geschäft zu leiten, verließen wir nach dem Abendessen St. Austle & schliefen diese Nacht in Liskard und am nächsten Tag lieferten wir Mr. Tolcher in seinem Haus in Plymouth ab.«

Auf seiner Heimreise nach Etruria – mit Trophäen – sucht Wedgwood den anderen Apotheker in Plymouth, jenen in der Notte Street, nicht auf.

Cornwall war immer eine Gegend für Abenteurer, für Spekulation. Cornwall, *zu unseren eigenen Bedingungen.*

Dreiundfünfzig

Gedanken über Emigration

1

Champion ist in Schwierigkeiten.

Er besitzt ein Lagerhaus am Salisbury Court Nr. 17, Fleet Street, wo sein Porzellan verkauft werden soll, aber der Absatz ist schlecht. Am 2. März 1776 annonciert er neuerlich im *Bristol Journal* und spielt die nationalistische Karte aus. »Per Parlamentsbeschluss etabliert. Die Bristol China Manufactory in Castle Green. Dieses Porzellan ist dem jeder anderen englischen Manufaktur weit überlegen. Seine Beschaffenheit ist fein, seine Festigkeit so beträchtlich, dass man darin Wasser kochen kann. Es ist echtes Porzellan, aus einheimischem Ton hergestellt.«

Und die Bristol China Manufactory stolpert ihrem Ende zu. Wie Plymouth.

Es gibt alle möglichen Abschlüsse, alle konfus, und dieser hier zeigt ebenfalls dieses Steppenhexengefühl, als würde die Energie weggepustet, Schulden, grandiose Möglichkeiten, die Monat für Monat weniger werden. Dies sollte das neue Dresden werden, aber die Teller sind nach wie vor verzogen. Das englische Arkanum, die fein ausbalancierte Mischung aus Growan-Ton und Growan-Stein, wurde im *Monthly Register* abgedruckt. Jeder kann einen Versuch wagen. Wedgwood ist wieder in Etruria, hat wer weiß welche Verträge unterschrieben, Geschäfte abgeschlossen. Aber hier in Bristol droht der Bankrott.

Champion ist eine riesige Menge Geld schuldig, und das einigen wichtigen Geschäftsleuten. Ich finde eine aus dieser Zeit stammende Inventur für den Verkauf einer anderen bankrotten Töpferei in Bristol und erkenne das Problem. Der Gesamtbestand von 324 Töpferplanken, drei Bänken, einer Wanne zum Zerstoßen des Tons und einem Mischtrog, einer Tonkiste, drei vollständigen Drehscheiben samt Gestell, Arbeitstischen, Formen und Walzen, einer Leiter, Kisten für Salz, Blöcken aus Guajakholz und einer Handmühle ist auf nur zehn Pfund geschätzt. Der »alte Eisentopf im Hof« wird mit 4/6 angegeben.

Seine Vermögenswerte sind unerheblich, ein Wort, das zerkrümelt wie Rost.

Die Räumlichkeiten werden an einen Pfeifenmacher verkauft. Die Investoren kann man nicht vollständig abgelten, und so wird Champion in Bristol vor eine Versammlung zitiert, um sich vor den Freunden zu rechtfertigen. Das kann er nicht. Die restlichen Bestände werden versteigert, die Angestellten zerstreuen sich.

2

Das Einzige von einigem Wert ist das Patent. Champion geht nach Etruria in Staffordshire, in der Hoffnung, es weiterverkaufen zu können.

Die Fabriken Josiah Wedgwoods nehmen eine Fläche von fast 25 000 Quadratmetern neben dem neuen Kanal ein; dort werden die Tonerde herangeschafft und die Jaspisware, die Figurinen und die Queen's Ware abtransportiert. Vierhundert Personen sind hier beschäftigt. Es ist ein Ort, wo man die Zeit sorgfältig einteilt, und Wedgwood zählt nach.

> Unter anderem hat Mr. Champion aus Bristol mich beinahe zwei Tage gekostet. Er ist zu uns gekommen, um sein Geheimnis an den Mann zu bringen, sein Patent etc. Wer hätte das gedacht – er hat mich als Freund und Vertrauten auserkoren! Ich werde ihn

nicht enttäuschen, denn ich fühle wirklich mit ihm in seiner Lage – eine Frau und acht Kinder, zu schweigen von ihm selbst, die zu versorgen sind, und das mit etwas, das, so fürchte ich, hier als von nicht besonderem Wert gilt, dem Geheimnis der Porzellanherstellung. Er sagte mir, er habe 15 000 Pfund in diesen Schlund versenkt, und seine Vorstellung ist es nun, die ganze Kunst, Geheimnis und Patent für 6000 zu verkaufen.

Und er fügt hinzu, es sei »eine der schlechtesten Methoden für die Porzellanherstellung«.

Wedgwood weiß das, weil er Experimente durchgeführt hat: »Ihr könnt Euch schwerlich die Mühe vorstellen, die diese weißen Mixturen mir bereiten ... Ich habe ein sehr gutes Gespür für ihre Abweichungen, finde es aber beinahe unmöglich, sie zu vermeiden.« Er nennt Champion eine Reihe anderer Töpfer, bei denen er es versuchen könne.

Am 24. August 1778 schreibt Wedgwood an Bentley: »Der arme Champion, Ihr mögt es gehört haben, ist nun ganz vernichtet. Es schien nie etwas anderes wahrscheinlich, da er weder die nötigen Fachkenntnisse noch genügend Kapital besaß. Und auch kaum irgendwelche tatsächliche Kenntnis des Materials, mit dem er arbeitete.«

Beiläufig fügt er hinzu: »Mich dünkt, wir könnten einigen Growan-Stein und Rowan-Ton nun für einen billigen Preis erwerben, denn sie haben im letzten Jahr eine große Menge präpariert.«

3

Champion ist am Boden. Um Unterstützung zu erlangen, veröffentlicht er »Eine Denkschrift von Richard Champion an die Pottery«. Bemerkenswerterweise gibt es genug Investoren für eine neue Fabrik, die Porzellanmanufaktur New Hall, die unter der Leitung von Männern mit Berufskenntnissen stehen soll. Champion kann gehen.

In einem Moment kurzer, prekärer Balance zwischen politischer Macht, Freundschaft und Gönnertum wird er Stellvertretender Zahlmeister unter Burke mit einem Jahresgehalt von fünfhundert Pfund und einer Zimmerflucht in Chelsea, Platz genug für die Kinder. Mit einem Buchhalter gibt es ein Missverständnis über Geld, was bekannt wird und seinen Gönner in Verlegenheit bringt sowie ein schlechtes Licht auf seine Fähigkeiten, wenn nicht seine Redlichkeit wirft. Einige Monate später gibt es eine neue Regierung. Champion hat nun noch weniger, was ihn hält.

1783 veröffentlicht und verteilt Wedgwood »Eine Botschaft an die Arbeiter in den Töpfereien betreffs den Eintritt in den Dienst bei fremdländischen Fabrikanten«. Es geht um den »gefährlichen Geist der Auswanderung«.

1784 emigriert Champion mit seiner Frau Judith und sieben Kindern. Am 20. Oktober sind sie an Bord der *Britannia*, als sie den Lizard passieren, den letzten Punkt Englands, reich an Seifenstein, durchlöchert und ausgehöhlt durch die Minen für den Porzellanhandel.

> Der letzte Anblick der britischen Küste grub sich tief in mein Herz und hinterließ einen Eindruck, der nicht leicht auszulöschen sein wird. Der Abend, an dem wir von ihr schieden, war heiter, die Sonne senkte ihre Strahlen gen Westen in einen ruhigen und glatten Ozean. Der Lizard Point kam in Sicht … die in der Ferne sich zusammenballenden Wolken schienen uns zu sagen, dass es an der Zeit sei, das verblendete Britannien zu verlassen.

Immerfort schreibt er in sein Tagebuch, und als sie landen, ist daraus ein hundertseitiges Pamphlet geworden: »Gedanken über Emigration«.

4

Sie gehen nach South Carolina, um am Rocky Branch zu leben, einem Nebenfluss des Granny's Quarter Creek. Es ist zehn Meilen nördlich von Camden, hundertdreißig Meilen von Charles Town, »wo die Hitze weniger stark ist« und die Lebensmittel billig, und wo es »keine Musctoes« gibt. »Ich kam nach Amerika auf der Suche nach den Tugenden der Einfachheit, die einer neuen Republik so wohl anstehen«, schreibt er an einen Freund.

Von Burke kommen keine Briefe mehr, er ist von einer Partei in die andere übergetreten; er »erspart sich die Pein des Briefwechsels«.

Die Familie hat einige Sachen mitgenommen. Das Kostbarste ist ein Monument, dreiunddreißig Zentimeter hoch, aus unglasiertem Porzellan, die Figur einer weinenden Frau, die sich an eine auf einem Piedestal stehende Urne lehnt. Sie hält einen Kranz, ihre Augen sind geschlossen, alles an ihr ist schwer.

Es ist sehr weiß.

Auf der Urne stehen bloß der Name Eliza Champion und ihre Lebensdaten. Sie war vierzehn. Champion hat einige Zeit auf das Denkmal verwendet und eine lange, traurige Stelle aus Vergil auf die Kehlung des Piedestals geschrieben.

Und weil er nicht aufhören kann, ist der ganze Sockel mit seiner Schrift bedeckt, klein und sorgfältig, dringlich, endgültig:

> Wir liebten dich, teure ELIZA, während du bei uns warst. Wir beweinen dich, nun, da du geschieden bist. Der Allmächtige ist gerecht und barmherzig, wir müssen uns Seinem Willen mit der Ergebung und Ehrfurcht beugen, die der menschlichen Schwachheit angemessen ist. Er hat dich, Eliza, aus der Kümmernis befreit, die unser Los ist, und duldet es nicht, dass du die Schauspiele von Schrecken und Drangsal schauen musst, in welche diese treu ergebenen Königreiche verwickelt sind. Es ist schwer,

Stich von Champions Denkmal für Eliza, 1770

von unserem geliebten Kind scheiden zu müssen, wenn auch nur für einige Zeit … Glücklich zusammen, sind wir glücklich mit dir, Eliza, und wollen mit Ergebenheit dein Andenken in Ehren halten, bis jene Zeit anbricht, da wir uns alle wiedersehen und von Schmerz und Kummer kein Gedanke mehr ist. R.C J.C.

Und auf dem Piedestal: »Dieser Tribut an das Angedenken eines liebenswürdigen Mädchens ward am 16. Oktober 1779 auf ihren Sarg geschrieben, von einem Vater, der sie liebte.«

Zu guter Letzt hat er etwas Reales und Echtes aus Porzellan geschaffen.

5

Wedgwood wurde von George Stubbs gemalt, ist Mitglied der Royal Society und der Lunar Society. Neben Teetassen stellt er auch Fossilienbehälter für mineralogische Proben her, Messbecher für Chemiker, Drogisten und Apotheker, Mörser, »höchst nützlich für *Chemisten, Experimentalphilosophen und Apotheker*«. Er schreibt an James Watt, den Maschinenbauer und Erfinder der Dampfmaschine, dass »ich solche Experimentalstücke nie jemandem in Rechnung stellen würde & es wäre unvernünftig von Euch, zu erwarten, in dieser Hinsicht vor dem Rest der Menschheit bevorzugt zu werden«.

Wedgwood verwendet guten weißen französischen Ton, feiner als der amerikanische. Er hat den Ton aus der Bucht von Sydney, den Captain Cook mitbrachte, geprüft und für mangelhaft befunden. Das Grüner-Frosch-Service, 957 Teile mit den wichtigsten Ansichten aus dem Vereinigten Königreich, ist an Katharina, die russische Zarin, geliefert worden und wird von ihr in ihren Palästen in St. Petersburg verwendet.

Er schreibt an seinen Freund Dr. Erasmus Darwin, der eben ein langes Gedicht verfasst, »Der Botanische Garten«, in dem die gesamte Schöpfung in Swedenborgianischen Rhythmen erkundet wird. Darwin ist bei der Tonerde angelangt, und Wedgwood möchte, dass die Chinesen ihren gerechten Anteil am Ruhm erhalten: »Ich bin ein wenig in Sorge, ob den Bemühungen meiner fernen Brüder in den plastischen Künsten auch Gerechtigkeit getan wird.« Er schreibt Darwin, er solle die Briefe des Père d'Entrecolles über »Ka-o-lins und Pe-tun-tses« lesen.

Wedgwood ist ein großer Mann. »Ich hoffe, weiße Hände werden in Mode bleiben«, schreibt er an Bentley und denkt dabei daran, wie sich seine neuen Waren anfühlen werden.

In Etruria, in seinem schönen neuen roten Backsteinhaus mit Blick auf den neuen Kanal, sinniert Wedgwood in einem Brief an Bentley über den Wert der weißen Erde.

> Ich habe oft daran gedacht, Euch gegenüber zu erwähnen, es wäre keine üble Idee, bekannt zu machen, dass unsere Jasperwaren aus dem Cherokee-Ton gefertigt sind, wofür ich einen Agenten in jenes Land sandte, um ihn für mich zu beschaffen, & wenn der gegenwärtige Posten aufgebraucht ist, hätten wir keine Hoffnung, mehr zu erlangen, da die Eingeborenen nur unter den äußersten Schwierigkeiten zu bewegen gewesen seien, sich von dem zu trennen, was wir jetzt haben ... Seine Majestät sollte einige dieser schönen großen Tabletts sehen & diese Geschichte erzählt bekommen (sie ist wahr, denn ich scherze nicht) ... da wiederholt gefragt wurde, was ich mit dem Cherokee-Ton gemacht hätte. Sie benötigen nur *Alter & Seltenheit*, um sie jeden Preis wert zu machen, den man für sie verlangen könnte ...

Es ist die Geschichte von der Rarität, auf die es ankommt. »Ein Teil des Cherokee-Tons wird tatsächlich in allen Jaspis-Waren gebraucht, also zieht Nutzen daraus, wie es Euch gefällt«, schreibt er schlau.

All die berühmte Jaspisware, die harten blauen klassizistischen Kameen und Vasen und Garnituren mit ihrer horazischen Selbstbewusstheit, ein scharf artikuliertes, grammatisch korrektes Gefäß nach dem anderen, enthält einen Teil *unaker*, einen Teil eines gegebenen Versprechens, eines Handschlags.

Die Welt und ihre Geologie liegen ihm zu Füßen.

Vierundfünfzig

Eine lange Reise

1

Mit dem *unaker* bin ich fertig, denke ich, aber die Weiße dieses Tons, die Frage, wem er gehört, seine umstrittene, provokante Geschichte setzen mir zu. Teilweise deswegen, weil ich die Distanzen, die damit zu tun haben, nicht nachempfinden kann, und teilweise, weil ich ihn nicht in der Hand hatte, und so scheint mir der Ton der Cherokee nicht ganz real.

Ben, mein ältester Sohn, hat seine Abschlussprüfungen hinter sich, es sind die Hundstage im Juli, ihm ist langweilig, und obwohl er nicht unbedingt auf eine Expedition zwecks Suche nach einer Kaolinader mitkommen muss, wird auf diese Weise aus einer Recherchereise ein Familienausflug. Er kann mein Kartenleser sein, wir können in Motels wohnen und einen Vater-Sohn-Roadtrip unternehmen. Wir fassen den Plan, für fünf Tage nach Carolina zu fliegen und Champion zu finden.

Eine Woche vor unserer Abreise habe ich einem New Yorker Freund – einem Experten für die Malerei des Impressionismus – bei einem Kaffee in meinem Studio von der Reise erzählt. Ja, den Quäker-Friedhof kenne er, meint er nebenhin, als sei das die natürlichste Sache der Welt. Achten Sie auf die Abzweigung, man übersieht sie leicht. Wenn Sie beim Holiday Inn sind, haben Sie es schon verpasst. Zwei Meilen weiter östlich, fügt er hinzu, würden wir weißen Ton finden.

Er bietet an, dass sein Sohn, ein Kunsthistoriker, uns am Grab treffen solle, am Ende eines Weges, eine Meile außerhalb von Camden.

Seine Großeltern sind dort begraben; die Familie hat seit zweihundert Jahren auf der benachbarten Mulberry Plantation gelebt.

Wir sind zum ersten Mal im amerikanischen Süden. Auf Nebenstraßen fahren wir von Charlotte nach Süden. Wir passieren Wegweiser zur Holy Church of the Living God, zur Landmark Pentecostal Church, den Restoration Ministries, der Ebenezer Church, Mt. Calvary Zion, Fellowship Tabernacle, Damascus Congregation, der Holy Church of the Living God. Und Baptisten jeder Spielart pro Meile. *Bereue*, heißt es auf einer Tafel in roter Schrift, vor einem verfallenden Schuppen. Und dann: BEREUE. Es ist heiß und schwül. Gutes Wetter für Bereuen.

Wir treffen den Sohn meines Freundes bei einem Denkmal für einen Bürgerkriegssoldaten, einer in ein Grab gesteckten Konföderiertenflagge unter einer hohen Magnolie, vor einem Monat war Blütezeit. Drei staubbedeckte, oben abgerundete Grabsteine stehen nebeneinander. Der kleinste ist der älteste.

Geweiht / dem Andenken von / Richard Champion / Und seiner Frau Julia / Geboren in Bristol, England.

Ben säubert sie, während ich hinüberschlendere, um eine Blüte von einem Fuchsienstrauch zu brechen. Ich habe einen kleinen, weiß glasierten Porzellanbecher mitgebracht, den ich letzten Monat angefertigt habe. Ich fülle ihn mit Wasser, stelle die Blüte hinein, und dann stehe ich eine Weile da und denke über Hoffnungen nach, über Emigration und Enttäuschung, und das war es dann. Wir fahren wieder.

Und während wir zum Auto zurückgehen, denke ich, dass man seinen Sohn nie auf eine Friedhofstour mitnehmen sollte.

2

In Mulberry, einem schönen quadratischen Ziegelbau, selbstbewusst von Koppeln umschlossen, treffen wir die Managerin der Plantage. Sie nimmt eine geologische Übersichtskarte und bringt uns in einem Pick-up zu einem Felsvorsprung über dem Fluss Wateree, an einer Krümmung, wo sich einer der größten Grabhügel der Häuptlinge des Stammes der Mississippi befand, beinahe sieben Meter hoch. Jedes Mal, wenn ein Häuptling starb, wurde eine Schicht farbiger Erde hinzugefügt; inzwischen ist er bis auf eine sachte Erhebung im hohen Gras umgepflügt und eingeebnet. Sie waren großartige Töpfer.

Die Verwalterin fährt rasant über den holperigen Boden, einen Finger am Lenkrad, während die andere Hand nach den Bildern der Klapperschlange scrollt, die im vergangenen Monat neben dem Haus geschossen wurde. Das bringt sie darauf, wie viele Wasser-Mokassinschlangen es gebe, und dann zu den Alligatoren, die immer mehr werden, und dann, was man mit den Wilderern tun soll. Hin und wieder bleiben wir stehen, nehmen die Schaufel und buddeln hoffnungsfroh in der roten Erde.

Und dann ist da auf einem glitschigen Abhang unterhalb eines von Fichten und Giftsumach umgebenen Sees hellerer Ton, eher ockerfarben als weiß. Der Sohn meines Freundes geht hin, um nachzusehen, und ist Sekunden später zurück; er hat eine große schwarze Schlange mit konzentrischen weißen Streifen aufgestört. Das ist eine Schlange, die unserer Führerin gefällt, da sie Klapperschlangen frisst, ganz schön kaltblütig, denke ich, während ich mich hinhocke, ein wenig in der Erde wühle und sie zwischen den Fingern zerkrümle; sie fühlt sich gut an, plastisch. Sie fühlt sich möglich an.

Es ist Kaolin, Porzellanerde. Champion ist auf einer Kaolinader begraben, die durch das ganze Land läuft, schön und ungeschützt.

An diesem Abend trinken wir auf Champion. Und gehen unserer Wege; zurück nach Mulberry, zurück zur New Yorker Kunstszene, während Ben und ich Richtung Westen zu den Appalachen aufbrechen.

3

Auf dem Weg abwärts durch die Appalachen schlängeln sich Wasserfälle die Abhänge hinab. Wir halten an und klettern nach unten; da sind Türkenbundlilien und eine lächerlich schöne Clematis und Schmetterlinge wie aus einem Gemälde des Zöllners Rousseau. Oder vom Porzellanteller eines Franzosen.

In Franklin, »einem kleinen, trostlosen Ort, darauf bedacht, möglichst reizlos zu erscheinen« – Bill Bryson –, legen wir im Museum einen kurzen Zwischenhalt ein. Ich frage nach der Geschichte des Cherokee-Tons, und der ältere Herr erzählt mir ohne Punkt und Komma, er wisse davon nichts, ob ich aber gehört hätte, dass die Cherokee nicht als Erste hier gelebt, sondern das Land anderen weggenommen hätten?

Franklin ist eine mit Fatz-Restaurants und Walmart-Geschäften gesäumte Straße. Wir frühstücken gemeinsam mit einer Schar pensionierter Biker, die auf ihren Harley Davidsons Richtung Süden unterwegs sind. Das frittierte Essen wird mit unglaublicher Höflichkeit serviert. Aber *verdammt*, der Kaffee. Ich frage nach Bergwerken, und die Kellnerin erzählt mir von den Edelsteinminen hier und dass man Gold waschen kann, zwanzig Dollar pro Eimer.

Wir entfalten unsere Landkarten und fahren die Route 28 entlang bis zu einem Wegzeichen am Straßenrand, das an den Fund des Cherokee-Tons erinnert. Es wurde 1950 enthüllt. Ich habe ein Foto von Hensleigh Wedgwood dabei, Vorsitzender von Wedgwood Ltd, der nach der Enthüllung stolz neben dem neuen Wegzeichen steht. Wir sind oberhalb des Flusses, aber weit und breit kein Hügel. Ein Mann

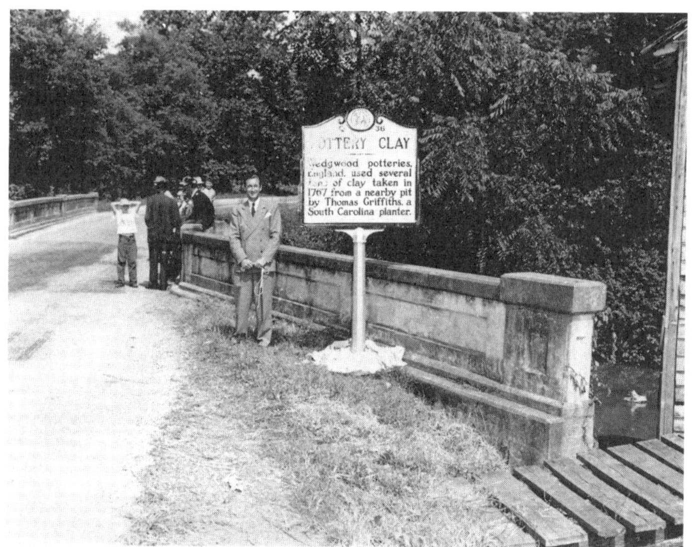

Hensleigh Wedgwood vor der Erinnerungstafel an den Ton der Cherokee, 11. August 1950

im Haus gegenüber lugt hinter dem Vorhang hervor. Die Lastautos donnern vorüber. Wir sind am falschen Ort.

Schließlich landen wir in Jerry Anselmos Great Smokey Fish Camp. Als wir anhalten, geht er gerade über den Hof, ein Bär von einem Mann in Militärhosen und einer Kappe der Vietnamveteranen. Er sieht aus wie Hemingway. Kneift die Augen zusammen wie ein Seebär.

Ich habe das geprobt. Entschuldigen Sie, werde ich sagen, aber haben Sie gewusst / ist Ihnen bekannt / es ist eine lange Geschichte / tut mir sehr leid, Sie zu stören.

Wedgwood / Cherokee / England.

Wir sind von weit her gekommen. Dürfen wir bitte auf Ihrem Land graben?

Das Camp ist wunderbar in Schuss, Kajaks liegen am Ufer, Tubes für die Fahrt auf dem Fluss, Angelruten und Spezialwerkzeug, Köder und Messer. Während ich zu erklären versuche, warum wir da sind, langt er in einen Eimer voller Steingutscherben und nimmt einige heraus, mit einem Belag überzogen, geschwärzt, und reicht sie mir. Er fordert uns auf, es uns draußen bequem zu machen, und während seine Frau Kaffee kocht, beginnt er seine Geschichte zu erzählen.

Nach dem Krieg sah er, wohin es mit der Welt lief, und begann im Naturschutz zu arbeiten; vor achtundzwanzig Jahren kam er von New Orleans herauf, sah das Stück Land und verliebte sich. Er kaufte es und liebt es immer mehr, Tag um Tag. Während die Stadt nach außen kriecht, hat er Felder und Waldgrundstücke gekauft, um die Bebauung zu verhindern, und eine Stiftung für das Land gegründet. Er kennt Namen und Geschichten. Er erzählt vom Graben nach Talk und Marmor und Kaolin, von der Forstwirtschaft, die ganze Bergrücken abholzte. Und er erzählt uns vom Pfad der Tränen, der Austreibung der Cherokee aus ihrem Heimatgebiet nach Oklahoma im Jahr 1838. Natürlich kennt er die Geschichte des weißen Tons.

Wir sind nicht die Ersten, die ihn besuchen – Wissenschaftler, Schriftsteller und Lokalhistoriker waren hier –, aber er ist großzügig mit seiner Zeit. Schicken Sie mir, was Sie geschrieben haben, oder ich stöbere Sie auf und hetze Sie, sagt er lachend und wirft eine Schaufel hinten in den Lieferwagen. Er fährt uns in seinem Pick-up hinunter zur Biegung des Little Tennessee, wo die Stadt Cowee lag, die Anhöhe, wo die Stämme der Cherokee ihre Toten begruben. Hier ist der Bach, wo er Scheffel voller Scherben fand. Er ist tief und von Gruppen alter Bäume überschattet.

Die Scherben in meinen Händen kommen von hier, erzählt er mir. Sie stammen vom Rand eines Kruges – eines ziemlich mächtigen Kruges –, und sie haben ein Seil- oder Korbmuster eingedrückt, das ihnen Textur verleiht. Der Töpfer ist mit einem feuchten Tuch über den Rand gefahren, um ihn zu glätten, und hat mit dem Fingernagel die Unterseite ausgekerbt. Es fühlt sich ausgewogen an, flüssig gemacht. Das Innere ist poliert. Ich frage mich, wie alt es ist. Könnte 18. Jahrhundert sein. Es gibt Berichte von Händlern, die durch diese Berge zogen, bevor Thomas Griffiths mit seinem Auftrag von Wedgwood hier eintraf; sie erzählten, dass die Cherokee »irdene Töpfe … von sehr verschiedener Größe fertigen, die von zwei bis zu zehn Gallonen fassen; große Krüge zum Wasserholen; Schüsseln, Teller, Platten, Becken und eine ungeheure Menge anderer Gefäße von solch altertümlicher Form, wie es ermüdend zu beschreiben wäre und unmöglich aufzuzählen«.

Sie waren bekannt für ihre Töpfereien. Und während er uns durch die Landschaft chauffiert, in der jeder Hügel und jede Flusskrümmung, jeder Bach mit Namen und Erzählungen der Cherokee kodiert ist, wird es uns klar, dass die Händler und Beamten und Glücksritter, die hier vorbeikamen, ein Volk antrafen, das eine gründliche Kenntnis der verschiedenen Tonsorten hatte. Und sie auf komplexe Weise einsetzte. Die weißen Kaoline wurden für Pfeifen verwendet, nicht nur, weil es ein feiner Ton ist, der sich sauber brennt, sondern weil das Weiß eine zentrale rituelle Farbe ist. Es symbolisiert den Frieden. Eine mit roten Sternen bemalte weiße Flagge flatterte über der Stammesversammlung, der Boden des Versammlungshauses war mit weißen Tierhäuten bedeckt. Weiße Kürbisse und ein einzelnes weißes Gefäß für Reinigungsrituale lagen und standen auf einer weißen Bank.

Unaker wiederum diente einerseits als Isoliermaterial für ihre Häuser – »mit Zweigen durchflochten wie ein Korb«, wie ein Reisender des 18. Jahrhunderts meinte, und dann sehr glatt mit Ton überstrichen und manchmal weiß getüncht –, aber auch zur Verschönerung. Man stelle sich das Schimmern eines weißen Raumes vor, das schwache Glitzern von Glimmer. Ein Porzellanzimmer.

Die Europäer haben diesen Abhang aus weißem Ton nicht »entdeckt«. Die weißen Pfeifen und diese weißen Häuser führten sie zu der Ader, die die Cherokee unbedingt intakt halten wollten.

Jerry führt uns den Abhang hinter seinem Haus hinauf, wo das Land sich weitet, und dort ist ein von Fichten und Hickorybäumen gesäumter Steilhang, ein Bogen aus ockerfarbener Erde, zwölf Meter hoch. Dicht daran wachsen Brombeersträucher. Und darin ist eine Narbe aus Weiß, drei Meter lang. Es ist *unaker*, der Ton der Cherokee, unheimlich silbrigweiß.

Am nächsten Tag kommen wir mit einer Leiter und einer Schaufel zurück und graben. Es ist weich und krümelt und glitzert vor Glimmerplättchen, so schön, wie es mir meine Quäker geschildert haben.

Ich habe ein Stück Wedgwood-Jasperware von 1780 mitgebracht, die aus diesem Ton erzeugt wurde.

Es stammt aus der Verwandtschaft meiner Mutter. Die Familie wohnte im 18. Jahrhundert in Cheshire, war wohlhabend und ein wenig konventionell wie ein Bauernhaus aus Cheshire, Anwälte, Geistliche und Kaufleute. Und sie besaßen eine der ersten Portland-Vasen Wedgwoods. Es heißt, sie sei angeschlagen gewesen und weggeworfen worden.

Das da ist alles, was von ihrer großen Porzellansammlung geblieben ist, und ich hatte vorgehabt, es hier zu begraben oder zu zerschlagen oder irgendeine symbolische Wiedergutmachung zu erfinden, das Versprechen auf einen Punschbecher zu erfüllen, das vor 250 Jahren gegeben wurde. Eine Wiederkehr.

Aber jetzt, da ich hier bin, fühlen sich solche Aktionen zu preziös an, also gebe ich es einfach Jerry als Dankeschön, und er entlässt uns mit Baseballkappen für die ganze Familie, darauf steht in Kursivschrift *Great Smokey Fish Camp* gestickt, mit meiner Tasche voller Cherokee-Ton und einer festen Umarmung.

Der Nebel staut sich im Tal. Ich habe es zu meinem vierten weißen Berg geschafft. Ich zähle sie auf: Kao-ling, dann Meißen, Tregonning Hill und jetzt Aoyee. Es ist Bens erster weißer Berg.

Erfreut stelle ich fest, dass ich das letzte weiße Gefäß in sehr guten Händen gelassen habe.

Eintrittskarte zur Ausstellung von
Wedgwoods Kopie der Portland-Vase, 1790

Fünfundfünfzig

1790

1

Man schreibt das Jahr 1790.

In China herrscht Qianlong als Kaiser. Er ist Kangxis Enkel.

In Jingdezhen stellt man Versionen von Wedgwoods Jaspisware her.

In Dresden wurde das Porzellan aus dem Japanischen Palais entfernt und in Kisten im Keller verstaut.

In Meißen fertigt man zwei Meter hohe Altaraufsätze aus Porzellan.

In Paris verwendet der Chemiker Antoine Lavoisier eine Tschirnhaus-Linse, um mit der Verbrennung von Diamanten zu experimentieren.

In Paris kauft der junge englische Sammler William Beckford Sammlungen auf. Er findet einen chinesischen Krug, meergrün glasiert, verziert mit Gänseblümchen und mit Silbermontierungen, und nimmt ihn mit auf sein Gut in Fonthill in Wiltshire.

In Amerika ist das erste Handelsschiff, die *Empress of China*, aus New York Richtung Kanton ausgelaufen. Es kehrt mit Kisten voller Porzellan mit einer »gräulichen Orangenschalen-Glasur« zurück.

In Camden, South Carolina, ist Champion gestorben. Einige Monate zuvor wollte er George Washington zwei Reliefs überreichen, eines von Benjamin Franklin und eines von ihm selbst, beide aus »heimischem Porzellan«. Der Präsident war zu müde. Champions Nachbar hat eine Töpferei begründet und nennt seinen ersten Sohn Wedgwood.

In Plymouth ist der vielbewunderte William Cookworthy verschieden und auf dem Friedhof der Quäker beerdigt worden.

Und in Cornwall ist jetzt die Pacht von Williams und Champions Steinbruch im Moor frei geworden: »Das Gelände ist unbewohnt, die Pächter sind entweder tot oder haben sich davongemacht …« Die neuen Bieter sind alle aus Stoke: Wedgwood, Derby, Coalport, Spode, die Porzellanmanufaktur New Hall, sie wollen unbedingt ihre eigene Porzellanerde und ihren Porzellanstein abbauen.

2

Die Welt fließt und verebbt, wie die Gezeiten sind die Gefühle.

Und Dinge versanden, verklumpen, verstopfen.

Ich möchte zu den Figuren in der Landschaft zurück, möchte irgendeinen langen Weg entlanggehen, an eine x-beliebige Türe klopfen und die Frau des Bauern fragen, ob ihr Mann zu trinken aufgehört hat, was das Geld ihnen gebracht hat.

Ich möchte sehen, wie eine Handlung eine Reaktion nach sich zieht, wie ein Händedruck und zehn Pfund im Jahr bedeuten, dass der Hügel einen Weg und dann einen Schuppen benötigt, und dann muss der Weg verbreitert werden. Dass aus dem Mann Männer werden und dann Jungen, die graben, und dass der Bach vertieft wird, um den Growan schlämmen zu können.

Du beobachtest und siehst ein leichtes Zucken, so weit weg wie die Bussarde; ein Junge, der Moos sammelt. Damit stopft man die Ritzen zwischen den granitenen Pflastersteinen der Auffangbecken aus, wo der Ton getrocknet wird. Er bekommt sieben Pence pro Tag bezahlt.

Du kaufst den Hügel. Und der Ort verändert sich. Die paar Bäume sind verschwunden. Nicht, dass es vorher schön gewesen wäre, aber Carloggas ist jetzt eine »öde Heide, dünn bestellt mit Hütten und gewöhnlichen Gruben«.

Die Transportkosten sind hoch, nicht die Lohnkosten. Und die Verluste, wenn der Ton am Kai liegt, Diebstähle, sorgloses Hantieren. Das bedeutet Lagerhäuser und einen Hafen, dann eine bessere Straße. Die neue Straße ist staubig von den Steinen.

Und die Moore verändern sich, die Straße wird breiter, die Abraumhalden wachsen, und die Flüsse werden langsamer, während überschüssiger Sand und Glimmer sich ihren Weg zum Meer bahnen und alles verschlammen.

3

Dann wird der weiße Ton aus den Mooren an den neu errichteten Kais in Cornwall, Fowey, Charlestown und St. Austell auf Schiffe verladen und reist vorbei an Land's End und durch den Bristol-Kanal, darauf die walisische Küste hinauf bis Runcorn, wird auf schmale, von Pferden gezogene Boote verladen und kommt schließlich den Trent und den Mersey-Kanal – finanziert von J. Wedgwood – herunter, passiert den Harecastle Tunnel unter dem Kidsgrove Hill und unzählige Brücken bis zu den Töpfereien in Stoke-on-Trent. Es ist so finster vom Rauch der Schlote, dass an manchen Tagen nur eine dunkle Wolkendecke über der Stadt hängt und keine Sonne durchdringt.

Stoke ist dabei, die größte Keramikstadt weltweit zu werden. In den 1830er Jahren wetteifert es mit Jingdezhen. Es ist eine komplizierte Stadt – ich korrigiere mich –, ein komplizierter Haufen von Städten. Tunstall, Burslem, Hanley, Stoke, Fenton und Longton.

Alles wird hier in den Dienst gepresst. Arnold Bennett, der drei Jahrzehnte später hier aufwuchs und die Stadt in seinen Romanen sezierte, berichtet von »zerklüftetem Mauerwerk, irgendwie aus Brennkapseln und Schlacke fertiggestellten Mauern; engen, holprigen Gassen, die zu verlotterten Werkstätten und Brennöfen führten; Hütten, die in Fabriken, und Fabriken, die in Hütten umgewandelt wurden,

Postkarte von Stoke-on-Trent, um 1930

plump und hastig, denn nichts ist wichtig, solange es reicht; überall etwas gezwungen, schlecht und recht die Funktion von etwas anderem zu erfüllen ...«

Ich denke an Père d'Entrecolles, der notiert, wie aus Brennkapseln und Scherben Mauern errichtet werden, wie das Porzellan verpatzt und wieder repariert wird. Und die Arbeit durch siebzig Hände geht, wie die Aufgaben auf kleinere und immer kleinere Fertigkeiten aufgeteilt werden. So geschieht es hier. Jeder wird gezwungen, dieser schlampigen, schamlosen Industrie zu dienen, die immer mehr und mehr Porzellan auswirft, noch mehr Knochenporzellan, mehr billige weiße Ware. Noch schneller.

Ich finde einen weiteren Zeugen, einen weiteren genauen Beobachter. Dr. Samuel Scriven wird im Dezember 1840 beauftragt, die Fabriken und Werkstätten hier zu inspizieren. »Ich habe nicht weniger als 173 von ihnen besucht und genauestens untersucht«, schrieb er, »und ich empfinde große Genugtuung, den befriedigenden Um-

Mädchen im Tauchhaus, Stoke-on-Trent, um 1900–1910

stand berichten zu dürfen, dass ich während der gesamten Zeit meiner Besuche, ob in den Fabriken oder Werkstätten, dem Schuppen am Grubeneingang oder in der bescheidenen Hütte mit dem äußersten Respekt, mit Freundlichkeit und Gastlichkeit empfangen wurde.«

Er geht durch die Trentham Road zur *China Factory, Messrs. Minton and Boyle* und öffnet dann die Tür zum *Dipping* oder *Gloss House*. Er notiert die Temperatur drinnen und draußen, *Ther. 62, open air 48*, und dann Namen und Alter des Arbeiters, *George Corbishley, aged 37*.

Es ist hundertsiebzig Jahre her, aber man hört ihn:

Ich habe fünfundzwanzig Jahre als Töpfer gearbeitet, sechs Jahre als Tauchglasierer; habe an meiner Gesundheit noch nicht gelitten; habe viele andere gekannt, die zu leiden hatten; ihre Gliedmaßen werden schwach, und sie können sie nicht mehr gebrauchen. Habe Leute gekannt, die daran starben; der letzte Mann, der hier an dieser Wanne stand, ist gestorben. Meine Hände sind ständig in der Mischung; weiß nicht, woraus sie gemacht ist; sie sagen es uns nicht; glaube, es ist nicht mehr so schlimm wie früher.

Die Spüler, die die staubigen glasierten Waren reinigen, »klagen über Enge in der Brust; ich kann mich abends nicht hinlegen, mein Hals ist immer wund, und ich muss ständig husten, kann nur mühsam atmen. Hatte nie ärztlichen Rat; hat keinen Sinn, solange ich hier arbeite. Der Feuersteinstaub ist sehr arg …«

»Die Stimme dieser Frau ist kaum hörbar. So wie viele andere leidet sie unter dieser Arbeit«, schreibt Dr. Scriven und lauscht. »Ich werde den Gebrauch meiner Gliedmaßen nie wiedererlangen«, sagt ein junger Mann. »Sollte ich jemals gesund werden, gehe ich nie wieder ins Tauchhaus. Ich weiß nicht, woraus die Glasur besteht, der Meister sagt es uns nicht; keiner weiß es außer er und sein Vorarbeiter, aber ich glaube, da ist was ganz Schlimmes für die Glieder drin, ich habe gesehen, dass es andere auch erwischt hat.«

Und dann hört man Kinder. *Josiah Bevington*, acht Jahre alt, Formenmacher. *William Mason*, zwölf Jahre, arbeitet im Tellerraum bei Wm. Adams and Sons, betätigt die Überdrehmaschine für John Joplap.

Dr. Scriven verzeichnet, ob ihre Eltern am Leben sind und arbeiten; drei Jahre zuvor hat es einen Streik gegeben, viele sind noch arbeitslos. Man erfährt Details, wie viel jedes Familienmitglied verdient, wie viel sie zum Haushalt beitragen.

Man erfährt etwas über die Arbeit. Der Junge an der Tauchwanne und der Junge, der beim Beschicken der Brennöfen hilft, und der Junge, der Formen hin und her trägt und den Ton knetet für Wm. Bentley, der »mich manchmal mit der Faust schlägt; er hat mich hinter den Ofen gestoßen, weil ich so lange beim Frühstück war; eine halbe Stunde ist erlaubt, aber er zwingt mich zum Arbeiten, bevor die halbe Stunde um ist.«

Und das Mädchen, das die Cockspurs herstellt, die Tonkeile, die die Teller im Brennofen auseinanderhalten. Man presst feuchten Ton in eine Form und schält ihn heraus, wenn er trocken ist.

Sie ist Nr. 279 in den zwei großen Bänden von Scrivens »Kommission für die Berufstätigkeit von Kindern, Anhang zum zweiten Bericht der Bevollmächtigten – Handel und Industrie, Teil I. Berichte und Zeugenaussagen der Stellvertretenden Bevollmächtigten, auf Befehl Ihrer Majestät beiden Häusern des Parlaments vorgelegt«, 1842.

Hannah Lowton, sechs Jahre alt:

> Ich mache Cockspurs für Mr. Holland; ich weiß nicht, wie lange ich schon arbeite; Mutter ist auch hier, Vater ist tot; ich kann lesen, kann nicht schreiben: Bin in die Schule gegangen, nicht in die Sonntagsschule. Ich bekomme einen Shilling in der Woche; manchmal komme ich um sechs Uhr, manchmal später; ich gehe heim, wenn Mutter heimgeht, um neun. Ich habe einen Bruder und eine Schwester, einer macht Cockspurs, die andere Model. Ich gehe gerne in die Arbeit. Vater ist am Husten gestorben. Sie haben es Auszehrung genannt.

Hannah Lowton arbeitet für Messrs. R. Hall and Co.'s Earthenware Factory, Tunstall, die die Serie *Ausgewählte Ansichten* und die Serie *Pittoreske Landschaften* herstellt. Es sind Ansichten auf Porzellan von Adelsansitzen in England und vom Schloss von St. Cloud in Frankreich, eingebettet in einen blauen Rand aus Früchten und Blumen; jeder Teller wird von einem Cockspur im Brennofen gehalten.

4

Ich fahre nach Stoke. Ich fahre nach Tunstall, will sehen, ob ich die Fabrik finde, wo Hannah Lowton gearbeitet hat. Es ist ein Teppichkaufhaus.

Ich fahre nach Etruria, um Wedgwood einen Gruß zu entbieten – sein Wohnsitz ist jetzt ein Best Western Plus Hotel, das Komfort und Bequemlichkeit verspricht –, und zum Gladstone Töpfereimuseum, um die Flaschenbrennöfen zu sehen, vorbei an meinem Lieblingsgebäude, dem Wedgwood Institute in Burslem, erbaut in viktorianisch-venezianischer Pracht, die Buchstaben JW krönen das Tympanum, wo Christus sein sollte.

Später am Abend wandere ich hinauf zur Auferstehungskirche in Longton, nicht weil ich auf Gräber fixiert wäre, aber weil ich die 1853 von George Gilbert Scott erbaute Kirche sehen möchte. Es ist sehr gute Gotik, ziemlich streng und schlicht, wie man es bei diesen Städten erwarten kann, und auch sie hat sich verändert: Unter neuem Namen gehört sie jetzt der Antiochisch-Orthodoxen Kirche.

Die Kirche wurde für eine neue Gemeinde erbaut. Die Longton Freehold Land Society kaufte für fünftausend Pfund Spratslade Farm und kündigte den Kauf durch eine Annonce im *Staffordshire Advertiser* vom 20. Juli 1850 an. Die erste Jahresversammlung war sehr gut besucht. Man servierte Tee. Es sollte hundertneunzig Grundstücke geben, jedes vierhundert bis fünfhundert Quadratmeter groß. 1864 standen hier fünfhundert Häuser für Arbeiter in den Fabriken.

Die neue Siedlung erhielt den Namen Dresden.

Hier wurde die Dresden Porcelain Company gegründet. Praktischerweise setzte man die Buchstaben DPCO auf den Fuß, um sich vom anderen Dresdner Porzellan, jenem mit den blauen Schwertern, zu unterscheiden. Dieses Unternehmen produzierte Porzellan im Kakiemon-Stil für den Hotelmarkt, bis auch hier Name und Marke geändert wurden, bis es aufgesogen wurde und unterging. Verschwand.

Teil Fünf

London – Jingdezhen – Dachau – Dresden – Jingdezhen

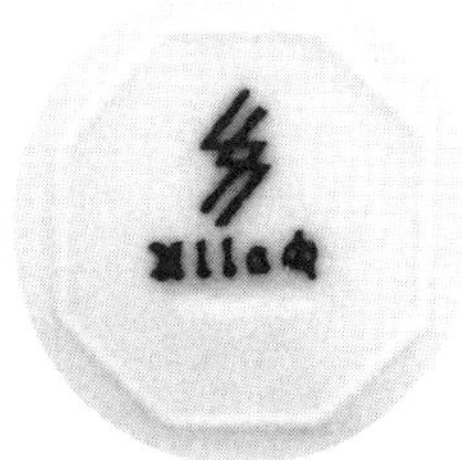

Signet von Allach

Sechsundfünfzig

Signs & Wonders

1

Vor einigen Jahren wurde ich eingeladen, für das Victoria and Albert Museum in London eine Installation zu schaffen.

Die alte Keramikgalerie, die sich im ersten Stock an der Seite zur Cromwell Road hinzog, wurde neu gestaltet. Die Einladung war sehr weit gefasst. Ob ich eine Replik auf die Sammlungen machen könne? Es konnte an jeder Stelle der Galerie sein, in jedem Ausmaß. Ich hatte ein Jahr zur Verfügung.

Als ich ein Junge war, stieg ich dort die Treppe hoch und dann noch weiter hinauf. Man musste gewitzt sein, um sich seinen Weg durch die Metallarbeiten des Mittelalters zu bahnen und sich nicht unter den Emaillen zu verirren. Dann kam man oben an. Es gab sehr wenige Plätze, von denen man einen Ausblick hatte oder das Museum unter sich auch nur spürte, die Räume schienen vollkommen in sich geschlossen, eine Enfilade nach der anderen. In jeder Richtung Armeen von Vitrinen mit Keramik. Wer hätte sich träumen lassen, solch hohe Räume mit so spektakulärem Volumen für einen Becher oder einen Teller oder eine Schale zu bauen?

Es kamen sehr wenige Besucher. Manchmal machten sogar die Aufseher ein Nickerchen.

Die Aufstellung war nach Land oder Epoche geordnet. Sie stammte aus einer prä-interpretatorischen Zeit. Man hatte eine Vitrine voller Sèvres-Porzellan vor sich oder mittelalterliche Krüge oder Lowestoft-Porzellan und sollte damit zurechtkommen.

2

Immer wieder ging ich die Galerien auf und ab. Und tüftelte aus, was ich tun wollte. Ich wollte präsent sein, aber nicht aufdringlich. Ich zeichnete einen roten Ring auf die Flächen in der Innenseite der Kuppel. Ich wollte ein rotes Metallbord mit Porzellan hoch oben an jenem Punkt, wo die Wölbung der Kuppel sich von der Wand löste; es sollte über der Kehlung schweben, abseits der Kuppel, Porzellan im Raum.

Es sollte eine Geste sein, leichthin wie eine auf die Schulter gelegte Hand.

Und wenn man etwas vorgebeugt auf einem der Mosaikkreise stand, die den Boden der Eingangshalle bilden – den Regenschirm ausschüttelte, die Stellung veränderte in jenem Moment, in dem man das Museum betrat, eine Anpassung an hallende Räume –, und zur viereckigen Öffnung in der kassettierten Decke emporblickte, dann würde man einen roten Ring sehen. Und einen weißen Klecks Porzellan in fünfzehn Metern Höhe. Ich nannte es *Signs & Wonders*.

3

Das rote Bord hält 425 Gefäße aus Porzellan.

Es ist mein Gedächtnispalast. Ich dachte an die Porzellansammlung des Museums, die mir so gut gefallen hatte, betrachtete sie ein weiteres Mal, ging weg, setzte mich an meine Drehscheibe und fertigte meine Erinnerung davon. Es war eine Art Destillation, die Intensität eines Nachbildes, das man sieht, wenn man etwas intensiv betrachtet hat.

Was ist geblieben von der Garnitur aus sieben Porzellankrügen, nachdem du den Blick davon abgewandt hast?

Es fühlt sich lange vergangen an. Dass ich sie so hoch oben anbrachte, diente in einer Hinsicht einfach dazu, die Dinge in Sicherheit zu bringen. Von einem hohen Bord werden Dinge nicht heruntergestoßen. Und mir gefiel die Vorstellung von einer Art Dachbodenraum, wo die Dinge im Schatten sind, so wie ich es im Geffrye Museum gemacht hatte.

Aber wenn ich mich erinnere, dann hing an jenem Tag, als ich in meinem früheren, beengten Studio diese Gefäße fertigte, ein kleines rotes Modell über meiner Drehscheibe. Borde voller fertiger Töpfe, dazwischen Werke, die ich abdrehen musste, Eimer mit Porzellan, bereit fürs Drehen, Listen an den Wänden, ein Kalender, auf dem der Tag der Installation rot umrandet war. Es war der Tag, an dem die Galerie geschlossen werden sollte, die Öffnung mit Brettern verschlagen, und die Gerüste aufgerichtet sein und das siebenunddreißig Meter hohe, staubbedeckte Aluminiumregal von den Herstellern in Lancaster gebracht und im Museum hochgezogen werden würde. Mein Porzellan musste dann fertig sein. Es würde Schutzhelme geben.

Und in der Nacht versuchte ich mein Buch über die Netsuke fertigzuschreiben, über Verlust, über die Art, wie Sammlungen zerfallen, wie die Erinnerung ein Bild von solcher Intensität einbrennt, dass man zehntausend Kilometer vom Ort seines Aufwachsens entfernt sein kann und zu rekonstruieren fähig ist, wie ein Ding neben dem anderen stand, versuchen kann, den Kreis wieder zu schließen.

Ich wusste nicht, wie ich das Buch beenden sollte. Mein Vorschuss war schon lange für Rechercheresen nach Wien und Odessa draufgegangen. Ich pflegte mir die Liste der Orte anzusehen, wo ich nicht gewesen war, der Gräber, von denen ich das Gefühl hatte, es würde sich etwas fügen, wenn ich dort hinging, davor stand und auf und ab ging, die Notizen, irgendwelche Poststempel auf hundert Jahre alten Briefen zu überprüfen. Es muss eine Kulturgeschichte des Staubs geben, schrieb ich.

Ich gab das Manuskript zu spät ab.

Und eine Woche später bei der Eröffnung der Keramikgalerie

blickt eine irritierte Dame aus dem Königshaus zu meiner zwölf Meter über uns hängenden Installation hinauf und fragt mich: »Wie wird man das abstauben?« und »Sind Sie von weit her gekommen?«

Ich weiß nicht, Ma'am, lautet meine Antwort auf die erste Frage.

Und ja, ich glaube schon.

4

Das rote Bord hält drei Arten Porzellan.

Da sind meine Erinnerungen an chinesische Töpferware. Es gibt eine ganze Episode von Schüsseln auf Ständern, die eine Art Verwandtschaft mit Jingdezhen zeigen. Zweitens ist da meine Konversation mit dem Porzellan aus all den Manufakturen, die sich im 18. Jahrhundert in Europa verbreiteten. Da oben befindet sich auch meine Version eines Meißner Speiseservices und von Garnituren, Teile von Raumarrangements aus Porzellanzimmern.

Drittens die Industrie. Da ich meine Arbeiten auf der Töpferscheibe drehe, gibt es vielerlei Gefäße, die ich nicht herstellen kann. Da ich auf dem Regal auch Porzellanteller haben wollte, ließ ich in einer Fabrik in Stoke-on-Trent einen breiten, großzügigen Fleischteller mittels einer Form anfertigen.

Industrie, das bedeutet Moderne, Serienproduktion, Perfektion, eine Reihe von Objekten, die einander nicht nur angenähert sind, sondern eins wie das andere sind. Es ist Standardisierung, das ewige Immer-Weiter von Dingen in der Welt. Es ist der Gegenpol dessen, wonach das Fertigen von Gefäßen von Hand in einer Werkstatt strebt, die Wärme und die Geste, die Einschätzung, die sich von Objekt zu Objekt ändert. Es ist Schönheit und Erhabenheit und Verschwinden.

Der Gegenpol des Handgefertigten. Aber polarhaft auch in seiner Kälte, seiner Endlosigkeit.

»Ich wollt mir Einsamkeit ausdenken / Mehr als ich je gesehn – / So in der Art Polare Sühne – ein Omen im Gebein / Der Schreckensnäh des Todes«, schrieb Emily Dickinson, das Gedicht zackig ausgerissen auf der leeren weißen Seite.

Und es ist eng verbunden mit Revolution. Da oben sind mattgraue Zylinder vor einem grellweißen Teller, die graphischen Funken konstruktivistischen Porzellans aus dem revolutionären Russland. Und die abgestuften Weißtöne der Bauhaus-Keramik aus Deutschland.

Dort muss ich hin. Es ist der letzte Teil meiner Reise, Revolution, *Porzellan 1919*.

Siebenundfünfzig

1919

1

»Lenin sitzt auf einem Korbsessel im La Rotonde«, schrieb Le Corbusier. »Er hat zwanzig Centimes für seinen Kaffee bezahlt, zwei Sou Trinkgeld gegeben. Er hat aus einer kleinen weißen Porzellantasse getrunken. Er trägt eine Melone und einen sauberen weichen Kragen. Einige Stunden hat er auf Bögen Schreibmaschinenpapier geschrieben. Sein Tintenfass ist glatt und rund, aus Flaschenglas gefertigt.«

Das ist die Revolution. Sie ist perfekt, glatt und weiß. Sie arbeitet gezielt. Sie ist stark. Zwei Sou lässt einen leichten Mangel an Großzügigkeit vermuten. Sie ist lakonisch. Schwarzer Espresso in einer kleinen weißen Porzellantasse.

Revolution überall. Ich habe ein neues Notizbuch.

Deutschland bedeutet Streiks und Unruhen. Es gibt kein Geld. Am 8. und 9. Oktober 1919 werden Duplikate aus Augusts Porzellansammlung, die sich in Dresden befanden, von Rudolph Lepkes Auktionshaus in Berlin verkauft, um Geld für die junge Republik zu beschaffen.

Es herrscht Hyperinflation, Spareinlagen aus Jahrzehnten verschwinden. In der Wochenschau sieht man Bilder von Schubkarren voller Banknoten. Stündlich vermehren sich die Nullen. In Dresden greift man darauf zurück, Münzen aus rotem Steingut anzufertigen, dem *Jaspis-Porzellan*, das Tschirnhaus und Böttger auf ihrem Weg zum Weiß erfanden. Sie behalten ihren Wert.

Die englische Revolution 1919 wird gemildert durch die Angst, Anstoß zu erregen.

Roger Fry, Künstler und Kurator, hat eben erst die Omega Workshops geschlossen, die gegründet wurden, um die angewandten Künste zu revolutionieren. Er schuf wackelige weiße Becher, aus denen dann industriell hergestellte wackelige weiße Becher wurden. Er betont den Vorrang von Bechern aus der Sung-Dynastie: »Wir erkennen, dass die genaue Dicke der Wände konsistent ist mit der besonderen Art Material, aus der sie gemacht sind«; das bedeutet Eignung für den Zweck, Ikonen der Abstraktion.

Unter *Geld* notiere ich, dass Cornwall 1919 inzwischen mehr als die Hälfte des Kaolins, der Porzellanerde, weltweit abbaut, und dass aus den drei Firmen, die es aus diesen umkämpften Mooren holten, nun »English China Clays« geworden ist.

2

Russland ist dramatischer. Als ich in seinen Gesammelten Schriften, Band 31, Lenins Rede auf dem Gesamtrussischen Verbandstag der Glas- und Porzellanarbeiter lese, hoffe ich, dass er die Morgenröte einer neuen Geschichte des Porzellans verkünden wird. Aber es ist bloß langweiliges Zeug über Getreideproduktion, unterbrochen von Beifall und ... anhaltendem Beifall.

Ein kleines Problem bei Revolutionen. Man muss schrecklich viele Reden aussitzen.

In Russland soll alles für die Schaffung einer neuen Welt mobilisiert werden. Anatolij Lunatscharski, der erste sowjetische Volkskommissar für Bildung, Vorsitzender des Volkskomitees für öffentliche Aufklärung, organisiert einen Wettbewerb namens »Geschirr für alle«. Die Frage lautet: Was verlangen wir von einem Teller?

> Wie die Trompete des Hornisten ruft die kulturelle Revolution alles zusammen, um untersucht und neu bewertet zu werden,

> was unser Bewusstsein anspornt oder vergiftet, unseren Willen und unsere Kampfbereitschaft. In dieser »Parade« von Gegenständen gibt es keine Nonkombattanten ...

Die Kaiserliche Porzellanmanufaktur in St. Petersburg ist in Staatliche Porzellanfabrik umbenannt und reorganisiert worden, um »dem Staat zu dienen und nicht ihn sich zu entfremden«. Das ist pragmatisch, denn es erlaubt Künstlern und Dekorateuren, Arbeiter zu sein und zu bleiben. Und es gibt einen riesigen Vorrat an Weißware, unverziertem Porzellan, der verbraucht werden kann. Meist ist der zaristische Doppeladler schon auf der Rückseite aufgemalt.

Was soll dieses »Porzellankinderzimmer für eine neue Nation« mit dieser Weißware anfangen? Es gibt niemanden, der nicht kämpft, also verziert man sie mit Slogans und Merksprüchen, verstreut mit dynamischem Enthusiasmus die Symbole der Revolution auf dem schneeweißen Porzellanuntergrund, schreibt *Golod, Hunger*, und belässt es dabei.

Ein Bericht aus dem Jahr 1920 ordnet die Darstellung »des modernen Lebens und moderner Ideen« an; »Alltagsleben und Kultur, Erzählungen, Epen und Lyrik«, und so zeigt der Paradeplatz Mütter, Soldaten, Seeleute und Partisanen, Frauen, die Banner nähen, einen Fabrikarbeiter, der eine Ansprache hält.

Das ist perfekt. Porzellan ist perfekt für Ansprachen.

Seine Weiße ist wie ein Räuspern, ein aufmerksames Verstummen, während der Redner auf uns niederblickt und seine Papiere durchblättert – der dicke Stapel sagt uns, dass es ein Mann ist – und Raum einzunehmen beginnt.

3

Dieses Weiß ist eine Revolution.

Künstler werden eingeladen, für die Fabrik in Petrograd zu arbeiten. Kasimir Malewitsch, der Verfasser von Manifesten, zornig, umtriebig und ehrgeizig, nimmt einen normalen Porzellanteller und setzt darauf bis zum Rand seine harten rot-schwarzen Verdichtungen von Formen, nimmt eine Tasse, tut dasselbe, zerstört sie.

In seinem Atelier fertigt er seine *Architektone*, übereinandergeschichtete und auskragende geometrische Formen aus Gips, die aussehen, als wären es Schablonen für Städte, Objekte, mit denen man sich auseinandersetzen könnte. Sie sind weiß.

> Das Blau des Himmels ist durch das suprematistische System überwältigt, durchbrochen und ins Weiß als die wahrhafte reale Verkörperung der Unendlichkeit eingegangen, daher ist es frei vom farblichen Hintergrund des Himmels. … Schwebt! Die freie weiße Unergründlichkeit, die Unendlichkeit liegt vor euch.

Diese Objekte sehen aus, als könnten sie sich ad infinitum replizieren, bis sie zur Unendlichkeit gelangen.

Malewitsch fertigt eine Porzellantasse – eine breite wie für Cappuccino – und halbiert sie, macht sie stabil. Er schafft einen Festkörper aus weißem Porzellan. Aus einer Teekanne macht er ein Architekton, schiefe Winkel, sich wiederholende Rauminhalte.

Diese Objekte sind robust und betörend zugleich. Sie lassen mich an »Auroras of Autumn« denken, mein Lieblingsgedicht von Wallace Stevens: »Hier heißt sichtbar sein, weiß sein / Heißt, das Einheitliche von Weiß haben, die Fertigkeit / eines Extremisten in einer Übung …«

Andere revolutionäre Künstler erschaffen Objekte aus Bildern, er schafft Bilder aus Objekten. Du willst ein Manifest? Hier ist es. Du nimmst die Idee eines Gebrauchsgegenstandes und übermalst ihn, streichst ihn weiß an, sodass du schließlich eine Teekanne hast, die nicht zu gebrauchen ist. Eine einfache Tasse als kämpferisches, revolutionäres Porzellan.

Ihm gehört die Form. Sein »Schwarzes Quadrat« ist »über eine vielfältige, aus geometrischen Elementen zusammengesetzte Komposition« gemalt. »Weißes Quadrat auf weißem Grund« ebenfalls. Eine der Bildecken sieht aus, als wäre sie grob abgeschnitten. Nicht, dass er nicht Zeit hätte, eine neue Leinwand vorzubereiten, zurückzutreten und zu überlegen; es ist bloß,dass es mehr Freude macht, etwas zu übermalen. Weiß über Schwarz. Auslöschen ist spannend.

Malewitsch schreibt darüber: »Aber selbst die Farbe Weiß ist immer noch weiß und kann verwendet werden, um ein Zeichen zu setzen. Und so muss ein Unterschied zwischen ihnen bestehen, aber nur in der reinen weißen Form.«

Das schweift ein wenig ab, aber es macht nicht viel aus, da er malt, Dinge herstellt, kuratiert und Revolutionen herbeischreibt. »Das Problem beginnt, wenn Malewitsch nicht mehr malt und anfängt, Broschüren zu verfassen«, seufzt Lunatscharski.

4

Es sind zu viele weiße Objekte. Ich muss mich konzentrieren.

Im Frühling nach »Signs & Wonders« habe ich meine erste Ausstellung in einer Londoner Galerie. Ich fertige weiße, mit Gips ausgestrichene weiße Quader aus Bauholz und dann Gefäße, glasiere sie in verschiedenen Weißtönen und arrangiere jeweils einige in jedem der Behälter. Ich mache ein schwarzes, mit Holzkohle bestrichenes Viereck und setze ein einzelnes schwarzes Gefäß hinein, etwas außerhalb der Mitte. Ich zeige sie an einer langen Wand.

»Mit und in der Null beginnt die wirkliche Bewegung des Seins«, schrieb Malewitsch.

Und ich nenne meine Ausstellung »From Zero«.

Als ich einmal früh am Morgen hingehe, um einige Zeit allein mit meiner Arbeit zu verbringen, gefällt mir diese Reihe von Installationen sehr gut. Es ist eine Idee, die sich entfaltet.

Gegenüber dieser Reihe hängt meine erste Vitrine, »Word for Word«. Ich habe Porzellan hinter Glas gestellt, und es ist wie eine Seite aus dem Talmud, große Gefäße und kleinere, Worte und Kommentar dicht nebeneinander.

Ich sitze auf dem Boden. Je länger ich darüber nachdenke, desto besser passt der Titel. Er stammt aus einem anderen Gedicht von Wallace Stevens. Seine Gedichte mit ihren inbrünstigen Abstraktionen sind eine Art Konstante in meinem Leben. Ich frage mich, ob ich eine andere Zeile von ihm hätte stehlen und diese Ausstellung »Farewell to an Idea« hätte nennen sollen.

Ein Titel ist ein Brief mit einem Versprechen in der Tasche. Manchmal streift ein Titel eine erinnerte Ansicht oder ein mitgehörtes Gespräch, eine Zeile aus einem Inventar, eine Lieblingsmelodie, eine Straße. Manchmal ist er eine Provokation; der Anspruch auf gemeinsamen Raum mit jemandem, der mir wichtig ist. Manchmal ist er ein Stein, der in die andere Richtung geworfen wird, um die Aufmerksamkeit abzulenken. Einem Werk einen Namen zu geben ist der Beginn des Loslassens, ein Raumschaffen, um neu zu beginnen.

Ich erinnere mich an diese Stunde. Eine seltene Stunde, glücklich in der Arbeit, bereit, neu zu beginnen.

Achtundfünfzig

Rote Arbeit

China 1919 ist Chaos. Wann wird eine Revolution stattfinden?

Puyi, der letzte Kaiser, ist dreizehn und sitzt mit seinem Hofstaat in der Verbotenen Stadt fest, während die Warlords kommen und gehen.

Am Hof herrscht Chaos. Gegenstände verschwinden aus den Schatzkammern und Lagern. Eunuchen werden festgenommen. Als der junge Kaiser verkündet, er werde den Palast der ewigen Glückseligkeit besuchen, um die kaiserlichen Schätze zu besichtigen, brennt dieser über Nacht nieder. Er beginnt, Sachen aus dem Palast wegschaffen zu lassen.

Sammler kreisen wie die Geier. Der englische Kunstkenner Percival David kauft kaiserliches Porzellan, das als Pfand gegen Anleihen in Banken hinterlegt ist. »Es waren Tage von unvergleichlichen Gelegenheiten für einen Käufer mit Kenntnis, Urteilsvermögen und reichlichen Mitteln.« Er kauft zwei sehr blau-weiße Tempelvasen mit interessanten Inschriften und nimmt sie nach London mit, um sie genauer zu studieren.

Jingdezhen ist im Niedergang. Es wird gestreikt. Die Märkte sind verschwunden, wie der Kaiser. Wer soll in den Unruhen beim Zusammenbruch der Republik Porzellan kaufen? Handelsrouten sind unterbrochen. Die Kaufleute kommen nicht mehr in die Stadt, um Bestellungen aufzugeben oder zu kaufen. Das Banditenunwesen bedeutet, dass alles, vom Abbau des Tons bis zum Transport der Waren auf dem Fluss, gefährlich ist.

Die Lebensbedingungen verschlechtern sich rapide. »Die ganze Stadt war so verkommen wie nur irgendeine, die ich in China sah;

Töpfer in Jingdezhen, 1920

nichts konnte wirklich sauber genannt werden«, berichtet ein Besucher aus Amerika. »Überall der Gestank menschlicher Exkremente, von ewig ungewaschenen Leuten, die in kobenartigen Verschlägen hausten, räudige Kopfhaut und Schwären und all der Schmutz, Krankheiten, von denen es in China, besonders in dessen Süden, wimmelt.«

Schuldknechtschaft ist hier weit verbreitet. »Die wenigen Besitzer und Meistertöpfer der großen Töpfereien, die in der Stadt verblieben waren, sprachen frei von der Leber weg«, schrieb die Journalistin Agnes Smedley in ihrer Reiseerzählung »Battle Hymn of China«.

> Dass ihre Industrie etwas Feudales war, schien ihnen vollkommen unbewusst. Kleine Jungen von sieben, acht Jahren, erklärten sie, gingen bei Töpfermeistern in die Lehre, die ihnen Wohnung und Verpflegung gaben. Die Besitzer zahlten den Lehrlingen einen Dollar im Monat, durch den Töpfermeister, der zwanzig Cent von jedem Dollar als »Enschädigung für das Lehren der Kunst« einbehielt.

Mit den verbleibenden achtzig Cent versuchte der Lehrling alle seine Bedürfnisse zu decken.

Ein Töpfermeister kann zehn bis fünfzehn Lehrlinge haben, die *jhay tso* bleiben – »durch einen Gürtel gehalten« –, bis ihre Familien sie freikaufen und sie selber Töpfermeister werden. Einen Lehrling freizukaufen geht über die Möglichkeiten der meisten Familien hinaus.

Mit einer Art amüsiertem Stolz erklärt ein Töpfereibesitzer, dass

> Lehrlinge beinahe jede Art von Krankheit haben – Tuberkulose, Malaria und eine Reihe von interessanten Magen-Darm-Erkrankungen. Sie hätten kein Geld, um Medizin zu kaufen, fügte er hinzu. Als wolle er ein spezielles Ausstellungsstück vorführen, rief er einen zehnjährigen Knaben herbei und forderte uns auf, uns anzusehen, wie grün der Junge von der Malaria sei. Aber auch

> wenn sie krank seien, schloss er, würden die Töpfermeister sie aus Herzensgüte immer noch verköstigen.

Anfang der 1930er Jahre liegt Jingdezhen am Rand der nordöstlichen Sowjetprovinz Jiangxi, der ersten Region Chinas mit einer kommunistischen Regierung. Es ist keine große Stadt, aber eine Industriestadt, ein Ort, wo man das Organisieren der Arbeit beobachten kann. Es ist eine komplizierte Stadt. Hier führen die Kommunisten schon sehr früh Rekrutierungen durch.

Smedley, eine ergebene Mao-Anhängerin, war keine unvoreingenommene Beobachterin. Sie war zornig und engagiert und schrieb, in jenen frühen Jahren der Bürgerkriege habe die Rote Armee Jingdezhen besetzt, aber statt

> die Brennöfen zu zerstören, hatte sie den Besitzern erlaubt, sie weiterhin zu betreiben, wenn auch mit vielen Reformen. Die Ausbildungszeit wurde verkürzt, und währenddessen erhielten Lehrlinge wie Töpfermeister regelmäßige Löhne von den Besitzern. Gemeinsame Komitees aus Eigentümern und Töpfern leiteten die Industrie, und Inspektoren setzten die Reformen durch. Dieses System hatte Bestand, bis die Rote Armee vertrieben wurde. Dann wurde das feudale System wieder eingeführt.

Die Revolution verspricht Jingdezhen eine Zukunft. Wie lange heißt es warten?

»Vor und nach der Besetzung durch die Rote Armee hatten die Töpfer und ihre Familien in ihren finsteren, ungesunden Behausungen kleine Familienschreine«, schrieb Smedley. »Über jedem Schrein war ein mystisches Bild an die Wand gemalt, es repräsentierte den Geist der Roten Armee. Davor verbeugten sich die Töpfer in Ehrfurcht und verbrannten Weihrauch.«

Neunundfünfzig

Lichte Erde, gebrannte Erde

1

Und so komme ich zu Deutschland und der Revolution. Da oben auf dem roten Bord in der Kuppel stehen auch meine Bauhaus-Gefäße. Stapel von Porzellan.

Das Bauhaus ist Revolution in sich.

Als Walter Gropius 1919 Direktor des Bauhauses in Weimar wird, erklärt er, dass diese Schule die »hochmütige Mauer zwischen Handwerkern und Künstlern« niederreißen und den Weg für das neue Bauen der Zukunft bereiten wolle. Das Wort *Bauen* wird in den Manifesten oft verwendet. Es deutet an, dass das Lernen ein Prozess ist, der zusammengehörende Komponenten vereint, auf verschiedene Arten. Architektur ist eine Art Baukasten in großem Maßstab. Man stelle sich die hölzernen Bauklötze vor, mit denen Kinder spielen, wobei sie durch das Vergnügen, wenn die Türme zusammenstürzen und die Brücken einbrechen, etwas über Balance lernen; das ist das *Bauspiel*, das Spielen mit der Form.

So fügen sich auch Töpfereien zusammen. Man lernt, Töpfer zu sein, indem man auf der Drehscheibe Elemente fertigt und sie zusammensetzt, um Objekte herzustellen. Eine Teekanne braucht eine Tülle, einen Korpus, einen Deckel, Laschen für den Henkel, aber, sagt der Keramikmeister, sie können so sein oder so.

Lucia Moholy fotografiert diese Töpferwaren, graue, weiße und schwarze, in graphischen Zusammenstellungen am Rand eines Tisches. Alles kehrt zum Bild zurück. Die Welt soll neu arrangiert werden, man spielt mit ihr, um die dynamischste Art zu finden, in der

Objekte und Räume und Gebäude und Menschen zusammenwirken können.

Was machen die Töpfer hier? Ist das ein Laboratorium oder eine Kunstschule oder eine Fabrik? Wir müssen, schreibt Gropius, nachdem er ihre Töpferware begutachtet hat, einen Weg finden, einige der Artikel mithilfe von Maschinen zu vervielfältigen.

Die Bauhaus-Töpfer fertigen in Handarbeit Gefäße, die unbedingt so aussehen wollen, als wären sie von Maschinen gemacht. Der Designer Wilhelm Wagenfeld, klug und geschickt im Umgang mit Glas und Metall, bedauerte: »Händler und Fabrikanten spotteten über unsere Erzeugnisse: Sie sähen zwar billig aus wie Maschinenarbeit, wären aber in Wahrheit teures Kunsthandwerk.« Das schmerzt. Und der Tiefschlag mit billig/teuer klingt wahr.

Im revolutionären Bauhaus gestaltet man Keramik scharf definiert, mit harten Winkeln, und glasiert sie in klaren Glasuren, um eine Aura des Maschinellen zu erzeugen. Man tut das, weil Wiederholung der Rhythmus und Puls des Augenblicks ist.

»Heute leben wir in einer Zeit, deren Kulturgesicht für uns selbst nicht und wohl auch nicht für Künftige durch unsere Keramik vorwiegend bestimmt ist«, schreibt ein schneidender Kritiker in *Die Form*. »Die Vordergrunds- und Vorzugsmaterialien des ›Neunzehnhundertdreißig‹ sind nicht Ton und farbiger Glasversatz, sondern Metalle, vor allen Eisen, Beton und baufähiges Glas.«

Oder ein weißes Material, das rein ist, kaum noch Ton. *Porzellan* ist der kommende Rohstoff.

2

Sie wollen das modernste Gefäß? Schlagen Sie den Jahrgang 1930 der Zeitschrift *Die Form* auf, da finden Sie Marguerite Friedlaenders Porzellan für die Staatliche Porzellan-Manufaktur in Berlin. Sie ist eine junge, am Bauhaus ausgebildete Töpferin, und das ist ihr erster Auftrag für die Industrie. Es ist so gestapelt, als wäre es eben erst aus dem Brennofen gekommen, und es stapelt sich sehr schön. Daneben ist ein Foto von Destilliergefäßen und einem Mörser.

Jedes Porzellan will dorthin, kehrt dahin zurück. Man braucht die reine Strenge des Arbeitstisches eines Chemikers und die Grammatik des Alchimisten, um das Porzellan zu schaffen. Das ist wieder Tschirnhaus und sein Bedürfnis nach Schmelztiegeln für seine Experimente, Wedgwood, der seine Porzellanretorten den Kollegen der Royal Society weitergibt, William Cookworthy, der in seinen Coxside Works in Plymouth Mörser für Apotheker herstellt.

»Mörser werden immer gebraucht.«

Als Philip Johnson 1934 im Museum of Modern Art in New York die Ausstellung »Machine Art« kuratiert, wählt er genau das aus. Er zeigte Kapseln, die bei der Forma Coors Porcelain zum Trocknen oder zum Verbrennen von Chemikalien verwendet wurden. Im Katalog führte er die Preise an. Die Kapseln kosteten fünfzehn bis fünfundzwanzig Cent. »Vom Wesen her sind maschinell hergestellte Kunst und Handwerk einander diametral entgegengesetzt. Handwerk impliziert Unregelmäßigkeit, Pittoreskes, dekorativen Wert und Einzigartigkeit ... Die Maschine impliziert Präzision, Glätte, Reproduzierbarkeit.«

Johnson, gerade zurück von seiner Reise durch das »Dritte Reich«, will »Vasen, so schlicht wie Laborgefäße«.

3

Und im »Dritten Reich« ist das möglich.

Die erste Ausstellung, die eine Vision für das neue Deutschland feiert, wird am 21. April 1934 in Berlin eröffnet. Sie nennt sich »Deutsches Volk, Deutsche Arbeit« und wurde teilweise von Mies van der

Rohe und seiner Partnerin, der Designerin und Architektin Lilly Reich, gestaltet.

Man betritt die Schau über flache Stufen. Die Säulen vor dem Gebäude sind die Griffe von vier gigantischen Vorschlaghämmern, zwanzig Meter hoch. Ein Zahnrad hält das Hakenkreuz hoch oben auf dem Dach. Im Gebäude ein Spektakel aus Maschinen, Kolben, dem Motor einer Lokomotive. Riesige Bilder von deutschen Arbeitern, die Stahl gießen, Männern tief unten in Bergwerken, Frauen in endlosen Weizenfeldern. Dies ist das Theater der Materialien, Ressourcen, Möglichkeiten, von Menschen, die in die Zukunft ausgreifen. Es gibt eine Mauer aus Salz. Der Einband des Katalogs zeigt einen Kranz aus weiß gefärbten Eichenblättern.

Die Ausstellung feiert die Arbeit, bei Arbeit geht es um Wiederholung, und Wiederholung ist es, die das Indivduum rettet, es zum vollständigen Aufgehen im kollektiven Wohl führt.

Lilly Reich, die die Anweisung erhalten hat, Keramik auszustellen, installiert Tausende unverzierte Porzellangefäße. Niedrige Stapel und hohe Stapel. Nichts passt nicht dorthin. Hunderte Schalen, Tausende Tassen, Tausende Teller. Es ist eine Parade von Objekten, weiß wie die Hemden der Turner, die sich in den neuen, weiß besäulten Stadien aus Leni Riefenstahls Filmen in perfektem Gleichklang winden und drehen.

Reich nennt ihre Installation »Lichte Erde, Gebrannte Erde«. Deutsche Erde wird durch Feuer umgestaltet, »durch Feuer zu Reinheit zurückgeführt«.

Sechzig

Was für ein Weiß, was für Lauterkeit

1

Ich liebe das Werk von Wilhelm Wagenfeld. Eine Lampe, die er in den frühen Bauhaus-Jahren entwarf, ist eine poetische Balance aus Kugel und Säule. Und sein *Kubus*-Sortiment aus ineinandergestellten Glasbehältern aus dem Jahr 1938, perfekt für einen Kühlschrank, ist reines *Bauspiel*, praktisch und konzise im Gebrauch des Materials. Im MOMA-Shop in New York wurde es in der Abteilung für teures Glas verkauft. Ich denke über ihn nach und frage mich, ob er Porzellanobjekte geschaffen hat. Eine Vase, ein bisschen zu rundlich, um vollkommen schön zu sein, erscheint auf dem Schirm meines Laptops. Und Allach.

Den Namen dieser Fabrik kenne ich nicht, also google ich ihn.

Sie liegt in Dachau bei München.

2

Mit dem Recherchieren verhält es sich so: Man schlägt eine Route ein – Bergwerksordnungen in Cornwall oder Porzellan bei einem Schiffbruch –, die dann nirgendwohin führt; das waren dann drei Tage Arbeitsleben, und man kehrt um, um zurückzutrotten, kickt Steine beiseite.

Aber ich bin neugierig geworden und kaufe ein Buch über dieses Allacher Porzellan.

Mein üblicher Zwischenstopp, wenn ich nicht weiterkomme, besteht darin, ein Buch zu kaufen. Es kommt eine Woche später, ein kleines, schwarzes, gebundenes Buch mit dem Foto einer Porzellanstatuette der Athene auf der Vorderseite. Es ist auf Englisch, verlegt von Tony L. Oliver in einer Vorortstraße in Egham, Surrey, 1970.

> Es war den einzigartigen Umständen zu verdanken, die 1934 in Deutschland herrschten, dass die allerbesten Künstler, Designer, Töpfer und alle Personen, die mit der Herstellung von feinem Porzellan befasst waren, von den vielen weltberühmten Manufakturen, die in Deutschland damals existierten, Dresden, Berlin, Rosenthal etc., abgezogen und in der bis dahin unbekannten Fabrik in Allach beschäftigt werden konnten. Diese einmalige Konzentration an Talenten, die für die Produktion zur Verfügung gestellt wurden, ermöglichte es, dass das Allacher Porzellan von solch hoher Qualität war und deswegen auch äußerst gefragt …

Auf der hinteren Klappe sind Bücher und farbige Postkarten von Uniformen der SS aufgelistet.

Ich schlage das Buch auf; Abbildung 1 zeigt ein Foto von Hitler und Reichsführer-SS Heinrich Himmler, die »mit offenkundiger Billigung eine Auswahl von Porzellanfiguren aus Allach begutachten. 1943«. Die Figuren sehen aus wie Meißner Porzellan des 18. Jahrhunderts. Hitler lächelt begeistert.

Konzentration an Talenten ist schwer. Sie wurden im Lager in Dachau angefertigt.

3

Die Geschichte beginnt 1935 in der Lindenstraße 8 in Allach, einem nordwestlichen Vorort von München, mit drei engagierten SS-Mitgliedern: dem Maler Franz Nagy, dem Bildhauer Theodor Kärner und dem Maler Karl Diebitsch. Sie errichten eine an eine Vorstadtvilla angeschlossene kleine Fabrik. Der Plan ist, Porzellan zu erzeugen, das der Partei würdig ist.

Der Plan kommt rasch Himmler zu Ohren, der einen substanziellen Kapitalzuschuss von 45 000 Reichsmark aus seinem persönlichen Büro in die Wege leitet. Die PMA, Porzellanmanufaktur Allach, wird gegründet. Himmler glaubt, dass Kunst in jedes deutsche Heim gehört, »in erster Linie aber in das Haus meiner SS-Männer«. Eine eigene Porzellanfabrik würde ihm Kontrolle verschaffen, ihm erlauben, seine kulturelle Reichweite zu demonstrieren, Geld für die Anliegen zu beschaffen, die ihm wichtig sind. Eines davon ist das Winterhilfswerk des Deutschen Volkes, die von Hitler nach seinem Amtsantritt als Reichskanzler gegründete offizielle Wohlfahrtsorganisation der NSDAP. Diese Organisation genießt in der Partei enormes Prestige.

»20 Millionen Porzellansoldaten marschieren auf!« lautet der Slogan für 1938, als Allach Porzellansoldaten und kleine Porzellanabzeichen mit darauf abgebildeten Soldaten verkauft, um Geld für verarmte loyale Bürger des Reichs aufzutreiben. Es ist die Woche des »Anschlusses«, als deutsche Soldaten die Grenze nach Österreich überschritten und von delirierenden Massen empfangen wurden.

Zur selben Zeit wird ein Artikel veröffentlicht: »August und die Porzellansoldaten«. Er erzählt die Geschichte von König August dem Starken und seiner Leidenschaft für Porzellan und wie er ein ganzes »Porzellanregiment« von Dragonern gegen eine Garnitur blau-weißer Vasen eintauschte. In der Folge wird betont, dass dieses Regiment in der Schlacht von Kesselsdorf für Preußen kämpfte und die österreichische Armee besiegte.

4

Besitzt man seine eigene Porzellanfabrik, kann man Geschenke machen.

In Himmlers SS gab es endlose Riten des Geschenkeverteilens. Alfred Rosenberg, der Parteitheoretiker, bemühte sich ständig, neue Rituale zu erfinden, neue Arkana, um das Volk in seine Kultur einzubetten. Aus Weihnachten wurde das Julfest, eine pseudo-nordische Winterfeier mit geheiligtem Feuer, Kerzen und Musik.

Und so stellt Allach Julleuchter her, die auf den Festtafeln stehen und leuchten sollen, während die Familie das neue Jahr, den Neubeginn für ihr Land feiert.

Geburtstage und Hochzeiten und wenn einem SS-Mitglied ein Kind geboren wird – einige davon wurden Patenkinder Himmlers –, dies alles rechtfertigt Geschenke von Allacher Porzellan. Und es gibt Porzellanschüsseln, die bei den Parteiversammlungen in Nürnberg überreicht werden, Plaketten zur Erinnerung an den »Anschluss«, eine Vase für Hitler zum 50. Geburtstag 1939, riesige weiße Vasen für die Nischen in der Reichskanzlei. Wer hätte einen solchen Bedarf an Porzellan vorhersehen können?

Die Fabrik in Allach wird zu klein; Ende 1940 wird sie ins Konzentrationslager Dachau verlegt.

Es gibt viele Vorteile, wenn die Fabrik sich hier befindet.

Zunächst der unmittelbare Vorteil, dass man die Häftlinge einsetzen kann. Die Porzellanfabrik Allach verliert ebenso wie die Manufaktur in Meißen erfahrene Arbeiter, die an die Ostfront müssen, und hier kann man auf die Insassen zurückgreifen. Die geringe Zahl an Häftlingen, die 1941 aus dem Lager rekrutiert wurden, schwillt bis 1943 auf mehr als hundert an: »Seit Beginn des Sommers habe ich den Ausfall von Facharbeitern in verschiedenen Abteilungen durch Einsetzen von Häftlingen wettzumachen versucht. Die Ergebnisse in der Formengießerei-Abteilung und später in der Formerei und Gießerei sind äußerst befriedigend. Die Produktion hat sich trotz Wegnahme mehrerer Arbeitskräfte für die Rüstungsindustrie gegenüber dem Vorjahr erheblich gebessert. Auch im Brennhaus und in der Glasurstube werden heute Häftlinge beschäftigt, die sich schon recht gut eingearbeitet haben. Ebenso sind in der Malerei die bisherigen Anfangserfolge mit Häftlingen zufriedenstellend.«

Hier in Dachau kann praktischerweise Elenore Pohl, Frau von SS-Hauptamtschef Oswald Pohl, beratend tätig sein. Sie ist Künstlerin. Er ist der Chef des SS-Wirtschafts-Verwaltungshauptamts (WVHA), das sich um alle wirtschaftlichen und finanziellen Aktivitäten der SS kümmert. Dazu gehören auch die Konzentrationslager.

Und Himmler hat seine eigene Fabrik, die er den anderen SS-Offizieren zeigen kann, wo er die Werkbänke entlanggehen, den Häftlingen über die Schulter sehen, sich erkundigen und inspizieren kann. Wenn sie Dachau besuchen, ist die Fabrik die erste Station auf dem Rundgang. Johannes Heesters, der berühmteste Unterhaltungskünstler in Deutschland, wird herumgeführt, erhält Geschenke. Es gibt ein Gästebuch.

Da sind sie alle, nehmen Figuren in die Hand, vergleichen. Sie drehen sie um, wie es geboten ist, unten steht die Marke, Allach, das Symbol ist der Doppelblitz der SS. Ironischerweise ist das auch das transformierte Signet der zwei gekreuzten Meißner Schwerter.

Alle sind zufrieden mit der Regelung, dass Allach eine halbautonome Firma ist, es gibt Beförderungen, und Kärner erhält an Hitlers Geburtstag ehrenhalber den Titel eines SS-Hauptsturmführers und eine Ehrenprofessur. Diebitsch, überaus beschäftigt mit den neuen Rang- und Dienstgradabzeichen und Ausrüstungen, den Flaggen, Dolchen und Mützen, so wichtig für die Besonderheit der SS, wird Obersturmbannführer der Waffen-SS.

Es ist ein Unternehmen, das mit Präzision geführt wird. Die Buchhaltung ist akkurat, die Nummerierung der Figuren sorgfältig registriert. Himmler nimmt fünfundvierzig Prozent vom Ausstoß der

Himmler inspiziert Allacher Porzellan,
Dachau, 20. Januar 1941

Fabrik, manchmal zahlt er dazu. 1942, als unter den Häftlingen in Dachau eine Typhusepidemie wütet, verlangt Himmler Entschädigung für die Gestorbenen.

5

Nach Himmlers Willen soll Allach »künstlerisch wertvolle« Objekte produzieren, die nicht in den Kitsch abgleiten. Der Direktor der Staatlichen Porzellangalerie in Dresden, Professor Dr. Paul Fichter, früher für Augusts Porzellansammlung zuständig, begutachtet die Allacher Entwürfe, was der Firma zusätzlich Prestige verleiht. Am Fuß mancher Produkte steht sein Name samt Titel. Professor Wagenfeld, gegenwärtig für die Glasfabrik Lausitzer tätig, soll ebenfalls als Berater fungieren.

Himmler schenkt Hitler zum Geburtstag Figurinen aus Allach, Berlin, 20. April 1944

»Deutsch sein heißt klar sein«, sagte Hitler.

Klar sein bedeutet gewandt zu sein und Geschichten gut zu erzählen, ohne Dunkelheiten. Entartete Kunst ist schlecht gemacht, bloß angedeutet, ungeschickt. Unklar. Hitler weiß, was er will. Er will Können sehen.

Wenn man den »Führer« beeindrucken will, muss man nichts anderes tun, als so vorzugehen.

Und so wird in Allach ein sich aufbäumender porzellanener Hengst mit flatternder Mähne hergestellt, kraftvoll und unabhängig, ein »Führer«, etc. etc.

Allach-Porzellan sei eine Art Reklametafel für die kulturelle Darstellung der SS gewesen, schrieb Wolff nach dem Krieg. Nur Hochwertiges, künstlerisch Wertvolles sei produziert worden, so herausragend, dass es die größten technischen Schwierigkeiten zu überwinden imstande gewesen sei. Die bestanden etwa darin, die Figur eines Pferdes darzustellen, das nur auf den zwei dünnen Hinterbeinen stand, ohne dass der schwere Pferdeleib mittels eines allegorisch verbrämten Baumstammes, eines Zweigs oder einer Blume gehalten worden wäre. Nicht einmal die anderen berühmten deutschen Manufakturen wie Meißen, Nymphenburg oder andere hätten etwas Derartiges zu leisten vermocht. Es war der Wille des Reichsführers SS.

Himmler bringt also zustande, was August der Starke niemals tun konnte, durch *Willen*.

Und Hitler, der gesehen hat, was in Allach möglich ist, befiehlt die Sonderanfertigung von hundert Figurinen, »Friedrich der Große zu Pferd«. Eine steht in seinem Büro in der Reichskanzlei. Die anderen verschenkt er an Personen, die ihn mit ihrer Hingabe an die Reinheit des Reichs beeindruckt haben.

6

Noch mehr Können, noch mehr Klarheit.

Man sehe sich die Modellierung der Porzellanbären an, der Hirsche und Damtiere und Rehkitze, der jungen Füchse, Dackel und Schäferhunde. Die Welpen sind so ausdrucksstark. Der »Ruhende Hirsch« von Professor T. Kärner ist wachsam, jeder Muskel vibriert, bereit zur Flucht. Ein deutsches Bestiarium: Tiere zum Hätscheln oder Tiere zum Jagen.

Am südlichen Rand des Lagers Dachau, gleich hinter den Stacheldrahtzäunen und Wachtürmen, gibt es solch prachtvolle Hirsche, sorgsam eingehegt, um nach dem Abendessen mit dem Kommandanten vom Jagdhaus her abgeschossen zu werden.

Und dann gibt es Statuen der Jungen und Vollkommenen: junge Mädchen nach dem Bad, Mütter mit Kindern, Sportskanonen, ausschreitende weibliche Akte, ein Hitlerjunge in kurzen Hosen, der die Trommel schlägt, lautstark, die Augen in die Zukunft gerichtet, und ein BDM-Mädel mit Zöpfen, die ihr Gesicht umrahmen, den linken Fuß nach vorn gestellt. Es gibt eine Reihe von Fliegeroffizieren in voller Uniform mit Schwertern und die Figurine eines nonchalant aus dem Cockpit kletternden Piloten, einen SS-Reiter und einen SS-Standartenträger. »Der Standartenträger trägt ein schön deutlich ausgeführtes SA-SS-Kehlstück«, heißt es im Buch für Sammler. Der Standartenträger wird nicht in den Geschäften ausgestellt und ist ein persönliches Geschenk Himmlers.

Dann gibt es noch ein Mitglied der SS-Sturmabteilung.

Joachim von Ribbentrop, der deutsche Botschafter in London, kauft sie, um sie Persönlichkeiten der Gesellschaft zu überreichen, von denen er das Gefühl hat, sie verstünden die Komplexität des Reichs. Ein Allacher SS-Mann der Sturmabteilung endet auf dem Kaminsims des Earl of Londonderry in Nordirland.

Die begehrteste aller Figurinen war die eines muskulösen jungen Mannes mit nacktem Oberkörper, der sich auf seinen Degen stützt: *Der Fechter*. Eine solche erhielt nur die Parteielite. Und ich finde ein formelles Porträt von Reinhard Heydrich. Heydrich war Vorsitzender der Wannsee-Konferenz, wo die Pläne für den Holocaust ausgearbeitet wurden. Er sei, sagte Hitler anerkennend, »der Mann mit dem eisernen Herzen«, zuständig für die Einsatzgruppen. Sie ermordeten eine Million Juden.

Er war Fechter. *Der Fechter* steht auf einem Tisch neben ihm, eine weiße Trophäe, »ein Omen im Gebein / Der Schreckensnäh des Todes«.

7

Das Schwarze Korps, die Zeitung der SS, berichtet am 1. April 1939 von der Eröffnung des neuen Allacher Geschäfts in der Leipzigstraße 13 in Berlin. Sie zitiert Hitler. Bei der Besichtigung des Porzellans hatte er verkündet: »Kein Volk lebt länger als die Dokumente seiner Kultur.«

Diese Worte des »Führers« seien ein Motto, schreibt die Zeitschrift. Alles, was geschaffen werde, werde von den Nachkommenden kritisch beurteilt werden, und man wolle sich nicht deren Abschätzigkeit aussetzen.

Das neue Geschäft ist wirklich sehr schick, zwei riesige Fenster flankieren den Eingang, Wandlaternen beleuchten es während der ganzen Nacht, über der Tür steht der Name ALLACH. In der nächsten Woche nimmt *Das Schwarze Korps* die Leser mit hinein, wo rechts Vitrinen mit beleuchteten Figuren stehen.

Das Foto zeigt Himmler, der an den verglasten Vitrinen vorbeigeht, die Hände auf dem Rücken, und seine Dragoner inspiziert.

1941 und 1942, während die Wehrmacht nach Osten vorstieß, wurden in den neuen Städten des Reichs, Warschau, Posen und Lemberg, neue Geschäfte für Allacher Porzellan eröffnet.

Der Julfest-Teller für 1943, den führende SS-Mitglieder erhielten, zeigt rosa Krokusse, die schneebedeckter Erde entsprießen. Auf der Rückseite ist ein Faksimile von Pohls Unterschrift, umgeben von einem Kreis Runen. Am 14. Januar 1943 schreibt Himmler an Oswald Pohl, dass er das Allacher Geschäft in Posen besucht habe: »Wir hatten in Allach einen sehr schönen Adler in Ton, und zwar in matt. Diesen Adler sehe ich nun in dem Geschäft in Posen glasiert! Er sieht schauerlich aus. Ich bitte, daß dies sofort geändert wird.« Es könne doch nicht zu schwierig sein, ihm die erste Probe zu schicken, die produziert werde, und seine Meinung einzuholen. Und die Belegschaft sei zu jung. Sie sollte im Krieg nicht an solch exponierter Stelle arbeiten.

Porzellangeschäft Allach in Warschau, 1941

»Ich will doch wirklich nicht, was zu den wenigen Dingen gehört, die positiv sind und die mir Freude machen, jedesmal mich ärgern.«

Details sind Himmler wichtig. Er zählt auf Pohl, sie sind in ständiger Verbindung. Am 6. Februar schickt Pohl Himmler, wie verlangt, ein Inventar der Gegenstände, die Juden in Auschwitz abgenommen wurden. 155 000 Frauenmäntel, 132 000 Männerhemden, 11 000 Knabenjacken, 3000 Kilo Frauenhaar.

Es gibt jetzt ein sehr elegantes Geschäft in Warschau. Passanten werfen einen Blick hinein, eine Frau im Pelzmantel zögert an der Schwelle. Das Porzellan ist ein großer Erfolg, die kommende Sache, in Bewegung, findet neues Publikum.

8

Die meisten dieser Figuren waren weiß.

Das geschah auf Verlangen Himmlers. Sie waren entweder weiß glasiert oder unglasiertes Biskuitporzellan. Die Produktionszahlen des weißen übertrafen die des farbigen Porzellans bei weitem.

In weißem Porzellan verkörpere sich die deutsche Seele, heißt es im ersten Allacher Katalog. Das Weiß dieser Porzellanhaut ist das Weiß von Marmoroberflächen, das Weiß der Vollkommenheit griechischer Statuen in den Berliner und Münchner Museen. Das Pergamon-Museum, in dem die bedeutendsten Skulpturen der Antike zu sehen sind, ist das weißeste Gebäude im Reich. Die Allacher Porzellanfiguren richten sich nach den Vorgaben des deutschen Kunstkritikers Johann Joachim Winckelmann: »Da nun die weiße Farbe diejenige ist, welche die mehresten Lichtstrahlen zurückschicket … so wird auch ein schöner Körper desto schöner sein, je weißer er ist.«

Dies ist Körperkult, die fetischisierte Glätte und die korrekten Proportionen, die Sauberkeit, die Asexualität. Sie sind für Männer gedacht. Das ist Porzellan zum Befühlen, zum Sammeln. Man kann die Akte kaufen. Oder sich eine Garnitur SS-Männer zulegen und seinen Offizierskollegen zeigen, wie exakt die Insignien gestaltet sind, während man sich nach der Erfüllung seiner Pflichten erholt.

Ich denke an Susan Sontag und was sie über die Filme von Leni Riefenstahl und den »Gegensatz zwischen rein und unrein, zwischen dem Unbestechlichen und dem Korrupten, dem Geistigen und dem Körperlichen« geschrieben hat. Das Weiß spürt Degeneriertheit auf.

Ich erinnere mich an Ezra Pound in Rapallo, er schreibt wie besessen Briefe, beschimpft die Juden, beschimpft alle und jeden. Und schreibt in seinem »Canto LXXIV«: »Was für ein Weiß magst du auf solches Weiß noch setzen, was für Lauterkeit?«

Weiß gibt Aufrichtigkeit vor, deckt so viel zu, deckt zu viel zu.

Das ist die Geschichte ohne Menschen.

Einundsechzig

Allach

1

Ich fahre nach Dachau, um herauszufinden, was geschehen ist.

Es ist Frühherbst, der Nebel hängt tief. Kürbisse sind vor den Häusern am Straßenrand aufgeschichtet. Neben jedem Haufen steht eine Schachtel, in die man das Geld dafür wirft.

Es ist so grau und feucht, dass alles verfangen scheint. Ich meine, dass ich darin verfangen bin, hier zu sein, und ich registriere den Umfassungszaun, die Wachtürme, das Gelände, wo die Strafaktionen stattfanden, die Mauern für die Exekutionen und denke, diese Reise hätte ich nicht machen sollen.

Der Archivar kommt mir entgegen. Es gibt einen langen Tisch, eine Bibliothek mit Fachbüchern und Akten. Eine Frau sitzt still da, weiß im Gesicht, betrachtet Fotografien. Sie macht sehr kleine Bleistiftzeichen in ihr Notizbuch.

Der Archivar arbeitet seit fünfzehn Jahren hier, kennt die komplexen Umstände der SS-Nebenlager, die Aufteilung der Gefangenen auf bestimmte Fabriken, die furchtbare Realität der Granitsteinbrüche, die Manifeste, die Züge, die Todesmärsche.

Er ist liebenswürdig, bringt die Dokumente, die ich sehen muss. Es existiert ein wesentliches Zeitzeugnis, sagt er, und erzählt mir von Hans Landauer, der in der Fabrik arbeitete und einen Bericht verfasste, sein Leben nach dem Krieg damit verbrachte, darüber zu sprechen, was geschehen war. Er lebte in Wien, kam aber oft hierher.

Ich frage ihn, ob man Herrn Landauer zufällig noch besuchen könne.

Hans Landauer, Wien 2006

Er weist auf sein Büro, wo über seinem Schreibtisch das Foto eines großen, lächelnden Mannes mit offenem Gesicht hängt. Er ist vergangene Woche gestorben, sagt er. Er war ein wunderbarer Mann.

2

Hans Landauer war ein österreichischer Sozialdemokrat; mit sechzehn war er den Internationalen Brigaden beigetreten und wurde festgenommen, während er im Spanischen Bürgerkrieg gegen Franco kämpfte. Er wurde in das französische Sammellager Gurs deportiert und kam am 6. Juni 1941 nach Dachau.

Der Archivar liefert mir den Kontext für seine Geschichte.

Es ist Mai 1941; ein Schreiben zirkuliert in Buchenwald, Auschwitz, Flossenbürg, Mauthausen, Neuengamme, Groß-Rosen und Sachsenhausen:

> Infolge Einziehung verschiedener ziviler Fachkräfte der Allacher Porzellan-Manufaktur in Dachau ist die Aufrechterhaltung des Betriebes gefährdet. Nach Rücksprache mit Gruf. Pohl und Oberf. Möckel wurde angeordnet, die Möglichkeit eines Einsatzes von brauchbaren Häftlingen zu überprüfen. Es handelt sich um Modelleure, Brenner, Former und sonstige Keramiker.

Zehn Tage später gibt es eine Liste von Namen. Man hat einen Juden ausfindig gemacht, vier ASR (»Arbeitsscheue Reich«, sogenannte Asoziale), einen Bib-F (»Bibelforscher«, Zeugen Jehovas) und zwölf politische Häftlinge.

Sechs Tage danach heißt es aus Buchenwald, man könne keine Arbeiter für die Brennöfen oder für das Modellieren auftreiben, aber man habe vierzehn Personen zum Porzellanformen, eine für die Mühle, eine für die Malerei und eine zum Drehen. Darunter sind ein Jude und einer, der schlicht als »krank« bezeichnet wird.

Am 5. Juli 1941 trafen dreizehn Häftlinge in Allach ein, um Porzellan zu produzieren. In dieser Gruppe gab es keinen Fachmann für Brennöfen, also wurden ein österreichischer und ein spanischer Kämpfer, Franz Pinker und Karl Soldan, zwei *Rotspanier*, Kommunisten, ausgewählt, um beim Brennen in der Fabrik zu arbeiten.

Und diese beiden Männer wiederum suchen Hans Landauer aus, ihren eben aus einem französischen Lager eingetroffenen Genossen. Ursprünglich sollte er bei der Eisenbahn arbeiten, Kohle vom Bahnhof in Dachau zur Porzellanfabrik schleppen, »in der Art der Wolgaschiffer«.

Das, schreibt Landauer in seinen Erinnerungen, sei ein »Glücksfall« gewesen.

3

Dachau ist kein Vernichtungslager. Der Tod hier ist zugleich gewollt und zufällig.

Genauso ist auch die Arbeit geplant, und sie tötet. Wecken ist um vier Uhr früh, eine Stunde oder länger Stehen beim Zählappell, dann folgt der Marsch an die Arbeitsstelle, um Schutt wegzuräumen, in den unterirdischen Bunkern zu roboten, in den Fabriken, den Granitsteinbrüchen, wo man Blöcke schleppt, bis man umfällt, oder in den Pflanzungen, wo Gräben ausgehoben werden. Dann der Marsch zurück, der Zählappell, eine Stunde oder mehr Habtacht stehen, dann die Baracke putzen. Licht aus um neun Uhr.

Die Bedingungen sind so gewollt. Man bekommt sehr wenig zu essen. Sechs Monate später noch weniger. Man wird immer schwächer. Die Zahlen steigen. 1944 befinden sich sechsmal mehr Häftlinge in denselben Baracken als 1942. Sie erhalten kaum medizinische Betreuung. Jede Krankheit wird endemisch. Und dann gibt es überhaupt keine Behandlung mehr.

Hier in Dachau zu sein ist Zufallssache.

Man ist hier, weil man asozial ist, politisch, ein Sinto, ein Christ, homosexuell, Jude, Pole, Tscheche oder Kommunist.

Der Tod kommt willkürlich. Man wird bei einem Fluchtversuch umgebracht. Um ein Exempel zu statuieren. In den Steinbrüchen und in den Pflanzungen getötet. Umgebracht, weil man auf dem Rückmarsch zu langsam war. Durch Typhus. Von einem Kapo. Man wird getötet, weil man verzweifelt.

Du versuchst alles, um es anders zu machen, um einen Weg zu finden, etwas mehr zu essen, deine Kraft zu behalten, nicht zu stolpern, nicht die Aufmerksamkeit eines Kapos zu erregen, keinen Granitblock aus deinen blutigen Händen fallen zu lassen.

4

Ich sitze im Archiv, und Landauers Erinnerungen lassen einen solchen Glücksfall unglaublich nahe erscheinen. Es ist der Moment, als er gefragt wurde, während er gerade im Hof der Fabrik Kohle ablud, ob er zeichnen könne.

Er sagte Ja und zeichnete eine kleine Skizze.

Diese Skizze führt ihn vom grausamen Schleppen der Kohlekarren über die Schwelle nach Allach. Es war der erste Schritt für ihn, die Hölle zu überleben. Er beginnt seine Arbeit mit Kerzenhaltern, später fertigt er Figurinen und wird dann »unersetzlich«, als er die Reiterfiguren entwirft, die Hitler und Himmler so schätzen.

> Ich musste nur beim Souterrainfenster meines Arbeitsplatzes hinaussehen, wenn sich die ausgemergelten Gestalten aus dem Kommando Kiesgrube ins Lager schleppten, tote oder nicht mehr gehfähige Häftlinge in Schiebkarren mit sich führend. Es wird wohl menschlich verständlich sein, dass ich mich bemühte, gute Arbeit zu leisten. Noch dazu, wenn es sich bei dieser um keine kriegswichtige Produktion handelte ... Bei der Betriebsausweitung – es kamen 1942 die Erzeugung von Tellern, Kannen und Tassen sowie Salbentiegeln für Lazarette hinzu – wurden neben Facharbeitern im Häftlingskommando auch angelernte beziehungsweise rasch anlernbare Kräfte benötigt.

Und er berichtet, wie eigenartig es war, dass diese Gruppe Arbeiter in der Allacher Porzellanfabrik, Menschen aus so vielen verschiedenen Nationen, eben diejenigen waren, die das Kultsymbol der Partei, den Julleuchter, herstellen mussten, und dass die Fertigung dieses Produkts ihm und seinen Haftgenossen eine bessere Chance bot, das Lager zu überleben.

In Allach war die Arbeitszeit verlängert, was bedeutete, dass die

Häftlinge nicht zum Mittagsappell zurückmussten; dadurch war die Gefahr reduziert, wegen »schlechtem Singen, schlechtem Marschieren« von den SS-Wachen bestraft zu werden. Ab 1943 war es in Allach den Häftlingen in der Fabrik erlaubt, ordentliche Lederschuhe zu tragen, denn es war unmöglich, mit Holzschuhen an den Füßen die Porzellanwaren auf den langen Planken zu transportieren.

Landauer ist ein außerordentlicher Zeuge. Er erinnert sich, wie die geschlossenen Waggons aus Frankreich eintrafen, voll mit Toten und Sterbenden.

Er erinnert sich an seine Kameraden, Franz Okroy, Herbert Hartmann, Franz Schmierer. Es gab noch zwei polnische Häftlinge, deren Namen ihm nicht mehr einfallen, sie arbeiteten an den kleinen Figurinen. Einer war Professor aus Krakau; 1942 oder 1943 beging er Selbstmord, er warf sich in den elektrischen Zaun. Dann gab es Erwin Zapf und den Porzellanmaler Gustav Krippner. Und Karl Schwendemann, der nach einem Streit mit einem Modelleur, einem SS-Mitglied, die Fabrik verlassen musste und in das Hauptlager Dachau zurückgeschickt wurde.

Diese Namen zu lesen tut gut. Ich lese sie noch einmal.

Landauer ist ein vorsichtiger Mann. Er sagt es, wenn er sich an etwas nicht erinnern kann. Und es ist ihm auch wichtig zu erwähnen, dass es in Allach Momente von Freundlichkeit gegeben habe, »manchmal auch nur scheue, wohlwollende Blicke«; oder wenn einer der SS-Wachen den Männern im Brennofenraum Kärners Radio gibt, damit sie bei Nacht Rundfunk hören können.

Ich versuche diese Zeugenaussage achtsam zu behandeln. Es ist nicht meine.

5

Wie es in Archiven eben so ist, ist das nächste Blatt ein Dankesbrief an Himmler. Er kommt von SS-Brigadeführer Friedrich Uebelhoer, der dem Reichsführer SS für sein Geschenk eines porzellanenen Standartenträgers und die Karte dankt sowie für die Anerkennung der Arbeit, die er beim Aufbau eines neuen Deutschland im Osten leistet. Er ist Regierungspräsident in Lodz und lässt dort ein Ghetto errichten.

Der zweite Brief ist von Frau Himmler an Frau Frau E. R.; darin heißt es, es tue ihr leid, Ungelegenheiten zu machen, sie möchte aber wissen, ob »Klein-Eckhart« schon sein Geschenk vom Paten, dem Reichsführer, erhalten habe, eine Kerze des Kinderhilfswerks. Und ob Sigrid and Irmtraut ebenfalls ihre Kerzen bekommen hätten. Frau Himmler drückt ihr Bedauern wegen der Bombenangriffe aus.

Der dritte Brief mit Datum vom 15. Januar 1945 ist von Dr. Hopfner an einen unbekannten Empfänger gerichtet; es heißt darin, die Julleuchter sollten nicht mehr hergestellt werden, dagegen solle die Produktion von Tellern mit SS-Sinnsprüchen an der Unterseite verstärkt werden. Die Texte könnten »in den kommenden schwierigen Monaten« erhebend für die Empfänger sein.

Es soll keine Kohle für das Krematorium in Dachau mehr geben, aber weiterhin Nachschub für die Brennöfen in Allach.

Ich brauche Luft und gehe für zehn Minuten nach draußen. Als ich zurückkomme, erklärt der Archivar, ein Sammler von Nazi-Memorabilia sei gestorben, und seine Tochter habe dem Archiv eine Schachtel vermacht. Er bringt einen grauen Plastik-Waschkorb voller Nazi-Zeugs in Plastikbeuteln, eingewickelt in Zeitungspapier. Allacher Porzellan sei dabei, erklärt er, ganz oben aber liegen ein Gürtel, einige Knöpfe, ein Schaubild der 38 SS-Divisionen und Zeitschriften. Er legt alles auf den Tisch.

Dann wickelt er den ersten Gegenstand aus. Ein Rehkitz.

Es folgen ein schlafender Dackel, noch ein Dackel, Männchen machend und traurig dreinblickend, eine liegende Hirschkuh mit untergeschlagenen Beinen.

Ich hatte einen SA-Mann erwartet, etwas Weißes.

Und vor mir steht Bambi, feuchte Augen, spindeldürre Beinchen, den Kopf schräg gelegt, sorgfältig glasiert. Ich nehme es hoch und sehe mir die Unterseite an – das sollte man immer tun –, da sind die Kartusche mit *Allach* und TH Kärner und die SS-Runen.

Das ist mein fünfter weißer Gegenstand in der Welt.

6

Ich bedanke mich beim Archivar, wickle das Porzellan wieder ein und lege es zurück in den Wäschekorb. Ich gehe hinunter, durch die Anlage, die lange Straße zwischen den Baracken entlang bis zum Umfassungszaun.

Auf dem Weg zum Flughafen mache ich einen Umweg zur ersten Allacher Fabrik am Münchner Stadtrand.

Es ist ein gemütliches Puzzle aus engen Straßen, Kindern auf Fahrrädern, einem Mann mit seinem Hund, gestutzten Hecken. Ein Straßenschild weist auf eine Sackgasse hin, und unerwartet liegt da ein Industriegelände, Vorkriegsfabriken, etwas Großes neben der Straße.

Das Taxi hält vor Nummer 8. Die Straße wurde umbenannt. Heute heißt sie Reinhard-von-Frank-Straße. Nummer 8 ist ein hohes Giebelhaus, sechs Stufen führen zur Eingangstür, rechts hinter einer hohen, verfilzten Hecke befindet sich eine Werkstatt. Sie ist heruntergekommen. Die Fensterscheiben sind zerbrochen, am Eingang hängt ein Vorhängeschloss. Es sieht genau so aus wie die Werkstatt, in der ich meine Lehrzeit verbrachte.

Hier hat es begonnen, in einer Vorortstraße an einem ganz normalen Ort.

Kein Zutritt, warnt das Schild.

Zweiundsechzig

Das falsche Segel

1

Immer wieder denke ich an die Geschichte, wie Theseus heimkehrt, nachdem er den Minotaurus getötet hat, und wie er vergisst, das richtige Segel zu setzen, als er sich der Heimat nähert. Er hatte seinem Vater König Aigeus versprochen, ein schwarzes Segel würde gehisst werden, wenn er ums Leben gekommen war, ein weißes, falls er gesiegt hatte. Sein Vater sitzt da und sucht den Horizont ab. Und sieht ein schwarzes Segel.

Das war es dann. Aigeus stürzt sich von der Klippe. Die triumphale Heimkehr ist eine Rückkehr zu Verlust, zu Trauer. Theseus hat vergessen.

Du machst Versprechungen. Du hast vor, sie zu halten, und dann geschieht etwas, drängt sich vor, deine Aufmerksamkeit ist anderswo. Und das Versprechen wird nicht erfüllt, bleibt offen. Es bleibt ein leerer Raum.

Es gibt so viele Versprechen. Für die Kinder alles richtig zu machen. An einem neuen Ort ein neues Heim zu schaffen. Gold zu machen, Porzellan; eine Familie zu gründen. Mit einem weißen Punschbecher zurückzukehren, sich hinzusetzen und zu feiern, wie ein Material zu einem anderen wird.

Ich habe meinen Jesuitenpater und meinen Mathematiker mit seinen Linsen und meinen Quäker-Apotheker und ein Kind, das in einer Fabrik voller Staub arbeitet, in meiner Geschichte stranden lassen. Und jetzt habe ich auch noch Hans Landauer in einer Porzellanfabrik in einem Konzentrationslager zurückgelassen.

Und wenn man Geschichten erzählt, muss man seine Versprechen halten.

Man kann sie nicht offenlassen. Ich habe eben auf meinem Laptop den Roman entdeckt, den ich vor drei Jahren mit Anna geschrieben habe. Wir begannen in den Sommerferien in Schottland eine Geschichte über ein paar Kinder, die Abenteuer erlebten, und fügten, wann immer möglich, etwas hinzu. In Jingdezhen schrieb ich mitten in der Nacht und schickte ein Kapitel nachhause, mit dem Versprechen, es fertigzuschreiben. Aber ich begann diese Reise nach Dresden, Dachau, Stoke, Carolina, Jingdezhen, und habe vergessen, *Schottland* zu vollenden.

Wenn du Land in Sicht hast, welches Segel wirst du hissen?

2

In der Nacht auf den 13. Februar 1945 wurde Dresden von britischen Flugzeugen bombardiert. Auch am folgenden Tag fielen Bomben. Es war Aschermittwoch. Niemand hatte Luftangriffe erwartet. Man hatte geglaubt, die kulturelle Bedeutung der Stadt würde sie schützen.

Dresden war immer dicht bevölkert gewesen, jetzt aber war es überfüllt mit Menschen, die vor dem russischen Vormarsch geflohen waren, und Flüchtlingen aus anderen Städten, die den Winter über heftige Luftangriffe erlebt hatten, Juden, die auf den Abtransport in die Lager warteten, amerikanischen Kriegsgefangenen, Zwangsarbeitern, deutschen Soldaten.

Die Luft war voller Feuer. Der Fluss war voller Feuer. Der Feuersturm der brennenden Stadt war hundert Kilometer weit zu sehen.

Es gab zu wenige Luftschutzräume. Die Leute starben zu Tausenden in ihren Kellern. Mindestens 25 000 Menschen kamen in der Feuersbrunst um, möglicherweise viel, viel mehr. Möglicherweise zehnmal so viele. Die Zahlen sind historisch umstritten.

Dresden war zerstört. Der Schutt lag so hoch, dass die Straßen nicht mehr zu sehen waren. Die Silhouette eingestürzt, zerklüftet. Der Altmarkt wurde zum offenen Krematorium für die Leichen, die man aus den Ruinen zog. Fotos aus den Tagen nach den Luftangriffen zeigen gebückte Gestalten, die zwischen den Leichen dahinschlurfen.

»Das Gefühl, insofern es wegen Dresden besteht«, schrieb der Oberbefehlshaber des Bomber Command, Arthur Harris, in einer Reaktion auf den Aufschrei nach seinen Angriffen, »könnte leicht von einem Psychiater erklärt werden. Es hängt mit romantischen deutschen Musikkapellen und Dresdner Schäferinnen zusammen. In Wirklichkeit war Dresden eine Masse von Munitionsfabriken, ein funktionierendes Regierungszentrum und ein Schlüsselpunkt des Transportverkehrs nach Osten. Es ist nun keines mehr davon.«

Er hatte recht. Es war keines mehr davon.

Die Bomben zerstörten Zehntausende Leben, Tausende Familien. Sie zerstörten Kirchen und Paläste, den Zwinger, 85 000 Häuser, zahllose Kunstwerke, Tschirnhaus' Linsen und auf einem über Nacht in einem Innenhof des Schlosses geparkten Lastwagen Kisten mit frühem Meißner Porzellan, das einer jüdischen Berliner Familie gestohlen worden war. *Dresdner Schäferinnen.*

3

Am 29. April wurde das KZ Dachau von US-Truppen befreit. Die von Westen anrückenden Truppen stießen auf Güterwagen voller hingerichteter Häftlinge. In der Woche zuvor waren zehntausend Insassen gezwungen worden, das Lager auf Lastwagen oder zu Fuß in Richtung Alpen zu verlassen. Etwa tausend Häftlinge kamen auf diesem Marsch um.

Im Lager waren dreitausend Tote. Seit drei Wochen waren belastende Beweisstücke vernichtet worden, aber das Krematorium quoll über.

Und die Allacher Porzellanfabrik war geräumt worden. Die Gussformen waren verschwunden. Ein paar Modelle waren noch da, aber keine der Nazi-Figuren, keine der belastenden Modelle mit den weißen SA-Männern.

4

Anfang 1947 begann die Porzellanfabrik Oskar Schaller & Co. in Windisch-Eschenbach ein Sortiment von Porzellantieren herzustellen, Bärenkinder, Pferde, Hündchen, junge Faune, Bambi. Nimmt man sie in die Hand und sieht sich die Unterseite an, dann steht dort *Eschenbach Germany – US Zone*. Und darüber der Name des Modelleurs, Kärner.

Aus SS-Hauptsturmführer Kärner war Herr Kärner geworden. Er hatte das »anstößige« Porzellan in den letzten Tagen vor der Befreiung vergraben, die Formen mitgenommen und neu begonnen. Keine SS-Runen mehr, aber die Model waren dieselben.

In Nürnberg fand am 17. September 1947 das Schlussplädoyer der Verteidiger von Oswald Pohl, Direktor des Wirtschafts- und Verwaltungshauptamts der SS (WVHA), statt; sie erhoben Einwände gegen seine Anklage wegen Kriegsverbrechen und Verbrechen gegen die Menschlichkeit. Die Anklage erklärte, in den Lagern des WVHA seien zehn Millionen Menschen gefangen gehalten worden, Millionen seien gestorben.

Er wurde für schuldig befunden und zum Tod verurteilt. Er legte Berufung ein und dann ein weiteres Mal. Er schrieb ein Buch: »Credo: Mein Weg zu Gott«, über seine Bekehrung zum christlichen Glauben. Persönlich sei er keiner Verbrechen schuldig: »Ich habe mich deshalb auch nie an Gewaltmaßnahmen gegen Juden beteiligt, noch diese gebilligt oder wissentlich gefördert.« »Credo« wurde mit Unterstützung der katholischen Kirche herausgebracht, die eine Amnestie für Pohl verlangte. Das Buch enthielt Illustrationen seiner Frau Eleonore, die Beraterin für die künstlerische Qualität des Allacher Porzellans gewesen war. Eines ihrer Bilder zeigte eine nachdenkliche Gestalt in tiefer Versenkung in einer Gefängniszelle. Pohl wurde am 8. Juni 1951 hingerichtet, immer noch seine Unschuld und seinen Glauben beteuernd.

Die neuen Modelle typischer deutscher Tiere aus der Porzellanfabrik Eschenbach wurden in der jungen Deutschen Demokratischen Republik eifrig gesammelt.

5

Am 7. Oktober 1949 wird die Deutsche Demokratische Republik ausgerufen. In Dresden feiern Massen von Menschen am Theaterplatz, rund um sie die leeren Fensterhöhlen der Ruinen. Die neue Flagge hängt von Laternenpfählen. Die Stadt ist skelettiert, die Straßen sind frei und leer. Es gibt noch keinen Wiederaufbau, aber neue Namen. Die Augustusbrücke über die Elbe heißt jetzt Georgi-Dimitroff-Brücke, benannt nach einem bulgarischen Kommunisten. Es wird an Ausbesserungen gearbeitet. Eine Frau erinnert sich an die Schutthaufen, an das Abschlagen der Ziegel. Dann mussten die Bahngleise abgebaut werden, Schienen und Schwellen, alles Material für Reparationen. Schweigsame Männer aus Sibirien geben Acht, dass die Deutschen nicht schlappmachen.

Der neue Staat hat Großes vor. Der Erste Sekretär Walter Ulbricht verkündet, es werde einen gigantischen Boulevard quer durch die Schutthaufen Berlins geben. Mit Optimismus und Opferbereitschaft wird die Bevölkerung Berlins sie wegräumen. In der Stalinallee sollen Wohnungen für Arbeiter und Geschäfte entstehen, die Fassaden sollen mit Kacheln aus Meißner Porzellan verkleidet werden, Basreliefs mit Kornähren und anderen leicht zu entschlüsselnden Symbolen. Die ganze Straße ist ein weißer Krummsäbel der Modernität.

Zur Feier von Stalins 70. Geburtstag wird in Moskau ein großes Fest abgehalten. Es existiert ein Foto, auf dem Mao und Ulbricht den Generalissimus flankieren. Die staatliche russische Porzellanfabrik fertigt ein weißes Porzellanmodell von Stalin und Mao in einer Auflage von drei Stück. Die zwei Vorsitzenden sitzen auf einem quastenbesetzten Sofa, behaglich in ihrer gemeinsamen Vision von einem Roten Osten.

Obwohl 1949 in der DDR in der trüben Atmosphäre der Nachkriegszeit nicht viele Filme gedreht wurden – etwa ein Dutzend –, bringt man »Die blauen Schwerter« heraus. Es ist die teuerste Produktion in diesem Jahr, in Ausstattung und Kostüme wurde einiges investiert.

Augustus ist vierschrötig, in Brokat und Spitze gekleidet, der Alchimistenheld Johann Friedrich Böttger schlank und gutaussehend. Der entscheidende Moment findet in den Gewölben statt, der Brennofen ist ein flammendes, rauchendes Monster, Böttger brüllt, er brauche mehr Hitze, zertrümmert die Stühle, um das Holz dem Ungetüm in den Rachen zu werfen, Schweiß rinnt an ihm herab, während Augustus auf und ab streicht, möglicherweise die Krone auf dem Kopf.

Böttger hebt die Brennkapsel aus dem Brennofen, taucht sie in ein Fass mit Wasser – »mein Porzellan wird nicht springen« – und öffnet sie, um eine flache Schale aus durchbrochenem Porzellan zu enthüllen. Sie wird dem Kurfürsten gereicht, er betrachtet, befühlt sie, klopft darauf, um den Klang zu hören, dreht sie um. Da ist das Symbol, die zwei gekreuzten blauen Meißner Schwerter.

Irgendwie, auf komplizierte Weise, hat der Arbeiter triumphiert.

6

Die DDR ist ein kleines Land, und sie ist arm. Aber sie hat eine enge brüderliche Verbindung zum riesigen und ebenfalls armen China.

Es gibt einen Witz. Mao und Walter Ulbricht, der Staatsratsvorsitzende mit dem Pokerface und dem Ziegenbärtchen à la Lenin, vergleichen, wie viele Menschen aus ihrer jeweiligen Bevölkerung gegen sie sind. »Siebzehn Millionen«, sagt Mao. »Bei mir auch!«, antwortet Ulbricht stolz.

Da die Sowjetunion Experten für Dammbau und Stahlkonstruktionen schickt, muss auch Ulbricht etwas vorweisen; er entscheidet, technische Berater, Experten, nach China zu entsenden.

1955 schickt die DDR Experten auf ihrem eigenen Spezialgebiet, der Porzellanproduktion, nach China. Arbeiter aus Meißen sind unterwegs, um den Arbeitern von Jingdezhen zu helfen, neues Porzellan zu erzeugen.

Dreiundsechzig

Eine richtige Orientierung

1

Es hört sich an wie der Anfang von einem dieser DDR-Witze.

Kennen Sie den von dem Arbeiter, der die Chance bekam, wegzugehen? Und dann ging er nach Jingdezhen?

Jingdezhen war so grau wie Potsdam. Die Luftverschmutzung von den kohlebetriebenen Brennöfen war so schlimm, dass sich der Sommer wie Herbst anfühlte und im Winter ewige Dämmerung herrschte.

Das Nationale Institut der keramischen Künste wurde auf dem Höhepunkt der Zusammenarbeit mit den Ostdeutschen 1955 gegründet. 1959 wurde es geschlossen, als die DDR sich nach dem Bruch Maos mit Chruschtschow zurückzog. Das Museum blieb halbfertig zurück.

Welche Geschenke nimmt man seiner Frau im Pappkoffer aus Jingdezhen mit, wenn man erst zwei Tage zuvor von der Abreise erfahren hat und es eilig hat, heimzukommen?

2

1958 lanciert Mao, unzufrieden mit dem Fortschritt des Fünjahresplans, den »Großen Sprung vorwärts«. Der neue Parteislogan lautet: mehr, schneller, besser, billiger. Für Jingdezhen bedeutet das die Reorganisation der Fabriken in zehn vom Staat und vier große von der Stadt betriebene Unternehmen und einen neuen Schwerpunkt auf praktischeren Waren und Porzellanisolatoren für Stromleitungen.

Nur die Skulpturenfabrik und die Fabrik für Porzellankunst durften andere Porzellansorten herstellen.

Wahnwitzig hohe Produktionsziffern wurden angepeilt. Man erwartete, die Produktion binnen zwei Jahren zu verdoppeln und binnen zehn Großbritannien in der Stahlerzeugung zu überholen. Qualitätskontrollen wurden abgeschafft. »So etwas wie Ausschussware gibt es nicht; was für den einen Ausschuss ist, ist für den anderen Getreide«, wurde Mao zitiert.

Also heißt es wiederum, dem Auf und Ab der Kampagnen mittels dessen nachspüren, was hergestellt und was nicht hergestellt wurde, jeden Augenblick des Wandels in der Politik nachzeichnen.

Diese Porzellantafel aus dem Großen Sprung vorwärts zeigt Bauern in einer Kommune, die zufrieden weit weg von ihren Feldern an einem Hochofen arbeiten und durch das Einschmelzen nützlicher Werkzeuge nutzlosen Stahl erzeugen.

Dieses Kind, das auf eine Metallpfanne schlägt, bedeutet 1958 und die Ausrottung der vier Plagen, den Versuch, alle Ratten, Fliegen, Moskitos und Spatzen umzubringen. Spatzen mussten so lange vom Hinsetzen abgeschreckt werden, bis sie vom Himmel fielen.

Diese Figur zeigt Lei Feng, einen Soldaten der Volksbefreiungsarmee, der 1962 bei einem Unfall ums Leben kam. Er hinterließ Tagebücher, die seine Hingabe an Mao bezeugten, und wurde umgehend in der Kampagne »Vom Genossen Lei Feng lernen« kanonisiert.

Du nimmst einen Teller mit einer vollkommenen frühmorgendlichen Schneeszene, Arbeiter unterwegs zu einer Fabrik, die schimmert wie das neue Jerusalem, und drehst ihn um: *Made in Jingdezhen, Welterschütternde neue Atmosphäre, Yu Wnxiang hat dies im Herbst 1964 in Zhushan gemacht.* Das wurde also während der Sozialistischen Erziehungsbewegung hergestellt, als Modellfabriken gepriesen und als Vorbilder hingestellt wurden. Zhushan, fällt mir plötzlich ein, ist der Perlenhügel, Sitz der kaiserlichen Porzellanfabrik.

Bilder ziehen vorüber, abgehackt wie gebellte Slogans.

Mao äußert sich eindeutig über den Zweck der Kunst: »Die Literatur- und Kunstschaffenden müssen die Gesellschaft studieren, das heißt die verschiedenen Klassen der Gesellschaft, die Wechselbeziehungen zwischen den Klassen, die jeweiligen Verhältnisse, in denen sich diese befinden, ihre Physiognomie und Psychologie erforschen. Erst wenn sie sich das alles klargemacht haben, werden unsere Literatur und Kunst einen reichen Inhalt und eine richtige Orientierung besitzen.«

Richtig ist ein beunruhigendes Wort. *Unrichtig*, tönt das Echo zurück.

3

Am 1. Mai 1966 verkündet Mao beim Aufmarsch zum Internationalen Tag der Arbeit die Große Proletarische Kulturrevolution. Mithilfe der Jugend sollen die »Vier Alten« eliminiert werden: alte Bräuche, alte Gewohnheiten, alte Kultur und altes Denken.

Jingdezhen ist eine tief in den Vier Alten getränkte Stadt.

Porzellan zu machen ist an sich schon etwas *Altes*. Die Meister werden auf die Straßen gezerrt, um sich Demütigungen ausgesetzt zu sehen, einer wird verprügelt, in einen Käfig gesteckt und durch die Stadt geschleppt, etliche begehen Selbstmord. Eine fünfzig Jahre zuvor bemalte Plakette wird mit den Worten *Revolution ist kein Verbrechen / Fegt die Vier Alten weg / Aufstand ist richtig* übermalt. Häuser werden geplündert, Werkstätten demoliert. Die Fabriken schließen, weil die Arbeiter zur Feldarbeit aufs Land geschickt werden.

Was kann man produzieren in einer Stadt, die von jungen Roten Garden terrorisiert wird? Ein Assistenzprofessor versuchte einige seiner älteren Vorgesetzten dadurch zu retten, dass er mit ihnen gemeinsam eine Werkstatt gründete, wo man revolutionäre Bilder auf Porzellan malte. Sie erhielten das Nötigste, mussten aber sieben Tage die Woche vom Morgengrauen bis zur Abenddämmerung malen, um das alte Denken auszutreiben.

Unter Jiang Qing, Madame Mao, als Propagandachefin werden Abbildungen aufs Schärfste kontrolliert.

Man stelle sich ein überfeuertes Bild des Vorsitzenden vor, auf dem der Rote Stern die Vase hinunterrinnt. Man stelle sich vor, eine Statue wird fallen gelassen.

Jingdezhen überlebte die Mao-Zeit. Seine Aussprüche wurden auf Tassen gepinselt, sodass man sich die Hände an seinen Worten wärmen konnte. Im Sommer 1966 wurden in Shanghai die ersten Mao-Abzeichen produziert. Zu Herbstanfang waren sie schon allgegenwärtig, wurden von Arbeitsbrigaden präsentiert, in Propagandaläden gekauft, zehnmillionenfach vertrieben. Ende des Jahres konnte man angeklagt werden, wenn man kein Abzeichen trug. Anfang 1968 begannen die Fabriken in Jingdezhen mit der Produktion in großem Maßstab; Abzeichen aus Keramik konnten in riesigen Mengen und billiger hergestellt werden als solche aus Metall. Aber man hörte Geschichten. Abgestoßene Bilder des Vorsitzenden, ein Porzellanabzeichen, das im Straßengedränge zu Boden gefallen war; der Besitzer war auf die Knie gezwungen worden, um Abbitte zu leisten.

Am 12. Juni 1969 veröffentlichte das Zentralkomitee »Gewisse Fragen, die bei der Verbreitung des Bildes des Vorsitzenden Mao zu beachten sind«; darin wurde erklärt, die Herstellung von Porzellanabzeichen sei verboten. Aber die Nachfrage nach Mao-Statuen stieg immer weiter. Es gab die Büste, die »offizielle Ware« – das einzige plastische Abbild, das in allen öffentlichen Gebäuden Chinas aufgestellt werden sollte, und in China existieren eine Menge öffentlicher Gebäude.

Sie bestanden aus einem bei großer Hitze gebrannten Porzellan mit farbloser Glasur, nur wenige Zentimeter hoch, und zeigten einen starren Mao, hängebackig, den Mund fest geschlossen gegen so gut wie alles.

Dieses Weiß ist pragmatisch, es schneidet die Angst weg, beim Schaffen dieser Ikonen Fehler zu machen. Dieses Weiß ließ sie so transzendent schimmern wie nur irgendeine Gottheit der Barmherzigkeit, irgendeine Guanyin. Der Yongle-Kaiser, der Erbauer der Porzellanpagode, der Unbarmherzige, hätte es verstanden.

Vierundsechzig

Noch ein Zeuge

1

Zuletzt noch zwei Zeugen. Sie haben beide Maos gemacht.

Herr Yang. In den Sechzigern. Er trinkt Tee. Wohnt mit seiner Frau in Jingdezhen, gleich hinter dem Tor zur Skulpturenfabrik. Seine Werkstatt besteht aus vier Räumen, vom Boden bis zur Decke voller Maos. Ein athletischer Mao, der eben den Gelben Fluss durchschwommen hat, unterstützt von fröhlichen Bauern, ein Mao, der das Kleine Rote Buch schwenkt, Mao, der einer Gruppe Arbeiter Mangos überreicht, die er von einer pakistanischen Delegation erhalten hat. Mehr gedrungene Maos im Mantel, als man sich vorstellen kann; ich denke, wie einfach es ist, einen Überzieher zu verwenden, wenn man sich mit den Proportionen nicht richtig auskennt.

Ich frage ihn, wie lange er schon hier lebt, und er erzählt, dass er in der Oberschule war, erst fünfzehn, als die Kulturrevolution begann; sie hätten sich den Lehrern gegenüber »schlecht« benommen, »aber nicht zu schlecht«. Und er fügt hinzu, dass er Mitglied der Roten Garden war, was bedeutet, dass er wusste, wie man Uniformen richtig gestaltet; bei Uniformen ist er gut. Er zeigt mir die Statue der Lehrerin mit Brille und Eselsmütze – das Zeichen des Rechtsabweichlers, des Klassenverräters. Sie sitzt auf einem Stuhl, gedemütigt. Auch in solchen Details ist er *gut*.

Während wir uns unterhalten, setzt er sich ein wenig zurecht, zündet sich eine Zigarette an.

Erzählend führt er mich durch die Jahrzehnte. Berichtet von den destruktiven Vorgangsweisen bei jeder Anweisung, von den Kontrollen durch die Regierungskommissare, von den drei Beamten in der Fabrik, aus denen neun wurden, von der Art, wie man in den 1980ern – wenn man Parteimitglied war – seine Verwandten auf die Gehaltsliste setzen konnte. In den 1990er Jahren gaben die Banken den Kollektiven keine Kredite mehr. 1995 ging die staatliche Porzellanfabrik bankrott. Die halbe Stadt verlor ihre Arbeit.

Ich befrage ihn über den Absatzmarkt. Pandas, beliebt in der späteren Mao-Zeit, verschwanden für ein Jahrzehnt und waren Ende der 1980er wieder da. Mao ist erstaunlich konstant geblieben, meint er, wenn auch die Hundertjahrfeier seiner Geburt 1992 einen Höhepunkt darstellte, das beste Jahr, das es jemals gab. Kleine Statuen von Präsident Deng Xiaoping, Teller mit seinem Gesicht, das wie ein alter Planet über den Wolkenkratzern von Hongkong schwebte, hatten ebenfalls ihre Zeit, er hat zwar nie welche gemacht, kann mir aber sagen, wer, falls ich interessiert sei.

Ich sehe zu, wie der Träger die frisch glasierten Maos nimmt, um sie zur Verpackungsstelle zu bringen. Von dort dann nach Shanghai, zu den Läden, wo man ein Poster vom Langen Marsch kaufen kann, ein wenig Retro aus der Kulturrevolution für die neue Wohnung hoch oben in der grauen Luft.

2

Meister Lieu. In seinen Siebzigern. Ich befragte ihn zwei Stunden lang. Wir tranken Tee.

Er hat sehr, sehr lange Finger, die herumfuchteln, während er spricht, seine Augen sind haselnussbraun und ironisch. Er wohnt in einem obstbaumbestandenen Innenhof in der Skulpturenfabrik, wo er seit 1963 war, als Student, Lehrling, Skulpteur, Manager, Direktor und Überlebender. Er kennt alles.

Hier war ein Hügel, sagt er mir, mit ein paar Handwerkern, als das

Gelände 1955 zur Skulpturenfabrik erklärt wurde. Nach Abschluss der Schule oder Hochschule bekamen die Leute mitgeteilt, in welcher Fabrik sie arbeiten sollten, »und weil ich mit einem Pinsel umgehen konnte, sagte man mir, ich solle hierher«. Er wollte nicht. Die Umstände waren fürchterlich, aber er entdeckte, dass man hier gut lernen konnte, wie man Skulpturen herstellte; irgendjemand fertigte immer gerade einen Ochsen oder einen Buddha.

Und dann kam die Kulturrevolution. Er stützt seinen rechten Arm mit dem linken, hält ihn ruhig. Seine Tochter sitzt neben ihm und wartet.

> Man befahl uns, unsere Model zu zerschlagen, und wir zerbrachen sie, Tausende, all die klassischen Figuren der Guanyin und von Konfuzius und den Dichtern. Die Model waren alt, gingen zurück auf die Qing-Zeit. Die Roten Garden beobachteten uns dabei, durchsuchten die Fabrik, damit nichts übrig blieb. Die Fabrik war ein Trümmerfeld. Und dann wurde daraus eine Fabrik für Gummihandschuhe. Sie brauchten Handschuhe. Aber Mao brauchten sie noch mehr! Also erhielten vier, fünf von uns die Anweisung, Modelle herzustellen. Wir mussten sehr vorsichtig sein. Sie waren äußerst besorgt; niemand wollte einen Fehler machen.

Jemand hat ein großes Foto von Meister Lieu neben seiner Skulptur geholt und legt es auf den Tisch zwischen uns.

»Und das ist mein Mao«, sagt er.

Es ist das berühmte Modell von Mao, mit einer glatten weißen Glasur, selten, ein Sammlerstück. Der Führer ist jung und hochgewachsen. Er trägt Sandalen, ein Fuß ist auf einen Felsen gestellt, die linke Hand hält eine sich entfaltende Landkarte. Er sieht *engagiert* aus, und ich erkenne, dass der Grund, warum diese Skulptur wirkt, während Tausende andere von ihrer Symbolbefrachtung erstickt wer-

Arbeiter fertigen Mao-Plaketten,
Provinz Heilongjiang, 1968

den, darin liegt, dass es eine Art Selbstporträt ist. Es ist Lieu als Mao, ein junger Mann, der aufbricht, um sich den Respekt der Welt zu erobern.

»Das habe ich auch gemacht«, sagt er und holt das Modell eines alten Bauern, den Arm väterlich um eine junge Frau gelegt, die lernt, Saatgut auf ein Stück aufgewühlten grünen Bodens zu streuen. Barfuß stehen sie beide auf der guten chinesischen Erde. Ich bin so abgelenkt von dem ziemlich schicken karierten Hemd, das die Frau trägt – sie sieht aus wie eine Studentin aus den Fünfzigerjahren, Geisteswissenschaften –, dass ich die Gelegenheit verpasse, ihn etwas über chinesische Erde zu fragen. Ich frage ihn, wer mit ihm arbeitete, und er erwähnt den Mann, der neben der Kistenfabrik sitzt und den ganzen Tag Essstäbchen wäscht. Er war Professor und hat hier gemalt, wurde aber zur Umerziehung in ein Dorf geschickt.

Ich habe diesen Mann gesehen. Er schreibt mit Kreide Slogans an die Mauern und wäscht sie wieder ab, beginnt von neuem. Vom Restaurant bekommt er Reis. Eine Art Überlebender. Und ein weiterer Zeuge.

Fünfundsechzig

The Boehm Porcelain Co. of Trenton, New Jersey

So bekomme ich diesen Witz zu hören

Was nehmen Sie nach China mit? Was schenken Sie einem Kaiser?

1972. Man kann keine Landkarten mitbringen, keine Uhren oder Teleskope oder Perspektive. Ein Stück Mondgestein, das Außenminister Henry Kissinger bei einem früheren Besuch Mao überreichte, stieß auf Nichtachtung.

Also nimmt Präsident Nixon zwei Moschusochsen aus Alaska mit und einen kalifornischen Redwood-Baum.

Und Porzellan.

Er bringt eine Skulptur zweier stummer Schwäne mit ihren Jungen, neunzig Zentimeter lang, neunzig Zentimeter hoch, erzeugt von der *Boehm Porcelain Co. of Trenton, New Jersey*. Boehm hatte sich auf die genaue Darstellung von Vögeln in Porzellan spezialisiert, »ein Medium, in dem man die unvergängliche Schönheit von Formen und Farben wilder Tiere und der Natur abbilden« kann. An der Eichenholzbasis ist eine Messingplakette befestigt, auf der steht, dies sei ein Geschenk an seine Exzellenz, den Vorsitzenden Mao Tse-tung, und an die Menschen der Volksrepublik China etc.

Es ist natürlich ein Tribut. Nicht anders als in den Jahrhunderten zuvor, als man weiße Hengste oder Schatullen voller Gold, fremdartige Vasen aus dem weißen, durchscheinenden Material schenkte.

Präsident Nixon fliegt zurück nach Amerika mit zwei Pandas, Hsing-Hsing und Ling-Ling; hinterlassen hat er eine zurechtfrisierte Erklärung zum Status von Taiwan und sein eigenes kaiserliches Porzellan, N*ixonware*.

Coda

London – New York – London

Signet von
Edmund de Waal

Sechsundsechzig

»Atemwende«

1

Ich schreibe das an meinem Tisch im Studio. Es ist alles so sauber. Es ist früh, deshalb ist noch niemand da. Ich war mit dem Hund spazieren, und jetzt bin ich ruhig, vor mir ein Glas Wasser und ein leeres Blatt Papier. Das Licht bricht sich an den weißen Wänden.

Da sind die Orte, an denen ich nicht war. Und Sachen, die ich nicht gelesen habe.

Goethe sollte ich wirklich mal in den Griff bekommen.

Wittgenstein schrieb eine Entgegnung zu Goethes Replik auf Newton zum Thema Farbe. Ich sollte sein Haus in Wien besuchen. Er entwarf es langsam. So langsam, dass alle, die mit ihm zusammenarbeiteten, aufgaben und etwas anderes machten. Es war ein unmögliches Haus zum Wohnen, das Haus eines Philosophen, der jeden Satz mit einer Frage begann.

Warum sollten Jalousien heruntergezogen werden? Warum sollten Räume diese Höhe haben?

Das Einzige, was er nicht in Frage gestellt zu haben scheint, war die Farbe des Hauses, der Innenwände, der Stufen und Fensterrahmen. Sie sind weiß. Vielleicht war Weiß für Wittgenstein eine Fragestellung?

In meinem Raum im ersten Stock des Studios sind Bücher, noch verpackt, die ich nachts gekauft habe, sie waren nötig für alle meine Reisen. Oben auf dem Stapel liegt die Partitur von John Cages »4'33''«. Ich streiche mit der Hand über diesen lächerlichen Haufen an Möglichkeiten, an wochenlangen Umwegen und Umleitungen. Ich hätte der Kaiser des Weiß sein sollen. Es sollte eine Reise durch weiße Seiten sein. Ich wollte von »Tristram Shandy« zu Samuel Beckett gelangen.

Was ist mir entgangen?

Meine Listen habe ich aufgegeben. Aus meinen drei weißen Porzellanbechern sind fünf porzellanene Gegenstände geworden. Meine drei weißen Berge sind jetzt vier. Ich wurde in eine andere Richtung geführt.

2

Ich fahre nach Cambridge und stelle die achthundert Jahre alten weißen Gefäße aus Jingdezhen auf die neuen, drei Jahre alten Porzellantafeln. Sie sehen sehr schön aus.

Ich lege meine Scherben hin, die Kopien von Wedgwood-Vasen aus Jingdezhen und einiges frühes Meißner Porzellan. Und dazu verstecke ich im Museum eine sehr kleine Installation meiner eigenen Gefäße. Ich schreibe über all diese Lieblingsgefäße, und wir lassen auf einer Art Bibelpapier einen schlichten Katalog mit Zeichnungen drucken. Es fühlt sich an wie eine Art Schuldabstattung. Ich nenne die Ausstellung »Über Weiß«.

3

Einige Tage, nachdem in der Turbinenhalle der Tate Modern in London Ai Weiweis Installation mit den Sonnenblumenkernen für das Publikum geöffnet hat, wird sie wieder geschlossen, sodass man nicht mehr auf dem Porzellan gehen kann; es liegt am Staub.

Ich lese die Abhandlung »Kohortenstudie zur Mortalität in drei Keramikfabriken in Jingdezhen in China«, Xiaokang Zhang et al, 2003. Ich lese über Silikose nach, darüber, was geschieht, wenn aus Ton

Staub wird. Der Töpfer »lebt darin und durch ihn; er füllt seine Lungen und lässt seine Wange erbleichen; er hält ihn am Leben und er bringt ihn um. Seine Finger schließen sich um ihn wie um die Hand eines Freundes«, schrieb Arnold Bennett beim Blick über die Potteries.

Ich schlage den Bericht des Arztes in Staffordshire auf, der in den Töpferwerkstätten so freundlich aufgenommen wurde, und höre Samuel Broster, dreiunddreißig Jahre alt: »Ich bin Vater von zwei Kindern und würde sie nicht dort arbeiten lassen, auch nicht bei noch so guter Bezahlung.«

Und ich denke an den Mann in der Fabrik für die großen Gefäße in Jingdezhen und sein Schweigen, und dass er nicht wollte, dass seine Kinder ihm in den Staub folgten. Und erinnere mich, wie ich an der Tür zu der Aufkleber-Fabrik vorbeikam, wo man die Motive herstellt, die wie Abziehbilder auf dem Porzellan angebracht werden. Und drei Jungen an einer riesigen Maschine arbeiten sah, die Staub in die chemikaliengeschwängerte Luft spie.

Dieses weiße Porzellan fordert seinen Tribut.

Eine Obsession hat ihren Preis. Porzellan ist begehrt. Porzellan verschlingt Hügel, die Wälder auf den Hügeln, es lässt die Flüsse versanden und verstopft die Häfen, dringt in das Delta deiner Lungen ein.

Ich denke an meine Jahre in der Werkstatt, an das Ausfegen. Und wenn ich den Preis bezahle, ist das die eine Sache. Aber es geht um den Preis der anderen, all der Kinder in den Fabriken von Staffordshire und Jingdezhen, der Männer, die neben Tschirnhaus im Keller bei den Brennlinsen stehen, des Jungen, der im Moor Moos sammelt, um den Ton zu trocknen, des Professors, den man in der Kulturrevolution gebrochen hat, und des Figuren-Modelleurs, der am elektrischen Zaun von Dachau umkam.

Das ist es, denke ich, dem ich nachzuspüren versucht habe, dieser flüchtige Blick auf das Weiß, wie es auftaucht und wieder in den Wellen versinkt, der Wind, wie er weißen Staub erfasst und aufwirbelt, der sich hinlegt und neuerlich hinlegt.

4

Ich habe Paul Celan gelesen. Seine Gedichte begleiten mich seit mehr als dreißig Jahren, aber seine Rede in Darmstadt ist mir erst vor ein paar Jahren untergekommen. Es war 1960, Celan hatte einen Preis erhalten. Er schrieb selten Prosa, hielt kaum jemals Reden. Es gibt nur zwei Interviews. Eine Antwort auf eine Anfrage ist fünf Zeilen lang.

Diese Rede ist schwierig und stockend. Mehrmals nimmt sie Anlauf. Sein erster Satz beginnt mit zwei Worten und einer Pause: »Die Kunst, das ist, Sie erinnern sich …«

Nach neun Zeilen schreibt er von den »Schwierigkeiten der Wortwahl«. Er hat recht. Es gibt Schwierigkeiten. Er versucht zu ergründen, wie ein Gedicht zustande, wie es ins Dasein kommt. Also blickt er konzentriert auf die Wege zu einem Gedicht und will herausfinden, wann genau der kritische Moment sich ereignet, das »furchtbare Verstummen«, das die Poesie ankündigt.

Das ist, was er die Atemwende nennt, der eigenartige Augenblick des Innehaltens zwischen Ein- und Ausatmen, wenn das Gefühl für das Selbst suspendiert ist und man offen ist für alles.

Celan fügen sich die Worte nicht leicht zusammen. Deutsch ist seine Sprache, aber er ist Jude, und Deutsch ist auch die Sprache, die seine Familie umgebracht hat. Also vereint Celan die Worte zu etwas Neuem, *Lichtzwang, Atemwende*. Er verdichtet Wörter, und er bricht sie auf, lässt sie von einer Zeile in die andere überlaufen.

Seine Gedichte werden kürzer. Sie werden Fragmente, Aufschreie, Ausatmen, Versuche, anzufangen, Versuche, Töne zu erzeugen. Die Leerräume um die Gedichte werden größer. In seinem letzten Gedichtband gibt es mehr Weißraum als Wort.

In dieser Rede, in der er von den Wegen in die Gedichte spricht, erkundet er, wie diese auch Umleitungen und Umwege sein können um das, was man ist. Er sagt, man schicke sich selbst voraus, auf der

Suche nach sich selbst. Die Bildsprache handelt von Wegen, von Aufbrüchen, von Ablenkungen und einer »Art Heimkehr«.

Es gibt keine gerade Straße zur Selbstfindung, zum etwas Machen.

Und dann dankt er uns für unser Zuhören: »Meine Damen und Herren, ich finde etwas, das mich ein wenig darüber hinwegtröstet, in Ihrer Gegenwart diesen unmöglichen Weg, diesen Weg des Unmöglichen gegangen zu sein.« Und Celan geht weiter auf dem unmöglichen Weg.

Celan lässt mich daran denken, wie dankbar man ist für etwas Begleitung auf diesem Weg, dass es dieser Trost ist, wenn jemand einen Teil des Weges an deiner Seite geht, der beinahe alles bedeutet. Alles.

Père d'Entrecolles hatte seinen Freund, den Mandarin, denke ich, Tschirnhaus Leibniz und William Swedenborg, dazu stets Sally, verloren, aber für die kommende weiße Ewigkeit versprochen. Auch ihre Begleitung habe ich auf dieser Reise gefunden.

Und ich habe Sue und unsere Kinder. Das ist meine weiße Straße.

5

Ich sitze an meiner Drehscheibe. Sie ist niedrig, und ich bin groß. Ich beuge mich darüber. Links neben mir ist eine Stufenpyramide von Kugeln aus Porzellanmasse, rechts wartet ein Stapel von Brettern für die fertigen Waren, vor mir sind ein kleiner Eimer mit Wasser, ein Schwamm, ein Messer und eine wie eine Handaxt geformte Bambusrippe. Auf meinem Schoß liegt ein Tuch, an dem ich mir die Hände abwische. Irgendwo spielt Musik.

Mein Hund ist in der Nähe. Und Kaffee.

Ich mache kleine Gefäße aus Porzellan, siebeneinhalb bis zehn Zentimeter hoch. Ich fertige sie rasch, lasse den oberen Rand rau oder elliptisch. Nach ein paar Stunden kann ich sie nehmen und mit einem Messer beschneiden, schnelle Schnitte, und dann mit dem Daumen

Detail aus der Ausstellung »Atemwende«, 2013

über die Basis fahren, um sie glattzustreifen. Und dann drücke ich mein Siegel ein.

Nach dreißig Jahren sind Name oder Ort jetzt abgerieben. Es ist einfach ein leeres Rechteck.

Ich nehme meine Porzellanmasse aus Limoges, aus der Nähe von Père d'Entrecolles' Geburtsort. Ich nehme meine Porzellanerde, abgebaut dreißig Kilometer vom Tregonning Hill, wo William weiße Erde fand.

Ich mache 2455 Gefäße, sie werden in Weißtönen glasiert.

Ich verwende all das vollkommene, vorläufige, tröstliche, melancholische, bedrohliche, leuchtende Weiß von meiner Reise. Alle Weißtöne aus Jingdezhen, »weiß wie gestockter Hammeltalg«, und Kakiemon und Nanjing und Tibet und Venedig und Saint-Cloud und Dresden, »milchweiß wie eine Narzisse«, und Meißen und Coxside am Hafen von Plymouth, »weiß wie Rauch«, und Bristol und Etruria und Carolina und St. Petersburg und dem Bauhaus. Und Allach. Und jetzt von hier, aus meinem neuen Studio in West Norwood neben der Busgarage.

Und ich setze sie auf Regale in zwei Meter hohen und zweieinhalb Meter breiten Vitrinen. Dieses Quartett aus Installationen nenne ich »Atemwende«. Es gibt Rhythmen, wiederholte Sequenzen von Gefäßen, und versuchsweise Rhythmen, Pausen und Zäsuren. Es gibt Zusammenballungen und Freigaben. Mehr weißen Raum als Worte.

Die Vitrinen werden fotografiert, dann werden meine Gefäße nummeriert und eingewickelt und in Kisten verpackt und quer durch die Welt geschickt und ausgepackt, und ich stelle sie wieder auf ihre Regale.

Das ist meine Ausstellung in New York. Ich nenne sie »Atemwende«.

Sue ist da, natürlich, und die Kinder haben für ein langes Wochenende schulfrei bekommen. Sie sind zum ersten Mal in New York, also essen wir Pizza in Chelsea und gehen im Central Park spazieren, und sie sind so lieb wegen der Arbeit und stolz, und ich führe sie herum, unsere Große Familie.

Bei der Eröffnung werde ich dann gefragt: »Wie kann man weiße Dinge machen?« Das ist die gleiche Frage, die man mir als Kind stellte. Immer noch eine gute Frage. Und man fragt mich, ob ich mich langweile, wenn ich an meiner Drehscheibe sitze, ob meine Assistenten die Gefäße machen? Und ob ich wieder etwas schreibe?

Darauf antworte ich, dass Weiß eine Art ist, neu zu beginnen. Es geht nicht um guten Geschmack, weiße Gefäße zu machen hatte nie mit gutem Geschmack zu tun; Porzellan herzustellen ist eine Art, neu zu beginnen, seinen Weg zu suchen, eine Route und einen Umweg zu sich selbst. Und dass ich mich nicht langweile. Und sie selbst mache.

Und nein, ich schreibe nicht. Ich habe geschrieben. Und mache wieder etwas.

Dank

Es brauchte Jahre, um dieses Buch zu schreiben, und ich bin dankbar für die Großzügigkeit vieler Personen, die mich ermutigt haben, mir mit Rat und Gastfreundschaft zur Seite standen und ihr hart erworbenes Wissen generös mit mir teilten.

Für Hilfe bei der Recherche und für Übersetzungen bin ich Dr. Kristina Meier, Dr. Wolf Burchard, Richard Lowkes und Ivy Chan sehr zu Dank verbunden.

Für Hilfe in Jingdezhen und Shanghai möchte ich Tao-Tao Chang, Dr. James Lin, Caroline Cheng und Eric Kao danken. In Sachen chinesisches Porzellan waren Gespräche mit Stacey Pierson, Jan Stuart, Mike Hearn, Peter Y. K. Lam und Sir Michael Butler (†) erhellend. In Dresden erwies sich Hartwig Fischer als äußerst wichtige Unterstützung, Dr. Ulrich Pietsch, Dr. Michael Korey, Dr. Christian Kurtzke, Falk Diessner, Peter und Sylvia Braun, Anke Scharrahs und Claudia Gulden halfen auf vielerlei Art. Maureen Cassidy-Geiger, Dr. Sebastian Kuhn und Henry Artnholdt stellten großzügig Einblicke in Meißen zur Verfügung. Im Archiv Dachau war Albert Knoll unschätzbar mit seinen Kenntnissen über Allach und wegen seiner Freundschaft mit dem verstorbenen Zeitzeugen Hans Landauer. In Dublin stellte Dr. Audrey Whitty mir einen Tag mit der Fonthill-Vase zur Verfügung, in Amsterdam Menno Fitski Zeit mit dem Kakiemon-Porzellan im Rijksmuseum.

In North Carolina erfuhr ich tatkräftige Unterstützung durch Annie Carlano und Brian Gallagher im Mint Museum, Charles Locke Moffett Jr., Martha Daniels und Katy Bruce in der Mulberry Plantation, und verbrachte zwei wunderbare Tage in Gesellschaft von Jerry

Anselmo. Christopher Benfey hat diese Reise vor mir unternommen und sie in seinem Erinnerungsbuch wunderschön beschrieben.

Meine Freunde im Victoria and Albert Museum, Dr. Martin Roth, Dr. Hilary Young, Alun Graves und Dr. Reino Liefkes, halfen bei Fragen zu englischem Porzellan, Mark Damazer zu Wedgwood, Richard Hamblyn zu Plough Court, Mary Laven zu Matteo Ricci, John Scantlebury zu Cornwall. Ein Dank geht an Jeremy Theophilus (†), der die Ausstellung im Fitzwilliam Museum initiierte, sowie an Tim Knox und Victoria Avery, die sie Wirklichkeit werden ließen. Clare Tavernor, Alan Yentob und Jonty Claypole bin ich für ihre Unterstützung bei der Dokumentaton für die BBC zu Dank verpflichtet.

Danke den Archivar/innen und Bibliothekar/innen im Keramikinstitut von Jingdezhen, im Fitzwilliam Museum, in der Bibliothek der Universität Cambridge, in der British Library, der London Library, der National Art Library, dem British Museum, der Swedenborg Society, dem Cornwall Record Office, dem Plymouth and West Devon Record Office, dem Bristol Record Office, dem Archiv des Wedgwood Museums, Bonham's in London, dem Archiv in Stoke-on-Trent, Sotheby's in London und New York, der Bibliothek des Metropolitan Museum of Art, dem North Carolina Museum of History, der Staatlichen Kunstsammlungen Dresden, dem Archiv in Meißen, dem Sächsischen Staatsarchiv, dem Dresdner Stadtarchiv, Schloss Albrechtsburg, der Staatsbibliothek Berlin und dem Archiv des Konzentrationslagers Dachau.

Danke an mein phantastisches Studioteam: Sam Bakewell, Stephanie Forrest, Jemima Johnson, Sun Kim und Barry Stedman, und an meine Freunde Charlie Moffet, Michael Harrison (†), Mark Francis, Sheena Wagstaff, Tim Eicke und Daniel Morgan, die noch mit mir sprachen, wenn andere schon aufgegeben hätten.

Für ihre Hilfe beim Zustandekommen dieses Buches möchte ich dem wunderbaren Jonathan Galassi und Louise Dennys danken, ferner Ileene Smith, Simon Bradley, Zoë Pagnamenta, Felicitas Feilhauer, Herbert Ohrlinger, Andrew Nurnberg, Eleonoora Kirk, Kate Bland, Ruth Warburton, Mari Yamazaki und Jeff Seroy; John Morgan, Stephen Parker und Ian Skelton für ihre schöne Buchgestaltung (der englischen Originalausgabe). Susannah Otter war unermüdlich als meine Lektoratsassistentin.

Nerissa Taysom ist eine hervorragende Rechercheurin, Assistentin und Leserin, Felicity Bryan eine wunderbare Agentin und Freundin, und in Clara Farmer habe ich eine Lektorin (der englischen Originalausgabe) von außerordentlicher Genauigkeit, Vorstellungskraft und Geduld. Ich bin ihr sehr dankbar dafür, wie sehr sie sich für dieses Buch eingesetzt hat.

Dies ist eine Familienreise. Danke, Ben, danke, Matthew, und danke, Anna.

Dies ist für Sue, die bei jedem Schritt dieses Weges an meiner Seite war.

(Der Dank der Übersetzerin geht an Gerold Tusch für die Beratung bei keramischen Fachausdrücken.)

Abbildungen

(159) Stich des Trianon de Porcelaine, Versailles, um 1680; Bibliothèque Nationale de France.

(167) Ehrenfried Walther von Tschirnhaus, 1708. SLUB Dresden/Deutsche Fotothek/Regine Richter.

(181) Stich von Dresden, 1721. SLUB Dresden/Deutsche Fotothek/André Rous.

(183) Tschirnhaus' Brennspiegel, entstanden 1686, Fotografie von 1926. In: Eugen Kalkschmidt, Der Goldmacher. Joh. Fr. Böttger, Died & Co, Stuttgart 1926.

(201) Stich eines Alchimisten aus: »Twelve Keys of Basilius Valentinus«, 1678. Wellcome Library, London.

(222) Die Albrechtsburg in Meißen, 1891. SLUB Dresden/Deutsche Fotothek/Antonio Ermengildo Donadini.

(233) Seite aus Böttgers Notizbuch mit den Aufzeichnungen über seine ersten Porzellanproben, 15. Januar 1708. © Meißen Couture, Archiv.

(239) Porzellanbecher, Meißen, um 1715. Edmund de Waal/Ian Skelton.

(250) Entwurf für das Japanische Palais, Dresden, 1730. SLUB Dresden/Deutsche Fotothek/Martin Würker.

(261) Signet von Cookworthy. Stadtarchiv Plymouth.

(267) Das Haus Nr. 2 in Plough Court, London. Aquarell, um 1860. Wellcome Library, London; Ernest Cripps, Plough Court: the story of a notable pharmacy, 1715–1927, Allen & Hanbury, London 1927.

(285) William Cookworthy, um 1740. Wellcome Library, London.

(288) Diagramm von Wünschelruten aus: Mineralogia Cornubiensis, 1778. The British Library; William Pryce, Mineralogia Cornubiensis (Reprint), D. Bradford Barton, Truro 1972.

(313) Signet von Wedgwood.

(318) Scherben von Cookworthys Porzellan-Experimenten, um 1766. Cornwall Record Office, F/4/80.

(325) Landkarte des Cherokee-Gebiets, 1765. University of Pittsburgh Library; Susan C. Power, Art of the Cherokee, University of Georgia Press, London 2007.

(333) Unterseite von Cookworthys Porzellanhumpen, 1768. © The Trustees of the British Museum.

(345) Richard Champion, Zeichnung von Cookworthys Brennofen, 1770. In: Hugh Owen, Two centuries of Ceramic Art in Bristol, being a history of the manufacture of ›The true porcelain‹ by R. Champion, London 1873.

(367) Stich von Champions Denkmal für Eliza, 1770. In: Hugh Owen, Two centuries of Ceramic Art in Bristol, being a history of the manufacture of ›The true porcelain‹ by R. Champion, London 1873.

(375) Hensleigh Wedgwood vor der Erinnerungstafel an den Ton der Cherokee, 11. August 1950. North Carolina Museum of History.

(379) Eintrittskarte zur Ausstellung von Wedgwoods Kopie der Portland-Vase, 1790. © The Trustees of the British Museum.
(383) Postkarte von Stoke-on-Trent, um 1930. Staffordshire Archives and Heritage.
(384) Mädchen im Tauchhaus, Stoke-on-Trent, um 1900–1910. The Potteries Museum and Art Gallery/William Blake.
(389) Signet von Allach.
(403) Töpfer in Jingdezhen, 1920. National Geographic/Frank B. Lenz, The world's ancient porcelain center, aus: National Geographic, Juli–Dezember 1920, Bd. 38.
(415) Himmler inspiziert Allacher Porzellan, Dachau, 20. Januar 1941. Image Bank WW2–NIOD; Beeldbank WO2, Amsterdam.
(416) Himmler schenkt Hitler zum Geburtstag Figurinen aus Allach, Berlin, 20. April 1944. Bayerische Staatsbibliothek/Heinrich Hoffmann.
(420) Porzellangeschäft Allach in Warschau, 1941. Archiwum Cyfrowe, Warschau.
(423) Hans Landauer, Wien 2006. Foto Heribert Corn.
(445) Arbeiter fertigen Mao-Plaketten, Provinz Heilongjiang, 1968. Contact Press Images/Li Zhensheng; Daniel Leese, Mao Cult: rhetoric and ritual in China's Cultural Revolution, Cambridge University Press 2011.
(449) Signet von Edmund de Waal.
(456) Detail aus der Ausstellung »Atemwende«, 2013. Gagosian Gallery/Mike Bruce.